KB181172

존재와 상징

존재와 상징

© 글로벌콘텐츠, 2020

1판 1쇄 인쇄 _ 2020년 09월 10일
1판 1쇄 발행 _ 2020년 09월 20일

지은이 _ 칼 구스타프 융 외
옮긴이 _ 설영환
펴낸이 _ 홍정표

펴낸곳 _ 글로벌콘텐츠
　　　　등록 _ 제25100-2008-24호

공급처 _ (주)글로벌콘텐츠출판그룹
　　　　대표 _ 홍정표 이사 _ 김미미 편집 _ 김수아 권군오 이상민 홍명지 기획·마케팅 _ 노경민 이종훈
　　　　주소 _ 서울특별시 강동구 풍성로 87-6 전화 _ 02-488-3280 팩스 _ 02-488-3281
　　　　홈페이지 _ www.gcbook.co.kr 메일 _ edit@gcbook.co.kr

값 16,000원
ISBN 979-11-5852-295-7 03180

존재와 상징

Carl G. Jung Man and His Symbols

칼 구스타프 융 외 지음
설영환 옮김

글로벌콘텐츠

존재와 상징, 그 필자들에 대하여

인간의 정신세계에 대한 앎이 길을 열고 틀을 갖추면서, 그 길이 인간 자신의 삶을 위한 가장 헌신적인 분야 중의 하나라는 인식이 증대되어 왔다.

우리는 그 길이 학문적 폭과 깊이를 더하고 우리 세계의 가장 중요한 분야 중의 하나로 발전하는 과정에서 커다란 발자취를 남긴 거인들을 기억하고 있다.

그중에서도 우리가 절실하게 기억해야 할 사람들을 손꼽는다면 아마도 우리는 두 사람 — 프로이트와 C. G. 융을 생각할 것이다.

그런데 프로이트가 이룩한 과업의 대강은 세상에 널리 알려졌지만 융이 쌓아 올린 위대한 업적은 잘 알려지지 않았고, 일반인이 이해하기에는 너무 어렵다는 것이 중평이었다.

그렇다고 융의 과업을 제대로 인식하고 있는 이들로서는 언제까지나 그 위대한 업적과 인식체계를 일반 세계로부터는 멀기만 한 연구실의 과분한 자료로만 머물게 할 수는 없었다.

여기에서 안타까움을 느낀 주변 인사들이 융의 과업의 일반화를 생각하게 되었다. 그래서 그들은 융 연구가가 아니더라도 일반 교양인이라면 누구나 이해할 수 있으며 관심을 끌 만한 내용의 해설서를 구상했다.

그러나 융은 그들의 제안을 일언지하에 거절했다. 자신의 연구를 일반대중화할 의도가 전혀 없을 뿐만 아니라 또 그것이 성공할 가능성도 없다는 생각에서였다.

그러나 그 무렵에 융이 응했던 TV 인터뷰가 그 자신이 생각했던 것보다 커다란 반응 — 특히 의학이나 심리학 교육을 받은 사람들의 학구적인 반응이 아니라 그러한 교육을 받지 않은 일반인들로부터의 예기치 않은 흥미진진한 반응 — 이 있자 그는 크게 감동했었다.

세계 곳곳에서 찾아오는 저명한 의사, 정신분석가, 심리학자 및 관련 분야의 학자들이 아닌 소박한 일반 대중과 진지하게 서로 대화할수 있다는 것은 그에게 정말 예기치 않은 색다른 기쁨이었다. 그들에게 자신이 평생 추구해온 학리(學理)를 풀어 설명하고 싶어줄 수 있다는 것은, 광활한 불모지에 씨앗을 뿌리는 기쁨을 주었던 것이다.

그러한 연유로 융은 난해하기로 중평이 난 그의 이론을 일반 교양인들의 이해를 위하여 풀어 설명하기로 하고 세심한 정성을 기울이며 작업에 착수했다. 출판인들의 청탁을 받고, 융은 이 책이 임상이나 학술

상의 연구을 위해서라기보다는 일반 교양인의 이해를 위하여 엮어진다는 조건으로 청탁을 수락했다. 또 융 자신의 단독 저술이 아니라 그의 후진 학자들과의 공동 저술로 책이 엮어져야 한다는 조건을 제시했다. 융은 바로 그들 후진 학자들을 통하여 자신의 과업을 펼쳐나갈 시도를 하고 싶었던 것 같다.

책을 엮기로 하고, 융 자신이 주변인들과 많은 토론을 거쳐서 책의 제목을 '존재와 상징(Man and his Symbol)'으로 정했다. 자신의 연구 개요와 핵심을 잘 전달할 수 있도록 책을 엮고 거기에 상응하는 제목이 되도록 고심했던 것 같다.

그리고 융 자신이 네 사람의 공동 저자를 선발했다. 자신의 막역한 친구이며 소중한 동료인 M. L. 폰 프란츠 박사, 미국의 취리히 학파의 창시자인 조지프 L. 헨더슨 박사, 저명한 정신분석학자인 아닐라 야페 여사, 그리고 융이 무척 신뢰하는 취리히 학파의 실력자 욜란데 야코비 박사였다.

융이 네 사람을 선발한 이유는 그들에게 주어진 특수한 주제에 대한 그들의 실력과 경험과 아울러 융의 의도에 따라 헌신적으로 이론 전개와 해설을 해낼 사람들이었기 때문이다. 융 자신의 소임은 전체적인 틀을 세우고 전 과정을 통괄하면서, 이 책의 기초적인 장인 '무의식의 접근'을 쓰는 일이었다.

결국 융의 말년은 바로 이 책에 바쳐졌다. 1961년 6월 융이 서거했을 때 융의 원고는 마무리되었고, 공저자들의 원고는 초고 상태에서 융 자신의 마지막 정성 어린 감수와 승인을 받아 둔 상태였다. (타계하기 10여 일 전에 그는 집필을 끝냈었다.)

융의 타계 직후부터는 융의 유서에 따라서 프란츠 박사가 이 책의 완성에 전적인 책임을 지게 되었다. '존재와 상징'이라는 주제와 윤곽은 공저자들의 뜨거운 열성으로 훌륭하게 엮어졌다.

융의 관념은 우리가 생각하는 것 이상으로 현대의 정신의 학과 심리학에 영향을 끼쳤다. 우리가 익히 쓰는 '외향적'이니 '내향적'이니 혹은 '원형'이니 하는 말들이 모두 융의 개념이다. 오늘날 이 개념들을 인용하는 경우도 많고, 또 그만큼 오용되는 경우도 많을 것이다.

그런데 그의 공로 중에서도 가장 특출한 것은 그의 '무의식'의 개념이라 하겠다. 이것은 프로이트의 '잠재의식'처럼 단순히 억압당한 욕구가 쌓인 잡다한 것이 아니라, 개개인의 삶의 귀중하고도 현실적인 부분이며 자아(ego)의 의식적이고도 깊이 생각하는 세계로서 한없이 넓고 풍부한 세계이다. 무의식에 있어서 언어와 사람은 상징이고, 의사소통의 수단은 꿈이다.

그래서 존재와 인간의 상징을 연구하는 것은 결국 인간과 인간 자신의 무의식과의 관계를 연구하는 작업이다.

융의 견해로는 무의식이란 의식의 위대한 안내자요, 친구요, 지도자이기 때문에 이 책은 인간과 인간 정신문제에 대한 연구와 직접적으로 관련된다. 우리는 꿈을 통하여 무의식과 의사소통을 하는데, 이 책을 살펴봄으로써 개개인의 삶을 통하여 꿈이 얼마나 중요한 것인가를 알 수 있을 것이다.

융 학파에게는 꿈이 상징을 풀이하는 해독수단으로 풀 수 있는 표준 암호가 아니라 개인적 무의식을 직접 나타내는 중요하고도 본질적인 표현이다. 꿈은 개인과 관계된 모든 다른 형상들과 똑같이 현실적이다. 꿈을 꾸는 자의 개인적 무의식은 그 당사자하고만 의사소통을 한다. 그래서 꿈을 꾸는 자만이 그 뜻을 알 수 있는 상징을 선택하는 것이다. 그러므로 융 학파의 학자들의 생각으로는 꿈의 해석은 분석가든 당 사자든 간에 전적으로 개인적이고도 사적인 일로써 (때로는 실험적이어서 매우 깊어질 수도 있다.) 적당히 해석해서는 절대로 안 되는 것이다.

무의식의 의사소통은 꿈을 꾼 자에게는 가장 중요한 일이다. 또 꿈은 다른 데서는 취할 수 없는 충고와 조언을 시사한다. 그러므로 꿈을 꾼다는 것이 융 학파 학자들에게는 예사로운 우연한 일이 아니다.

따라서 이 책에서 꿈은 꿈을 꾼 자와의 직접적이고 사적이고 의미 있는 의사소통으로 취급되었다고 하겠다. 의사소통에는 모든 인간에 공통되는 상징이 사용되지만, 그 상징들은 개개의 경우에 따라서 전혀 다른, 개인적 특수성에 의하여 풀이되도록 쓰이기도 한다.

이 책의 공동 저자들의 공통적 논법은 삶을 의식 세계에만 국한하고 무의식과의 의사소통을 물리치는 사람들이 자신들을 의식적이고 형식적인 생활의 법칙에 얽어매거나, 때때로 무의미한 대수의 등식과도 같은 논리를 가지고 가정의 전제로부터 명백한 결론을 연역해내는 논법에서 벗어난 것이다. 물론 그렇다고 일반 논리를 무시하는 것은 아니며, 의식과 무의식을 동시에 생각하는 것이다. 그들의 변증법적 논법 자체는 상징적이고 때로는 우회적이다. 그들을 따르다 보면 결정적인 증거를 포착하는 순간을 한 번도 경험하지 못하는 것 같지만, 자신도 모르는 사이에 더욱 폭넓은 진리에 눈 뜨게 되는 것을 알게 될 것이다.

융과 그의 동료들의 주장은 나무 주위를 선회하는 새처럼 문제를 나선형으로 이끌고 올라간다. 처음 땅에서 얼마 떨어지지 않은 곳에서는 나뭇잎과 나뭇가지의 혼란한 상태밖에는 보이지 않지만 점점 높이 선회함에 따라서 나무의 반복되는 측면들이 전체의 모습을 드러내고 환경과의 관계도 보여준다. 보통 나선형 선회식의 논법이 처음에는 애매하고 심지어 혼동을 일으킨다고 느낄지도 모르지만 얼마 동안 따라가다 보면 그 철저한 파악을 취할 수 있을 것이다. 이것은 대단히 설득력이 높고 흡착력이 강한 융의 독특한 논법이다.

융의 '무의식의 접근'의 장은 독자들에게 무의식의 원형, 무의식의 언어를 형성하는 상징과 무의식의 의사소통으로 삼는 꿈을 소개해 줄 것이다.

'고대 신화와 현대인'의 장에서는 고대 신화와 전설과 원시적 의식에 나타나는 몇 가지의 원형적 유형을 설명해 줄 것이다.

'개성화 과정'에서는 한 개인 안에서 의식과 무의식이 서로 알고 감싸주는 방법과 과정을 해설해 줄 것이다. 개성화 과정은 어쩌면 이 책의 핵심을 이룬다고도 하겠는데, 개성화 과정이 완결되고 의식과 무의식이 평화공존적으로 서로를 보완할 때만이 인간은 전체가 되고 완전하고 풍요하고 행복해진다는 것이다.

'시각예술에 있어서의 상징성'에서는 무의식이 나타내는 상징에 대한 반복적인 관심을 보여주는 데 노력할 것이다. 무의식에 변함없이 접근함으로써 우리를 즐겁게 해 주는 시각적인 예술에서도 무의식의 상징들은 오묘한 뜻과 풍부하고도 지속적인 내적 매력을 갖게 된다는 것이다.

칼 구스타프 융은 어느 시대를 통하여 보더라도 위대한 의사였고 금세기의 위대한 사상가 중의 한 사람이었다. 그가 뜻한 것은 항상 사람들이 스스로를 알도록 도와주고 그리하여 그들이 자신을 알고 슬기롭게 조절함으로써 풍요롭게 복된 삶을 이루어 가게 하는 것이었다.

그 자신의 풍요롭고 훌륭한 삶을 마무리 지을 무렵 그는 자신의 메시지를 그가 일생을 바쳐 향한 사람들에게 전하기 위하여 그의 방대한 저술 중에서 가장 일반적이고 흥미로운 이 책을 여력을 다 해 남기고 돌아갔다. 그는 자신의 길고도 위대한 소임과 삶을 같은 달에 마치고 돌아갔다.

아무쪼록 융의 마지막 정열과 그의 취리히 학파 후진들의 헌신적인 열성이 이루어낸 이 비상하고도 가장 보편적이어야 할 책이, 읽는 이의 마음에 진하게 닿을 수 있길 빌며, 미흡한 실력과 미진한 성의가 빚어냈을지도 모르는 오류와 졸역에 이미 이 책의 존귀함을 발견한 기쁨으로 아량을 베푸시길 바랄 뿐이다.

역자

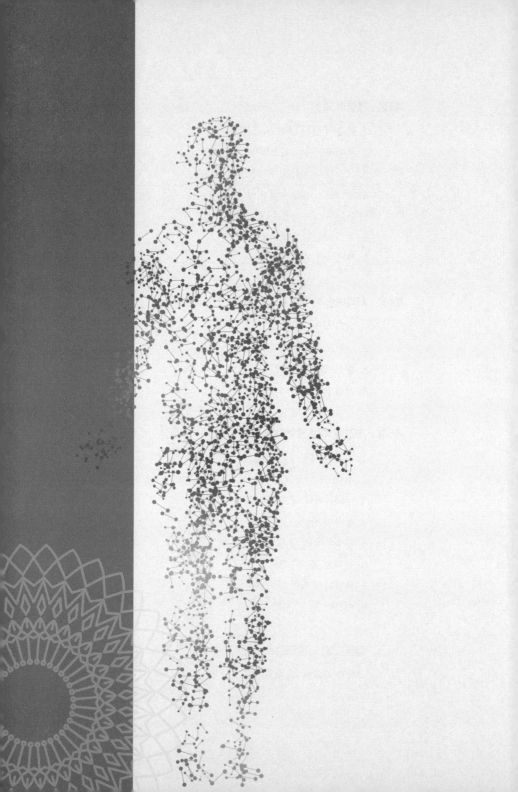

제1장

무의식의 접근

칼 구스타프 융

스위스의 정신의학자로 분석심리학의 개척자이다. 그는 인간의 내면에는 의식과 무의식의
층이 있다고 생각하였고, 더 나아가 개체로 하여금 내면의 무의식들이 통일된 전체를 실현
하게 하는 자기원형이 초월적 기능이 있음을 주장했다. 자기실현이라고 하는 자신의 신화를
추구하는 과정을 통해 좀 더 유연한 인격체로 나아갈 수 있다고 생각하였다. 저서로는 『원형
과 무의식』, 『무의식의 심리학』, 『아이온』, 『융합의 신비』 등이 있다.

무의식의 접근

1. 꿈의 중요성

인간은 자신이 전달하고자 하는 의미를 표현하기 위해 말과 글이라는 두 가지 언어를 사용한다. 이들 언어는 상징으로 가득 차 있다. 그러나 인간은 엄밀한 의미에서는 서술적이라 할 수 없는 기호나 이미지도 자주 사용한다. 이 중에는 단순한 약자나 머리글자, 예컨대 UN, UNICEF, UNESCO 같은 것이 있고, 또 친숙한 상표나 특허약의 이름, 배지, 기장 등이 있다. 그것들은 그 자체로서는 무의미한 것이지만, 일반적인 쓰임새나 고안된 의도에 따라 쉽게 전달될 수 있는 의미를 띠게 된다. 이런 것들은 상징이 아니다. 이것들은 단순한 기호로서 연관된 사물을 대표하고 있을 뿐이다.

이른바 상징이라는 것은, 용어나 이름이나 일상적으로 친숙한 그림들 가운데, 관습적인 의미 외에도 어떤 특정한 함축을 내포하는 것들이다. 그것들은 애매모호한 미지의 우리에게 은폐된 그 무엇을 포함하고 있다. 예를 들면 크레타섬의 기념비 중에는 쌍도끼의 도안이 새겨져 있는 것이 많다. 이 도끼 자체는 우리가 알고 있는 사물이지만, 그 상징적인 의미는 파악할 수가 없다. 또 다른 경우로서 영국을 방문하고 돌아온 후 영국인은 동물을 숭배한다고 주장한 인디언의 예를 들 수 있다. 영국 교회에 황소, 사자, 매가 그려져 있기 때문이라는 것이었다. 그는 (대부분의 기독교도들도 마찬가지지만) 그 동물들이 에스겔의 환상에 나타나는 사도의 상징이고 이집트의 태양신 호르스 및 그네 아들과 유사성이 있다는 사실을 몰랐던 것이다. 이런 것들 외에도 수레바퀴나 십자가 등 세상에 널리 알려져 있지만, 상황에 따라서는 상징적인 의미를 갖는 사물들이 존재하고 있다. 그들이 정확히 무엇을 상징하고 있는가는 여전히 논쟁거리가 되는 것이다. 따라서 언어나 이미지는 직접적이고 명료한 의미 이상의 그 무엇을 내포하고 있을 때 비로소 상징적인 것이라 할 수 있다. 그것은 보다 넓은 '무의식'의 측면을 가지고 있고, 그 측면은 결코 명확히 정의되거나 완전히 설명되지 않는다. 누구도 그것을 정의하거나 완전히 설명하기를 바랄 수는 없다. 인간의 마음이 상징을 탐구하기 시작하면 그는 이성(理性)의 영역을 넘어선 관념의 세계로 인도된다. 수레바퀴의 상징을 연구하다 보면 우리는 '신성한' 태양의 개념에 도달할 수도 있을 것이다. 그러나 이 단계에서는 이성은 그 무력함을 스스로 인정하지 않으면 안된다. 즉, 인간은 '신성한' 존재를 정의할 수는 없는 것이다. 우리 모두의 지적인 한계에 의해 어떤 사물을 '신성한' 것이라고 부를 때 우리는 그것에 단지 호칭을 붙인 데 불과하며 이런 행위는 신조(信條)에 기초한 것이지, 사실적인 근거에 기초한 것은 아니다.

인간의 이해 범위를 초월하는 것이 무수히 존재하므로 우리는 정의할 수도 완전히 이해할 수도 없는 개념을 표현하기 위해 늘 상징적인 용어를 쓴다. 이것은 모든 종교가 상징적인 언어나 이미지를 사용하는 이유 중의 하나이다. 그러나 이같이 상징을 의식적으로 사용하는 행위는 지극히 중요한 심리적 현상의 한 측면에 불과하다. 인간은 또 꿈이라는 형태를 통해서 상징을 무의식적 자연발생적으로 산출하고 있다.

이 점을 명확히 이해한다는 것은 쉬운 일이 아니다. 그러나 이 점은 우리가 인간 정신의 운동방식에 대해 좀더 잘 알 수 있게 되면 틀림없이 파악될 수 있을 것이다. 잠시 돌이켜 생각해 보면, 인간은 결코 어떤 것을 완전히 지각하거나 이해할 수 없다는 것을 알 수 있다. 인간은 보고, 듣고, 만지고, 맛본다. 그러나 어느 정도로 보고, 듣고, 그 촉감에 의해 무엇을 인지하고 또 그 맛에 의해 무엇을 느끼는가는 감각의 양과 질에 의존하고 있다. 주변 세계에 대한 인간의 지각은 이것들에 의해 제한되고 있다. 물론 과학기구를 사용하여 감각의 결함을 부분적으로 보완할 수는 있다. 예컨대, 망원경을 사용하여 멀리 있는 것을 가까이 볼 수 있고 전기 증폭기를 사용하여 작은 소리를 크게 확대해 들을 수도 있다. 그러나 아무리 정교한 도구라 해도 원거리에 있는 사물의 상을 가시 범위 안으로 옮겨오고 희미한 소리를 확대시키는 일 이상의 기능은 할 수가 없다. 어떤 기구를 사용하더라도, 인간의 지각은 곧 정확성의 한계에 도달하고, 이 한계는 의식적인 지식으로는 극복할 수 없는 것이다.

더욱이 우리의 현실 지각에는 무의식적인 측면이 존재한다. 우선 우리의 감각이 현실세계의 현상, 즉 어떤 광경이나 소리에 반응할 때조차 그 현상들은 현실세계의 영역으로부터 마음의 영역으로 이송되는 과정을 거쳐야 한다. 마음속에서 그것들은 심적 사상(心的事象)으로 되는데 그 궁극적 성질은 불가해한 것이다(마음이 스스로 그 자신의 실체를 포착하는 것은 불가능하므로). 이와 같이 우리는 물질 그 자체의 궁극적 성질을 알 수 없기 때문에 모든 구체적 사물은 항상 어떤 측면에서 미지의 것임이 당연하고, 한편 우리의 경험 자체마저도 무수히 불가해한 요소를 가지고 있어, 이 미지성을 더해 주고 있는 것이다.

그리고 마음의 사상(事象) 중에는 우리에게 의식되지 않는 것들이 존재한다. 그것들은 의식 영역의 바닥 밑에 체류되어 있는 것으로 보인다. 그것들은 의식에 의해 지각되지 않은 채 형성되어, 잠재의식적으로 흡수된 것이다. 우리는 이 같은 상황을 직관에 의해 인지하든가, 또는 깊은 사색 과정을 통해 사후적(事後的)으로 이해할 수 있을 뿐이다. 우리는 이 정감적인 생명력의 중요성을 처음에는 무시하지만, 그것은 나중에는 일종의 회상에 의해 무의식의 영역 밖으로 튀어나오게 되는 것이다.

예컨대 그것은 꿈이라는 형태로 나타나게 될 수 있다. 일반적으로 어떤 사상의 무의식적인 면은, 꿈을 통해 어둠 밖으로 모습을 드러내는데, 그것은 합리적 사고로서가 아니라 상징적인 이미지로서 나타난다. 역사적으로 보아도 심리학자들은 꿈의 연구를 통해서 비로소 의식적인 심리 현상의 무의식적인 면을 탐구할 수 있게 되었다.

이런 근거에 의해 심리학자들은 무의식적인 마음의 존재를 추론한다. ― 많은 과학자와 철학자들이 무의식의 존재를 부정하는데, 그들은 이 같은 가설은 동일 개인 속에 두 개의 '주체' (좀 더 일반적인 표현법을 쓰면) 두 개의 인격의 존재를 의미하는 것이므로 그릇된 것이라고 소박한 반론을 편다. 그러나 이것이야말로 정확히 ― 실로 정확히 ― 우리의 가설이 의미하는 바인 것이다. 그리고 많은 사람들을 고심케 하는 이 인격의 분리는 근대인이 겪어야 하는 하나의 과정이다. 이것은 결코 병적 징후가 아니라 어느 때 어느 곳에서나 볼 수 있는 평범한 현상이다. 그것은 왼손이 무엇을 하고 있는가를 오른손이 모른다는 식의 노이로제에 관한 것만은 아니다. 이 현상은 일반적인 무의식의 징후이고, 전 인류가 거부하고 싶어 하는 공통의 유산이다.

인간은 문명시대(문자가 최초로 발견된 것은 B.C. 4000년경)에 도달하기까지 무한히 장구한 세월 동안 부단한 노고를 통해 의식을 서서히 확립해 왔다. 그러나 이 진화는 아직도 완전한 것이 아니다. 인간 정신의 대부분은 아직 어둠 속에 감추어져 있기 때문이다. 우리가 '마음'이라고 부르는 것은 우리의 의식 및 그 내용과 동일한 것이 아니다.

무의식의 존재를 부정하는 사람들은 모두 마음에 관한 우리의 지식이 전체적인 것이라고 추론(推論)하고 있다. 이 생각은 우리가 자연과 우주에 대해서 알 것은 모두 알아버렸다고 가정하는 것과 다를 바 없는 명백한 오류이다. 우리의 마음은 자연의 일부이고 이 수수께끼는 끝이 없다. 그래서 우리는 자연도 마음도 정의할 수 없는 것이다. 우리는 그것들이 이런 것이겠거니 믿고, 그것들이 어떻게 기능하는가를 가능한 한 잘 설명하려고 노력할 수 있을 뿐이다. 그런 까닭에 의학적인 연구에 의해 축적된 증거와는 완전히 별도로 '무의식은 존재하지 않는다'는 주장을 패퇴시킬 강한 논리적 기반이 있는 것이다. 무의식이 존재하지 않는다는 주장은 예로부터 고질적으로 존재해온 보수주의 — 새로운 미지의 것에 대한 공포 — 의 자기 표명에 불과하다.

인간의 마음속에 아직도 미지의 부분이 남아 있다는 생각에 대한 저항이 존재하는 데는 역사적인 이유가 있다. 의식은 자연의 지극히 새로운 획득물이고 아직까지는 '실험적' 상태에 있다. 그것은 아직 허약하며 위협당하고 상처받기 쉬운 것이다. 인류학자들이 기술한 바대로 미개인들 사이에 최초로 발생한 정신착란증은 그들이 '혼의 상실'이라고 부른 것 — 그 이름에서 알 수 있듯이 의식의 현저한 붕괴(혹은 보다 학술적으로는 의식의 분열)였다.

이런 사람들의 의식은 우리의 의식과는 상이한 발달 단계에 있고, 그 영혼은 하나의 통일체로서 감지되지 못한다. 미개인들은 스스로 자기 자신의 영혼뿐 아니라 '초원(草原)의 영혼(靈魂)'을 갖고 있다고 생각한다. 이 초원의 영혼은 야생동물이나 숲속의 나무의 형태로 나타나고, 인간은 이에 대해 일종의 심리적인 동일성을 느끼는 것이다. 이것이 프랑스의 민속학자 루시앙·레비발루르가 '신비적 참여(Mysti cal Participation)'라고 일컬었던 것이다. 그는 이 용어를 반대론자들의 압력에 굴복하여 취소했지만, 나는 그에 대한 비판이 잘못되었다고 생각한다. 인간이 다른 사람이나 동물에 대해 그러한 무의식적 동일성을 느낀다는 것은 매우 잘 알려진 심리적 현상이다.

이 동일성은 미개인들 사이에 여러 가지 형태로 나타난다. 만일, 초원의 혼이 동물에 깃들어 있다고 한다면, 그 동물은 인간의 형제로 간주되는 것이다. 예컨대 악어와 형제 관계인 사람은 악어가 우글거리는 강에서 수영을 해도 안전하다는 식이다. 만일, 나무가 초원의 혼이라고 한다면, 그 나무는 부모와 같은 권위를 가진 것으로 간주된다. 더욱이, 초원의 혼을 해하는 것은 그에 속한 인간을 해치는 행위라고 믿어진다.

또 어떤 종족은 인간이 여러 개의 혼을 갖고 있다고 생각한다. 그들은 그들 자신이 여러 개의 연결된, 그러나 상이한 부분들로 구성되어 있다고 느낀 것이다. 이는 인간의 마음이 안정되게 통합되어 있다는 것과는 거리가 먼 얘기이고, 오히려 역으로, 그 마음은 억제할 수 없는 감정에 의해 공격받을 때는 쉽게 분해될 우려가 있다는 것을 의미한다.

이런 사실은 인류학자들의 연구에 의해 잘 알려졌지만, 이것이 우리 자신의 발달된 문명과 전혀 무관한 것은 아니다. 우리도 때로는 분열하여, 자기의 동일성을 상실해버릴 때가 있다. 우리는 분위기에 사로잡히거나, 그에 의해 변화하기도 하며, 자신이나 다른 사람에게 매우 중요한 문제를 생각해내지 못하거나, 비합리적으로 행동하기도 한다. 그 때문에 사람들은 "무엇인가에 홀려 있는 것이 아닌가?"하고 묻는다. 우리는 흔히 '자신을 통제하는 것'이 가능하다고 장담하지만, 자신을 통제할 수 있다는 것은 매우 드물고도 훌륭한 품성이다. 우리는 스스로 자신을 통제할 수 있다고 생각하지만, 자기도 느끼지 못하는 점을 친구들로부터 지적당하는 경우가 종종 있는 것이다. 소위 고도의 문명

수준에 있어서도, 인간의 의식이 적절한 연속성을 갖추지 못했다는 것은 의심할 여지가 없다. 의식은 아직 상처받기 쉽고, 파괴되기 쉬운 존재이다. 그런데 실제로는, 자신의 마음 일부분을 고립화시킬 수 있는 능력은 하나의 가치 있는 특성이다. 이 특성 때문에 우리는 일시적으로 한 가지 일에만 전념하고, 주의를 끄는 다른 모든 것들을 배제시킬 수 있는 것이다. 그러나 분리할 것을 의식적으로 결정하고 일시적으로 자신의 마음 일부분을 억제하는 것과 자신도 모르는 사이에 자신의 의도와는 오히려 반대되는 일이 자연스레 생기는 것과는 전혀 다른 것이다. 전자는 문명의 소산이지만, 후자는 미개의 '혼의 상실'이고, 신경증의 병리적 원인이기조차 하다.

따라서 현대에 있어서도 의식의 통합성 여부는 여전히 의심스러운 문제이다. 그것은 너무나도 간단히 파괴된다. 더욱이 자신의 감정을 통제할 수 있는 능력은 어떤 면에서 보면 대단히 바람직하지만, 또 다른 각도에서 보면 회의스러운 것이기도 하다. 결국 그것은 사회적 교제에서의 변화와 다양한 색조, 온정 등을 제거해 버릴 것이기 때문이다.

바로 이 같은 사실들을 배경으로 삼아, 꿈 — 쉽게 잊혀지고, 난해하며, 믿기도 어렵고, 막연하며, 불확실한 것 — 의 중요성을 재검토하지 않으면 안된다. 이제 나는 나의 생각이 오랫동안 거쳐온 과정과 꿈이 인간의 상징 기능을 연구하기 위한 가장 흔하며 일반적으로 접근하기 쉬운 자료라는 결론에 내가 어떻게 도달했는가를 서술하겠다.

지그문트 프로이트는 의식의 배경을 구성하는 무의식을 경험적으로 탐구한 최초의 개척자였다. 그는 꿈이 우연히 발생하는 현상이 아니라, 의식적인 사고나 문제와 관련해서 생긴다는 일반적 가정에 기초하여 연구를 진행시켰다. 이 가설은 결코 특출난 착상은 아니다. 그것은 저명한 신경학자들(예를 들면, 피에르 자네)의 결론, 즉 신경증의 증상은 어떤 의식적인 체험에 관계된다는 사실에 기초한 것이었다. 그것들은 단편적으로 분리된 의식 형태로 나타나기도 하고, 시기와 조건에 따라 의식화되기도 한다.

금세기가 시작되기 전에 이미 프로이트와 요셉 브로이어는, 신경증의 증상 — 히스테리, 각종 통증, 기이한 행동 등 — 이 상징적 의미를 갖는다는 것을 인식하고 있었다. 신경증의 증상은 꿈과 마찬가지로 무의식의 자기 표출 방법이며, 또한 상징적인 것이다. 예를 들면 참아 이겨내고 싶은 상황에 처한 어떤 환자는 물건을 삼켜버리려 하는 경련발작을 일으킨다. 결국 그는 '그것을 삼킬 수 (참을 수) 없는 것이다' 똑같은 심리상황에 처한 어떤 환자는 천식발작을 일으킨다. 그는 '그 분위기에 대해 숨막힐 것 같이 느끼고 있다'는 것이다. 어떤 환자는 아무런 이유 없이 다리가 마비된다. 그는 걸을 수 없고, 결국 '이 이상 나아갈 수 없다'는 것이 된다. 또 어떤 환자는 식사 중에 구토를 한다. 무엇인가 불유쾌한 사실을 '소화해 낼 수 없다'는 것이다. 나는 이 같은 예를 얼마든지 인용할 수 있다. 그러나 이 같은 신체적 반응은, 우리를 무의식적으로 괴롭히는 문제가 자기를 표출하는 방식의 한 형태에 불과하다. 그것들은 우리의 꿈 속에서 보다 자주 나타난다.

사람들로부터 각양각색의 꿈 이야기를 들을 때, 심리학자라면 누구나 꿈의 상징이 신경증의 신체증상보다 훨씬 변화무쌍하다는 것을 알 수 있다. 꿈은 정교하게 묘사된 공상으로 구성되어 있다. 그러나 이 꿈이라는 재료에 직면한 분석가가, 프로이트가 처음 사용한 '자유연상' 법을 써 보면, 꿈은 결국 어떤 기본적 형태로 환원된다는 것을 알 수 있을 것이다. 이 자유연상법에 의해, 꿈을 환자의 무의식적인 문제를 탐구하는 출발점으로써 사용할 수 있게 되었기 때문에, 이 기법은 정신분석의 발달사에서 중요한 위치를 차지하게 되었다.

프로이트는 매우 단순하지만 예리한 관찰을 행했다. 즉, 꿈을 꾼 사람에게 그 꿈의 이미지와 그 이미지에 자극되어 마음속에 떠오르는 생각에 대해 계속 말을 하게 하면, 그는 자신이 말한 것과 의도적으로 말하지 않은 것들 가운데에서 자신의 진의를 생각해내어, 그 병(病)의 무의식적인 배경을 노출시키게 되는 것이다. 환자의 사고는 비합리적이며 요점을 벗어난 것처럼 보이지만, 조금만 주의를 기울이면, 그가 무엇을 회피하려 하고, 어떤 불유쾌한 생각이나 경험을 억누르려 하는지를 비교적 쉽게 발견해낼 수 있다. 그가 아무리 거짓말을 하려 해도, 말하는 것 중의 무엇인가가 그의 상태의 핵심을 제시한다. 의사는 환자의 생활 이면으로부터 획득한 정보를 기초로 삼아, 환자가 심경변화의 신호로 나타내는 힌트들을 해석하면, 속아 넘어 갈 염려는 없다. 결국 의사가 알아내는 사실들은, 공교롭게도 그의 예상을 확증시키는 것들이다. 이제까지 살펴본 바대로, 꿈 상징의 원인이 억압과 욕망 충족이라는 프로이트의 이론에 대해서는 누구도 반대할 수 없다.

프로이트는 꿈을 자유연상 과정의 출발점으로서 특히 중시하고 있다. 그러나 나는 세월이 흐름에 따라, 그것은 무의식이 수면 중에 산출한 풍부한 공상에 대한 해석으로서는 불충분한 것이며, 부적절한 것이라고 느끼기 시작했다. 이 같은 의심은, 한 동료로부터 러시아에서의 긴 기차여행시의 경험에 관한 이야기를 듣던 중에 시작되었다. 그는 러시아어를 전혀 몰랐고, 쉬루르 문자를 판독할 수 없었지만, 철도 안내판 등에 쓰여 있는 기묘한 문자에 흥미를 갖고 공상에 열중하여, 그것들의 의미에 대해 생각해 보았다.

안락한 무드 속에 잠긴 그는 '자유연상'에 따라 지나간 기억들이 하나 하나 되살아나는 것을 느꼈다. 그 중에는 오랫동안 망각하고 있던 불유쾌한 기억들 — 그가 잊어버리고 싶어했고, 의식적으로는 잊혀져 버린 것들 — 이 있는 것을 깨닫고, 그는 괴로웠다. 심리학자들이 소위 '콤플렉스'라고 부르는 것 — 즉, 억압된 감정적 주제로서, 보통 심리적 장애를 일으키고, 많은 경우에 신경증의 증상마저 보이는 것 — 에 맞부딪친 것이다.

이 에피소드가 내게 밝은 빛을 던져 주었다. 요컨대, 환자의 콤플렉스를 발견하기 위해서라면, '자유연상' 과정의 출발점으로서 구태여 꿈을 이용할 필요는 없는 것이다. 콤플렉스의 주변의 어떤 다른 지점에서부터 시작하더라도 곧장 중심에 도달할 수 있을 것으로 생각되었다. 즉, 쉬루르 문자, 수정구슬을 통한 점장이의 명상, 기도차, 근대 회화, 혹은 아주 사소한 것에 관한 기탄없는 대화에서도 출발할 수 있을 것이다. 이 점에 관해서, 꿈은 상정할 수 있는 다른 어떤 출발점 이상도 이하도 아니다. 물론 꿈은 만성적인 콤플렉스가 관련하고 있는 정감적인 쇼크로부터 생성되는 것이지만, 그럼에도 불구하고 그것은 무엇인가 특별한 의미를 가지고 있다(만성적인 콤플렉스는 마음의 약점이고 외적인 자극이나 장애에 대해 가장 빨리 반응한다). 이 때문에 자유 연상법을 쓰면, 어떤 꿈을 소재로 삼더라도 그 사람의 중대한 사고의 비밀에 도달할 수 있는 것이다.

바로 이 때문에 (지금까지 내가 옳았다고 한다면) 꿈은 그 자신만의 독특한, 보다 의미 있는 기능을 갖고 있다는 생각이 당연히 생겨난다. 꿈은 의식의 저변에 흐르는 생각이나 의도를 나타내고 — 그것은 일반적으로 난해한 것이지만 — 확정적인, 명확한 목적을 갖는 구조를 이루고 있다. 때문에 나는 '자유 연상'에 의해 도출되는 관념의 연쇄를 통해서 콤플렉스에 도달하는 것보다는, 오히려 꿈의 실제 형태와 내용에 더 주목해야 하지 않는가 하고 생각하기 시작했다. 콤플렉스에 도달하기 위해서라면, 다른 소재도 얼마든지 있기 때문이다.

이 새로운 생각은, 나의 심리학의 발전에 전기가 되었다. 그것은 내가, 꿈의 원문(原文)으로부터 요원한 연상을 추구하는 방법을 점차 포기하는 것을 의미했다. 나는 오히려 꿈 자체에 대한 연상에 집중하는 방법을 택했다. 즉, 꿈은 무의식이 말하고자 하는 어떤 특별한 것을 표현하고 있다고 확신하게 된 것이다.

꿈에 대한 나의 태도의 이러한 변화에는 방법의 변화도 수반되었다. 즉, 새로운 기법은 꿈의 다양한, 보다 광범한 측면들을 총체적으로 고려하는 것으로 되었다. 의식적으로 하는 이야기에는 도입·전개·종결이 있다. 그러나 꿈의 경우에는 그렇지 못하다. 시간과 공간의 차원마저도 완전히 다르다. 따라서 꿈을 이해하기 위해서는, 가능한 모든 측면에서 그것을 조사하지 않으면 안된다. — 이는 마치, 미지의 물건을 손에 집어들고, 그 형태의 가장 세부적인 것마저 모조리 이해할 수 있을 때까지 이리저리 자세히 뜯어보는 것과 같은 것이다.

내가 어째서, 프로이트가 최초로 사용한 '자유 연상법'과 점차 의견을 달리하게 되었는가는 충분히 설명되었을 것으로 생각한다. 나는 되도록이면 꿈 자체에 밀착함으로써, 꿈이 불러일으키는 무관한 관념과 연상들을 모두 배제하려 했던 것이다. 이러한 관념이나 연상들은 환자의 콤플렉스에 도달케 해 줄 것이다. 그러나 나는 신경증 장애를 이야기하는 콤플렉스를 발견하는 것 이상의 원대한 목적을 갖고 있었던 것이다. 콤플렉스를 밝혀내는 방법은 꿈 외에도 얼마든지 있다. 예를 들면, 언어 연상 테스트(제시된 일련의 단어들에 대해 환자가 무엇을 연상해내는가를 연구하는 것)를 사용해도, 심리학자는 자신이 원하는 모든 힌트를 얻어낼 수 있다. 따라서, 어떤 사람의 총체적 인격의 심리적인 생명 현상을 파악하기 위해서는, 꿈 자체와 그 상징적인 이미지가 보다 중요하다는 것을 알아야 한다.

예를 들면, 잘 알려져 있는 바와 같이, 성행위를 상징하는 이미지(혹은 비유)에는 여러 가지가 있다. 이들 이미지를 연상과정을 통해 연구하면, 성교에 대한 생각이나, 성적 태도 속에 잠재해 있는 특정 콤플렉스가 밝혀진다. 그러나 이 같은 콤플렉스는, 판독할 수 없는 러시아 문자의 조합을 보고 떠오르는 백일몽의 내용에 의해서도 밝혀질 수 있는 것이다. 따라서, 나는 꿈이 성적인 비유 이상의 어떤 정보를 가지고 있으리라는 점에 착안했다.

어떤 남성이, 열쇠구멍에 열쇠를 꽂는 꿈이나, 무거운 몽둥이를 휘두르고, 문짝을 해머로 때려 부수는 꿈을 꾸었다고 하자. 그 어느것이든 성적인 비유라고 간주할 수 있다. 그러나 그의 무의식이 그들 특정 이미지 중의 하나 — 요컨대 열쇠나 몽둥이나 망치 — 를 선택했다는 사실이 보다 중요한 의미를 갖는 것이다. 진짜 알아내야 할 일은 몽둥이보다도 열쇠가, 혹은 망치보다도 몽둥이가 왜 선택되었는가를 이해하는 것이다. 경우에 따라서, 이는 꿈이 나타내려는 것이 성적인 행위가 아니라, 전혀 다른 심리적 문제임을 암시하는 것일지도 모른다.

이 같은 추론에 따라, 나는 명백하게 눈에 띄는 부분인, 꿈의 소재만을 해석에 사용해야 한다는 결론에 이르렀다. 꿈은 그 자신의 한계를 갖고 있다. 때문에 꿈 그 자체의 특정한 형태에 집착해야만, 꿈이 무엇을 표현하려 하며, 무엇을 회피하려고 하는지를 알 수 있다. 그런데 '자유 연상'의 방법은 꿈의 소재로부터 지그재그 선을 그리면서 점점 더 멀어지는 방향으로 우리의 사고를 유인해 간다. 그와 달리 내가 사용하는 방법은 꿈의 내용을 중심으로 삼아, 그 주변을 돌면서 그로부터 도피하려고 하는 환자들의 시도를 묵살한다. 나는 "자, 꿈으로 돌아가시오. 꿈은 무엇을 말하고 있나요?"라는 질문을 수없이 반복해야만 했다.

내 환자 중에, 술에 취해 헝클어진 머리로 비틀거리는 품위없는 여자의 꿈을 꾼 사람이 있었다. 꿈 속에서 그 여자는 그의 부인으로 나타났다. 그러나 실제로는 그의 부인은 매우 고상하고 품위 있는 여자였다. 그러므로 표면적으로 보면 이 꿈은 말도 안되는 허위이고, 환자는 이미 이 꿈을 넌센스라고 하여 거부해 버린다. 이때 내가 의사로서 자유연상을 권유한다면, 그는 분명히 그 꿈의 불유쾌한 암시로부터 가능한 한 멀리 달아나려고 할 것이다. 결국 우리는 그의 주된 콤플렉스 — 아마도 그의 부인과는 아무런 관계도 없는 콤플렉스 — 에 도달하게 될 것이다. 그러나 우리는 이 특정한 꿈의 독특한 의미에 대해서는 아무것도 알아낼 수 없는 것이다.

그렇다면 그의 무의식이 그 같이 명백한 거짓 증언에 의해 나타내려고 한 것은 무엇일까? 틀림없이 그것은 꿈 꾼 사람의 생활에 밀접한 관계가 있는 타락한 여성상에 관해서, 무엇인가를 표현하고 있다. 그러나 그 부인에게 그 이미지가 투영되었다는 것은 부당하며, 사실상 허구이기 때문에, 나는 이 꿈이 무엇을 나타내려고 했는가를 알려고 하기 전에 다른 것들을 조사하지 않으면 안되었다.

생리학자들이 호르몬 샘의 구조를 기초로 해서, 모든 인간에게는 남성적 요소와 여성적 요소가 공존하고 있다고 지적하기 훨씬 이전인 중세에도 '모든 남성은 자기 자신 속에 한 사람의 여성을 지니고 있다'는 말이 있었다. 내가 '아니마'라고 부르는 것은, 모든 남성 속에 있는 바로 이 여성적인 요소이다. 이 여성적인 면은, 본질적으로는 모든 주위 사람들 특히 여성에 대한 관계성을 형성하는 기능의 열등한 형태이지만, 그것은 자신에 대해서는 물론이고, 타인에 대해서도 주의 깊게 은폐되어 있다. 바꾸어 말하면, 한 남성의 외적인 인격이 지극히 정상적이라 해도, 그는 '내적인 여성'이라는 가련한 존재를 타인에게 — 심지어는 자기 자신에게까지 — 은폐하고 있다는 것이다. 바로 이것이 우리 환자의 경우였다. 그의 여성적인 면은 매우 잘 은폐되어 있었다. 실제로 꿈은 그에게 '당신은 어떤 점에서 타락한 여성 같이 행동하고 있다.'고 알리고 있다. 이것은 그에게 적절한 쇼크를 주었다. (물론 이 같은 예를 무의식이 '도덕적' 명령에 관련되어 있다는 식으로 해석해서는 안된다. 꿈은 환자에게 '보다 잘 행동하라'고 명령하는 것이 아니라 외적으로는 약간의 빈틈도 없어 보이는 완전한 신사인 자기 모습의 허구성을 보상하여 의식의 평형을 이루려는 것에 불과하다.)

꿈을 꾼 사람들이 꿈의 메시지를 무시하거나 거부하려고 하는 것도 쉽게 이해될 수 있다. 물론 의식은 무의식의 것, 혹은 미지의 것에 대해 늘 저항한다. 미개인들 사이에도 존재했던 소위 '보수주의'라는 것, 즉 새로운 것에 대한 뿌리 깊은 미신적 공포에 대해서는 이미 지적한 바 있다. 미개인들은 심한 경우에는 마치 야생동물 같은 반응마저 보인다. 그러나 '문명인'도 새로운 관념에 대해서는 거의 똑같은 방법으로 반응하고, 새로운 것에 직면하여 생기는 쇼크로부터 자신을 지키려고 심리적인 방어벽을 세운다. 이는 꿈이 무엇인가 놀랄 만한 사실을 자각케 하는 경우, 사람들이 그에 대해 나타내는 반응 속에서 쉽게 관철할 수 있다. 천학·과학·문학세계에 있어서조차 선구자들은 그 시대 인들의 본능적 보수주의의 희생물이 되곤 하였던 것이다. 심리학은 과학 중에서도 가장 힘든 학문이다. 그것은 무의식의 운동 양태를 연구하는 것이기 때문에, 항상 극단적인 보수주의에 직면하지 않을 수 없는 것이다.

2. 무의식의 과거와 미래

이제까지는 내가 꿈이라는 문제에 접근하는 데 있어서 기초로 삼은 원리에 대하여 몇가지 개략적인 설명을 하였다. 상징을 만들어 내는 인간의 기능에 대해 연구하려 할 때 꿈은 그 목적을 위해 가장 기본적이며, 입수하기 쉬운 소재이기 때문이다. 꿈을 취급하는 데 있어서 기본적으로 유의해야 할 점이 두 가지 있다. 첫째, 꿈은 하나의 사실로서 취급되어야 하며, 꿈이란 여하튼 간에 의미를 가지고 있다는 것 이외에는 어떠한 전제도 있어서는 안된다. 둘째, 꿈은 무의식의 고유한 표현의 하나이다.

이 이상 겸허한 원리는 생각할 수 없을 것이다. 무의식을 아무리 경시하는 사람이라도, 그것이 적어도 연구할 가치가 있다는 사실에는 틀림없이 동의할 것이다. 무의식이라는 것은 적어도 곤충학자에게 성실한 흥미를 불러 일으키는 이(虱) 정도의 중요성은 가진다. 꿈에 대해 경험도 지식도 거의 없는 사람이, 꿈은 의미 없는 혼란된 현상이라고 생각한다면, 그것은 우리가 상관할 바가 아니다. 그러나 만일 꿈이 정상적인 현상이라고 추론한다면, (실제로 그렇지만) 꿈은 인과적이라든가 — 즉, 그 존재에는 합리적인 원인이 있든가 — 혹은 어떤 의미에서 목적을 가지고 있든가 또는 양쪽 모두라고 생각하지 않을 수 없을 것이다.

이제 의식과 무의식의 내용이 어떤 형태로 결합되어 있는가를 조금 더 상세하게 살펴 보자. 조금 전까지만 해도 사고가 아주 명료했었는데 갑자기 무슨 말을 내뱉었는지 생각나지 않는다든가 혹은 친구를 소개하려는데 그의 이름이 입 안에서만 맴돌고 전혀 생각나지 않는 경우가 있다. 이럴 때 당신은 생각이 떠오르지 않는다고 말한다. 그러나 실제로는 사고가 무의식으로 변화한 것이고, 또는 적어도 일시적으로 의식으로부터 이탈한 것이다. 우리는 마찬가지 현상을 감각기능에서도 찾아볼 수 있다. 가령, 우리가 소리가 나는지 안나는지도 모를 정도로 작은 연속음에 귀를 기울이면, 그 소리는 규칙적인 간격으로 들렸다가 들리지 않았다가 하게 된다. 이 같은 변동은, 인간의 주의력의 주기적인 감소와 증가에 의한 것이지, 음의 변화에 의한 것은 아니다.

어떤 기억이 우리의 의식에서 사라졌다해도, 그것이 존재를 아주 상실해 버린 것은 아니다. 그것은 마치 길 모퉁이에서 시야로부터 사라져버린 자동차처럼, 다만 보이지 않게 되었을 뿐이다. 나중에 우리가 그 차를 다시 보게 되듯이 일시적으로 잃어버렸던 생각은 다시 떠오르게 되는 것이다.

주의가 산만한 사람이 무엇인가를 찾으려고 방안을 걷고 있다. 그는 갑자기 멈춰 서는데, 왠지 곤혹스런 표정이다. 그는 자기가 무엇을 찾고 있었던가를 잊어버리고 만 것이다. 흡사, 몽유병자처럼 그의 양손이 테이블 위의 물건을 만지작거린다. 본래의 목적은 불투명해졌지만, 그는 무의식적으로 그것에 의해 이끌려지고 있다. 그러던 중, 그는 자신이 바라고 있는 것이 무엇이었던가를 깨닫는다. 그의 무의식이 그의 기억을 일깨워 준 것이다. 이 같이 무의식은 일시적으로 불명확해진 생각이나 인상 혹은 이미지의 중첩으로 구성되어 있고, 그것은 잃어버린 것임에도 불구하고 우리의 의식에 계속 영향을 미치고 있다.

신경증 환자의 행동을 관찰해 보면, 그는 마치 의식적·합목적적으로 여러 가지 일을 행하고 있는 것처럼 보일 것이다. 그러나 그를 추궁해 보면, 그는 그 일들에 대해서 전혀 무의식이든가 혹은 전혀 다른 일을 생각하고 있다는 것을 느끼게 될 것이다. 신경증 환자는 듣고 있지만 귀머거리이고, 보고 있지만 장님이며, 알고 있지만 무지하다. 이러한 예는 지극히 평범한 것으로서 마음속의 무의식적인 내용이 흡사 의식을 가지고 있는 것처럼 행동케 하며, 또 그 같은 경우에는 그 생각이나 말, 행동이 의식적인지 아닌지 명확치 않다는 것이 전문가들에게는 잘 알려져 있다.

이와 같은 행동 때문에 의사들 중에는 히스테리 환자가 하는 말은 모두 거짓이라고 단정지으려고 하는 사람이 많다. 실제로 이런 환자들은 우리들보다도 많은 허위를 조작해낸다. 그러나 여기에 '거짓말'이라는 단어를 사용하는 것은 부당하다. 사실, 무의식으로부터의 간섭에 의해 예측할 수 없는 의식 장애를 일으키는 그들의 정신상태는 불확실한 행위의 원인이 된다. 그들의 피부감각조차도 이와 유사한 인지 상실을 보인다. 히스테리성 환자의 팔뚝을 바늘로 찌르면 어떤 순간에는 통증을 느끼지만, 또 어떤 때는 아무것도 느끼지 못한다. 만약, 그의 주의력이 일정한 대상에 집중되면 그의 신체 전체가 완전히 마취되고, 그 상태는 감각 상실을 야기한 긴장이 사라질 때까지 계속된다. 긴장이 없어지면 감각은 즉시 회복된다. 그러나 그 기간 중에도 무슨 일이 일어나고 있는가에 대해서는 무의식적으로 인지하고 있다.

이런 환자에게 최면을 걸어보면 이 과정을 확실하게 관찰할 수 있다. 환자가 세세한 일들을 모두 인지하고 있었다는 것을 쉽사리 알 수 있는 것이다. 그는 팔뚝을 바늘로 찌른 일이나 의식을 잃었을 때 내뱉은 말 등을, 마치 감각마비나 '망각'이 전혀 없었던 것처럼 정확히 기억해낼 수 있다. 전에, 완전한 혼수상태에 빠져 병원으로 실려 온 부인이 있었다. 다음날 의식을 회복했을 때 그녀는 자신이 누군지는 알고 있었지만, 여기가 어딘지, 어떻게 해서 어떤 이유로 병원에 왔는지는 물론 날짜조차도 기억해내지 못했다. 그러나 내가 최면을 걸자, 그녀는 어째서 병이 일어났는가, 어떻게 병원으로 옮겨졌는가, 또 누가 입원시켰는가를 나에게 말해 주었다. 이들 세부적 사실들은 모두 틀림없는 사실임이 입증되었다. 최면상태에서 그녀는 너무도 명석해서 마치 의식이 온전한 사람처럼 보였다.

이같은 문제를 설명하기 위해서는, 늘 임상적 관찰에 의해 얻어진 사실을 인용할 필요가 있다. 때문에 무의식 또는 모든 미묘한 무의식의 표출은 정신병리학의 문제에만 속한다고 생각하는 사람이 많다. 이런 사람들은 무의식의 발현은 신경증적 정신병적인 것이라고 생각하고, 정상 정신상태와는 전혀 무관한 것이라고 생각한다. 그러나 신경증적인 현상은 결코 질병에 의해서만 일어나는 것은 아니다. 그것은 사실, 정상적인 현상이 병적으로 확대된 것에 불과하며, 그것은 과장된 것이기 때문에 정상적인 상태에 비해 보다 확실하게 눈에 띌 뿐인 것이다. 히스테리 증상은 모든 정상인에게서 찾아볼 수 있지만 대부분 지극히 미미한 정도여서 일반적으로 간과되고 만다.

예를 들면, 망각이라는 것은 정상적인 과정이다. 그것은 어떤 의식적 사고가 우리의 주의력이 다른 곳으로 쏠리게 될 때, 특정 에너지를 상실하게 되는 현상이다. 흥미가 다른 방향으로 쏠리면 지금까지 관심을 끌던 대상이 어둠 속에 내팽겨쳐진다. 그것은 마치 서치라이트가 새로운 대상을 비출 때, 다른 곳들은 어둠에 잠기게 되는 것과 마찬가지이다. 이는 어쩔 수 없는 일이다. 왜냐하면 의식이 일정 시점에서 완전하고 명확하게 보존시킬 수 있는 이미지의 총수는 그리 많지 않으며 더욱이 수용된 이미지라 하더라도, 그 명료성에는 강약의 변천이 일어나게 되기 때문이다.

그러나 망각이란, 기억 자체의 존재 상실을 의미하는 것이 아니다. 그것은 의지에 의해 재생될 수는 없지만, 잠재적 상태 — 재생 역치(逆峙)를 막 넘으려는 상태 — 로는 존재하고 있고, 때문에 때를 가리지 않고 자연발생적으로 다시 튀어 나오게 되는 것이다. 때로는 완전히 망각된 것 같았던 기억이 수년 후에 되살아나는 일도 있다.

지금까지는 의식적으로 보고 들었던 것을 차후에 망각한 경우에 대해 이야기했다. 그러나 우리는 인지하지 못하면서도 보고, 듣고, 냄새맡고, 맛보는 경우가 많이 있다. 이런 경우는 우리의 주의력이 그 대상에 집중되어 있지 않든가, 또는 감각에 대한 자극이 의식적인 인상을 남기기에는 너무 약하기 때문에 일어난다. 그러나 무의식은 그 대상에 주의를 쏟고 있다. 또한 우리가 의식하지 않고 있더라도 잠재적인 지각은 일정(一定) 사건이나 인간에 대한 우리의 반응 방향에 영향을 미치고 있다.

이 문제점을 보다 명료하게 해 줄 예를 들어보겠다. 어떤 교수가 학생과 대화에 열중하면서 시골길을 거닐고 있을 때 갑자기 그는 유년시절에 대한 뜻밖의 기억에 의해 사고의 흐름이 방해받고 있는 것을 느꼈다. 그는 이 같은 주의력의 혼란을 설명할 수 없었다. 그때 그들의 대화 내용은 그 기억과는 전혀 관계가 없는 것이었다. 곰곰이 되새겨 보니 유년시절의 기억이 솟아오른 것은 그가 농장을 지나쳐 올 때였다. 그는 그 공상이 시작됐다고 추측되는 지점으로 되돌아가 보자고 학생에게 말했다. 농장에 당도하자 거위의 울음소리가 들려왔다. 그는 곧 자신의 기억의 흐름을 혼란시킨 것은 이 울음소리였다고 느꼈다.

그는 어렸을 때, 거위를 기르는 농장에서 살았었다. 그 특유의 울음소리는 이미 잊혀졌지만, 지속적인 인상을 남기고 있었던 것이다. 산책 중, 농장을 통과할 때 그는 거위의 울음 소리를 잠재적으로 인지하고 그의 무의식적인 지각이 오래도록 잊혀져 있던 유년시절의 경험을 되살아나게 한 것이다. 그때 주의력은 다른 곳에 쏠려 있었고, 자극은 그의 주의력을 잡아 끌거나 직접적으로 의식에 도달할 만큼 강한 것은 아니었으므로 지각도 잠재적이었다. 그러나 그것은 '잊혀진' 기억을 되살아나게 한 것이다.

이 같은 '실마리' 또는 '방아쇠' 효과는 어떤 광경이나 냄새, 소리가 과거의 상황을 재생시키는 기억의 일반 형태를 설명해줄 뿐 아니라, 신경증 증상의 발현도 설명해준다. 예컨대, 한 여인이 사무실에서 분주하게 일을 하고 있는데 건강도 매우 좋아 보인다. 그런데 갑자기 머리가 깨질 듯한 두통이 일고, 다른 고통의 징후도 보이기 시작한다. 그녀는 의식적으로는 느끼지 못하고 있었지만, 멀리서 들려오는 기적소리 때문에 이미 잊혀진 애인과의 불행한 이별을 무의식적으로 기억해낸 것이다.

정상적인 망각은 차치하더라도, 프로이트는 불유쾌한 기억 — 즉, 무엇인가가 잊어버리도록 강요하고 있는 기억 — 의 망각에 대한 여러 가지 사례들을 기록하고 있다. 니체가 말한 것처럼, 프라이드가 특히 강한 사람의 경우, 기억은 오히려 그것에 의해 밀려나게 된다. 이 같이 망각된 기억들 중에는, 그 불유쾌성과 양립할 수 없는 프라이드라는 성질 때문에 잠재적인 상태(의식적으로 재생하는 것이 불가능한 상태)로 전화(轉化)된 것들이 상당히 많다. 심리학자들은 이런 것들을 억압된 내용이라고 부른다.

이에 대한 예로서, 자기 고용주의 친구 한 사람을 질투하고 있는 여비서가 있었다. 그녀는 그 사람의 이름을 자기 리스트에 분명히 기록해두고 있으면서도, 회의가 있을 때마다 항상 잊어버리고 초청장을 보내지 않았다. 그러나 이 점에 대해 해명을 요구할 때면 그녀는 단지 "잊었다"든가, "잠시 헷갈린 것 같다"고 말했다. 그녀는 — 자기 스스로도 — 그 실수의 진정한 이유를 전혀 인식하지 못하고 있었다.

대부분의 사람들은 의지력의 역할을 지나치게 과대평가하여, 자기 스스로 결정하거나 의도하지 않은 일은 결코 일어날 수 없다고 믿고 있다. 그러나 우리는 마음속의 의도적인 내용과 무의도적인 내용을 주의 깊게 구별할 수 있어야 한다. 전자는 자아 인격으로부터 분출되는 것이고, 후자는 자아와는 동일시할 수 없는, 그러나 자아의 '또 다른 면'

의 원천으로부터 분출되는 것이다. 앞의 예에서 비서로 하여금 초대장 발송을 잊게 한 것도, 실은 자아의 '또 다른 면'인 것이다.

우리가 인식하거나 체험한 것을 잊는 데에는 지극히 많은 이유가 있다. 또 그것들이 우리의 마음속에서 되살아나는 방법도 다양하다. 이에 대한 흥미 깊은 예는 소위 잠재기억(Cryptomnesia) 혹은 '은폐된 기억'이다. 저자들은 처음에 생각한 플랜에 따라 논의를 진행시키고 주제를 발전시키면서 저술을 해나간다. 그러나 갑자기 줄거리가 막히는 일이 있다. 이는 틀림없이 새로운 생각이 떠올랐든가 다른 이미지 혹은 전혀 새로운 줄거리가 생겨났기 때문일 것이다. 무엇 때문에 그 같은 탈선이 일어났는가를 그에게 추궁해봐도 답은 얻을 수 없다. 그는 전에는 알지 못했던 새로운 재료를 만들어내면서도 그런 변화를 스스로 느끼지 못한 것이다. 때로는 그의 저술이 타인의 저서 — 그는 그것을 한 번도 읽은 적이 없다고 생각하고 있다 — 에 실려 있는 내용과 거의 비슷한 경우도 있다.

나는 이 같은 흥미 깊은 예를, 니체의 '짜라투스트라는 이렇게 말했다' 중에서 찾아 볼 수 있었다. 니체는 이 책 속에서 1686년에 항해 일지로서 보고된 사건을 한 마디씩 재현하고 있다. 완전한 우연이지만, 그는 1835년(즉, 니체가 이 책을 쓰기 반세기 전)에 발행된 이 선원의 수기를 읽은 일이 있었다. 그리고 내가 '짜라투스트라는 이렇게 말했다' 중에서 똑같은 줄거리를 찾아냈을 때, 이는 니체 특유의 언어와는 전혀 다른 스타일로 기술되어 있었다. 니체는 이에 대해 전혀 언급이 없었지만, 나는 그가 그 고서적을 틀림없이 읽었을 것이라고 확신할 수 있었다. 더욱이 그 당시까지 생존해 있던 니체의 누이동생은 편지를 통해 니체가 11세 때 그 책을 읽었다고 확인해 주었다. 전체적인 흐름을 볼 때, 이 책을 표절하려는 의도가 니체에게 있었으리라고는 생각할 수 없다. 아마도 50년이 지난 후에 혼돈된 그의 의식 속에서 그 책의 내용이 생생하게 되살아난 것이라고 나는 생각하고 있다.

이와 비슷한 예로서, 순수 기억이라는 것이 있다. 이 같은 일이 음악가에게도 일어날 수가 있는데, 어렸을 때 농부의 노래나 유행가를 들은 음악가가, 나이가 든 후 작곡 중인 심포니 악장의 테마로서 그것을 사용하는 경우가 있다. 이는 뜻밖의 이미지가 무의식으로부터 의식세계로 흘러들어온 것이다.

무의식에 대해 이제까지 서술한 내용은 인간의 마음속의 이 복잡다단한 부분의 성질과 기능에 대한 조잡한 스케치에 불과하다. 그러나 꿈이라는 상징을 자연스레 산출시키는 잠재적 소재의 종류에 대해 개술할 수는 있었다고 생각한다. 이 잠재적 소재는 모든 동기, 충동, 경향성, 모든 지각과 직관, 합리적·비합리적 사고, 결론, 귀납, 연역, 전제, 그리고 모든 종류의 감정들로 구성되어 있다. 이들 중 어느 것이나 부분적, 일시적 혹은 항상적으로 무의식의 형태를 취할 수 있는 것이다.

이 같은 소재들이 무의식으로 전화되는 것은 대개 의식적 마음속에는 그것을 보존할 장소가 없기 때문이다. 우리의 사고들 중의 일부가 그 정감적인 에너지를 잃고 잠재적으로 된다(즉, 그들은 우리의 의식적인 주의력을 끌지 못하게 된다). 그것들이 흥미가 없어지거나, 우리와 무관하게 되거나, 혹은 그것들을 우리의 시계 밖으로 밀쳐 내려는 어면 이유가 존재하기 때문이다.

이 같이 '망각'이라는 것은, 우리에게 지극히 정상적인 일이고 또 필요한 것이다. 우리의 의식 속에 새로운 인상이나 관념이 들어설 수 있는 자리가 제공되기 때문이다. 망각이 일어나지 않으면, 우리의 경험 모두가 의식 영역 속에 빽빽이 들어서서 우리의 마음은 갈피를 못 잡고 혼란 속에 빠지게 될 것이다. 이 현상은 오늘날 매우 널리 알려져 있고, 심리학에 대해 조금이라도 알고 있는 사람이라면, 이를 당연한 사실로 받아들이고 있다.

의식의 내용이 무의식 속으로 소거(消去)되는 것과 마찬가지로, 새로운 내용 — 이제까지 한 번도 의식화되지 않은 내용 — 이 무의식으로부터 분출되는 일이 있다. 예컨대, 사람들은 무엇인가가 의식 속으로 들어오려고 하는 것을 어렴풋이 느끼는 일이 있다. 즉, '무엇인가가 떠오를 것 같다'든가, '어떤지 색다른 느낌이 든다'고 느낀다. 무의식이 단순한 고물 창고가 아니라, 미래의 심적 상황이나 사고의 가능성으로 가득차 있다는 사실을 발견함으로써 나는 심리학에 대한 새로운 접근법을 시도하게 되었다. 이 점을 둘러싸고 상당히 많은 논쟁이 있었다. 그러나 의식된 과거의 기억과는 다른 전혀 새로운 사고나 창조적 관념 — 이제까지 한 번도 의식화된 적이 없는 생각이나 관념 — 이 무의식으로부터 분출된다는 것은 사실이다. 그것들은 마음속 어둡고 깊은 곳에서 자라나 잠재적인 마음의 가장 중요한 부분을 형성하고 있다.

이러한 사실은 일상생활의 딜레마들이 종종 놀랄 만한 새로운 제의에 의해 해결되는 예에서 쉽게 확인할 수 있다. 즉 많은 예술가, 철학자 그리고 과학자에 있어서도, 그 최고의 입적은 무의식으로부터 돌연히 솟아오르는 인스피레이션에 의해 이룩된다. 이 같은 소재의 풍부한 광맥에 도달하여 그것을 효과적으로 철학, 문학, 음악, 과학적 발견으로 전화시키는 능력은 소위 천재들의 공통된 특성이다.

이 같은 사실에 관한 명백한 증거는 과학사 속에서 찾아볼 수 있다. 예컨대, 프랑스의 수학자 프엥칼러나 화학자 케에클러의 중요한 과학적 발견은(그들 스스로 인정하고 있듯이), 무의식으로부터 돌연 솟아오른 회화적인 '계시'의 도움을 받은 것이다. 프랑스의 철학자 데카르트가 말하는 소위 '신비적 체험'에는 그로 하여금 한순간에 '모든 과학의 질서'를 발견케 한 돌연한 게시가 함축되이 있다. 영국의 작가 로버트 루이스 스티븐슨은 '인간의 이중성에 관한 강한 느낌'에 꼭 들어맞을 만한 이야기를 수년간 구상했지만 '지킬박사와 하이드 씨'의 줄거리는 돌연히 그의 꿈 속에서 떠올랐던 것이다.

뒤에서 나는 그 같은 소재가 어떻게 무의식으로부터 생겨나는가에 대해 충분히 설명할 것이다. 또한, 그 표현된 형태에 대해서도 검토할 것이다. 여기에서는 우선, 그같은 새로운 소재를 산출하는 마음의 능력은 꿈의 상징성을 취급할 때 특히 의미를 가지게 된다는 것을 지적해두고 싶다. 나는 나의 전문적인 작업을 통해서, 꿈의 이미지나 관념은 기억이라는 측면만으로는 설명할 수 없다는 것을 거듭 확인해왔기 때문이다. 그것들은 이제까지 의식 영역에서는 결코 도달치 못한 새로운 생각을 표명하고 있다.

3. 꿈의 기능

이제까지 꿈 세계의 기원에 대해 상당히 자세히 서술해왔다. 꿈은 대부분의 상징이 원래 발생한 토양이기 때문이다. 생각건대 꿈을 이해한다는 것은 어려운 일이다. 이미 지적한 바와 같이, 꿈은 의식적인 마음이 구사하는 언어와는 전혀 다르다. 일상생활에서 사람들은 자신이 말하고자 하는 것에 대해 충분히 생각하고, 그것을 표현하기에 가장 적절한 방법을 선택하여 자신의 말이 논리적으로 일관되게 하려고 노력한다. 예컨대, 교육자는 자신의 말이 혼란된 인상을 줄까 우려하여, 모순이 따를 만한 비유의 혼용은 피하려고 한다. 그러나 꿈은 다른 구조를 가지고 있다. 모순되고, 어처구니 없어 보이는 이미지가 꿈 꾸는 사람의 마음에 쇄도한다. 일반적인 시간 감각은 상실되고, 흔해빠진 사물이 매력적인 혹은 공포스런 형태를 띠고 나타나는 일도 있다.

각성시(覺醒時)의 사고에 있어서 기본 요건이라고 할 만한 통제된 구조와는 상당히 다른 방법으로, 무의식이 그 소재에 질서를 부여하는 것은 기묘한 일이라고 생각될 것이다. 그러나 가끔 시간을 내어 꿈을 생각해내려고 애써본 사람이라면 누구나 이 같은 대비에 대해 느껴보았을 것이다. 이는 실제로 일반인들이 꿈을 이해하기는 매우 어렵다고 생각하는 이유 중의 하나이다. 꿈은 정상적인 각성시의 체험이라는 관점에서 보면 의미를 찾을 수가 없다. 때문에 사람들은 꿈을 무시하든가 꿈에 대해 곤혹스러워하든가 또는 백안시하게 되는 것이다.

일견 통제되어 있는 것으로 보이는 각성시에 있어서 우리가 취급하는 관념들이, 그렇게 믿을 만한 정도로 엄밀한 것은 아니라는 것을 깨닫는다면 위에서 말한 점을 보다 쉽게 이해할 수 있을 것이다. 우리가 각성시의 관념의 의미를 (그리고 그 정감적인 의미를) 보다 자세하게 조사해보면 볼수록 엄밀성이 결여되어 있다는 것이 더욱 여실히 드러난다. 이는 우리가 듣거나 경험하는 것들은 모두 잠재적으로 되기 — 즉, 무의식 속으로 들어가기 — 때문이다. 우리가 의식 속에 보존시키고 의지에 의해 재생시킬 수 있는 것들조차 무의식이라는 바탕색을 띠게 되며, 관념은 머릿속에 떠오를 때마다 그 바탕색으로 채색된다. 실제로 우리의 의식적인 인상은 심리적으로 중요한 무의식의 의미 요소를 받아들이지만, 우리는 이 잠재적 의미가 존재한다는 사실이나, 그것이 일반적인 의미를 확장시키고 혼란시킨다는 것을 느끼지 못하고 있다.

물론 그 심적 바탕색은 사람에 따라 다르다. 개개인들은 아무리 추상적이고 일반적인 개념이라도 개인 나름대로 마음의 문맥에 끼워맞춘다. 때문에 우리는 그것들을 각기 개인적인 방법으로 이해하고 응용한다. 내가 대화 중에 '지위', '돈', '사회' 등의 단어를 사용할 때, 나는 상대방이 내가 이해하는 것과 '어느 정도' 같게 이해하고 있다고 가정한다. 그러나 여기에서는 '어느 정도'라는 것이 나의 논점이다. 어떤 단어라도 동일한 문화적 배경을 가진 사람들 사이에서조차 개인에 따라 약간 다른 의미를 가지게 된다. 이 같은 차이가 생기는 이유는 일반적인 개념이 개인의 문맥 속에 수용되고, 그 때문에 약간 개인적인 방법으로 이해되고 적용되기 때문이다. 그리고 의미의 차이는, 사람들이 전혀 다른 사회적, 정치적, 종교적 내지 심리적인 체험을 가지고 있을 때 가장 최대로 된다.

개념이 그 단어 자체에만 국한된 것일 경우에, 그 차이는 거의 눈에 띄지 않아 실제적으로는 문제가 되지 않는다. 그러나 정확한 정의나 주의깊은 설명이 필요한 때에는 용어에 대한 순수하게 지적인 이해의 면뿐 아니라, 정서적인 색조나 그 적용에 있어서 놀랄 만한 차이를 발견한다. 요컨대, 이들 차이는 잠재적인 것이어서 결코 인지되지 않는 것이다.

이와 같은 차이는 일상생활에서는 별로 필요가 없고, 용어가 가지고 있는 여분의 의미로서 삭제해버릴 수 있는 뉘앙스라는 이유로 무시되고 있다. 그러나 이 같은 차이가 존재한다는 사실은 의식의 가장 즉물적(卽物的)인 내용조차 그 주위 어디엔가 불확실한 것을 지니고 있다는 것을 암시한다. 용어 자체가 내포하고 있는 것 이상의 의미는 전혀 포함시키지 않게끔 지극히 주의 깊게 정의된 철학이나 수학상의 개념에도 우리가 생각하고 있는 것 이상의 모호성이 도사리고 있다. 그것은 심적 사상이므로 그 자체 또는 그 전부를 알 수는 없는 것이다. 계산에 시용되는 숫자마저도 우리가 생각하고 있는 것 이상의 의미를 가지고 있다. 숫자는 동시에 신화적인 요소인 것이다. (예컨대, 피타고라스파에 있어서, 숫자는 신성한 것이었다.) 그러나 우리가 숫자를 실제적인 목적에 이용할 때에는 확실히 이런 사실을 알지 못한다.

요컨대, 우리 의식 내의 모든 개념은, 그 자체의 심리적 연합을 가지고 있다. 그 심리적 연합들은 (그 개념의 중요성 혹은 무의식 내에 연상되는 다른 개념이나 콤플렉스 등에 의해) 서로 상이한 강도를 지니게 된다. 이들은 그 개념의 '보통'의 성격을 변화시킬 수 있다. 그것이 의식 레벨의 바닥밑으로 밀려 흘러들어 가면, 전혀 다른 것으로 변하는 일도 있다.

우리에게 발생하는 모든 일들의 이 같은 잠재적 측면은 일상생활에서 매우 중요한 부분을 차지하고 있다고 생각된다. 그러나 꿈의 분석에 있어서는, 심리학자는 무의식의 표현을 취급하므로 그 같은 사실들에는 그리 크게 관계되지 않는다. 잠재적 측면이라는 것은 우리들의 의식적 사고의 보이지 않는 근원이다. 때문에 아주 평범한 사물이나 생각이, 꿈 속에서는 지극히 강력한 심리적 의미를 띠고 나타나며, 꿈 속에서 단지 자물쇠가 걸린 방이 보이거나, 열차 시간에 늦어 열차를 타지 못하는 장면만으로도 우리는 놀라서 잠을 깨게 되는 것이다.

꿈 속에서 나타나는 이미지는, 그 깨어 있을 때의 분신인 개념이나 체험보다도 훨씬 회화적이고 생생하다. 꿈 속에서는 그 같은 개념이 무의식적인 의미를 표현할 수 있기 때문이다. 의식적 사고에 있어서는, 우리는 자신을 합리적 표현 내에 제한시키고 있다. 합리적 표현은 그에 수반되는 심리적 연상을 대부분 제거하기 때문에 색조가 그리 풍부하지 못하게 되는 것이다.

해석하기가 매우 힘들었던 내 꿈 하나를 예로 들겠다. 꿈 속에서, 한 남자가 나를 따라와 등 뒤에서 덤벼들려고 했다. 나는 이 남자에 대해서 그가 내가 한 말을 트집잡아 그 의미를 그로테스크하게 해학화(諧謔化)하고 억지를 쓰려고 한다는 것 이외에는 아무것도 알지 못했다.

그러나 나는 이 사실과 그가 꿈 속에서 나에게 덤벼들려고 했다는 사실과의 연관성을 찾아낼 수가 없었다. 그러나 직업상 내가 한 말을 누군가가 오해하는 일은 종종 있다. 흔히 있는 일이고 있을 수 있는 일이기에, 이 같은 오해 때문에 화가 나는 일은 있어도, 그리 고민하지는 않았다. 자신의 정서적인 반응에 대해 의식적인 통제를 가하는 것은 가치 있는 일이다. 나는 이것이 꿈이 지적하려고 한 점이라는 것을 알았다. 꿈은 오스트리아의 방언을 끄집어내어 그것을 회화적인 이미지로 번역한 것이었다. 그 말은 일상 회화에서 잘 쓰이는 것으로서 Du Kannst mir auf den Buckel Steigen(영어로는 you can climb on my back. 당신은 내 등에 올라가도 좋습니다.) — 이것은 "당신은 내게 뭐라고 해도 좋습니다."라는 의미를 나타낸다. 이 말의 미국식 표현은 "Go jump in the lake"이므로 이것도 또한 꿈으로 표현될 수 있을 것이다.

이 꿈의 영상은 상징적이라고 할 수는 없을 것이다. 그 상황을 직접적으로 표현한 것이 아니라, 처음에는 내가 이해할 수 없었던 은유의 방법으로 간접적으로 표현했기 때문이다. 이와 같은 일은 (종종 일어나는 일이지만) 결코 꿈이 그것을 의도적으로 변장시켰기 때문에 일어나는 것이 아니다. 즉, 그것은 정서적인 것을 배경으로 한 회화적인 언어에 대한 우리의 이해에 결함이 있다는 것을 보여주고 있을 뿐이다. 일상적인 경험에 있어서는, 사실을 가능한 한 정확하게 서술할 필요가 있고, 우리는 언어에 있어서나 사고에 있어서나 공상적인 수식을 제거해 버려야 한다고 교육받는다. — 이로 인해, 우리의 타고난 소질을 상실하고 말지만 미개인들의 마음속에는 아직까지도 이 소질이 특징적으로 살아 있다. 우리는 대부분 모든 사물이나 관념이 가지고 있는 공상적인 심리적 연상을 무의식에 위탁해 버리고 만다. 그에 비해 미개인은 그들의 심리적 특성을 아직까지 인식하고 동물이나 식물이나 바윗덩어리에게 우리가 기묘하게 느끼고 받아들이고 싶어 하는 힘을 부여하고 있다.

아프리카의 상고르 주민들은 대낮에 야행성 동물을 보면 그것은 마법사의 변장한 모습이라고 간주한다. 또는 그것이 초원의 혼(魂)이나 자기 종족의 선조의 영혼이라고 생각하기도 한다. 한 그루의 나무가 어떤 미개인의 생명의 큰 부분을 연출하는 경우도 있다. 그런 경우 나무는 그에게만 느껴지는 고유의 혼과 목소리를 가지고 있고, 당사자는 그 나무와 운명을 나누고 있다고 느낄 것이다. 남미 인디언 중의 한 종족은, 자신들에게 깃털이나 날개나 부리가 없다는 것을 인정하면서도, 자기들은 붉은 아라라 잉꼬라고 장담한다. 이는 미개인의 세계에서는, 사물은 모든 '합리적' 사회에서처럼 확실한 경계를 가지고 있지 않기 때문이다.

결국 우리의 세계는 심리학자가 마음의 동일성이나 '신비적 참여'라고 부르는 것들을 모두 제거해 버린 것이다. 그러나 무의식의 연상이라는 이 후광이 바로 미개인의 세계에 색채적인, 공상적인 측면을 제공해 주고 있는 것이다. 우리는 그것을 완전히 상실하고 말았고, 그것을 다시 만나게 되더라도 느낌을 받지 못하는 것이다. 그것들이 의식역 아래에 보존되어 있다가 가끔 나타나더라도 우리는 뭔가 이상하다고

만 느낄 뿐이다.

　교육도 받고 지능도 높은 사람이 묘한 꿈이나 공상 또는 환상을 보고는 깊은 충격을 받고 나에게 상담하러 오는 일이 여러 차례 있었다. 그들은 마음이 건강한 상태일 때는 이 같은 일이 일어날 수 없다고 확신하고 있고, 환상을 보게 되는 사람은 누구나 병적인 장애를 가지고 있는 사람이라고 확신하고 있다. 어떤 신학자는, 에스겔의 환상은 병적인 증상에 불과하고 모세나 기타 예언자들이 그들에게 말하는 '하늘의 음성'을 들었다는 것은 그들이 환각에 빠져 있었기 때문이라고 내게 말했다. 그와 같이 말하는 사람에게 똑같은 일이 '자연스레' 일어날 때, 그가 얼마나 당황할지는 충분히 미루어 알 수 있다. 우리는 이 세계의 일견 합리적인 성격에 지나치게 길들여져 있어서 상식으로 설명할 수 없는 일이 일어나리라고는 생각지도 못한다. 이 같은 쇼크에 직면한 미개인은 결코 자신의 정신 상태를 의심하지는 않았다. 그들은 물신(物神)이나 정령(精靈), 신(神)을 생각한 것이다.

　그러나 우리에게 영향을 미치는 정서라는 것은 이와 완전히 같은 것이다. 실제로 우리가 혼신을 바쳐 건설한 문명으로부터 생기는 공포는 미개인이 도깨비에게서 느끼는 공포보다도 훨씬 두려운 것이다. 근대적인 문명인의 태도로서는, 자기 자신이 의사이면서 내 병실에 정신병 환자로 입원해 있던 사람의 예를 들 수 있다. 어느날 아침, 그는 밤새 머어큐로크롬으로 천국(天國)을 소독했는데, 소독을 하는 중에도 전혀 신의 행적은 찾아볼 수 없었다고 말했다. 여기서 우리는 신경증 혹은 그보다 훨씬 해악한 것을 발견한다. 즉, 신 또는 '신에 대한 두려움'

대신에 불안 신경증 내지는 일종의 공포증이 자리잡은 것이다. 정서는 예전 그대로인데, 그 대상물이 이름도 성격도 모두 훨씬 해악한 것으로 변하고 만 것이다.

나는 여기서 암 공포증에 대해 상담하러온 철학 교수가 있었던 것을 생각해 냈다. 그는 여러 번 X선 사진을 찍었지만 전혀 이상이 없었음에도 불구하고 악성종양이라는 강박적 확신에 고뇌하고 있었다. 그는 "아무것도 없다고 판명되었습니다."라고 말했다. "그러나 뭔가 있을지도 모릅니다." 대체 무엇 때문에 이런 관념이 생겨났을까? 그것은 확실히 의식적인 사고에 의해 점차적으로 성립된 것이 아니라, 공포로부터 생겨난 것이다. 이 병적인 생각은 갑자기 그에게 덮쳐들어서 그로서도 통제할 수 없는 그것 자체의 힘을 지니게 된 것이다.

이 교육받은 사람들에게 있어서 이 같은 사실을 인정한다는 것은, 미 개인이 유령에게 재앙을 입었다고 인정하는 것보다도 훨씬 어려운 일 일 것이다. 이 같은 악령의 공포스런 영향이라는 것은, 미개인의 문화 에서는 적어도 허용될 수 있는 가설이다. 그러나 하찮은 상상의 장난에 불과하다는 것을 인정한다는 것은 받아들일 수 없는 체험이다. 미개의 귀신들림은 없어진 것이 아니다. 그것은 아직 예전 그대로 남아 있다. 단지, 그와는 다른 보다 불유쾌한 방법으로 해석될 뿐이다.

나는 근대인과 미개인에 대해 여러 가지로 비교해왔다. 이러한 비교는 인간의 상징 형성의 경향성이나 꿈이 그 표현 형태에 부과하는 역할을 이해하는 데 있어서 본진적인 것이다. 이는 대다수의 꿈이 미개인의 사고나 신화나 의식과 유사한 이미지나 연상을 보여 주기 때문이다. 이들 꿈의 이미지를 프로이트는 '고대(古代)의 잔존물(殘存物)'이라고 불렀고, 이 용어는 그 이미지들의 내용이 아주 오래 전부터 인간의 마음에 잔존해온 심리적 요소라는 것을 시사하고 있다. 이 같은 관점은 무의식을 의식의 단순한 부속물(혹은 보다 회화적으로 표현하면 의식적인 마음에 의해 거부된 모든 것들을 모아둔 저장고)로 간주하는 사람에게서 특징적이다.

그 후의 연구를 통해 나는 위와 같은 태도를 지지할 수 없고 수정해야 할 것이 있다는 느낌을 받았다. 나는 이 같은 연상이나 이미지라는 것은 무의식의 주요한 부분이고 어떤 경우에나 — 꿈꾼 사람이 교육을 받았든 무학이든 또는 지적이든 지적으로 열등하든 간에 — 인식된다는 것을 알았다. 그것은 어떻게 생각해 봐도 생명이 없는 무의미한 '잔존물'은 아니다. 그것은 오늘날에도 여전히 작용하고 있고 바로 이 역사적인 성격 때문에, 특히 가치가 높은 것이다. (이 점에 대해서는 헨더슨 박사가 이 책의 뒷부분에서 설명하고 있다.) 그것들은 우리의 의식적인 사고 표현방법과 보다 원시적이고 색채가 풍부한 회화적인 표현과의 사이에 다리를 형성한다. 바로 이 형태가 직접적으로 감정이나 정서에 호소하게 되는 것이다. 이들의 '역사적인' 연상은 의식의 합리적 세계와 본능의 세계를 결합시키는 것이다.

나는 이미 각성시에 가지는 '통제된' 사고와 꿈 속에서 산출되는 풍부한 상상과의 흥미깊은 대조점에 대해 논했다. 이제 우리는 그와 같은 차이가 생기는 여타의 이유를 찾아낼 수 있다. 우리는 문명화된 생관을 누리면서 관념이 가지는 정감적 에너지의 대부분을 박탈당했고,

이미 그것들에 대해 마음으로부터 반응하지 못하게 되었다. 우리는 그 같은 관념을 대화 속에서 사용하고, 또 다른 사람이 그것을 사용할 때 틀에 박힌 반응을 보이지만 별달리 깊은 인상을 받지는 않는다. 우리들에게 태도나 행동을 변화시킬 정도로 통절한 그 무엇을 느끼게 하기 위해서는 뭔가 그 이상의 것이 필요하게 된다. 그것을 '꿈의 언어'가 행하는 것이다. 꿈의 상징은 지극히 많은 심적 에너지를 가지고 있어서 우리는 그에 대해 주의를 기울이지 않을 수 없게 되는 것이다.

예를 들면, 도리에 맞는 이야기에 대해 완고하게 저항하고 어리석은 편견을 가지고 있다는 의미에서 지능이 낮은 부인이 있었다. 그녀와는 저녁 내내 토론을 해도 아무 효과도 없다. 그에 대해 그녀는 전혀 신경을 쓰지 않았을 것이다. 그러나 그녀의 꿈은 다른 선에서 접근해왔다. 어느날 밤, 그녀는 거대한 사교장에 참석하는 꿈을 꾸었다. 여주인은 그녀를 반겨 맞으면서, "어서 오십시오. 모두가 당신을 기다리고 있었습니다."라고 말했다. 그리고 문쪽으로 안내하여 빗장을 열었다. 그녀는 그 안으로 따라 들어 갔다. — 그 곳은 외양간이었다.

이 꿈의 언어는 매우 어리석은 사람이라도 이해할 수 있을 정도로 단순한 것이었다. 이 부인은 처음에는 자신의 약점을 직접적으로 비꼬고 있는 이 꿈의 요점을 받아들이지 않으려고 했다. 그러나 그 이미지는 폐부를 찌르는 것이어서, 머지않아 그녀 스스로 꿈의 진정한 의미를 인정하지 않을 수 없게 되었고, 그것을 받아들이지 않을 수 없게 되었다.

무의식으로부터 나오는 이 같은 이미지는 사람들이 생각하고 있는 것보다 훨씬 중요한 것이다. 우리들의 의식적 생활은 모든 영향에 노출되어있다. 주변 사람들이 우리를 자극하거나 우울하게 만든다. 직장 생활이나 일상 생활에서 일어나는 일들이 우리를 혼란시킨다. 이 같은 일들이 우리를 부적절한 방향으로 유혹한다. 의식에 파급되는 그 영향을 인지하지 않고 있음에도 불구하고, 의식은 거의 무방비 상태로, 그에 의해 혼란되거나 영향받고 있다. 이 같은 일은 의향적인 태도를 가지고 외적인 사물을 특히 강조하고 있는 사람 혹은 자신의 가장 깊은 내면에 숨어 있는 인격에 대해 열등감이나 의심을 품고 있는 사람에게서 특히 일어나기 쉽다.

의식이 편견이나 오류, 공상, 그리고 유아적 소망에 의해 영향받는 정도가 클수록 이미 존재하고 있는 차이는 보다 넓어져서 신경증적으로 분리되고, 어떤 의미에서 부자연스런 생활이 시작되며, 건강한 본능이나 자연, 진실로부터 소원하게 된다.

꿈의 일반적 기능은 미묘한 방법으로 마음 전체의 평형성을 바로 잡을 만한 꿈의 재료를 산출로써, 심리적인 평형을 회복시키려는 시 도인 것이다. 이것은 내가 마음의 구조에서 꿈의 보조적 (혹은 보상적) 역할이라고 부른 것이다. 이것은 비현실적인 이상을 가진 사람이나, 자신에 대해 과대평가를 하고 있는 사람 또는 자기 능력에 어울리지 않는 과대한 계획을 세우는 사람들이, 공중을 날다가 추락하고 마는 꿈을 꾸는 이유 중의 하나이다. 꿈은 그들의 인격적 결함을 보상하고, 동시에 그들의 현재의 길이 위험하다는 것을 경고하고 있다. 꿈의 경 고가 무시된 경우, 실제로 사고가 발생한다. 희생자는 계단에서 굴러 떨어지거나, 자동차 사고를 당하게 될 것이다.

좋지 못한 관계에 빠져들어 벗어나지 못하게 된 남자가 있었다. 그는 일종의 보상작용으로 위험한 등산에 대해 거의 병적이라고 생각될 정도로 열정을 쏟았다. 그는 '자신 이상의 존재로 되는 것'을 탐구하고 있었던 것이다. 어느날 밤 그는 꿈 속에서, 자신이 높은 산꼭대기로부터 공중으로 걸어가는 것을 보았다. 그가 그 꿈 이야기를 할 때, 나는 즉시 위험을 알아차리고, 그것이 경고라는 것을 강조하고 스스로 자제하라고 설득했다. 그 꿈은, 그가 등반사고로 죽을 것을 예언하고 있다는 말까지 했다. 그러나 그것은 헛수고였다. 6개월 후 그는 '공중으로 걸어 갔다.' 안내인은 그가 친구와 함께, 어려운 코스에서 로프를 타고 내려오는 것을 보았다. 그의 친구는 벼랑바위에서 임시로 디딜 곳을 찾았고, 그도 따라 내려갔다. 갑자기 그는 잡고 있던 로프를 놓아 버렸다. 목격한 안내인은 "마치 공중을 날아 가는 것 같았다."라고 말했다. 그는 친구 머리 위로 떨어져 두 사람 모두 추락사하고 말았다. 전형적인 예를 하나 더 들자면, 매우 근면하고 성실하게 살아가는 한 부인이 있었다. 그녀는 일상생활에서는 고상하고 정숙했다. 그러나 그녀가 꾼 꿈은 온갖 쾌락적인 것들을 연상시키는 쇼킹한 것이었다. 내가 그것을 노골적으로 해명하자, 그녀는 내 해석을 완강히 부인하면서 분개했다. 꿈이 점차 강박적인 것으로 되어가자, 그녀는 정열적인 공상에 심취되어 홀로 숲속을 거니는 버릇까지 생길 정도가 되었다. 나는 위험을 직감했지만, 그녀는 나의 엄중한 경고를 받아들이지 않았다. 머지않아 그녀는 숲속에서 만난 부랑배에게 잔혹한 폭행을 당했다. 그녀의 비명 소리를 듣고 사람이 달려가지 않았더라면 그녀는 살해되고 말았을 것이다.

이 같은 예측은 마술이 아니다. 이 부인의 꿈이 내게 알려준 것은, 그녀가 그 같은 모험에 대해 막연한 동경을 품고 있다는 사실이다. 이 것은 예의 등산가가 어려운 코스를 벗어나 완전한 길을 찾아내는 만 족을 무의식적으로 탐색하고 있었던 것과 마찬가지이다. 확실히 그들 중 어느 경우도 거기에 포함되어 있는 의외의 대가에 대해서는 생각도 하지 못하고 있었다. 그 부인은 여러 군데 골절상을 입었고, 그 등산가 는 자신의 생명이라는 대가를 지불한 것이다.

이와 같이 꿈은 어떤 사태가 실제로 일어나기 전에, 그 장면을 예시 할 수도 있다. 이것은 반드시 기적이나 예언의 한 형태라고 할 필요는 없다. 인생에서의 수많은 위험은 오랜 무의식적인 역사를 가지고 있다. 우리는 위험이 산적되어 가는 것도 모르고 그것을 향해 한 발 한 발 가 까이 다가간다. 그러나 우리가 의식적으로 파악하지 못하는 사건은 종 종 무의식에 의해 감지된다. 무의식은 그 정보를 꿈을 통해 전달할 수 있는 것이다.

꿈은 이 같은 방법으로, 경고를 보내고 있다. 그러나 경고를 보내지 않는 경우도 종종 있다고 생각된다. 때문에 자비심 많은 손이, 사전에 우리를 억제한다는 전설은 의심스러운 것으로 보인다. 보다 구체적으 로 말하면, 그 자비심 많은 손이라는 것은 작용할 때도 있지만, 작용하 지 않을 때도 있다는 것이다. 신비적인 손이 지시하는 쪽이 때로는 파 멸의 방향인 경우조차 있는 것 같다. 꿈은 때로는 함정이라고 판명되 는 일도 있고, 또 그렇게 생각되는 경우도 있다. 꿈은 때때로, 크로소스 왕에게 내려진 델포이의 신탁, 즉 그가 하리스 강을 건너면 거대한 왕국을 파괴하게 될 것이라고 한 신탁과 마찬가지로 작용한다. 강을 건넌 후, 싸움에서 완전히 패배한 왕은 비로소, 신탁에서 예시된 왕국이 자신의 왕국이었다는 것을 깨달았다.

꿈을 취급할 때에는 단순소재에 현혹돼서는 안된다. 꿈은 완전히 인간적인 것이 아니며 오히려 자연의 숨결 — 아름답고 관대하며 동시에 또 잔혹하기도 한 여신의 정신 — 로부터 나오고 있다. 만약에 이 정신의 특성을 알고자 한다면 근대인의 의식보다도, 고대의 신화나 원시시대의 산림민화 등의 영역을 통해 그것에 접근할 수 있을 것이다. 나는 문명사회의 발전의 결과로 획득한 거대한 이익을 부정하려는 것은 아니다. 그러나 이 같은 이익은 막대한 손실의 대가로 해서 획득된 것이고, 그 손실의 크기는 거의 예측할 수 없을 정도이다. 내가 원시인과 미개인의 상태를 비교한 목적의 하나는, 이 손해와 이득의 균형을 보여주는 것이었다.

원시인은 자기 자신을 '제어'하는 방법을 터득한 '합리적'이고 근대적인 그 자손들보다 훨씬 더 본능에 의해 지배되고 있다. 이 문명화 과정을 거쳐오면서 우리는 우리의 의식을 마음속 깊이 있는 본능적 층으로부터 서서히 분리시켜왔고 마침내는 심리현상의 신체적 기초로부터도 분리시키기에 이르렀다. 그러나 다행스럽게도 우리는 이 기본적, 본능적인 층을 상실해버린 것은 아니다. 그것들은 비록 꿈의 형태를 통해서만 우리들에게 나타나지만, 무의식의 일부로서 잔재되어 있다. 이들 본능적 현상은 — 그 성격이 상징적인 것이기 때문에 그것들이 대체 무엇인가를 늘 인지할 수는 없을지도 모르지만 — 소위 보상적 기능이라는 측면에서 중요한 역할을 담당하고 있다.

정신적인 안정을 위해서, 또 신체적인 건강을 위해서도 무의식과 의식은 통합적으로 결합되고 따라서 평행적으로 운동하지 않으면 안된다. 만약 그것들이 나뉘어져 '분리되어 있을' 때는 심리적인 장해가 야기된다. 이 점에 있어서 꿈의 상징은 중요한 이미지를 마음의 본능적부분으로부터 합리적 부분으로 보내주는 전달자이다. 그것을 해석함으로써 빈곤한 의식은 풍요해지고 잊혀진 본능의 언어를 다시 이해할수 있게 되는 것이다.

물론 사람들은 종종 꿈의 상징에 대해 아무것도 느끼지 못하거나 이해하지 못하고 지나칠 수 있기 때문에 이 기능에 대해 불신감을 품게될 수도 있다. 일상생활에 있어서는 꿈의 해석은 부질없는 짓으로 여겨진다. 내가 동아프리카의 미개인에 대해 경험한 일을 설명하면 이 점이 보다 확실해질 것이다. 놀랍게도 이 종족은 자신들이 꿈을 꾼다는사실을 부정했다. 그러나 그다지 관심없는 대화를 참을성있게 계속하는 동안, 나는 그들이 모두 꿈을 꾸지만 그 꿈이 의미가 없다고 확신하고 있다는 것을 알았다. "보통사람의 꿈은 아무런 의미가 없다."라고그들은 말했다. 그들은 문제가 되는 꿈은 추장이나 샤먼의 꿈뿐이라고 생각하고 있고, 그들 사이에서 그 꿈은 그들 종족의 이익에 크게 관계되며 지극히 중요시되고 있다. 여기에서 유일한 장해는 추장이나 샤먼이 의미 있는 꿈을 꾸지 못하게 됐다고 주장하는 점이다. 그 같은 변화는 영국인들이 그들의 나라에 들어오면서부터 시작됐다고 한다. 지방장관 — 즉, 그들을 담당하는 영국인 관리 — 이 이제까지 그 종족의 행동을 이끌어 온 '위대한 꿈'의 기능을 박탈해버린 것이다.

이 종족의 사람들이 꿈을 꾼다는 것을 확실히 인정하면서도, 그 꿈이 의미가 없는 것이라고 생각하는 것은 근대인이 꿈을 스스로 이해할 수 없다는 이유만으로 아무런 의미가 없다고 생각하는 것이나 마찬가지이다. 그러나 문명인들조차도 꿈이 (그것을 기억해내지 못할지도 모르지만) 자신의 기분을 좋게도 만들고 나쁘게도 만든다는 것을 종종 관찰한다. 그 꿈은 '이해된' 것이기는 하지만, 잠재적인 방법으로만 이해된 것이다. 이것은 보통 자주 일어나는 일이다. 대부분의 사람들이 꿈을 해석하고 싶어하는 것은 꿈이 특별히 인상적이거나 같은 꿈이 정기적으로 계속 반복되는 것 같은, 지극히 드문 경우이다.

여기에서 나는, 지식도 없고 자격도 없는 사람의 꿈 분석에 대해 경고하고 싶다. 정신상태가 전혀 평형을 이루지 못하고 있는 사람들에 의한 꿈의 해석은 매우 위험하다. 이런 사람들의 경우 지극히 일면적인 그 의식은, 그에 대응하여 비합리적으로 된 '광적인' 무의식으로부터 분리되어 있다. 그리고 이 양자는 특별한 배려 없이는 하나로 통합되지 않는다.

보다 일반적으로 말하자면, 참고서를 한 권 사서 각 상징의 의미를 찾아보는 식으로 꿈 해석 사례의 해설서를 신용하는 것은 완전히 어리석은 짓이다. 꿈의 상징은 꿈을 꾼 당사자로부터 분리될 수 없고, 어떤 꿈에 대해서도 확정된 단순한 해석은 있을 수 없다. 의식을 무의식이 보상하는 방법은 각 개인마다 판이하게 다르므로, 꿈이나 그 상징이 어느 정도까지 분류될 수 있는가를 확정하는 것은 불가능하다.

전형적으로 잘 나타나는 꿈이나 단일한 상징(이것은 주제라고 불러야 하겠지만)이 존재한다는 것도 사실이다. 그 같은 주제 중에서 추락하는 것, 날아 오르는 것, 위험한 동물이나 적대적인 사람에게 쫓기는 것, 공개된 장소에서 벌거벗고 있거나 바보같이 우스꽝스런 모습을 하고 있는 것, 진흙 구덩이에 빠져서 벗어나오지 못하는 것 또는 싸워야겠는데 무기가 말을 듣지 않거나, 완전히 무방비 상태인 것 또는 죽을 힘을 다해 달리는데도 좀처럼 목적지에 도달할 수 없는 것 등의 테마가 있다. 전형적으로 유아적인 꿈의 주제는, 무한히 작아졌다가 무한히 커졌다가 하는 꿈이나 어떤 것이 다른 것으로 서서히 변화되어가는 꿈이다. ― 예컨대, 이런 것은 루이스 캐럴의 '이상한 나라의 앨리스'에 나온다. 그러나 나는 여기서 다시, 이들 주제가 그 꿈 자체의 문맥 속에서 고찰되어야만 하며, 어떤 자명한 암호로 생각되어서는 안된다는 것을 강조해야만 하겠다.

같은 꿈이 계속 반복되는 것은 주목할 만한 현상이다. 같은 꿈을 어려서부터 나이가 들 때까지 반복해서 꾸는 사람도 있다. 이 같은 꿈은 대개 꿈꾸는 사람의 생활태도상의 특정한 결함을 보상하려는 시도이다. 또는 마음에까지 상처를 입힐 만한 외상체험이 있고 난 뒤부터 그런 꿈이 나타나는 경우도 있다. 또, 때로는 장래의 중요한 사건을 예측하는 것일 수도 있다.

나는 수년에 걸쳐서, 꿈 속에서 하나의 주제를 보았다. 그 꿈에서 나는 내 집에서 이제까지는 그런 장소가 있는지도 몰랐던 부분을 발견한다. 때로는 그 부분은 오래 전에 돌아가신 양친이 살고 있는 집인데, 놀랍게도 나의 부친은 그 곳에 물고기의 비교해부학 연구실을 가지고 있고, 나의 모친은 유령 같은 손님을 위한 호텔을 경영하고 있다. 접객용 별관은 오래도록 잊혀져 있는 역사적 건물이지만, 내가 상속한 재산의 하나이다. 그 곳에는 흥미를 끌만큼 오래된 가구가 있고, 이 일련의 꿈의 마지막 부분에 이르면, 나 자신은 미지의 책이 가득차 있는 도서실을 찾아낸다. 마지막 꿈에서 나는 드디어 한 권의 책을 펼쳐들고 그 속에서 가장 훌륭한 상징적 그림을 찾아낸다. 잠에서 깨어났을 때 나의 심장은 흥분으로 고동치고 있었다. 이 일련의 꿈의 마지막 꿈을 꾸기 전에 나는 고서적 전문서점에 중세 연금술의 고전적 편집본 한 권을 주문했다. 나는 책 속의 인용을 보고, 그것이 초기 비잔틴 시대의 연금술에 관련이 있을 것 같다고 느끼고, 조사해보고 싶다고 생각하고 있었다. 그 미지의 책에 관한 꿈을 꾸고 나서 수주 동안 서점으로부터 계속 소포가 배달됐다. 그 중에는 양피지로 된 19세기의 책이 있었다. 그 책에는 매우 훌륭한 상징적 그림이 있었는데 그것은 내가 꿈속에서 본 상징을 그대로 연상시키는 것이었다. 연금술의 법칙을 재발견하는 것이 심리학의 개척자로서의 나 자신의 임무의 중요한 부분이 되었으므로, 계속 반복해 나타난 내 꿈의 주제는 쉽게 이해할 수 있게 되었다. 물론, 꿈 속의 집은 자신의 인격과 그 의식적인 흥미의 범위를 상징한 것이고, 별관은 나의 의식이 아직 맛보지 못한 흥미를 끄는 새로운 연구 영역을 예측한 것이다. 30년 전 그 꿈을 꾼 이후, 나는 두 번 다시 그 꿈을 꾸지 못했다.

4. 꿈의 분석

이 책의 서두에서, 나는 기호와 상징의 차이점에 대해 주목했다. 기호는 항상 그것이 대표하고 있는 개념 이하의 것이지만, 상징은 그 명백하고 직접적인 의미 이상의 그 무엇인가를 나타내고 있다. 더욱이 상징은 그 자연에서 무작위한 산물이다. 어떤 한 천재도 펜이나 붓을 집어들고 "이것을 사용해 상징을 만들어 냈다."라고 말할 수는 없다. 어느 누구도 논리적인 결론이나 의도적인 시험에 의해 얻어진 어느 정도 합리적인 사고를 추출하여, 그것에 '상징적'인 형태를 부여할 수는 없다. 그 사고를 아무리 훌륭한 장식물로 치장한다해도, 그것은 역시 그 배후의 의식적 사고와 결합되어 있는 기호일 뿐이고, 아직 알려지지 않은 무엇인가를 암시하는 상징은 아니다. 꿈에 있어서 상징은 자연히 일어난다. 꿈은 생겨나는 것이지 만들어지는 것이 아니기 때문이다. 따라서 꿈은 상징에 관한 우리의 모든 지식의 주된 원천이다.

그러나 상징은 모든 종류의 마음의 표현에서 생겨난다. 상징적인 사고나 감정, 상징적인 행동이나 장면이 존재한다. 때로는 상징적인 양식을 설정함에 있어서, 무생물조차도 무의식과 협력하는 것처럼 생각된다. 시계가 그 소유자의 죽음과 동시에 멈췄다는 식의 일화는 허다한 사례에서 확증되어왔다. 그 중 하나는 프리드리히 대왕의 산스 시궁전에 있는 전자시계인데, 그 시계는 대왕이 사망한 시각에 멈추고 말았다. 그밖의 예는 사망이 일어난 시각에 거울이 깨진다든가, 그림이 떨어진다든가 혹은 누군가가 정서적인 위기에 처했을 때, 이유없이

가재물이 파손된다든가 하는 것이다. 회의론자들은 이 같은 보고는 믿을 수 없다고 하겠지만 이런 일화는 늘 들려왔고, 이 사실만으로도 그 심리적 중요성에 대한 풍부한 증거로선 유용하다.

수많은 상징 중에서 (그 중에서도 가장 중요한 것이지만) 그 성질이나 그 기원상 개인적인 것이 아니라, 보편적인 것이 있다. 그것들은 주로 종교적인 이미지이다. 신자들은 그런 상징이 신에게서 기원한 것 — 즉, 그것은 인간에게 계시된 것이다 — 이라 생각한다. 회의론자는 그것은 조작된 것일 뿐이라고 단정내린다. 이 양자 모두에게 잘못은 있다. 회의론자가 지적하는 바와 같이, 종교적인 상징이나 개념은 수세기에 걸쳐서, 지극히 의식적인 조각품들의 대상이었다는 것은 진실이다. 그러나 신자가 생각하는 바처럼 그것들의 기원은 과거의 신비성 속에 아득히 묻혀 있고 인간적인 원천을 가지고 있지 못하다고 생각되는 것도 역시 진실이다. 그러나 그것들은 사실은 태고의 꿈이나 창조적인 공상으로부터 생겨난 '보편적 표상(表象)'이다. 이와 같이 이들 이미지는 무의도적으로 자연에 나타난 것이지 결코 의도적으로 만들어진 것은 아니다.

뒤에서 설명하는 바와 같이 이 사실은 꿈의 해석에 있어서 가장 직접적이고 중요한 방향성을 부여한다. 꿈이 상징적이라고 추론하는 한 우리는 본질적으로 힘의 기원이 되는 사고와 정감이 기지(既知)의 것이며 단지 꿈에 의해 '변장되어 있을 뿐이다'고 믿는 사람들과는 명백히 다른 방법으로 꿈을 해석하게 되는 것이다. 그런 사람들에게 있어서 꿈의 해석은 아무런 의미가 없게 되었다. 그들에 있어서 꿈이란 이미 알고 있는 것을 보는 것에 불과하기 때문이다.

이 때문에 나는 항상 학생들에게 다음과 같이 말하고 있다. "상징성에 대해서 가능한 한 열심히 공부할 것. 그리고 여러분이 꿈을 분석할 때에는 그것을 모두 잊어버리고 말것." 이 충고는 실제적인 중요성을 가지는 것으로서 나는 내가 다른 사람의 꿈을 충분히 이해하고 그것을 정확히 해석한다는 일은 있을 수 없다는 사실을 늘 스스로 되새기고 있다. 나는 이렇게 함으로써 나 자신의 연상이나 반응의 흐름이 환자의 불안이나 망신임을 은폐하지 않게끔 체크하고 있다. 분석가가 꿈의 각 이미지(무의식이 의식적 마음에 미치는 공헌)를 가능한 한 정확하게 받아들이는 것은 최대의 치료적 중요성을 가지고 있고, 꿈의 내용을 철저하게 탐구하는 것은 분석가에게 필수적인 것이다.

나는 프로이트와 함께 연구할 당시에 이 점을 확실하게 밝혀주는 꿈을 꾸었다. 나는 꿈 속에서 '나 자신의 집'에 있었다. 그 집은 2층으로 되어 있었는데, 깨끗하고 분위기 좋은 방에는 18세기 풍의 가구가 비치되어 있었다. 나는 이런 집을 전에 본 적이 없었기 때문에 놀라고 말았다. 아래층은 어떻게 생겼는지 궁금해졌다. 계단을 내려가니 약간 어둡고, 거울로 벽이 둘러싸인 방이 나타났다. 16세기 또는 그 보다 이전의 것으로 보이는 가구들이 배열되어 있었다. 놀라움과 호기심은 점점 커졌다. 나는 이 집의 전체 구조가 어떻게 생겼는지 보고 싶어졌다. 지하실쪽으로 다가가자 열린 문이 보이고, 그곳에 놓인 돌계단은 매우 큰 아치형 천장의 집으로 통하고 있었다. 그 바닥은 거대한 반석으로 되어 있었고 벽은 아주 오래된 것 같았다. 나는 그 벽에 칠해진 모르타

르를 살펴보고, 그것이 기왓장의 파편을 혼합한 것이라는 것을 알았다. 그 벽은 로마 시대의 것이었다. 나는 더욱 더 흥분했다. 방 한쪽 귀퉁이에는, 돌방석에 쇠바퀴가 달려 있는 것이 보였다. 그 석판을 잡아당기자 또 하나의 작은 계단이 바위동굴 같은 곳으로 통해 있었는데, 그곳에서 선사시대의 묘처럼, 두 개의 해골과 뼈가 작은 도기 그릇에 담겨져 있었다. 여기서 나는 잠을 깼다.

  프로이트가 이 꿈을 분석할 때, 그 개개의 연상이나 내용을 탐구하는 내 방법을 따랐다면, 그는 틀림없이 원대한 이야기를 그 꿈으로부터 들을 수 있었을 것이다. 그러나 나는 프로이트가 그 같은 일은 하나의 문제 — 말하자면 그것은 자신의 문제였지만 — 로부터 도피하기 위한 노력에 불과하다고 책망할까 두려웠다. 그 꿈은 실제로 내 인생의 짤막한 요약, 더 명확히 말하면 내 마음의 발달의 요약이다. 나는 2백년 전의 가옥에서 자랐고 그 가구는 3백년 전의 것이었다. 그리고 정신면에서, 그 당시 나의 최대의 정신적 탐험은 칸트와 쇼펜하우어를 연구하는 것이었다. 그 당시 최대의 뉴스는 찰스 다윈의 업적이었다. 그보다 조금 전까지 나는 양친의 중세적 사고방식과 더불어 생활하고 있었다. 양친들은, 이 세계와 인간은, 신의 전능성과 섭리에 의해 통괄되고 있다고 믿었다. 이 같은 세계관은 이미 시대에 뒤떨어진 것이 되었다. 나의 그리스도교에 대한 신앙은 동양 종교나, 그리스 철학과의 만남에 의해 상대적인 것으로 되어 갔다. 때문에 꿈 속의 1층은 그토록 조용하고, 어둡고, 그리고 아무도 살지 않았던 것이다.

  당시 내가 역사에 대해 품었던 흥미는, 내가 해부학연구소에서 조수로 근무할 때 얻게 된 비교해부학과 고생물학에 대한 본래의 관심에 의해 발전된 것이었다. 나는 화석인간의 뼈에 흥미를 가지고 있었고, 특히 그 당시 자주 논의되었던 네안데르탈인, 또는 듀보아의 피테칸트로푸스의 유골에 매료되어 있었다. 실제로 이것은 이 꿈에 관한 나 자신의 본래의 연상이었다. 그러나 그 같은 해골이나 뼈나 시체에 관한 이야기는 프로이트에게 전혀 받아들여지지 않을 것 같아, 나는 말을 하지 않았다. 프로이트는, 내가 그가 일찍 죽기를 바라고 있다는 식의 이상한 생각을 했다. 그리고 프로이트는 이 같은 결론을 내가 브레멘의 브라이케라에 있는 미이라에 대해 지극한 관심을 보인 사실로부터 이끌어냈다. 우리는 1909년 미국행 배가 출발하기 전에 브레멘을 함께 방문했던 것이다.

그 당시의 체험으로부터 나는 프로이트의 정신적 구조 및 그 배경과 나 자신의 그것과의 사이에는 매우 큰 메꿀 수 없는 공간이 있다는 인상을 깊게 받았지만, 나 자신의 생각을 표명하기에는 망설임이 느껴졌다. 만일 내가 나의 내적 세계를 그에게 펼쳐 보였다면, 그는 그것을 매우 기묘하다고 생각했을 것이다. 나는 그와의 우정이 깨지는 것을 두려워한 것이다. 나는 나 자신의 심리학에 관해서는 아직 완전한 확신이 없었기 때문에 거의 자동적으로 나의 '자유연상'에 대해 거짓말을 함으로써, 나의 개인적이고 매우 이상한 소질에 대해 그에게 밝힌다는, 불가능한 일로부터 도피하려고 한 것이다.

프로이트에게 꿈 이야기를 할 때 내가 처해 있던 곤란한 입장에 대해 너무 장황하게 설명한 점은 독자에게 양해를 구하고 싶다. 그러나 이것은 실제로 꿈의 분석에서 처하게 되는 곤란에 대한 좋은 실례이다. 분석자와 분석받는 사람 간의 개인차에서 유래하는 이 같은 일들이 많이 있는 것이다.

프로이트가 나에게서 뭔가 모순된 원망을 찾아내려고 한다는 것은 충분히 알았다. 거기에서 시험적으로, 꿈에서 나타난 두개골이라는 것은, 내가 그 사람의 죽음을 바라는 가족의 한 사람과 관련되어 있는 것은 아닌가 하고 시사해 봤다. 이 의견은 그에 의해 승인되었지만, 나는 이 같은 주먹구구식 해결로는 만족할 수 없었다.

프로이트의 질문에 대해 적당한 답을 구하려고 노력하는 동안, 나는 주관적 요인이 심리적인 이해에 부과하는 역할에 따르고 있는 직관을 갑자기 받고 당혹하고 말았다. 그 직관은 너무도 강한 것이어서 그 같은 대처할 수 없는 혼란으로부터 어떻게 하면 달아날까만을 생각하여, 거짓말이라는 안이한 방법을 택한 것이다. 이 같은 일은 칭찬받을 수도 도덕적으로 변호할 수도 없는 것이다. 그러나 그렇게 하지 않는다면 프로이트와 결정적인 논쟁을 하게 될 것이고, 여러 가지 이유에서 나는 그렇게까지 하고 싶지는 않았던 것이다.

나는 이 직관에 의해 다음과 같은 통찰을 할 수 있었다. 즉, 나의 꿈은 나 자신이고, 나의 생활, 나의 세계이며, 다른 사람이 자기 나름대로의 이유나 목적을 위해 만든 이론적 구조와는 다른 나의 전 현실이라는 사실이다. 그것은 프로이트의 꿈이 아니라 나의 꿈이었다. 나는 섬광과 같이 그 꿈의 의미를 이해하였다.

위의 이야기는 꿈의 분석에 대한 중요한 점을 나타내고 있다. 분석은 배워서 터득하고, 규칙에 따라 적용되는 하나의 기술이 아니라 두 인격 간의 변증법적인 대화인 것이다. 그것이 기계적인 기술처럼 취급되면, 꿈을 꾼 개인의 인격이라는 것은 상실되고, 치료적인 문제는 단순한 질문으로 환원된다. 즉, 두 사람 중의 어느 쪽이 — 즉, 분석자인가 피분석자인가 — 상대방을 지배할 수 있는가로 되고 만다. 나는 이 때문에 최면 요법을 포기했다. 나의 의지를 다른 사람에게 부과하는 행위를 하고 싶지 않았기 때문이다. 나는 치료과정이 환자 자신의 인격으로부터 발전하는 것을 바랐고, 단지 일시적인 효과 밖에 줄 수 없는 나의 암시로부터 발전하는 것을 바라지 않았다. 나의 목적은 환자의 권위와 자유를 지키는 것이다. 그럼으로써 그는 자기 자신의 소망에 따라 살아나갈 수 있다. 나는 프로이트와의 이 다툼을 통해서, 인간 및 그 마음에 대한 일반적 이론을 확립하기 전에 우리들이 다루지 않으면 안되는 실제의 생생한 인간에 대해, 충분히 연구해야 한다는 것을 비로소 깨닫게 되있다.

개인이야말로, 바로 유일한 현실이다. 그 개인으로부터 동떨어진 인류라는 추상적 관념으로 몰입하면 할수록, 우리가 실패에 빠질 가능성은 높아진다. 현재와 같은 사회적인 동란이나 급격한 변화의 시대에 있어서는, 개인에 대해 그 어느 때보다도 잘 알아야 한다. 대부분의 일들이 개인의 정신적 혹은 도덕적 자질에 의해 좌우되기 때문이다. 그러나 올바른 시각에 서서 사물을 보기 위해서는, 우리는 현재뿐 아니라 과거의 인간에 대해서도 알아야만 한다. 때문에 신화나 상징에 대한 이해가 본질적으로 중요하게 되는 것이다.

5. 유형의 문제

심리학 이외의 모든 과학 분야에서는, 하나의 가설을 비개성적인 주체에 적용하는 것이 정당한 방법으로 인정되고 있다. 그러나 심리학에서는 어쩔 수 없이 두 개인 사이의 생생한 관계에 직면하지 않을 수 없다. 즉, 양자 어느쪽에 대해서도 그 주관적 인격을 무시할 수 없고, 여타 방법으로 비인격화할 수도 없는 것이다. 분석가와 환자는 어떤 특정한 문제를 비개인적, 객관적인 방법으로 취급하기로 약속할 수도 있다. 그러나 그들이 그 문제에 몰입하지 않는다 하더라도 어쩔 수 없이 그들의 전 인격이 논의 속으로 끌려 들어가게 된다. 따라서 서로의 약속이 완전히 지켜지는 경우에만 한 발짝이라도 진전이 이루어질 수가 있게 된다.

또, 최종적인 결과에 대한 객관적 판단이라는 것이 대체 가능한 것일까? 우리의 결론과 하나의 표준, 즉 우리가 속해 있는 사회적 환경 속에서 일반적으로 가치 있다고 인정되고 있는 표준 사이의 비교가 이루어진 경우에만 판단은 내려진다. 그러나 설사 비교가 이루어진다 해도 우리는 당사자의 정신적 평형(혹은 정신적 건강)에 대해 고려하지 않으면 안된다. 즉 판단이 내려졌다고 해서, 사회의 '규범'에 그를 적응시키기 위해, 완전히 그 개성을 일반화시켜 버릴 수는 없는 것이다. 그것은 아주 부자연스러운 상황을 초래하게 될 것이다. 건강하고 정상적인 사회라면 구성원 모두의 전체적 동의는 있을 수 없다. 인간 본성이라는 부면(部面) 이외에서 만장일치가 이루어진다는 것은 매우 드문 일이기 때문이다.

불일치라는 것은, 사회에 있어서의 정신적 생활의 한 원동력으로서 기능한다. 그러나 물론 불일치 그 자체가 목적일 수는 없다. 일치하는 것도 마찬가지로 중요하다. 심리학은 기본적으로 균형이 이루어진 상극성(相極性)에 의존해 있는 것으로서, 어떤 판단도 그 역의 판단이 고려되지 않은 한, 최종적인 것이라고 말하기는 어렵다. 이와 같은 특수성이 생기는 것은, 심리학의 내부에도 외부에도, 심리란 무엇인가에 관한 최종적 판단을 내리게 하는 기본점이 없기 때문이다.

꿈은 개별적으로 취급되어야 하지만, 심리학자가 여러 사람들을 연구하여 모은 소재를 분류하고 분석하기 위해서는 일반화가 필요하게 된다. 다수의 개별 사례들이 가지는 공통점이나 차이점을 규명하려는 노력도 없이, 단순히 기술하는 것만으로 심리학 이론을 정립한다든가, 가르친다는 것은 불가능한 일이다. 어떤 일반적인 성격이라도, 기초로 삼을 수는 있다. 예를 들면, 비교적 단순한 구별로서, 어떤 사람의 성격이 '외향적'인가 혹은 '내향적'인가를 구별지을 수는 있다. 이것은 보편적으로 가능한 일반화 중의 한 가지에 불과하다. 그러나 분석 가가 흔치 않은 타입의 사람이고. 환자가 그와 전혀 다른 타입의 사람일 때 생기는 난점을 직접 보아둘 필요가 있다.

꿈에 대한 아무리 심오한 분석이라도 이에는 결국 두 개별 인간이 개입하게 되므로, 그들의 태도와 타입의 같고 다름에 따라 큰 차이가 생기게 된다. 양자가 동일한 타입에 속할 때에는, 두 사람 모두 오랫동안 잘 화합해 나갈 수 있을 것이다. 그러나 한 사람이 외향적이고 다른 한 사람이 내향적일 때, 그들의 기본 성격의 모순은 곧바로 충돌을 일으키게 된다. 특히 그들이 자신의 타입에 대해 알지 못할 때, 또는 자신의 타입 쪽이 올바른 것이라고 맹신하고 있을 때, 충돌은 더 빈번히 일어난다. 예를 들면, 외향적인 사람은 다수측의 견해를 선택할 것이고, 내향적인 사람은 그것이 유행이라는 이유만으로도 거부할 것이다. 한쪽에게 가치 있는 것은, 다른 쪽에게는 무가치한 것이므로 이러한 의견 차이는 쉽게 생기게 된다. 예컨대, 프로이트는 내향적 타입을 자신에 관해 병적인 관심을 가지고 있는 인간형으로 해석하고 있다. 그러나 내적 성찰과 자기 자신에 관한 지식은 다른 무엇에도 비할 수 없는 가치와 중요성을 가질 수 있는 것이다.

꿈의 해석에 임할 때, 이와 같은 인격의 차이를 고려하는 것은 매우 중요한 일이다. 분석가는, 심리학 이론과 그에 적용할 수 있는 기술을 몸에 지니고 있다는 이유만으로 그같은 차이를 초월한 존재라고 할 수는 없다. 분석가는 자신의 이론과 기술이 절대적인 진실이며 인간 심리의 전체를 파악할 수 있다고 가정할 때에만, 자신을 우위에 둘 수 있다. 그러나 그와 같은 가정은 너무나 의혹스러운 것이므로 실제로는 분석가가 확신을 갖는다는 것은 불가능하다. 따라서 그가 그의 이론과 기술(이것은 단순한 가설이며, 시도에 불과하지만)을 가지고 환자의 전 인간성에 직면할 때, 그 자신의 생생한 전체성에 입각하지 않는다면 그는 끊임없는 내적 의혹에 시달리게 될 것이다.

분석가는 자신의 전 인격을 동원해야만 환자의 인격에 충분히 대항할 수 있을 것이다. 심리학적인 경험과 지식은 분석가에게 단순한 인정 이상의 것을 확보해 줄 수는 없다. 이러한 체험과 지식을 갖추고 있다고 해도 환자뿐 아니라 분석가 자신마저 시험대 위에 올려 놓아야 하는 이 투쟁을 모면할 수는 없다. 따라서 그들의 인격이 조화를 이루고 있는가 또는 갈등하고 있는가 혹은 상호 보완적으로 기능하고 있는가 하는 것은 매우 중요한 문제가 되는 것이다.

내향과 외향은 인간 행동의 허다한 특성 중 두 가지에 불과하다. 예컨대 외향적인 사람들에 대해 조사해 보면 그들은 많은 점에서 서로 다르다는 것을 쉽사리 알 수 있으며 외향적이라는 것은 특성적 규준(規準)으로서는 너무 표면적이고 지나치게 일반적이라는 것을 알 수 있다. 때문에 나는 오래 전부터 다른 기본적 특성 — 즉, 인간의 속성은 무한히 다양한 것처럼 보이지만, 그것에 어떤 규칙성을 부여하기에 적합한 특성 — 을 발견하려고 했다.

나는 상당수의 사람들이 자신들의 지적 능력을 사용하지 않으려 하고 그것을 사용할 때에도 형편없이 어리석은 방법에 의존하고 있다는 사실에 대해 늘 놀라움을 금치 못했다. 또 나는 철저하게 지적인 사람들이 자신들의 감각기관의 사용방법을 전혀 모르는 듯이 생활해 나가는 데 대해서도 놀라움을 금치 못하고 있다. 그들은 자기 눈앞에 있는 것을 보지 않고, 자기 귀에 들려오는 소리를 듣지 않고, 자신이 관계하거나 체험하고 있는 것을 인정하지 않으려 한다. 또 어떤 사람들은 자기 자신의 신체 상태를 거의 인식하지 못한 채 살아가고 있다.

혹은 아주 색다른 의식 상태를 가지고 살아가는 사람들도 있다. 그들은 오늘날이 최종적인 시점이며, 변화의 가능성은 전혀 없고 또 세계와 인간 심리는 정적이고 늘 이 상태로 머물러 있을 듯이 생활하고 있다. 그들은 모든 상상을 포기하고 오로지 자신의 감각 기관에만 의존하고 있다. 우연성이나 가능성은 그들의 세계에는 존재하지 않는다. 따라서 '오늘' 외에 '내일'이라는 것은 있을 수 없다. 미래라는 것은 과거의 반복에 불과하다.

나는 여기서 내가 여러 사람들을 관찰하기 시작했을 때 최초로 가지게 된 인상을 독자들에게 전달해 보려고 한다. 자신의 지적 능력을 사용하는 사람이란 곧 생각하는 사람을 의미하는 것이다. 즉, 자기 자신을 환경과 주위 사람들에게 적응시키기 위해 자신의 지적 기능을 사용하고 있는 사람들이다. 따라서 지능은 있지만 생각하지 않는 사람들이란 자신의 적응방법을 감정에 의해 찾아내려 하는 사람들이다.

감정이라는 말에 대해서는 약간 설명해 둘 필요가 있다. 예컨대 센티맨트(sentiment) (프랑스어의 상티망)에 해당하는 감정이 있다. 그러나 감정이라는 말은 의견을 뜻하기도 한다. 예컨대 백악관으로부터의 커뮤니케에 따르면 "대통령은…… 라고 느끼고 있습니다."의 경우이다. 또 이 말은 직관을 표현할 때에도 쓰일 수 있다. "…… 라는 느낌을 줍니다만……" 하는 경우이다.

내가 '사고(思考)'(thinking)에 대비해서 이 '감정'이라는 말을 쓸 때는 이는 가치 판단, 즉 쾌·불쾌 또는 선·악 등의 가치 판단에 관한 것이다. 이 정의에 따르면 감정은 정감(emotion)이 아니다. (정감은 그 말에서 알 수 있듯이 자연발생적인 것이다.) 내가 의미하는 감정은 (사고와 마찬가지로) 합리적인 (즉, 규칙을 부여하는) 기능이지만 그에 비해 직관은 비합리적인 (무언가를 인식하는) 기능이다. 직관은 하나의 감(勘)이라는 의미에서 볼 때 의도적인 행위에 의해 도출된 것은 아니다. 그것은 판단의 행위라기보다는 자연발생적인 것으로서 외적·내적인 환경 변화에 의해 좌우되고 있다. 직관은 감각 지각과 같은 것이고 정신적인 원인보다는 신체적인 원인에 의한 외적인 자극에 의해 본질적으로 결정되는 것이므로 이는 비합리적인 것이다.

이러한 네 가지 타입의 기능은, 의식이 그 경험의 방향성을 획득하는 방법에 대해 각기 기여하고 있다. 감각(즉, 감각 지각)은 우리에게 무언가가 존재하고 있다는 것을 알리고, 사고는 그것이 무엇이라는 것을 알려주고, 감정은 그것이 쾌감을 주는지 여부에 대해서 알려주고 직관은 그것이 어디에서 와서 어디로 가는지를 알린다.

인간의 행동 타입에 관한 이 네 가지 규준은 그 밖의 여러 가지들 즉, 권력에의 의지라든가, 기질, 상상력, 기억 등등 중에서 겨우 네 개의 것에 불과하다는 점을 이해해 주었으면 좋겠다. 이 기준들은 전혀 도그마틱한 것이 아니며 오히려 그 기본성질 때문에, 분류를 위한 적당한 규준으로서 이해될 수 있다고 생각한다. 나는 이것들이 양친에게 자식에 관하여 설명하거나 남편에게 그 부인에 관해 설명할 때, 혹은 그 반대의 경우에 매우 유용하리라고 생각한다. 또 이것들은 자기 자신의 편견을 이해하는 데에도 유용할 것이다.

만약 당신이 다른 사람의 꿈을 이해하려고 한다면, 자기 자신의 기호(嗜好)를 희생하고, 편견을 버리지 않으면 안된다. 이는 쉬운 일이 아니며, 결코 기분 좋은 일도 아니다. 그것은 하나의 윤리적인 노력이며 모든 사람이 좋아하는 일이라고는 할 수 없기 때문이다. 분석가가 자기 자신의 입장을 비판하거나, 그 상대성을 인정하지 않으려고 한다면 환자의 심리에 대한 정확한 정보를 얻어 충분히 통찰한다는 것은 불가능하다. 분석가는 적어도 환자에 대해 자기 의견에 귀를 기울이고 진지하게 받아들여줄 것을 기대한다. 그러나 환자도 똑같은 권리를 갖지 않으면 안된다. 이와 같은 관계는 여하한 형태의 상호이해를 위해서도 불가결한 것이므로, 그 필요성은 명백한 것이지만 치료에 있어서는, 분석가의 이론적 기대가 만족되는 것보다도, 환자가 이해해 주는 것이 더욱 중요하다는 것을 명심하지 않으면 안된다. 분석가의 해석에 대한 환자의 저항이 반드시 나쁜 것은 아니다. 그것은 무언가가 '꼭 맞아 떨어지지 않는다'는 신호이다. 환자가, 분석가가 이해한 점까지 도달하지 않았든지 또는 그 해석이 적절하지 못하다는 것이다.

우리는 다른 사람의 꿈의 상징을 해석하려 할 때 자신의 이해의 갭을 투영 — 즉, 분석자가 보고 생각하는 것은 피분석자도 똑같이 보고 생각한다는 단순한 가정 — 하려는 경향 때문에 늘 장해를 받는다. 이러한 종류의 오류를 극복하기 위해서 나는 꿈 일반에 관한 이론적인 모든 가정 — 꿈이 어떤 의미에서든, 의미를 갖는다는 가정을 제외한 — 을 배제하고, 그 개개의 꿈의 흐름으로부터 이탈하지 않는 것이 중요하다는 것을 항상 주장해왔다.

지금까지 설명해온 것만으로도 꿈의 해석에 있어서 그 일반적인 규칙을 설정하는 것이 불가능하다는 것은 명백할 것이다. 나는 앞에서 꿈의 일반적인 기능은 의식적인 심리의 결함을 보상하려는 것으로 여겨진다고 설명했지만, 그것은 이 가정이 어떤 종류의 꿈의 성질에 대해 접근해가는 가장 효과 있는 방법을 개발한 것을 의미한 것이다. 어떤 사례에 있어서는 이 기능이 명백히 시사하고 있는 것을 볼 수 있다.

나의 환자 중의 한 사람은 자신을 과대평가하여, 그를 알고 있는 대부분의 사람이 그의 고상한 체하는 태도에 역겨워하고 있는 것을 전혀 알지 못했다. 그는 꿈에서 술에 취한 부랑자가 하수구로 굴러 떨어지는 것을 본적이 있다. 그 광경에 대해, 그는 방자하고 거만한 코멘트를 했었다. 즉, "인간의 아주 낮은 곳까지 떨어져 들어가는 것을 보는 것은 아주 두려운 것이다."라고. 이 꿈의 불유쾌성, 적어도 그 자신의 장점에 대한 과장된 의견을 상쇄하는 시도인 것은 명확할 것이다. 그러나 그것 이상의 무엇인가가 거기에 있었는데, 그의 형제 중에 알콜 중독자가 있었음이 알려졌다. 이 꿈은, 그의 우월적인 태도가, 그의 외적인 혹은 내적인 상으로서의 이 형제를 보상하고 있는 것이다. 또 다른 예를 생각해 보면, 심리학에 대한 자신의 지적인 이해를 과대평가하고 있는 부인이, 친구에 대한 꿈을 몇 번인가 꾸었다. 일상생활에서 그 꿈 속의 부인을 만날 때에, 그녀는 그 부인이 허영적이고 정직하지 못한 책략가라고 생각하여 혐오했었다. 그러나 꿈 속에서는, 그 부인은 자매처럼 아주 친하고 호감이 가는 모습으로 나타났다. 그 환자는, 자신이 혐오하는 부인에 대하여, 어쩌면 그렇게도 좋아하는 꿈을 꾸지 않으면 안되었는가에 대해, 이해할 수 없었다. 그러나 이러한 꿈은, 그녀 자신이 그녀 꿈에 나타난 부인과 유사한 무의식적인 성격에 의해 '영향을 받고 있다'는 것을 밝히려는 것이었다. 자기 자신의 인격에 대해, 명확한 신뢰를 갖고 있는 이 환자가, 그 꿈이 자신의 권력 콤플렉스와 더불어 자신의 은폐된 동기에 대해 말해 주고 있는 것을 인정한다는 것은 아주 곤란한 것이었다. 그처럼 무의식적인 영향은, 친구 사이에서 아주 불유쾌한 다툼을 야기할 수 있는 것이었다. 그녀는 이런 경우에 항상 남을 책망하고 자신의 잘못은 인정치 않았던 것이다.

우리가 묵인한다든지 무시한다든지 억압한다는 것은, 우리의 인격의 '그늘진' 부분만은 아니다. 우리는 또, 자신의 장점에 대해서도 같은 일을 할 수 있다. 그 예로써 생각되는 것은, 얼핏 보기에 겸손하고 소극적인 남자로, 더구나 무언가 매력적인 느낌을 주는 사람의 경우이다. 그는 항상 뒷쪽의 좌석에 앉는 것에 만족해 하고 있었다. 조심성이 많기는 하지만, 어쨌든 출석만은 고집스럽게 하였다. 말을 할 기회가 오면 만사에 통달한 의견을 펴지만, 그는 결코 그것을 강요하지는 않았다. 그러나 때로는 주어진 문제에 대해서, 어떤 고차원에서는 훨씬 탁월한 방법으로 처리할 수 있지는 않을까 하고 시사할 때가 있었다. (그러나 그는 그 방법에 대해서는 설명하지 않았다.)

그러나 그는 꿈 속에서는 늘, 나폴레옹이나 알렉산더 대왕 같은 위대한 역사적 인물과 만났던 것이다. 이러한 꿈은, 분명히 열등감의 보상이었다. 그러나 그것은 다른 의미도 갖고 있다. 그 꿈은 이와 같이 저명한 사람의 방문을 받는, 그리고는 나라는 사람은 도대체 어떤 인간일까 하는 의문을 제기하는 것이다. 이것에 관하여 꿈은, 이 사람의 열등감을 해소하려는 은폐된 과대망상적인 측면을 나타내고 있다. 이 무의식적인 위대함의 관념은 환경이라는 현실로부터 그를 고립화시키고 다른 사람들에 대한 불가피한 의무에 대하여 무관심한 체하는 것을 가능케 하고 있다. 그는 자신의 우수한 판단이 그 탁월한 장점에 기인하고 있다는 것은 ― 자신에 대해서도 타인에 대해서도 ― 증명할 필요도 없다고 느끼고 있다.

실제로 그는 무의식적으로 엄중한 게임을 하고 있는 것이다. 그리고 꿈은, 기묘하고 막연한 방법으로 의식의 수준까지 그것을 끌어들이려 하고 있는 것이다. 나폴레옹과 친하게 교제한다든지, 알렉산더 대왕과 대화한다든지 하는 것은 분명히 열등 콤플렉스때문에 생겨 나온 일종의 공상이다. 그러나 꿈이 그것에 관해, 왜 직접적으로 표명하지 않는가 말해야만 하는 것을 왜 확실히 말하지 않는 것인가라는 의문이 떠오르게 된다.

나는 종종 이와 같은 질문을 받고, 의문을 가져보았다. 꿈이 지나치게 애매한 방법으로 명확한 정보를 피하고 결정적인 점을 덮어둔다든지 하는 점에 나는 자주 놀라게 된다. 프로이트는 심중(心中)의 어떤 특수한 기능의 존재를 추정하여, 그것을 '검열'이라 불렀다. 그는 검열기관이 꿈의 이미지를 왜곡시켜 무언가 인정할 수 없는 것, 오해하기 쉬운 것으로 바꿔버려 꿈의 참된 주제에 대하여, 꿈꾸고 있는 의식을 속이는 것이라 생각하였다. 꿈을 꾼 사람에 대한 비관적인 생각을 감춤으로써, 그 '검열기관'이 불유쾌한 기억에 의한 쇼크로부터 안면(安眠)을 보호하고 있다는 것이다. 그러나 나는 꿈은 안면의 보호자라는 이 이론에 대해서는 회의적이다. 즉, 꿈은 종종 안면을 방해하기도 한다.

의식에의 접근은 심리의 잠재적인 내용에 있어서 '소거(消去)' 효과를 갖고 있는 것처럼 생각되어진다. 잠재의식의 상태는 관념과 이미지를 의식내에 있어서 보다 낮은 긴장의 레발에서 유지하고 있다. 잠재의식적인 조건에 대해서는 관념과 이미지는, 그 정의의 명확성을 잃는다. 그러한 관계는 보다 필연적이지 않게 되고, 애매하게 비유적으로 되고 합리성을 잃어서 보다 더 이해하기 어려운 것으로 된다. 이것은 피로와 열병과 중독 등에 의한 모든 꿈과 같은 상태에서 관찰하는 것이 가능하다. 그러나 이러한 이미지의 어딘가에 보다 높은 긴장을 주는 것이 생기면, 그 이미지는 비교적 잠재적이지 않게 되고 그것들이 의식에 가까이 감에 따라서 보다 명확히 정의되어진다.

이 사실로부터 어째서 꿈이 종종 비유적 표현을 사용하고 있는가 혹은 왜 하나의 꿈의 이미지가 되는 이미지 중에 겹쳐져 들어가게 되는가 혹은 왜 우리들이 각성해 있을 때의 논리적 시간적인 척도를 적용하지 못하는가를 이해하는 것이 가능할 것이다. 꿈이 취하고 있는 이 형태는 무의식에 있어서 자연스러운 것이다. 이는 꿈이 산출하고 있는 소재라는 것은 잠재의식의 상태에 있어서는, 바로 그와 같은 형태로 유지되고 있기 때문이다. 꿈은 프로이트가 말하고 있는 것 같이 '인정할 수 없는 원망'으로부터 안면을 지키려 하고 있는 것은 아니다. 프로이트가 꿈의 '변장'이라 부르고 있는 것은, 실제는 모든 충동이 무의식 내에서 자연적으로 취하고 있는 형태인 것이다. 그리하여 꿈은 명확한 사고를 산출하는 것은 아니다. 만약 꿈이 명확해지기 시작한다면 그것은 의식영역을 넘기 때문에 꿈이라고는 할 수 없게 되어버린다. 꿈은 의식적인 심리에 있어서 가장 중요한 점을 떨어뜨려버려 개기

일식때의 희미한 별빛 같이 오히려 '의식의 테두리 장식'을 연출하는 것처럼 보이는 것도 이 때문이다.

우리들은 꿈의 상징이 대부분 의식의 제어를 초월한 심리의 표출이라는 것을 이해해야만 한다. 의미와 목적성은 심리의 특전이 아니라 생명체 전체에 작용하고 있는 것이다. 식물이 꽃을 만들어 내는 것과 같이 심리는 상징을 창조해낸다. 모든 꿈은 이 과정의 표출인 것이다.

이리하여 (직관이나 충동 기타 자연 발생적인 것과 더불어) 본능적인 힘은, 꿈에 의해서 의식의 활동에 영향을 준다. 그 영향이 보다 좋은 쪽인가 혹은 보다 나쁜 쪽인가 하는 것은 무의식의 실제 내용에 따르고 있다. 무의식이 통상 의식화되어야 하는 것보다도 지나치게 많은 것을 포함하고 있을 때에 그 기능은 왜곡되어 편견을 초래하게 된다. 거기에 표출된 동기는 참된 본능에 기초한 것이 아니라 그 존재와 심적인 중요성이 억압과 부정에 의해 무의식 속에 나타나게 되는 것이라는 사실에 입각해 있다고 볼 수 있다. 그것들은 마치 통상의 무의식에 겹쳐져 그 기본적인 상징과 주제를 표출하는 자연스런 경향을 왜곡시키고 있는 것 같다. 그렇기 때문에 분석가는 정신적인 장해의 원인에 대해 환자로부터 어느 정도 자발적인 고백을 들어 환자가 싫어하거나 두려워하는 것 모두를 깨달음으로써 치료를 시작해가는 것이 당연하다.

이것은 마치 아주 옛날 어떤 교리의 고백과 마찬가지이며 고백은 여러 점에서 근대의 심리학적인 기술을 선취(先取)하고 있는 것이다. 적식도 이것이 일반적인 규칙이다. 그러나 실제로는 이것은 역의 작용을 하는 경우도 있다. 압도적인 열등감이나 심각한 약점은 환자가 자기 자신의 부적합성의 새로운 증거에 직면해가는 것을 아주 어렵게 한다든가 혹은 불가능하게 할 수조차 있기 때문이다. 이 때문에 나는 환자에 대하여 애초에 확신적인 견해를 주는 것이 유익하다는 것을 종종 느끼고 있다. 이것은 환자가 보다 고통스러운 통찰에 접근했을 때 좀 더 편안한 안정강을 줄 수 있도록 준비해두는 것이 된다.

예를 들면, 영국 여왕과 차를 마시고 있었다든가 법왕과 다정하게 얘기하고 있었다는 '독선적인 과시'의 꿈을 예로 들어보자. 만약 꿈을 꾼 사람이 분열증이 아닌 경우 이 상징의 실제적인 해석은 그 환자의 그때의 심리상항 — 즉, 그의 자아의 조건 — 에 비상하게 의존하고 있다. 꿈을 꾼 사람이 자신의 가치를 과대평가하는 사람이라면 (관념 연합에 의해 보여진 재료로부터) 그 사람의 의도가 일마나 부적절한 어린아이 같은 것이며 그들이 그의 양친과 동등이고 싶다 혹은 그것을 초월하고 싶다는 유아적인 소망으로부터 나타난다는 것을 쉽게 보여준다. 그러나 그것이 열등감의 경우여서 전체에 퍼진 무가치감이 이미 인격의 적극적인 면을 압도하고 있는 경우에는 그가 얼마나 유아적이며 어리석은가, 도착적이기까지 한가 등으로 생각되어 그 환자를 보다 억압적으로 하는 것은 잘못된 것이다. 그와 같은 것은 잔혹하게도 그의 열등감을 증가시키는 것으로 되고, 따라서 치료를 달갑게 여기지 않아 이것이 불필요한 저항의 원인으로 될 것이다.

치료자가 받아들인 모든 사례는 어떤 특별한 조건에 있는 개인이므로 일반적으로 적용할 수 있는 치료 기술이나 치료 이론이란 것은 존재하지 않는다. 나는 9년간에 걸쳐 치료하지 않으면 안되었던 한 사람의 환자를 생각한다. 그는 외국에 살고 있었으므로 매년 2, 3주간 밖에 만날 수 없었다. 처음부터 나는 그의 진정한 문제가 무엇인가를 알고 있었다. 그러나 진실에 가까워지기 위한 최소의 시도조차 매우 거친 방위반응을 일으켜 그 때문에 우리 둘 사이가 완전히 갈라져 버렸다고 나는 보고 있었다. 그를 좋아할 수도 좋아하지 않을 수도 없는 처지에서 우리의 관계를 유지하여 그의 경향에 따라가는 것에 최선을 다하지 않으면 안되었다. 이 경향은 그의 꿈에 의해 지지되고 우리의 대화는 그의 신경증의 근본과는 다른 방향으로 진행하였다. 그의 말의 범위가 너무나도 넓어서 나는 환자를 미혹시켜 버리는 것은 아닐까 하고, 종종 자신을 책망하였다. 그의 상황이 천천히 그리고 확실히 개선되어가는 사실만을 신뢰하고 나는 그에게 잔혹한 진실을 말하는 것을 피하고 있었다.

그러나 10년째 되어 환자는 나에게 자신은 나았으며 모든 병증세로부터 해방되었다고 선언했다. 이론적으로는 그의 상황은 전혀 치료불능한 것이었으므로 나는 놀랐다. 나의 놀라움을 알고는, 그는 실제로 미소를 띠우면서 말했다. "나는 나의 신경증의 난처한 원인에 대하여 우회하는 것을 도와준 당신의 정확한 방법과 인내에 대해서 특히 감사하고 싶습니다. 지금은 어떻게라도 말할 수 있습니다. 만약 내가 곧이곧대로 자유로이 말을 들었더라면 최초의 상담 때 말했을 겁니다. 그러나 그 때문에 우리의 관계는 거칠어지고 그렇게 되면 후에 나는 어떻게 되었을까요? 나는 심리적으로 파멸해버렸을 겁니다. 이러한 10년의 기간동안 나는 당신을 믿는 것을 배웠습니다. 그리고 신뢰가 더해감에 따라 나의 상황은 호전되어 갔습니다. 이 완만한 과정이 내 자신에 대한 신뢰를 되찾는 것에 유용했기 때문이라고 생각합니다. 지금 나는 나를 파괴해 버릴 것같은 그런 문제에 관하여 말할 만한 충분한 힘이 있습니다."

거기에서 그는 자신의 문제를 아주 솔직히 고백하였다. 그의 문제는 우리들의 치료가 따르지 않으면 안되었던 특이한 과정의 이유를 보여주는 것이었다. 그 근본의 쇼크가 너무나도 강했던 것으로, 그는 그것에 혼자 직면할 수가 없었던 것이다. 그는 어쨌든 타인의 도움을 필요로 한 것이며 치료란 서서히 신뢰를 확립하는 것이어서 임상적인 이론을 혼동하는 것은 아니었다.

이와 같은 사례로부터 나는 어떤 특정의 사례에는 적용 불가능할지도 모를 일반 이론적 고찰로 뛰어들어가는 것보다는 자신의 방법을 개개의 환자의 요구에 적용시키는 것을 배웠다. 60년간에 걸친 실제적인 경험을 통하여 내가 축적한 인간성에 관한 지식은, 모든 사례를 아주 새로운 것이라 생각하고 무엇보다 우선 그것에 대한 개별적인 접근법을 탐색해내야만 한다는 것이었다. 때때로 나는 유아적인 사실이나 공상을 주의깊게 조사하는 것을 주저하지 않고, 또 때로는 위쪽으로부터 말을 시작하여 설령 그것이 가장 동떨어진 형이상학적 사변(思辨)으로 비약해버려도 개의치 않았다. 그것은 모두 개개(個個) 환자의 말을 배우는 것, 환자의 무의식이 빛을 찾아 손을 더듬는 것에 따라가는 것이다. 어떤 사례는 어떤 특정 방법을 요구하고, 다른 사례는 다른 방법을 요구하는 것이다.

이것은 상징의 해석을 하려는 것에 있어서 특히 진리인 것이다. 두 명의 다른 사람이 거의 비슷한 꿈을 꾸는 경우도 있다. (임상적 경험으로는 흔히 있을 수 있는 것이지만, 이것은 보통의 사람이 생각하는 정도로 희귀한 것은 아니다.) 그러나 예를 들면, 그 꿈을 꾼 한 사람은 젊고, 다른 한 사람은 나이 든 경우에는 그들에게 장해를 주고 있는 문제는 연령에 따라 다른 것이다. 그래서 두 개의 꿈을 같은 방법으로 해석하는 것은 분명히 어리석은 짓이다.

지금 생각한 한 예는, 젊은 사람들의 한 그룹이 말을 타고 넓은 들판을 횡단해 가고 있는 꿈이다. 꿈을 꾼 사람은 맨 앞에 서서 물이 가득 흐르고 있는 강을 뛰어넘고 장해를 극복한 것이다. 남은 사람들은 강으로 떨어져 들어가버렸다. 그런데 이 꿈을 처음으로 내게 말했던 젊은이는 아주 사려깊은 내향적인 타입의 사람이었다. 그러나 나는 이와 똑같은 꿈을 무모한 성질을 가진 활동적이고 모험적인 생활을 하고 있는 노인으로부터 들었던 적이 있다. 이 꿈을 꾼 때에 그는 환자로, 의사와 간호원을 몹시 당황하게 하였다. 그는 실제로 의사의 지시를 따르지 않았기 때문에 자기 자신을 해치는 결과를 낳았다.

젊은이에 대해서는, 이 꿈은 그가 실제로 무엇인가를 성취해야만 하는가를 알려주고 있는가는 분명한 것이었다. 그러나 노인에 대해서는 현재 그가 행하고 있는 것을 알려주는 것이다. 주저하고 있는 젊은이는 꿈은 원기를 북돋아주고 있으며, 노인에게는 그와 같은 격려는 불필요한 것이다. 아직 그의 심중에 떠오르고 있는 모험심이란 것은 실제로 그에게 있어서는 커다란 고민거리이다. 이 예는 꿈과 상징의 해석이, 꿈을 꾼 사람의 개인적인 상황과 그 심리의 조건에 긴밀하게 의존되어 있음을 보여주고 있다.

6. 꿈 상징에 있어서의 원형

꿈이 보상의 목적으로 사용된다는 것은 이미 설명했다. 이 가정은 꿈이 정상적인 심리현상이며 무의식의 반응과 자연발생적인 충동을 의식에 전달하는 것임을 의미하고 있다. 꿈은 대부분 꿈을 꾼 사람의 도움에 의해 해석될 수 있다. 꿈을 꾼 사람은 꿈의 이미지에 대한 연상과 꿈의 이미지의 문맥을 설명하고 그에 의해 꿈의 모든 면을 다 볼수가 있다.

이 방법은 모든 일반적 사례에 적절하다. 예컨대 친척이나 친구나 환자가 대화 중에서 말하는 꿈의 경우가 그러하다. 그러나 그것이 강박적인 꿈이든지 지나치게 정감성이 강한 꿈일 경우에는 보통 꿈 꾼 사람에 의한 개인적인 연상만으로는 만족스러운 해석을 할 수 없다. 그와 같은 경우 우리는 (프로이트가 최초로 인정하고 언급한 것이지만) 꿈 중에는 비개인적인 것이나 혹은 꿈을 꾼 사람의 개인적인 경험으로부터 인출해낼 수 없는 요소가 종종 생긴다는 점을 고려하지 않으면 안된다. 그러한 요소는 전에 설명한 바와 같이 프로이트가 '고대의 잔존물'이라 부른 것이다. ─ 이것은 그 존재 이유를 개인 자신의 생활만으로는 설명할 수 없는 심리형태로서 원초적으로 옛부터 계승되어온 유전적인 인간의 심리형태로 간주할 수 있다.

인간의 신체가 오랜 진화적인 역사를 배경으로 갖고 있는 신체기관들의 박물관을 형성하고 있는 것과 같이, 심리도 똑같은 방법으로 구성되고 있다고 기대할 수 있다. 심리는 신체와 마찬가지로 역사 없이는 생겨나지 못한다. 여기서 '역사'라는 것은, 심리가 형성된 역사를 의미하는 것이므로 언어와 다른 문화적인 전통을 통하여 과거에 대해 의식적으로 창조한 것을 지칭하고 있는 것은 아니다. 나는 인간의 심리가 아직 동물과 유사했던 고대의 인간에 있어서의 생물학적 선사적 무의식적인 심리발달에 대하여 기술하고 있는 것이다.

이와 같은 옛날의 심리가 우리 심리의 기초를 형성하고 있다. 그것은 마치 우리의 신체가 포유류의 일반적인 해부학적 패턴에 근거하고 있는 것과 같다. 숙련된 해부학자나 생물학자의 눈은 우리들의 신체 내에서 원초적인 형태의 흔적을 많이 찾아낸다. 경험을 쌓은 심리연구자는 이와 똑같이 근대인의 꿈의 이미지와 원시인이 만들어낸 것, 또 꿈의 '보편적인 이미지'와 신화적인 모티브 사이에서 유사성을 찾아낼 수가 있다.

그러나 생물학자가 비교해부학을 필요로 하는 것과 같이 심리학자도 '심리에 관한 비교해부학' 없이는 일을 할 수가 없다. 바꿔 말한다면, 실제 면에서는 심리학자는 꿈과 기타의 무의식적인 활동의 산물에 관한 충분한 경험뿐 아니라 가장 넓은 의미에서의 신화에 대해서도 지식을 갖지 않으면 안된다는 것이다. 이와 같은 의욕 없이는 중요한 유사성을 찾아내는 것은 불가능하다. 예를 들면, 강박신경증의 사례와 고전적인 그것과의 사이의 유사성은 양자에 관한 실제적인 지식 없이 찾아낼 수 없는 것이다.

'고대(古代)의 잔존물'을 나는 '원형(元型)'이나 '원시 심상'이라 부르고 있는데, 이는 그에 관한 충분한 지식을 갖지 않은 사람들에 의해 늘 비판되어 왔다. '원형'이라는 용어는 종종, 어떤 명확한 신화적인 이미지나 모티브를 뜻하는 것으로서 오해를 받고 있다. 그러나 신화적인 이미지나 모티브들은 의식적인 표상에 지나지 않는 것이다. 그와 같은 변화하기 쉬운 표상이 유전된다고 하는 건 아주 우스운 것이다.

원형이란 것은, 그와 같은 모티브의 표상을 형성하는 경향이다. 그 표상은 기본적인 패턴을 잃지 않으면서도 세부에 있어서는 잘 변화할 수 있는 것이다. 예를 들면, 적대적인 종족의 모티브를 나타내는 표상은 여러 가지가 있지만, 모티브 그 자체는 동일한 것이다. 나에 대한 비판자는 내가 '유전된 표상'을 취급하고 있다고 잘못 추론하고, 그와 같은 기초에 서서 원형의 개념을 단순한 미신으로 매도해 버렸다. 그들은 만약 원형이 우리들의 의식으로부터 생겨난 표상이라면, (혹은 의식에 의해 획득된 것이라면) 우리들은 분명히 그것들을 이해할 수 있고 그것들이 우리의 의식에게 제시될 때에 당황하거나 놀라지는 않을 것이라는 사실을 고려하고 있지 않다. 원형이란 실제로 본능적인 경향이어서, 새가 집을 짓는 행동이나 개미가 조직화된 집단을 형성하려는 충동과 같이 현저한 것이다.

여기에서 나는 본능과 원형 사이의 관계를 분명히 해두어야겠다. 우리들이 정확히 본능이라고 부르는 것은 생리적인 충동으로서 감각에 의해 인지되고 있다. 그러나 동시에 그것들은 공상 중에도 나타나 그 존재를 상징적인 이미지에 의해서만 표명한다. 이러한 표명이 내가 부르고 있는 원형이다. 그것들은 밝혀진 기원을 갖고 있지 않다. 또 세계의 어느 시각 어느 장소에 있어서도, 직접적 유전 내지 이주(移住)에 의한 '잡교수정(雜交受精)' 등 생각할 수도 없는 식으로 산출한다.

많은 사람들이 자기 자신의 꿈과 자식들의 꿈에 놀라서 상담하러 온다. 그들은 꿈의 언어를 전혀 이해하지 못해 곤혹을 치루고 있었던 것이다. 즉, 그 꿈은 그들이 생각해내는 것이나 자식들에게 전해져야만 하는 것과 관련지을 수 없는 이미지를 포함하고 있기 때문이다. 더구나 그 사람들 중에는 고등교육을 받은 사람도 있었다. 그 중에는 현직 정신과 의사도 있었다.

나는 어떤 교수가 돌연 환상을 보고 자신은 정신병자가 아닌가 하고 찾아온 사례를 생생히 기억하고 있다. 그 교수는 아주 심한 혼돈상태에 빠져 내게 찾아왔다. 나는 단지 400년 전의 책을 선반에서 꺼내 그의 그 환상을 그대로 묘사하고 있는 오랜 목판화를 그에게 보여 주었다. 그리고 "당신은 자신을 미치광이라고 생각할 이유가 전혀 없습니다."라고 말하였다. "당신의 그와 같은 환상은 400년 전부터 알려져 있는 것입니다." 거기서 그는 정신이 나간 듯이 앉아 있다가 다시 정상으로 돌아갔다.

정신과 의사 한 사람이 아주 중요한 사례를 내게 제공해 주었다. 그는 10세가 된 딸로부터, 크리스마스 선물로 받은 작은 노트를 내게 가져왔다. 그 노트에는 그녀가 8세때 꾼 꿈들이 씌어져 있었다. 그것들은 내가 지금까지 본 것 중에서 가장 기묘한 꿈이 있다. 그래서 나는 어째서 부친이 그것에 대해 단순한 곤혹 이상의 것을 느꼈는가를 잘 이해할 수 있었다. 그 꿈은 어린애다운 것이었지만 너무 이상해서 아버지로서는 그 기원을 전혀 이해할 수 없는 이미지로 가득 차 있었다. 여기서 꿈에 나타난 관련된 주제들을 살펴보자.

1. '악마', 즉 다수의 뿔을 가진 뱀과 같은 괴물이 다른 동물을 삼켜버린다. 그러나 하나님이 네 가지의 각기 다른 모습을 하고 네 귀퉁이로부터 나와 죽은 동물들을 모두 환생시킨다.

2. 천국으로 올라가면 거기서는 이교도의 무용의식이 한창이다. 그리고 지옥으로 내려가면 천사들이 선행을 행하고 있다.

3. 작은 동물의 무리가 꿈을 꾸고 있는 이 아이를 위협한다. 동물들은 평장히 커지고 그 중의 하나가 이 소녀를 삼켜버린다.

4. 한 마리의 작은 쥐 속에 송충이, 뱀, 물고기, 그리고 맨 나중에 인간이 들어가 있었다. 이렇게 해서 쥐는 인간으로 된다. 이것은 인류의 기원에 관한 4개의 단계를 보이고 있는 것이다.

5. 한 방울의 물이 현미경으로 보고 있는 것처럼 크게 보인다. 소녀는 그 한 방울의 물로 나뭇가지가 자라나는 것을 본다. 이것은 세계의 기원을 보이고 있는 것이다.

6. 악한 소년이 한 덩이의 흙을 갖고 있다가 길을 지나가는 사람들에게 마구 집어던진다. 이렇게 해서 그곳을 지나가는 사람은 전부 악하게 된다.

7. 술에 취한 여인이 물에 빠졌다가 다행히 제정신이 되어 나온다.

8. 미국에서의 광경인데, 많은 사람이 개미에게 습격을 받아 개미떼 위를 굴러 다니고 있다. 이 소녀는 혼돈상태에서 강물 속으로 바져 들어간다.

9. 달 표면에 사막이 있고 거기서 이 소녀는 모래 속으로 계속 잠겨들어 가 마침내 지옥으로 떨어져버린다.

10. 이 꿈에서 소녀는 눈부시게 빛나는 구슬의 환상을 본다. 그녀가 그것에 손을 대면 증기가 거기서 발산된다. 남자가 와서 그녀를 죽인다.

11. 이 소녀는 자신이 아주 위독한 환자가 되어 있는 꿈을 꾼다. 돌연, 작은 새가 그녀의 피부로부터 날아나와 그녀를 푹 덮어씌워버린다.

12. 모기떼가 태양을 가리고 달을 가리고 별 하나만을 남기고 모든 별을 가려버린다. 그 남은 한 개의 별이 꿈을 꾸고 있는 소녀 위 에 떨어진다.

생략하지 않은 원래 독일어로 쓰여진 글에서는 모든 꿈이 옛날이야기의 '옛날 옛날에⋯⋯'로 시작된다. 이 말 때문에 꿈을 꾼 소녀는 이 꿈들을 일종의 옛날이야기인 것처럼 느끼고 그것을 아버지에게 크리스마스 선물로 이야기 한다는 것을 암시하고 있다. 아버지는 꿈의 문맥 속에서 이 꿈을 설명하려고 시도하였다. 그러나 그것에 관한 개인적인 연상이 없었기 때문에 그렇게 할 수가 없었다.

이러한 꿈이 의식적으로 만들어진 것이 아니라고 믿을 수 있는 사람은 이 어린아이를 잘 알고 그녀가 거짓말하고 있지 않다고 절대적으로 확신할 수 있는 사람뿐이다. (그러나 그것들이 설령 공상이라고 해도 그것을 우리들이 어떻게 이해할 것인가라는 문제는 남게 된다.) 이 경우, 아버지는 꿈은 거짓이 아니라고 확신했고 나에게도 그것을 의심할 이유가 하나도 없다. 나 자신은 그 소녀를 알고 있었지만 그것은 소녀가 아버지에게 꿈을 전하기 이전 이었으므로 그녀에게 그 점을 찾아볼 기회가 없었다. 그녀는 외국에 살고 있었다. 그해 크리스마스로부터 1년 뒤에 전염병으로 죽었다.

그녀의 꿈은 분명히 특이한 성격을 갖고 있다. 그 주도적인 사고방식은 개념으로서는 현저하게 철학적이다. 최초의 것은 예를 들면 악마 같은 괴수가 다른 동물을 잡아먹어도 하나님이 그것을 성스러운 복원(復元), 즉 개신(改新)의 힘에 의해 환생시킨다는 것에 대해 말하고 있다. 서양에서는 이 생각은 그리스도교의 전통을 통해서 알려져 있다. 예를 들면 '사도행전' 3장 21절에 "예수는 만물 갱신의 때까지 하늘에 머물러 있지 않으면 안되었다" 정교회의 초기의 그리스인 신부들(예를 들면 올리겐)은 이 세상의 종말에는 만물이 구제자에 의해 그 원래의 완전한 상태로 복원될 것이라는 관념으로 무장하고 있었다. 그러나 마태복음 17장 11절에 따르면 이미 유태의 전통에 있어서도 '확실히 (먼저) 엘리야가 와서 만사를 원래대로 고칠 것이다'라고 말하고 있다. 또 고린도전서 15장 22절은 다음과 같은 말로 같은 생각을 표명하고 있다. 그것은 '아담에게 있어 모든 사람이 죽어 있는 것과 마찬가지로 그리스도에 있어 모든 사람은 소생되는 것'이다.

이 어린아이가 종교 교육을 통하여 이 사고방식을 얻었다고 추정할 수도 있다. 그런데 그녀는 종교적인 배경을 거의 갖고 있지 않았던 것이다. 그녀의 양친은 명목상 프로테스탄트였지만, 그러나 사실은 그들은 바이블에 대해서도 단지 귀동냥으로 알고 있을 뿐이었다. 이 소녀가 심오한 복원의 이미지의 설명을 들었다는 일은 더욱 있을 수 없었다. 확실히 그녀의 아버지는 이와 같은 신비적인 생각에 대해 들은 바가 없었다.

12개의 꿈 중 9개는 파괴와 복원의 테마의 영향을 받고 있다. 그리고 어떤 꿈도 특별히 그리스도적인 교육 혹은 영향의 흔적을 보이고 있지 않다. 오히려 반대로 그것들은 원시적인 신화에 밀접한 관계를 갖고 있다. 이 관계는 다른 모티브 — 창세 신화(세계와 인간의 창조), 이것은 4번째와 5번째의 꿈에 나타나 있다. — 에 의해 확증되고 있다. 이러한 관련은 먼저 인용한 '고린도전서' 15장 22절에서 볼 수 있다.

이 절에서도 또 아담과 그리스도(죽음과 재생)는 서로 관련되어 있다. 구제자로서의 그리스도의 일반적인 개념은 세계 속에 존재하고 그리스도교 이전의 영웅으로서의 구제자라는 주제에 속해 있다. 즉, 영웅은 괴물에게 잡아먹히지만 그 잡아먹은 괴물이 무엇이든 그것 속에서 싸워 이겨 이기적인 방법으로 재생한다. 이와 같은 모티브가 언제 어디서 시작되었는지 누구도 알지 못한다. 그 문제를 어떻게 연구할지도 우리는 모른다. 다만 한 가지 확실한 것은 모든 세대가 그것을 전(前)시대로부터의 전승에 의해 알고 있다는 것이다. 따라서 우리들은 그것이 인간이 영웅 신화를 갖고 있다는 것조차 몰랐던 시대에 '기원한 것'이라고 추정할 수 있다. 즉, 인간이 자신의 말에 대하여 의식적으로 반성할 수도 없었던 시대이다. 영웅상은 하나의 원형이며 그것은 유사 이전부터 존재하고 있었다.

어린아이에 의한 원형의 산출은 특히 의미가 깊다. 즉, 어린아이가 전통과 직접 접촉하고 있지 않다는 것이 확실한 경우가 때때로 있기 때문이다. 앞의 예에서는 이 소녀의 가족은 그리스도교의 전통에 관해서는 극히 천박한 지식 이상의 것은 갖고 있지 않았다. 물론 그리스도교적인 테마가 신(神), 천사, 천국, 지옥, 악마 등의 관념에 의해 보여지고 있을지도 모른다. 그러나 이 어린아이의 수용방식을 보면 그것들이 전혀 비그리스도교적인 기원인 것을 알 수 있다.

첫 번째 꿈에 나타난 신을 생각해보면, 이 신은 실제는 '네 모퉁이'로부터 나온 네 사람의 신으로 구성되어 있다. 이 모퉁이란 어떤 모퉁이인가? 꿈 속에는 방과 같은 건 하나도 설명되어 있지 않다. 보편적 존재 자체가 개재된 분명히 우주적인 사건의 이미지에는 방과 같은 것은 있을 수가 없다. 4의 관념 (4의 요소) 그 자체가 기묘한 관념이다. 그러나 그것은 많은 종교와 철학에서 크나큰 역할을 차지하고 있다. 그리스도교에 있어서는 그것이 삼위 일체에 옮겨질 수가 있다. 이 삼위 일체라는 관념을 어린아이가 알고 있었다고 가정하지 않으면 안된다. 그러나 현대의 중류 보통과정에 있어서 신성한 4에 대하여 알고 있는 사람이 있을까? 이 생각은 중세의 연금술 철학자들 사이에서는 꽤 인기가 있었지만, 18세기 초부터 점차 쇠퇴하여 최근 200년 사이에 완전히 없어져버린 것이다. 그렇다면 이 어린아이는 어디서 그것을 입수한 것일까? 에스겔의 환상으로부터인가? 그러나 천사들을 신과 동일시하는 가르침은 그리스도교에는 없다.

뿔이 달린 뱀에 대해서도 똑같은 의문이 생긴다. '성서' 속의 예를 들면 '묵시록'에 뿔을 가진 동물이 많이 나오는 것은 사실이다. 그러나 그것들은 네 발 달린 짐승이다. 다만 그 왕은 용이며 용에 해당하는 그리스어(drakon)는 뱀을 의미하는 것이지만 뿔이 있는 뱀은 16세기의 라틴어의 연금술의 문헌에 4개의 뿔이 있는 뱀(quadricornut us serpens)으로 기재되어 있고, 이것은 머큐리(로마 신들의 사자)의 상징으로서 그리스도교의 삼위 일체와 대립하는 것이다. 그러나 이것과의 연관은 확실치 않다. 내가 알고 있는 한, 한 사람의 저자에 의해 인용되고 있는 것을 이 어린아이가 알고 있을 리 없다.

두 번째의 꿈에 있어서 분명하게 비그리스도교적인 기성적 가치의 역전을 내포하는 주제가 나타나고 있다. 예를 들면 이교도의 춤이 천국에서 행해지고 천사의 선행이 지옥에서 행해지고 있다. 이 상징은 도덕적인 가치의 상대성을 암시하고 있다. 이 어린아이가 이와 같이 니체의 천재성에 비길 만한 혁명적인 생각을 어디서 찾아낸 것일까?

이와 같은 의문은 다시 다른 의문으로 우리들을 이끈다. 즉, 이 소녀가 분명히 상당히 중요한 의미를 부여하고 그 때문에 아버지에게 크리스마스 선물로까지 준 이 꿈은 어떠한 보상적인 의미를 갖고 있을까?

만약 이 꿈을 꾼 사람이 미개인 무당이었다면 이러한 꿈이 죽음, 부활과 만물의 개신(改新), 세계의 시작, 인간의 창조, 가치의 상대성 등에 관한 철학적인 주제의 다양성을 나타내고 있는 것이라고 추론해도 이상하지는 않다. 그러나 이러한 꿈을 개인적인 수준에서 해석하려한다면 아주 곤란한 것으로 돼버릴 것이다. 이러한 꿈은 의심할 바 없이 '보편적인 이미지'를 포함하고 미개종족에 있어서 젊은이들의 성인식에서 가르치는 교양과 어떤 의미에서는 아주 유사한 것이다. 그들은 신(神)이나 신(神)들 혹은 이 세계를 '창조한' 동물들이 무엇을 했는가, 세계와 인간이 어떻게 만들어졌는가, 어떻게 세계의 종말이 올 것인가, 그리고 죽음의 의미는 무엇인가 라는 것을 배운다. 그리스도교 문명에서 이와 같은 가르침이 우리들에게 주어지는 때가 있는가. 그것은 사춘기 때이다. 그러나 많은 사람들이 이와 같은 것을 노년으로 되면서부터, 즉 죽음에 가까이 감에 따라 다시 생각하기 시작한다.

이 소녀는 그때 이 두 가지 상황에 동시에 처해 있었다. 즉, 그녀는 사춘기였으며 동시에 그녀의 생명이 종말에 가까와 있었다. 그녀의 꿈의 상징에는 거의 혹은 전혀라고 말해도 좋을 만큼 일반적 성인 생활의 시작을 보여주는 것은 없지만, 파괴와 회복의 암시는 많이 있다. 그녀의 꿈을 처음으로 읽었을 때 실로 그것이 아주 절박한 재난을 암시하는 것이라는 이상한 느낌을 받았다. 그렇게 느낀 이유는 그 상징으로부터 내가 추론할 수 있었던 보상의 특이성에 있다. 그것은 보통 이나이의 소녀의 의식에 보이는 것으로 기대할 수 있는 것과는 정반대의 것이었다.

이 꿈은 생명과 죽음에 대한 새로운 그리고 오히려 두려운 면을 분명히 하고 있다. 이와 같은 이미지는 보통 미래를 바라보고 있는 어린아이에게 있어서보다는 자신의 생애를 되들아보고 있는 노인에게 있어서 기대되는 것이다. 그러한 분위기는 인생의 봄에 있어서의 기쁨과 맹아(萌芽)라기보다 오히려 고대 로마인이 말한 것처럼 '인생은 짧은 꿈이다'는 것을 생각케 한다. 즉, 이 어린아이의 생에는 로마 시인이 말한 것과 같이 '봄의 희생물의 맹서'와 같은 것이었다. 우리들의 경험으로는 알 수 없는 죽음의 접근이 그 희생자의 생활과 꿈에 예견적인 그림자(ad umbratio)를 던진 것을 알 수 있다. 그리스도교의 교회 제단조차도 한편으로는 묘지를 다른 한편으로는 부활의 장소 — 죽음을 영원의 생명에로 변용시키는 장소 — 를 뜻하고 있다.

이 꿈이 소녀에게 야기한 관념은 다음과 같은 것이다. 그것은 미개신들의 전수 입문식에서처럼 선문답 같이 짧은 말을 통하여 시사된 죽음에의 준비였다. 이 이미지는 정통적인 그리스도교의 교양보다도 미개인의 생각에 더 흡사한 것이다. 그것은 역사적인 전통이외에 유사 이전부터 생(生)과 사(死)에 대한 철학적 혹은 종교적인 고찰을 풍성히 축적해온 오랫동안 잊혀져 있던 심리의 원천으로부터 생성된 것이라고 생각된다.

그것은 이 어린 소녀 속에 보통 때는 기능하지 않던 표상을 불러일으켜 그 운명적인 사건의 접근을 묘사함으로써 미래의 사건이 그 그림자를 던지고 있는 것과 같다. 그것들이 표명된 개개의 형대는 많든 적든 개인적인 것이지만 그 일반적인 형태는 보편적이다. 그것들은 어떤 장소 어느 시기에나 볼 수 있고, 그것은 마치 동물의 본능이 종에 따라 서로 다르지만 동일한 일반적인 목적에 이용되는 것과 같은 이치이다. 우리들은 새롭게 태어난 각 동물이 그 자신의 본능을 개별적 자질로서 창조해간다고 생각지 않고, 또 개개의 인간이 그 인간적인 방법을 새로운 탄생 때마다 발명한다고 생각하지는 않는다. 인간심리의 보편적인 사고형태는 본능과 마찬가지로 선천적인 예로부터 계승된 것이다. 그것들은 경우에 따라서 우리들 모두에게 다소 같은 방법으로 기능한다.

이와 같은 사고형태가 속해 있는 정감적인 표현은 지구상의 어디에서나 동일한 것이다. 우리들은 그것들을 동물에서도 확인할 수 있고 동물들은 서로 종이 다르더라도 이 점에 있어서는 서로 이해한다. 그렇다면 곤충의 복잡한 상징적인 기능은 어떤가. 그들은 대부분은 자신의 양친도 알지 못하고 양친으로부터 배우는 것은 아무것도 없다. 그렇다면 왜 인류만이 그 특정 본능을 빼앗기고 그 심리가 모든 진화의 자취를 결여하고 있다고 추론해야만 하는가.

만약 심리를 의식과 동일시한다면 인간은 이 세상에 텅빈 심리를 갖고 태어나 그 심리는 후에 개인적 경험에 의해 배운 것 이외에 아무것도 갖고 있지 않다는 식의 오류를 범하게 될 것이다. 그러나 심리는 의식 이상의 것이다. 동물은 거의 의식을 갖고 있지 않지안 심리를 갖고 있음을 암시하는 많은 충동과 반응을 보여주고 있다. 그리고 미개인은 스스로 의미를 알 수 없는 것들을 많이 갖고 있다.

문명인에게 있어서 크리스마스 트리와 부활절 계란의 진정한 의미를 찾는다는 것은 헛수고일 것이다. 실제 그들은 그것들의 의미를 모르고 있는 것이다. 나는 일이라는 것은 일반적으로 우선 행해지고 오랜 세월이 지난 다음에 어째서 그런 일을 행한 것일까 하고 누군가가 의문을 갖게 되는 것이리라고 생각하고 있다. 의학적 심리학자는 항상 다른 점에서는 지적이지만, 예상할 수도 없는 특이한 행동을 하고 자신이 무엇을 말하며 행동하고 있는지도 느끼지 못하는 환자에게 직면하게 된다. 그들은 자신도 설명할 수 없는 불합리한 무드에 돌연히 사로잡히곤 하는 것이다,

표면적으로는 그와 같은 반응과 충동은 극히 개인적인 성질의 것이라고 생각되므로 우리들은 그것들을 특이한 충동으로 매도해버린다. 그런데 실제는 그것들은 인류의 폭성이며 예전부터 만들어져 완성되어 있는 본능적인 시스템에 뿌리박고 있는 것이다. 사고형태나 보편적으로 이해할 수 있는 몸짓이나 태도들 중 대다수는 인류가 성찰적인 의식을 발전시키기 훨씬 전에 확립된 형태에 따르고 있다.

인류의 성찰 능력은 강한 정감적인 폭발의 고통에 못이기게 될 때 생겨난 것이라고까지 인정되고 있다. 이 점에 관한 단순한 예로서 어부가 고기를 잡는 데 실패하여 분노와 실망에 찬 나머지 사랑하는 외아들을 교살하고 그 죽은 소년을 팔에 안은 채 깊은 후회에 사로잡혀 있는 경우를 보자. 이와 같은 사람은 이 고통에 찬 순간을 영원히 잊지 못할 것이다.

이런 종류의 경험이 실제로 인간 의식의 발전의 최초 원인인지 어떤지를 우리들은 알 수 없다. 그러나 이런 종류의 정감적인 체험의 쇼크는 사람들을 각성시켜 자신이 하고 있는 일에 주의를 기울이게 하기때문에 종종 필요하다는 것은 의심의 여지가 없다. 여기서 13세기의 스페인 귀족인 레이몽 룰(Raimon Lull)의 유명한 예를 살펴보자. 그는 사모하던 여인과 (장기간 따라다닌 끝에) 밀회에 성공하였다. 그녀는 말없이 옷을 벗고 암으로 짓무른 가슴을 그에게 보여주었다. 이 쇼크는 룰의 인생을 변화시켰다. 그는 그 후 저명한 신학자가 되어 가장 위대한 전도사의 한 사람이 되었다. 이와 같은 돌연한 변화의 경우에는 원형이 무의식 속에서 장기간 작용하여 그 위기를 불러일으킨 상태를 교묘하게 설정하고 있다는 것이 증명될 수 있다.

이와 같은 경험은 원형적인 형태가 단순한 정적인 형(型)은 아니라는 것을 보이고 있다. 그것들은 본능과 같이 자연발생적으로 충동 속에서 나타나는 동적인 요소인 것이다. 어떤 종류의 꿈이나 환상이나 생 각은 돌연히 생기는데 아무리 주의 깊게 탐색해도 그 원인이 무엇인지 찾아낼 수 없다. 그것은 확실히 원인을 갖고 있다. 그러나 그 원인이 너 무나 동떨어져 있고 불명료하여 무엇인지를 알 수 없는 것이다. 이와 같은 경우, 꿈과 꿈의 의미가 충분히 이해되기까지 혹은 꿈을 설명하는 외적인 사건이 일어나기까지 우리들은 기다리지 않으면 안된다.

꿈을 꾼 때에는 그 사상은 미래 속에서 기다리고 있을지도 모른다. 그러나 우리들의 의식이 종종 미래나 그 가능성에서 파악되는 것과 마찬가지로 무의식과 그 꿈도 미래에서 파악된다. 꿈의 주된 기능은 미래의 예견에 있다는 것이 오래 전부터 일반적으로 믿어지고 있다. 고대에 있어서 그리고 중세에 있어서조차 꿈은 의학적 예견에서 일익을 담당하고 있었다. 2세기경에 다르다스의 아르테미드로스가 인용하고 있는 꿈에서 나타나는 예견(혹은 예지)의 요소를 나는 최근의 꿈에 의해서 확증할 수가 있다. 아르테미드로스가 인용한 것은 어떤 남자가 자기 부친이 불난 집의 화염 속에서 죽어가는 것을 본 꿈이었다. 얼마 후에 그는 플레그몽(Phlegmon: 불 혹은 고열을 나타낸다)에 걸려 죽는다. 그것은 아마 폐렴이었을 것이라고 나는 생각하고 있다.

내 동료의 한 사람이 전에 아주 지독한 괴질성 열병으로 고생하고 있었다. — 실제 그것은 플레그몽이었다. 그의 환자 중 한 사람이 자기

의사의 병이 어떤 성질의 것인지는 전혀 몰랐지만 그 의사가 큰 불 속에서 죽어가는 꿈을 꾸었다. 그때 의사는 막 입원할 때로서 병은 이제막 시작될 때였다. 꿈을 꾼 사람은 의사가 병을 앓고 있는 것, 그리고병원에 있는 것 등 대충의 사실 이외에는 아무것도 알지 못했다. 그러나 3주 후에 그 의사는 죽었다.

이 예가 보여주듯이 꿈 중에는 예상하거나 예견하는 성질을 갖는 것도 있다. 그리고 꿈을 해석하려고 하는 사람은 누구나 이것을 고려하지 않으면 안된다. 분명히 의미깊은 꿈인데 설명하기에 충분한 문맥을갖지 않는 경우에는 특히 그러하다. 이 같은 꿈은 때때로 아주 돌연히나타난다. 도대체 무엇이 그것을 자극한 것인지 의심스럽게 생각된다.물론 그 비밀스런 메시지를 알고 있다면 원인은 명확하게 될 것이다.즉, 그것을 알 수 없는 것은 우리들의 의식일 뿐 무의식은 이미 알고 있고 꿈에 보여진 것 같은 결론에 도달해 있는 것이다. 실제 무의식은 의식과 다를 바 없이 검사한다든지 여러 가지 사실로부터 결론을 인출해낸 수도 있다고 생각된다. 그것은 어떤 종류의 사실을 이용할 수도있으며 그 가능한 결과를 예지한다. 이것은 결국 우리들이 그것에 대해 의식하지 않기 때문에 비로소 가능한 것이다.

그러나 꿈으로부터 알 수 있는 바로는, 무의식의 사고(思考)는 본능적으로 이루어진다. 이 차이가 중요하다. 논리적인 분석은 의식의 특권이다. 결국 우리들은 이성과 지식에 의해 선택한다. 그런데 무의식은주로 본능적인 경향, 그것에 상응하는 사고형태 ─ 결국 원형에 의해표상되는 경향에 이끌린다고 생각된다. 질환의 진행과정에 대하여 설명할 때 의사는 '감염'이라든가 '열'이라는 합리적인 개념을 사용할 것이다. 그런데 꿈은 제법 시적이다. 꿈은 병든 신체를 인간 세상의 집으로 나타내고 열은 집을 파괴하는 화재로 나타낸다.

위에서 말한 꿈에서 알 수 있듯이, 원형적인 심리는 그 상황을 아르데미드로스의 시대에 있어서와 똑같은 방법으로 취급하고 있다. 무엇인지 성질을 알 수 없는 어떤 사물이 직관적으로 무의식에 의해 파악되고 원형적인 처리를 받는다. 이것은 의식적인 사고가 적용되는 추론의 과정 대신에 원형적인 심리가 끼어들어와 예견된 사건을 인수한다는 것을 시사하고 있다. 원형은 이와 같이 그것 자신이 주도권을 가지며 그 자신의 특정한 에너지를 갖고 있다. 이러한 힘에 의해 원형은 (그 자신의 상징적인 스타일로) 의미깊은 해석을 산출하거나 그 자체의 충동과 사고형태에 따라 상황에 개입할 수 있게 된다. 이 점에 있어서 원형은 콤플렉스와 똑같이 기능한다. 그것은 제 마음대로 나타났다가 사라져 때때로 우리들의 의식직인 의도에 대하여 여러 방식으로 장해를 주거나 수정해 버리거나 한다.

우리들이 원형에 수반되는 특별한 매력을 경험할 때 그 특수한 에 네르기를 인지할 수 있다. 그것들은 특별한 매력을 갖고 있는 것 같다. 이와 같은 독특한 성실은 또 개인적 콤플렉스의 특성이기도 하다. 그리고 개인의 콤플렉스가 그 개개의 역사를 갖는 것과 같이 원형적인 성질을 갖는 사회적인 콤플렉스도 역사를 갖고 있다. 그러나 개인적인 콤플렉스는 개인적 편견 이상의 것을 산출하지는 않지만 원형은 신화나 종교나 철학 등에 대해 한 나라 혹은 한 시대에 영향을 주어 특성적인 신화, 종교, 철학을 만들어 낸다. 우리들은 개인적인 콤플렉스를 의식의 일연적 내지는 이질적 태도의 보상으로 간주하지만 이와 똑같이 종교적 성격을 갖는 신화는 인류 일반의 고뇌와 불안 — 기아, 전쟁, 질면, 노년, 사망 등 — 에 대한 일종의 정신적 치료로 해석할 수 있다.

예를 들면 영웅신화는 항상 용, 뱀, 괴물, 악마 등의 모습을 한 악에 승리하여 인간을 파괴와 죽음으로부터 해방하는 강한 인간 혹은 신인(神人)에 관한 것이다. 성전을 읽고 의식을 반복하고 춤, 음악, 찬미가, 기도, 제사 등에 의해 그와 같은 인물을 숭배하는 행위는 청중을 (마치 마력적인 주문을 외우는 듯) 뉴미너스(numinous. 신과의 영적 교섭에 있어서 느끼는 매혹과 두려움이 얼크러진 감정)한 감동에 사로잡히게 하며 영웅과의 동질감을 느끼게끔 개인을 고양시킨다.

이와 같은 장면을 의혹 없는 눈으로 본다면 우리들은 아마 보통사람들이 어떻게 그 개인적인 무력감과 불행으로부터 해방되어 거의 초인적인 성질을 적어도 일시적으로 얻게 되는지를 이해할 수 있을 것이다. 때때로 그와 같은 확신은 상당히 장기간 동안 그를 지탱시키고 그의 인생에 특정한 스타일을 부여한다. 그것은 사회 전체에 일종의 색조를 주기도 한다. 이 유명한 예는 엘레우시스의 기적에서 보여진다. 이것은 7세기 초의 그리스도교 시대에 억압되었지만 델포이의 신탁과 더불어 고대 그리스의 본진과 정신을 보여주고 있다. 보다 큰 규모의 그리스도교 시대의 교도들, 그 이름과 의의는 고대 이집트의 오실리스와 오르스의 원형적인 신화에서 등장하는 신인(神人)의 신화에 따른 것이다.

기본적인 신과의 관념은 유사 이전의 어느 시기에 현명한 노철학자나 예언자에 의해 '만들어진' 후 맹신적인 사람들과 무비판적인 사람들에 의해 '얻어져' 왔다라고 일반적으로 생각되고 있다. 힘을 구하는 성직자에 의해 전파되는 전설은 '진실'이 아니라 단순한 '원망 충족적 사고(思考)'라고 간주된다. 그러나 그 '만들어 낸다'(invent)라는 말 자체는 라틴어의 'invenire'로부터 유래하여 '발견하다', 따라서 뭔가를 '찾는다'는 것으로서 발견해냄을 의미하고 있다. 후자의 경우 찾는다는 말에는 찾아내려고 하는 것에 대한 어떤 잠재지식의 존재가 시사되고 있다.

여기서 예의 소녀의 꿈에 포함된 기묘한 관념으로 되돌아 가보자. 그녀가 그것들을 보고 놀란 것을 보면 그 관념들은 그녀가 탐색해낸 것은 아니었을 것이다. 오히려 그것들은 그녀에게 있어 기묘한 얘기로 뜻밖에 떠오른 것이었으며 아버지에게 크리스마스 선물도 줄 정도로 특별한 것이었다. 그러나 그렇게 함으로써 그녀는 꿈 속의 얘기를 아직 일어나지 않은 그리스도교의 기적 — 새로이 태어나 빛을 받은 상록수의 비밀과 혼합된 우리들의 신의 탄생 — 에까지 끌어올렸던 것이다. (이것은 5번째의 꿈에 연관해 있다.)

그리스도와 나무의 상징과의 상징적인 관계에 대해서는 많은 역사적인 증거가 있지만 이 소녀의 양친은 그리스도의 탄생을 경축하기 위해 불이 켜진 양초로 나무를 장식하는 행위가 무엇을 의미하는지에 대해 잘 모르고 있었을 것이다. "그것은 단지 크리스마스의 풍습이란다."라고 그들은 말했을 것이다. 이것에 대해 참뜻을 말하자면 죽어간

신에 대한 상징주의나 그와 성모 및 그 상징으로서의 나무에 대한 숭배와의 관계에 대한 이 복잡한 문제의 일면만을 취급한다고 해도 — 긴 논문을 필요로 할 것이다.

　보편적인 이미지(이것을 교회적인 표현으로 말하면 교양)의 기원을 깊이 탐구할수록 우리들은 끝도 없어 보이는 원형적인 패턴의 그물을 벗겨가게 된다. 이 패턴은 근대에 이르기까지 결코 의식적 반성의 대상으로는 되지 않았던 것이다. 따라서 아주 역설적이기는 하지만 우리들은 이전의 어느 시대보다도 신화적인 상징에 대하여 많은 것을 알고 있는 것이다. 사실 전시대 사람들은 상징에 대하여 생각해보지도 않았다. 즉, 그들은 상징에 의해 살고 그 의미에 의해 무의식 속에 생명을 불어넣고 있었던 것이다.

　이것을 내가 일찍이 아프리카의 엘곤 산(山)의 미개인과 함께 지내면서 한 경험으로부터 설명해 보겠다. 그들은 새벽녘에는 늘 오두막집에서 나와 자신의 손에 숨결과 침을 받아 손바닥을 여명을 향해 펼쳐본다. 마치 그것은 그들의 숨결과 침을 떠오르는 신(神) — 뭉구: mungu — 에게 받들어 올리는 것 같았다. (이 스와히리어의 뭉구는 의식적인 행위를 설명하는 것으로 쓰이고 있지만 이것에 해당하는 폴리네시아어 마나(mana)라든가 물릉구(mulungu)로부터 유래하고 있다.) 이러한 말들은 기묘한 효과와 삼투성을 갖는 신성적인 '힘'을 나타낸다. 따라서 뭉구라는 말은 그들의 알라 — 혹은 신(神)과 같다. 그와 같은 행위가 무엇을 의미하는지 혹은 왜 그렇게 하는지 물었을 때 그들은 당황했다. 그들은 단지, "우리들은 언제나 이렇게 해왔기 때문이다. 태양이 떠오를 때에는 언제나 이렇게 한다."라고 말했을 따름이다. 태양이 뭉구라는 단순한 생각을 대개 그들은 비웃었다. 태양은 수평선 위로 떠오른 다음에는 이미 뭉구가 아니다. 뭉구는 태양이 떠오르는 바로 그 순간인 것이다.

그들 행위의 의미는 명확했다. 그러나 그들에게는 분명하지 않았다. 그들은 단지 행할 뿐이고 자신이 하고 있는 일에 대하여 결코 생각하지 않았다. 따라서 그들은 자기 자신을 설명할 수 없있다. 나는 그들이 자신의 영혼을 뭉구에게 바치고 있는 것이라고 결론지었다. 즉, (생명의) 호흡과 침은 '영혼의 실체'를 의미하기 때문이다. 어떤 대상에게 호흡과 침을 바치는 행위는 '마력적인' 효과를 전할 수 있다고 믿어지고 있다. 예를 들면 그리스도가 맹인을 치료할 때 침을 사용하였고 또 죽어가는 부친의 최후의 호흡을 그 자식이 부친의 영혼을 이어 받기 위해 받아들이는 것이다. 이 아프리카인들이 자신들의 의식의 의미를 먼 과거에 일찍이 알고 있었으리라고는 생각되지 않는다. 실제 그들의 선조는 동기에 대해서 전혀 의식하고 있지 않았고 그 행위의 의미에 대해서도 전혀 알지 못했을 것이다.

괴테의 '파우스트'는 "태초에 행위가 있었도다."라고 적절히 말하였다. 이 행위는 결코 생각해낸 것이 아니라 행해진 것이다. 그런데 생각한다는 것은 인간 역사, 비교적 후기의 발견이다. 우선 인간은 무의식적인 요인에 의해 자신도 모르게 행위를 했다. 자신을 움직인 원인에 대하여 반성하기 시작한 것은 꽤 시간이 지난 후부터이다. 그리고 인간이 자신을 움직인 것은 자기 자신임에 틀림없다는 부자연스런 관념

— 자기 자신 이외에서 동기를 부여하는 힘을 찾아내지 못하게 된 심리상태에 도달하기까지는 아주 긴 시간이 필요했던 것이다.

식물과 동물이 스스로를 창조했다는 생각에 우리들은 조소할 것이다. 그러나 심리와 정신은 스스로를 창조하고 따라서 자신이 자기 존재의 창조자라고 확신하고 있는 사람은 많이 있다. 실제 도토리가 떡갈나무로까지 성장해 온 것이다. 심리는 지금까지 오래도록 발전해온 것과 같이 내적인 힘에 의해서도 움직여지고 있는 것이다.

이러한 내적인 동기는 깊은 원천으로부터 생기는 것으로서 의식에 의해 만들어지는 것이 아니며 그 제어하에 있는 것도 아니다. 고대의 신화에 있어서는 이러한 힘은 마나 혹은 정령, 악마, 혹은 신(神)이라고 불렸다. 그것들은 옛날과 같이 지금도 좋은 활동을 하고 있다.

그것들이 우리들의 소망과 일치했을 때에는 우리들은 그것을 좋은 착상이라든가 동기라 부르며 무릎을 치면서 자신의 현명함에 만족한다. 그런데 그것들이 우리들 의도에 반(反)하여 움직일 때에는 우리 들은 불운하든가 혹은 자신에게 적대하여 있든가, 우리들의 불행의 원인은 어떤 병적인 것임에 틀림없다는 식으로 말한다. 우리들이 스스로 제어할 수 없는 '힘'에 의해 움직이고 있다는 것만은 누구도 인정하려 하지 않는 것이다.

그러나 근대의 문명인은 어느 정도의 의지력을 갖고 있는 것도 사실인 이상 그 의지력을 우리들은 마음대로 사용할 수가 있다. 근대인은 자신에게 최면을 걸어서 행동을 유발하기 위해 노래를 하거나 북을 치지 않고도 효과적으로 일을 할 수 있게 되었다. 신의 도움을 구하기 위해 날마다 기도할 수도 있다. 그는 자신이 하고 싶어하는 것을 생각해 낼 수 있고 자신의 생각을 거침없이 행동화할 수도 있다. 그것에 대해 미개인은 각 단계에서 공포나 미신이나 여타 생각할 수 없는 장해 때문에 행동을 저지 당해온 것으로 생 각된다. '뜻이 있는 곳에 길이 있다'는 것은 근대의 미신이다.

그러나 그 신조를 받들음으로써 근대인은 내적 성찰의 현저한 결여라는 대가를 치르고 있다. 근대인은 합리성이나 능들성을 가지고 있으면서도 자신이 제어할 수 없는 '힘'에 의해 억압되고 있다는 사실은 깨닫지 못하고 있다. 신과 악마는 사라진 것이 아니라 새로운 이름을 얻게 되었을 뿐이다. 그것들은 근대인에 대해서 항상 막연한 불안과 심리적인 분규, 약품이나 알콜이나 담배나 약초에 대한 끊임없는 욕구 ― 그리고 특히 노이로제 ― 를 주고 있다.

7. 인간의 정신

소위 문명화된 의식이라는 것은 기본적 본능적으로부터 항상 스스로를 분리시켜왔다. 그러나 이 본능이 없어지게 된 것은 아니다. 단지 본능은 우리의 의식과의 접촉을 상실케 되었을 뿐이며 간접적인 방법으로 자신의 존재를 확인시키게 된 것이다. 이것은 신경증의 생리적 증상이나 설명하기 어려운 무드, 망각, 실언 등 여러 가지 형태의 돌발적인 사건으로 나타날 것이다.

인간은 누구나 자기 정신의 주인이라고 믿고 있다. 그러나 자신의 무드나 감정을 제어하지 못하고 무의식적인 요소가 계획이나 결정 속에 몰래 끼어들 때 사용하는 트릭에 대해 의식하지 못한다면, 인간은 진정한 자신의 주인이라고는 할 수 없다. 이들 무의식적인 요소는 원형의 자율성에 의해 그 존재가 결정된다. 근대인은 자신의 분리된 상태를 보지 않으려고 하기 때문에 마음속에 단절의 시스템을 가지고 있다. 외적인 생활의 일정 부분과 자기 행동의 특정 부분이 전혀 다르게 추출되어 받아들여진 양, 서로 아무런 연관이 없고 대결하지 않고 있는 것처럼 위장되어 있다.

이 단절의 심리에 대한 예로서, 어떤 알콜 중독자의 사례를 들 수 있다. 그는 어떤 종교운동에 깊게 심취되고 열광하게 됨에 따라 자신에게 술이 필요하다는 사실을 망각하게 되었다. 그는 분명히 기적적으로 예수에 의해 치유된 것이다. 이런 의미에서 그는 신의 은총 또는 그 종교 조직의 영험의 증인으로서 모두에게 소개되었다. 그런데 간증을 하고 난 뒤 2, 3주 후에는 새생활에 점차 싫증이 나고 다시 술 생각이 간절해지기 시작했다. 그러나 이 번에는 이 원조단체는, 이 사례는 병적인 것이고 따라서 예수가 개입하기에는 적절치 못하다는 결정을 내렸다. 그는 병원으로 연행되어 신성한 치유보다도 훨씬 훌륭한 치료를 의사에 의해 받게 되었다.

이것은 근대의 문화적 사고방식의 일면으로서 주목할 만한 가치가 있는 사례이다. 이 예는 분명히 분열과 심리적 혼란을 보여주고 있다.

인류를 한 사람의 개인이라고 가정한다면 인류도 무의식의 힘에 의해 움직여지고 있는 하나의 인간이라는 것을 알 수 있다. 즉, 인류도 어떤 종류의 문제는 여타의 문제들로부터 분리된 추출물로서 처리해 버리고 싶어하는 경향이 있는 것이다. 그러나 바로 이 때문에 우리는 자신이 하고 있는 일에 대해 매우 깊이 고려하지 않으면 안된다. 이는 인류가 스스로 창조해냈으면서도 우리 손이 미치지 못할 정도로 커져버린, 엄청난 위험에 직면하고 있기 때문이다. 우리의 세계는 소위 신경증 찬자의 정신처럼 분리되어 있고 천의 장막이 그 분열의 선을 상징하고 있다. 서방측 사람들은 공산측의 무력에 대해 공격적인 의지를 인식하고 지나칠 정도까지 방위하지 않으면 안된다고 느끼면서 동시에 자신들의 덕성과 선의에 대해서는 이상할 정도로 자부심을 가지고 있다.

그런데 그들이 간과하고 있는 것은, 그것이 그들 자신의 악덕한 소행의 결과라는 사실이다. 그들은 그것을 허울좋은 국제적 풍습을 빙자하여 오늘날까지 숨겨왔으나 공산세계에 의해 조직적으로 비판받아왔다. 서방측 사람들이 은밀하게, 그러나 거의 수치심도 느끼지 못하면서 자행해온 일들(외교적 위협이나 조직적 기만, 또는 은밀한 협박 등)이 공산측으로부터 보다 노골적인 형태로 되돌아오자 우리들은 신경증적인 편집에 사로잡히고 만 것이다. 철의 장막 속에서 서방측 사람들을 향해 이(齒)를 드러내고 웃고 있는 것은 바로 우리 자신의 사악한 얼굴의 그림자인 것이다.

서방측 사회에서 지극히 많은 사람들이 독특한 무력감을 느끼고 있는 것은 이로부터 설명될 수 있다. 서방측의 사람들은 우리가 직면하고 있는 곤란은 윤리적인 문제이고 핵무기를 축적하는 정책이나 경제적인 경쟁에 의해 그 문제에 답하려는 시도는 필경 수포로 돌아갈 것이라는 사실을 깨닫기 시작하고 있다. 이 같은 시도는 두 날 가진 칼이기 때문이다. 우리들은 대부분 윤리적 혹은 정신적인 방법이 보다 효과적이라는 사실을 이해하고 있다. 이런 방법들은 계속 증대해가는 감염 가능성에 대한 심리적인 면역성을 제공해 줄 수 있기 때문이다.

그러나 이러한 모든 시도도 우리가 자기 자신과 세계에게 그들(소위 우리의 적대자)만이 위반하고 있다고 주장하는 한 결코 효과는 볼 수 없을 것이다. 자기 얼굴의 그림자와 그 사악한 행위를 인정하려는 성실한 노력이 우리에게는 보다 중요한 것이다. 자신의 그림자(우리 성격의 어두운 부분)를 인식할 수 있다면 우리는 윤리적 정신적인 감염과 영합에 대해 면역을 얻게 될 것이다. 현재의 상황에서 알 수 있듯이 우리는 모든 감염원에 대해 무방비 상태이다. 이는 우리가 실제로 그들과 똑같은 짓을 자행하고 있기 때문이다. 단지 우리는 자신이 하고 있는 일에 예의절차라는 커버를 씌우고 있기 때문에 그 행위를 볼 수도 이해할 수도 없다는 결점을 지니고 있을 뿐이다.

공산사회도 하나의 위대한 신화를 가지고 있다(보다 우수한 우리의 판단이 그것을 소멸시키리라는 헛된 희망에서 우리는 그것을 환상이라 부르고 있다). 그것은 옛부터 동경해온 황금시대(낙원)의 원형적인 꿈이다. 그 곳에서는 모든 사람들에게 물자가 평등하게 분배되고 있고 위대하여 올바르고 현명한 추장이 이 인간 유치원을 지배하고 있다. 이 강력한 원형이 유치한 상태로 그들을 사로잡았다. 그러나 우리가 보다 우월한 견해를 가지고 있다고 해도 그것이 세계에서 소멸되어버리는 일은 결코 없을 것이다. 우리는 우리 자신의 유치성에 의해 오히려 그것을 지지해 주고 있는 것이다. 우리 서방측 문명도 비슷한 양태의 신화에 의해 파악되고 있기 때문이다. 무의식적으로 우리는 동일한 형태의 편견과 희망과 기대를 키우고 있다. 우리도 복지 국가를 믿고 세계의 평화, 인간의 평등성, 영구 불멸의 인권, 정의, 진리, 그리고 (분명 큰소리로 말하지는 않겠지만) 지상에서의 신의 왕국의 도래를 믿고 있다.

인간의 현실생활이 냉혹한 상극성의 얽힘, 낮과 밤, 탄생과 사망, 행복과 불행, 선과 악으로 구성되어 있다는 것은 처절한 진실이다. 우리는 대체 어느 것이 어느 것보다 우세한가, 선은 악을 극복할 수 있는가, 또는 쾌락이 고통을 이길 것인가에 대해서도 확신할 수 없다. 인생은 하나의 전장이며 예전에도 그랬듯이 앞으로도 항상 그럴 것이다. 만일 그렇지 않다면 존재 자체가 종식되게 되는 것이다.

틀림없이 이 같은 인간의 내적 갈등 때문에 초기 그리스도교인들은 이 세상의 종말을 기대하고 소망했던 것이며, 불교에서는 모든 지상의 욕망과 야욕을 밀쳐버리라고 설파했던 것이다. 이 두 종교의 대부분을 이루는 세계에 대한 근원적 거부를 어느 정도 수정하는 특이한 정신적 윤리적인 관념이나 행위와의 결합이 이루어지지 않았다면 이 종교들의 기본적인 답은 분명 자살적인 것이었을 것이다.

이 점을 내가 강조하는 것은 오늘날 매우 많은 사람들이 종교에 대한 신앙을 상실해버렸기 때문이다. 이들은 종교를 이미 이해할 수 없게 되었다. 종교 없이도 인생이 목적한대로 나아간다면 별 문제가 없지만 고뇌가 생겼을 때에는 이야기가 달라진다. 이런 때 사람들은 비로소 해결의 실마리를 찾으려고 애쓰고 인생의 의미와 고통에 가득찬 그 체험에 대해 내적으로 성찰하기 시작하려고 한다.

(내가 체험한 바로는) 카운셀러에게 상담하러 찾아오는 사람 중에는 가톨릭교도보다도 유대교도나 프로테스탄트가 훨씬 많다는 것은 의미심장하다. 이는, 가톨릭 교회가 아직까지 영혼의 복음(Cura animarum)에 대해 책임을 자부하고 있다는 사실에서 그 원인을 추측해볼 수 있을 것이다. 그러나 현대와 같은 과학시대에 있어서 정신과 의사는 전에는 신학자의 영역에 속해 있었던 문제에 대해 자주 질문을 받고 있다. 사람들은 의미 있는 삶에 대해 또는 신(神)과 불사(不死)에 대해 절대적인 신앙을 가지는 것만으로 위대해질 수 있을지도 모른다고 느끼고 있다. 죽음이 가까워지고 있다는 공포가 점점 강한 자극으로 되어 이 같은 사고를 형성하게 한다. 유사 이전부터 인류는 초월적인 존재(하나 혹은 다수의)에 대한 또는 내세에 대한 관념을 가지고 있었다. 인간이 이런 관념 없이도 잘 살 수 있다고 생각하게 된 것은 현대에 이르러서였다.

우리는 전파망원경으로 우주 공간에서 신의 왕좌를 찾을 수도 없고 사랑하는 부모의 혼령이 어느 정도 육체를 갖춘 모습으로 주위를 떠도는 것을 확인할 수 없기 때문에 그 같은 관념은 '진실이 아니다'라고 판정한다. 나는 차라리 그것들이 완벽한 진실은 아니다라고 말하고 싶다. 그 같은 사고는 유사 이전부터 존재해왔고 오늘날도 어느 정도의 자극에 의해 의식 속에 스며들어오는 개념이기 때문이다,

근대인은 그런 것 없이도 살아갈 수 있다고 주장할 것이다. 그리고 그 진신을 증명할 만한 과학적 증거가 없다는 점을 강조하여 자신의 의견을 강화하려 할지도 모른다. 또는 오히려 그 같은 확신의 상실을 애석해 할지도 모른다. 그러나 우리는 눈에 보이지 않는 알 수 없는 것을 취급하고 있는데 (신은 인간의 이해를 초월한 것이고, 불멸성을 증명할 방법은 없는 것이므로) 대체 그 증거에 대해 고민할 필요가 있는 것인 가? 우리가 음식물 속의 소금의 필요성을 이성적으로 파악하지 못한다 해도 우리는 소금을 사용함으로써 이익을 얻는다. 소금의 사용은 단지 맛의 환각 혹은 미신이라고 말할 수도 있을 것이다. 그러나 그럼에도 불구하고 소금은 우리의 건강에 도움을 준다. 그렇다면 위기에 처했을 때 도움이 되고 우리의 존재에 의미를 부여해 줄 수 있는 견해를 어째서 없애야 한다는 것인가?

그리고 이 같은 관념이 진실이 아니라는 것을 우리가 어떻게 알 수 있겠는가? 내가 이 같은 관념은 환각에 불과한 것이라고 단호하게 결정내리면 많은 사람들의 찬성을 받을 것이다. 그러나 그들은 종교적 신앙을 주장하는 것과 마찬가지로 그에 대한 부정도 '증명'할 수 없다는 사실을 모르고 있다. 우리가 어느 쪽의 견해를 선택하는가는 완전히 자유이다. 어느 쪽이건 우리 마음의 결정에 따른 것일 것이다.

그러나 증명 불가능이라는 사고방식을 심화해야만 하는 경험적 이유가 존재한다. 즉, 그런 사고방식은 그의 인생에 의미를 부여하고 세계 속의 자신의 위치를 제시해 줄 수 있는 보편적 관념과 확신을 필요로 한다. 그것들에 의미가 있다고 확신하면 인간은 놀랄 만한 견고성을 확립할 수가 있다. 인간은 자신이 '어리석은 자가 하는 이야기'에 참가하고 있다고 인정하지 않을 수 없게 될 때 완전히 좌절하고 마는 것이다.

종교적인 상징의 역할은 인생에 의미를 부여하는 것이다. 프에블로의 인디언들은 스스로 태양의 아들이라고 믿는다. 그 신앙이 그들의 존재의 한계를 훨씬 뛰어넘는, 장래에 대한 예측(과(過)목표)을 그들 인생에 부여하고 있다. 신앙은 그들에게 인격 발전을 위한 광대한 공간을 주고 전 생애를 전인(全人)으로서 살 수 있게 해 준다. 우리 문명인들이 자신은 인생에 어떤 내적 의미를 갖지 못한 열등한 사람이라(앞으로도 그럴 것이라)고 알고 있는 데 비해 그들의 상태는 훨씬 만족스러운 것이다.

자신의 존재에 대해 폭넓은 의미를 느낀다는 것은 인간을 단지 돕는다든가 가치 있게 한다는 것 이상으로 지고(至高)한 것이다. 이런 느낌이 없으면 인간은 비천하고 불행하게 된다. 만일 성 파울로가 자신은 떠돌이 옷감장수일 수밖에 없다고 믿었다면 그는 실제로 그런 인간이 되지는 못했을 것이다. 그의 뜻 깊은 인생은 자신이 신(神)의 사자라는 내적 확신에 의해 가능했던 것이다. 그를 과대망상증 환자라고 비난하는 사람도 있었을 것이다. 그러나 그 같은 비난은 역사의 증언과 후세의 판단 앞에서 무색할 수밖에 없게 되었다. 그를 확고하게 사로잡았던 신화가 그를 위대하게 만들었던 것이다.

그러나 이 같은 신화는 의식적으로 만들어지는 것이 아니라 상징에 의해 성립된다. 그것들은 자연스럽게 생겨나는 것이다. 신(神) = 인간이라는 신화를 창조해낸 것은 인간으로서의 예수가 아니었다. 그 신화는 그가 탄생하기 수세기 전부터 존재해왔다. 그는 이 상징적인 사고에 사로잡혔고 그것이 성 마르코가 서술한 것처럼 나사렛의 목수라는 협소한 생애로부터 그를 승화시킨 것이다.

신화는 미개인 예언자나 그의 꿈, 그의 감명적 공상에 의해 감동받은 사람들에게 영향을 미친다. 이들은 후세 사람들이 시인이나 철학자라고 부르는 사람들과 큰 차이가 없었다. 미개인 예언자는 공상의 기원에 대해서는 관심이 없다. 기원이 어디에 있는가를 생각하기 시작한 것은 훨씬 후세의 일이기 때문이다. 그러나 고대 그리스 경에 이르러 인간들의 마음은 상당히 진보되어 신들에 관한 이야기는 옛날에 죽은 왕이나 족장들의 과장된 전설에 불과한 것이라고 추측하기 시작했다. 사람들은 이미 신화는 황당무계한 것이며 서술된 내용 그 자체를 의미하는 것은 아니라는 견해를 가지게 되었다. 따라서 사람들은 신화를 일반적으로 이해될 수 있는 형태로 환원시키려고 하였다.

훨씬 근대에 이르러 꿈의 상징에 대해서도 똑같은 일이 일어났다. 심리학이 아직 요람에서 벗어나지 못했던 시기에 우리는 꿈이 무언가 중요한 의미를 가지고 있다는 것을 인식하기 시작했다. 그러나 그리스 인들이 신화는 '보통'의 역사를 단지 아름답게 표현한 것에 불과하다고 확신한 것과 마찬가지로 심리학의 몇몇 선구자들은 꿈이 표면적으로 의미하고 있는 것 그대로를 받아들여서는 안된다고 결론내렸다. 꿈이 보여주고 있는 이미지와 상징은 억압된 마음의 내용이 의식 세계에 기묘한 형대로 표현된 것이라 하여 제거되었다. 이리하여 꿈은 그것이 표면적으로 서술하고 있는 것 이외의 어떤 의미을 가지고 있다는 사실이 받아들여지게 되었다.

나는 이 같은 사고방식에 찬성할 수 없다는 것을 이미 밝혔다. 바로 이 때문에 나는 꿈의 내용뿐 아니라 형태까지 연구하게 된 것이었다. 어째서 꿈은 그 내용 이외의 무엇인가를 의미하지 않으면 안되는가? 있는 그대로의 것 이상, 그 무엇이 어떻게 존재한단 말인가? 꿈은 일반적인 자연현상이고, 따라서 자신 이외의 다른 무엇을 의미하고 있지 않다. 탈무드는 '꿈은 자신의 해석이다'고 말하고 있다. 단지 꿈의 내용은 상징적이며 한 개 이상의 의미를 가지고 있기 때문에 혼란이 생길 뿐이다. 상징은 우리가 의식에 의해 파악하는 사실과는 다른 방향을 지시한다. 때문에 상징은 무의식적인 것 혹은 적어도 완전히 의식적이지는 않은 그 무엇인가에 관계하고 있다.

과학적인 정신에게는 상징적인 사고라는 현상은 귀찮은 존재이다. 그것들은 지적 논리적으로 만족스럽게 공식화할 수가 없기 때문이다. 물론 심리학에 있어서 귀찮은 존재가 상징적 사고만은 아니다. 그와 똑같은 장해가 '감정'이나 정서 현상에 있어서도 일어난다. 그것들은 마치 심리학 자체의 정의에 의해 확인되기라도 한 듯이 심리학자의 모든 연구로부터 제외된다. 장해의 원인은 어느 경우나 모두 동일하다. 즉, 거기에는 무의식이 개입하고 있는 것이다.

나는 과학적 관점을 충분히 승인하고 있으므로 완전히 또는 정확하게 파악될 수 없는 사실을 취급하는 것이 매우 곤란하다는 것쯤은 알고 있다. 이 같은 현상에서는 곤란점을 부정할 수 없으므로 지적인 용어에 의해 그것을 공식화할 수 없다는 고초가 따른다. 때문에 생명 자체를 파악하는 것도 불가능하지 않으면 안될 것이다. 정감과 상징적 사고를 산술하고 있는 것은 생명 그 자체이기 때문이다.

아카데믹한 심리학자가 정감의 현상이나 무의식의 개념(혹은 양자 모두)을 연구대상에서 제외하려 한다면 그건 그들의 자유다. 그러나 적어도 의학적 심리학자는 이것들에 대해 적절한 주의를 쏟지 않으면 안 된다. 정감적 갈등과 무의식의 개입은 의학적 심리학의 고전적 특성이다. 적어도 그가 환자를 취급하는 한 지적인 용어로 공식화할 수 없는 이 비합리성에 직면하게 될 것이다. 사격장에서 표적을 쏘는 연습은 전쟁과는 어느 정도 거리가 먼 것이다. 마찬가지로 의사는 실제의 전쟁터에서 예측할 수 없는 재난을 취급하지 않으면 안된다. 그것들의 과학적 정의를 내릴 수 없다 하더라도 마음의 현실에 관여하지 않으면 안되는 것이다. 때문에 어떤 교과서도 심리학을 깨우쳐 줄 수는 없다. 그것은 실제의 체험을 통해서만 배울 수 있는 것이다.

우리는 잘 알려진 상징에 대해 조사해 봄으로써 이 점을 보다 명확히 알 수 있다.

예컨대 그리스도교의 십자가는 여러 가지 측면이나 사고나 감정을 표명하는 의미 깊은 상징이다. 그러나 인명 기록부의 이름 앞에 그려진 십자가는 단지 그 사람이 죽었다는 것만을 뜻한다. 남근상은 힌두교에 있어서는 모든 사물을 포괄하는 상징으로서 기능하고 있다. 그러나 도시의 개구장이가 건물벽에 그것을 그리면 그것은 단지 그 아이의 페니스에 대한 흥미를 반영할 뿐이다. 유아기 및 사춘기의 공상은 종종 성인생활에까지 이어져 명백히 성적인 의미를 암시하는 꿈도 많이 꾼다. 이 꿈들을 어떤 다른 것으로 이해한다는 것은 어처구니없는 것이 되리라.

그러나 한 석공이 서로 기대고 있는 남자 수도승과 여자 수도녀에 대해서 얘기한다거나 전기 기능공이 플러그와 콘센트에 대해서 이야기한다고 해서 그가 달아오르는 젊은 날의 환상에 잠겨 있다고 생각하는 것도 우스운 일이라 할 것이다. 그는 단지 그의 도구에 다양한 표현으로 이름을 붙여 사용하고 있을 뿐인 것이다.

한 사람의 교육받은 힌두교도가 여러분에게 린감(lingam) 신화에서 시바 신(神)을 나타내는 남근상(像)에 대해서 이야기할 때 여러분은 보통의 서양인으로서는 전혀 페니스를 연상하지 않을 다른 것으로 듣게 될 것이다.

린감은 확실히 음란스러운 암시가 아니고, 십자가는 단순히 죽음의 표시가 아니라 이러한 것들의 대부분이 이러한 이미지를 이루어내는 꿈을 꾸는 사람의 성숙도(成熟度)에 의존하는 것이다.

꿈이나 상징의 해석은 지성을 필요로 한다. 그것을 기계적인 시스템으로 치환하여 상상력이 없는 머리 속에 밀어넣을 수는 없다. 꿈을 꾼 사람의 개성에 대한 충분한 지식과 해석자 측의 자기 인식이 필요한 것이다. 이 영역에 있어서 경험자라면 어느 정도 증명할 수 있는 규칙이 존재한다는 것을 부정하지 않을 것이다. 그러나 그 규칙들은 신중하게 지성적으로 적용하지 않으면 안된다. 모든 올바른 규칙에 따르면서도 보다 지성이 높은 사람이라면 결코 간과하지 않을 세부적 사항을 별로 중요치 않은 의견 때문에 간과하여 엄청난 넌센스에 빠지는 일이 있다. 높은 지성을 가진 사람들조차도 직관과 감정의 기능의 결여 때문에 갈피를 못잡는 경우가 있다.

상징을 이해하려 할 때 우리는 상징 그 자체하고만 대결하는 것이 아니라 그것을 산출한 한 개인의 전체성과 대결하는 것이다. 이는 그 사람의 문화적 배경을 연구하면서 그 과정을 통해 자기 자신의 교육에 있어서의 허다한 갭을 메꾸는 것이다. 나는 모든 사례에 대해서 그에 대해서는 ABC조차도 모르며 완전히 새로운 문제로서 생각해 본다는 태도를 버릇으로 삼고 있다. 상투적인 반응 방식은 표면적인 것을 취급할 때에는 실제로 유용하지만 생생한 문제에 관계하게 되면 인생 그 자체가 개입하게 되므로 가장 명쾌한 이론적 전제조차도 부질 없는 말로 화하고 만다.

상상력과 직관은 우리의 이해를 위해 매우 중요하다. 일반적 생각으로는 그것은 주로 시인이나 예술가(그것은 실제적인 일에 관해서는 결코 신용될 수 없으므로)에게만 가치가 있다. 그러나 그것은 고도의 과학에 있어서도 역시 매우 중요하다. 여기에서는 그것은 '합리적'인 지성의 역활이나 특정 문제에 관한 그 적용을 보완하는 것으로서 매우 중요한 역활을 담당하고 있다. 응용과학 중에서 가장 엄밀하다고 할 수 있는 물리학조차도 무의식의 작용에 의한 직관에 놀라울 정도로 의존하고 있다(직관과 동일한 결론에 이르는 논리적 방법은 사후적으로 증명할 수는 있지만).

상징을 해석할 때 직관이 결여되어서는 안된다. 꿈을 꾼 사람에 의해 상징이 곧바로 이해되는 경우가 종종 있는 것은 이 때문이다. 그 같이 운 좋게 얻은 직관은 확신에 넘치는 것이겠지만 한편으로는 매우 위험스러운 것이기도 하다. 그것은 우리를 무사안일주의로 유혹할 수도 있다. 예컨대 그것은 해석자와 꿈 꾼 사람 쌍방이 기분 좋고 비교적 안락한 관계를 지속하게끔 유도하며 쌍방이 공통된 꿈을 꾼 것처럼 착각하는 상황까지 조성한다. 만약 직관에 의해 이해한다는 막연한 만족감에 안심한다면 진정으로 지적인 지식이나 정신적인 이해의 확실한 기초는 잃고 만다. 직관을 사실에 대한 확실한 지식이나 그 논리적인 관련성에까지 환원시킨 사람만이 그것에 대해 설명하고 또 알 수가 있는 것이다.

정직한 연구자라면 항상 그렇게까지 할 수는 없다는 것을 인정해야 할 것이다. 그러나 그런 사실을 늘 마음속에 품지 않는다면 그것은 불성실한 것이다. 과학자도 역시 인간이다. 그도 역시 자신이 설명할 수 없는 대상을 싫어한다. 우리가 오늘날 알고 있는 사실들은 모두 당연한 것이라는 것은 일반적으로 가지고 있는 환상이다. 그러나 과학적인 이론만큼 무너지기 쉬운 것은 없다. 그것은 사실을 설명하려는 덧없는 시도에 불과하며 영구히 지속될 수 있는 진리 그 자체는 아닌 것이다.

8. 상징의 역할

　의학적 심리학자가 상징에 흥미을 갖는 것은 주로 '자연'의 상징에 관한 것이며, 이것은 문화적인 상징과는 구별되는 것이다. 전자는 마음의 무의식의 내용으로부터 파생하며 따라서 근원적인 원형적 심상의 다양한 변화를 보여준다. 대부분의 경우 우리는 이들의 고대적인 기원(우리가 가장 오래된 기록이나 미개인의 사회에서 찾아볼 수 있는 관념과 이미지)을 추적할 수 있다. 한편 문화적인 상징은 '영원한 진실'을 표현하기 위해 사용되어왔던 것으로 오늘날까지도 많은 종교에서 사용되고 있다. 이들은 많은 변용과 많건 적건 의식적인 발전의 오랜 과정을 거쳐서 문명 사회에 의해 받아들여진 보편적인 이미지가 되었던 것이다.

　그럼에도 불구하고 이와 같은 문화적인 상징에는 그 근원적인 신비성이나 마력이 다분히 내포되어 있다. 이들은 어떤 사람들에 대해 깊은 정서적 반응을 불러일으킬 수 있으며 그 심리적인 반응은 사람들을 편견과 동일한 방법으로 기능하게 한다는 것이 알려져 있다. 이들은 심리학자가 고려하지 않으면 안될 중요한 요인이다. 필경 이러한 것들을 합리적인 관점에서 터무니없다든지 무관계하다는 이유로 사상해버리는 것은 어리석은 짓이다. 그것들은 우리의 신적 구조의 중요한 성분이고 인간 사회를 창출해 나가는 데 있어서 중요한 힘이며 이러한 것 제거한다는 것은 중요한 손실이 아닐 수 없다. 이러한 것들이 억압되거나 무시된다면 그 특정한 에네르기는 무의식속으로 사라져가 예측하기 어려운 결과를 발생하게 될 것이다. 이러한 방법으로 없어졌을 것이라고 보여지는 심적 에네르기는 실제는 무의식의 최상위에 존재하는 것을 어떤든 — 대부분 그것은 오늘날까지 표현될 기회를 갖지 못했던가 아니면 적어도 의식내에 있어서 무제한한 존재로서 허용받지 못했던 경향에 있었지만 — 되살리든지 강화하는 역할을 하였다.

이와 같은 경향은 우리의 의식에 대해 잠재적으로 항시 존재하는 파괴적인 그림자를 만들어낸다. 어떤 경우에는 좋은 영향을 미칠는지도 모르는 경향에서조차도 그것들이 억압될 때에는 도깨비로 변신해버린다. 이로 인해 많은 선의의 인간들이 무의식을 두려고, 더불어 심리학을 두려워하는 것도 타당하다고 보겠다.

우리의 시대는 지하세계의 문을 여는 것이 무엇을 의미하는 것인가를 예증하여 왔다. 금세기 초엽의 목가적인 평화 속에서는 상상조차 할 수 없었던 사건들이 발생하여 우리의 세계를 뒤집어버렸으며 그 이후 이 세계는 분열병의 상태에 처하게 되었다. 문명국인 독일이 그 가공할 미개성을 토해내었을 뿐만 아니라, 러시아도 또한 미개성에 의해서 지배되고, 아프리카에서는 불길에 휩싸여 있다. 따라서 서구의 세계가 불안을 느끼는 것은 당연한 것이다.

근대인은 그들의 '합리주의' — 빛을 발하는 상징이나 관념에 반응하는 인간의 능력을 파괴하여 버린 것 — 가 어떻게 인간을 심적인 지하세계에 그대로 맡겨 버렸는지를 이해하지 못하고 인간이 미신으로부터 자유롭게 되었다고 생각하고 있다. 그러나 그 과정에 있어서 인간은 완전히 위험한 상태에까지 그의 정신적인 가치를 잃어버리고 말

앉다. 도덕적 혹은 정신적 전통은 붕괴되고 인간은 이러한 세계적인 규모의 분열과 분리라는 값비싼 대가를 지불하고 있다.

인류학자는 종종 미개인의 사회에 있어서 그 정신적인 가치가 근대 문명의 충격에 맞닥뜨리게 된 경우에 어떠한 일이 벌어지는가를 서술한다. 미개인들은 자기들의 생판의 의미를 잃어버리고 그들의 사회조직은 붕괴되며 자기 자신들도 도덕적으로 쇠퇴하게 된다. 우리는 오늘날 동일한 조건에 처해 있다. 그러나 우리는 실제로 무엇을 잃어버렸는지를 결코 이해하지 못하고 있다. 이것은 우리의 정신적인 지도자들이 불행하게도 상징이 보여주고 있는 신비성을 이해하는 것보다도 그들의 조직을 보호하는 데에 관심을 두어왔기 때문이다. 나의 견해로는 신앙이 사고 — 이것은 인간의 가장 강력한 무기이지만 — 를 배제하지는 않았지만, 불행하게도 상당히 많은 신앙인들이 과학 — 따라서 심리학 — 을 두려워한 나머지 인간의 운명을 항상 지배하여온 원형적(元型的)인 마음의 힘을 외면하고 있다. 우리는 모든 것으로부터 그 신비성이나 마력을 박탈하여 버렸다. 이제는 성스러운 것이라곤 아무것도 존재하지 않게 되었다.

훨씬 이전의 시기에 있어서는 인간의 마음속에 본능적인 사고가 용솟음치듯 일고 있었으며 의식적인 마음은 의심할 것도 없이 이러한 것들을 집약하여 어떤 마음의 패턴 속에 통합할 수 있었다. 그러나 '문명인'은 이미 이와 같은 일을 할 수 없게 되어버렸다. 그들의 '진보된' 의식은 본능이나 무의식으로부터의 보조적인 기여를 동화할 수 있는 방법을 없애버렸다. 이러한 동화나 통합의 기관은 일반적인 동의에 의해 성스러운 것으로 인정되어온 신비적인 상징이었다.

예컨대 오늘날 우리들이 '물질'에 관해서 이야기할 때 그 물리적인 성질에 대해 기술하고 그 외관이 갖는 몇몇을 보여주기 위해 실험실에서 실험을 한다. 그러나 이 '물질'이라고 하는 말은 이미 메말라서 비인간적이고 하등의 심리적인 의미도 갖지 못하는, 완전히 지적인 개념으로 되고 말았다. 이것은 이전의 물질이 가지고 있던 이미지와 어떻게 달라져 있는가. 그것은 대지인 어미의 깊은 정감적인 의미를 포함하여 표현될 수 있는 것이었다. 마찬가지로 일찍이 정신이었던 것은 오늘날 지능과 동일시되어 만물의 어버이로서의 역활을 상실하였다. 그것은 인간의 한정된 자아의 사고로 추락하여 갔으며 '어버이인 것'의 이미지로 표명되어온 거대한 정감적인 에네르기는 지능이라고 하는 사막의 모래 속에 파묻혀 사라져버렸다.

이들 두 가지의 원형적인 원리는 동양과 서양의 대조적인 체계의 기초를 이루어왔다. 그렇지만 대중과 그 지도자들은 이러한 세계의 원리를 서양에서와 같이 남성, 어버이(정신)이라고 불렀는지 아니면 공산주의자들처럼 여성, 어미(물질)이라고 불렀는지에 대해서는 깨닫지 못하고 있다. 본질적으로는 우리는 이쪽이나 저쪽이나 거의 아무것도 알지 못한다는 것이다. 이전에는 이 두 가지의 원리는 모든 종류의 의식에 있어서 숭상되어 왔다. 의식은 적어도 이러한 원리가 인간에 대해 가지고 있는 심리적인 의미를 보여주고 있다. 그러나 이것들은 오늘날 단순한 추상적인 개념으로 화하고 말았다.

과학적인 이해가 발달함에 따라 우리의 세계는 비인간화되어왔다.

인간은 이제 자연 속에 포함되어 있지 않고 자연현상과의 사이에 존재하는 정감적인 '무의식적 동일성'을 잃어버렸으며 우주 속에서 고립되어 있다고 느끼고 있다. 자연현상은 서서히 상징으로서의 숨겨진 의미를 잃어버리고 있다. 천둥은 이미 분노하는 신의 음성이 아니며 번개는 그의 도구가 아닌 것이다. 하천은 하천의 정기를 갖지 않고 수목은 인간 생명의 원리가 아니며 또한 뱀은 지혜의 구현자가 아니며 산의 동굴은 더 이상 산신령의 거처가 아닌 것이다. 이제는 돌도 식물도 동물도 인간에게는 말하지 않으며 인간도 들을 수 있다고 믿지 않아 그들에게 말을 걸지 않게 되었다.

즉, 인간과 자연과의 접촉이 없어져버린 것이다. 그것과 동시에 그러한 상징적인 결합이 창출하여온 깊은 정감적인 에네르기도 소멸되었던 것이다.

이 커다란 손실은 우리의 꿈이 갖는 상징에 의해 보상된다. 꿈의 특징은 우리의 근원적인 성질 — 그 본능이나 특이한 사고 — 을 표현하는 것이다. 그렇지만 불행하게도 그것들은 그 내용을 자연의 언어로 표현하는데, 그것은 우리에게 있어서 기묘하며 이해하기 어려운 것이다. 그로 인해 우리는 그것을 현대적인 언어인 합리적인 용어와 개념으로 바꾸는 일에 직면하게 된다. 현대적인 언어는 원시적인 매개성 — 특히 그것이 표현하고 있는 사태와의 신비적인 관여 — 으로부터 벗어나고 말았다. 오늘날 우리가 유령이나 다른 신비적인 상에 관해서 말할 때 우리는 이미 그것을 불러 일으키고자 하는 의도는 아니다. 힘도 영광도 그 예전에 위력을 발휘하던 언어로부터 더이상 솟아나오지 못하게 되었다. 우리는 마술적인 공식(公式)의 힘을 더 이상 믿지 않게 되었으며, 결국 터부라든가 비슷한 형태의 금제는 어디에서도 찾아볼 수 없게 되었다. 이러한 우리들의 세계는 모두 이와 같은 미신적인 마력, 예컨대 마녀, 마법사, 도깨비, 여기에 귀신이라든지 흡혈귀라든지 초원의 영혼 등은 말할 것도 없이 원시시대의 숲에 그득했던 그밖의 수많은 요괴들을 모조리 쓸어 없애버렸다고 볼수 있다.

보다 정확하게 말한다면, 우리 세계의 표면은 모든 미신적 혹은 비합리적인 요소를 깨끗이 청소해 버렸다고 볼 수 있다. 그렇지만 인간의 진정한 내적 세계 — 그것에 대한 우리의 원망충족적인 허구가 아닌 — 도 이미 원시성으로부터 해방되어 있는지의 여부는 별개의 문제이다. 숫자 13은 많은 사람들에게 있어서는 아직도 터부시되고 있지 않은가. 또한 비합리적인 편견이나 투영이나 어린아이 같은 환상에 사로잡혀 있는 사람들이 아직도 많지 않은가. 인간의 마음이 가지고 있는 현실적인 모습은 많은 그와 같은 원시적인 경향이나 잔존물을 보여주고 있으며 그러한 것들은 과거 5백년 사이에 아무런 일도 일어나지 않았던 것처럼 자기들의 역할을 연출하고 있다. 이 사실을 인식하는 것은 중요한 일이다. 현대인은 실제 인류의 정신적 발달에 있어서 오랜 기간을 걸쳐 획득된 많은 특성을 가진 불가사의한 혼합물이다. 이 혼합물이 우리가 취급하고자 하는 인간과 그 상징이며, 우리는 그 정신적인 산출물을 특히 주의깊게 탐구하지 않으면 안된다. 회의성이나 과학적인 확산이 인간 속에서 낡은 편견과 시대에 뒤떨어진 사고나 감정의 습관 및 완고한 오해, 일자무식과 함께 존재하고 있다.

우리들 심리학자가 연구하는 상징을 산출하고 있는 현대의 인간이란 바로 이와 같은 것이다. 이러한 상징이나 의미를 설명하기 위해서는 그 표상이 완전히 순수한 개인적 체험에 관계하고 있는 것인가, 아니면 일반직이고 의식적인 지식이 축적된 것들로부터 특별한 목적을 위해 꿈에 의해서 선택된 것인가를 아는 것은 중요한 일이다.

예컨대 13이란 숫자가 나타난 꿈을 상정해 보면, 이 꿈을 꾼 사람 자신이 13이라는 숫자가 가지는 불행한 성질을 습관적으로 믿고 있었는지의 여부나 혹은 이 꿈이 그와 같은 미신을 아직도 믿고 있는 사람들에 대한 단순한 빈정거림인지를 아는 것이 문제이다. 그에 대한 대답에 따라 해석에 큰 차이가 발생하게 되는데, 전자의 경우에는 그 사람이 아직도 불행한 13의 저주 아래에 있고 따라서 호텔의 13호실이라든지 13명의 사람이 동시에 테이불에 앉아 있는 것을 매우 불쾌하게 느낀다고 하는 사실을 고려하지 않으면 안된다. 후자의 경우에는 13은 단순히 크게 떠드는 말 이상의 그 무엇도 아닐지 모른다. '미신적인' 인간은 아직 13의 저주를 느낄 것이고 보다 '합리적인' 사람은 13에 원래 있던 색채를 제거한 채로 받아들일 것이다.

이러한 논의는 원형이 실제 체험에 있어서 어떠한 방법으로 발생하는지를 보여주고 있다. 원형은 이미지이고 또한 정감이다. 이 양자가 동시에 존재할 때에만 원형이라고 할 수 있다. 단순한 이미지뿐일 때는 그것은 단순한 그림문자에 불과한 것으로 아무런 결과도 가져오지 못한다. 그러나 정감을 그 속에 담음으로써 이미지는 그의 마력 — 혹은 심적 에네르기 — 을 획득한다. 따라서 그것은 역동적으로 화하며 무엇인가의 결과가 거기에서 나오리라는 것은 틀림없는 사실이다.

원형의 개념을 파악하는 것이 곤란하다는 것을 나는 알고 있다. 그것은 그 본래의 성질로부터 정확한 정의를 끌어내는 것을 불가능하게 하는 무엇인가를 나는 언어를 사용하여 기술하려고 하기 때문이다. 그러나 매우 많은 사람들이 원형을 마치 기계적인 체계의 부분이며 따라서 기계적인 방법으로 알 수 있다고 생각하므로 원형이 단순한 명칭이나 철학적인 개념이 아님을 강조한다는 것은 매우 중요한 일이다. 원형은 생명 그 자체의 부분 — 정감이라고 하는 다리에 의해서 살아있는 개인에 통일적으로 결합되어 있는 이미지 — 인 것이다. 이 때문에 어떤 원형에 대해서도 임의의 — 혹은 일반적인 — 해석을 부여하는 것은 불가능하다. 그것은 관계되어 있는 특정 개인의 전 생활상태에서 보여지는 양식에 의해서 설명되지 않으면 안된다.

일찍이 독실한 신앙을 가지고 있는 기독교인들의 경우에는 십자가의 상징은 기독교의 맥락을 쫓아서만 해석될 수 있었다. — 다만 꿈이 그것을 초월하여 보여주는 것과 같은 강한 이유를 제시하는 경우는 다르지만. 그때에서도조차 특정한 기독교적인 의미는 마음에 간직해두어야 한다. 그러나 십자가의 상징이 어떠한 때나 어떤 조건하에 있어서도 모두 동일한 의미를 갖고 있다고는 말할 수 없다. 만약 그렇게 된다면 십자가가 갖는 마력은 없어지고 그 생명력을 잃어 단순한 언어로 전락해 버릴 것이다.

원형이 갖는 특수한 감정의 색채를 알지 못하는 사람은 그것을 신화적인 개념의 기묘한 집합에 불과하다고 생각해버릴 것이다. 이 기묘한 집합은, 모든 것은 무엇인가 의미를 갖는다 — 혹은 거꾸로 말하면 아무것도 의미하지 않는다 — 라는 것을 보여주기 때문에 서로 긴밀히 연결되어 있을 수 있을 것이다. 이 세계에 존재하는 모든 인간의 시체는 화학적으로 동일한 것이다. 그러나 살아 있는 개개인은 동일하지 않다. 원형이라고 하는 것은 이것이 어떠한 이유로, 혹은 어떠한 방법으로 살아 있는 개인에게 의미를 갖는가를 아주 처절하게 발견하고자 시도할 때에만 비로소 생명을 가지는 것이다.

그것이 무엇을 의미하는가를 알지 못한 채 단지 말만을 사용하는 것은 무모한 것이다. 이것은 특히 심리학에 있어서 여실히 드러난다. 심리학에서는 우리가 아니마라든지 아니무스에 대해서 말하는 것처럼 원형에 대해서 말한다. 성인, 현자, 예언자 및 그 밖의 신 같은 인간들, 게다가 세계의 모든 근원에 관해 모두 알 수는 있다. 하지만 그러한 것들이 단순한 이미지에 불과하고 그 원천적인 것을 체험한 것이 아닌 경우에는 마치 잠꼬대를 하는 것과 마찬가지가 될 것이며 무엇에 대해서 이야기를 하고 있는 것인가를 이해하지 못하게 되어버릴 것이다. 사용하고 있는 단순한 언어는 공허한 무가치한 것이 될 것이다. 그러한 것들의 근원 — 살아 있는 개인에 대한 그들의 관계 — 을 고려하는 경우에 있어서만 원형은 생명력과 의미를 획득한다. 그때에 비로소 말의 의미 여하에 관계 없이 핵심적인 것은 원형이 개인에게 어떻게 관계하는가라고 하는 것임이 이해되기 시작한다.

꿈의 상징을 만들어내는 기능은 이리하여 인간의 근원적인 마음을 보다 진보한 혹은 보다 분화한 의식으로 이끌어가는 시도이다. 그러한 근원적인 마음은 의식 속에 예전부터 포함되어 있던 것이 아니며 따라서 비판적인 자기 반성으로 만들어지는 것도 아니다. 이렇게 말할 수 있는 것은 오랜 옛날에 있어서 그 근원적인 마음이 인간의 인격 전체이었기 때문이다. 인간이 의식을 발전시킴에 따라 의식적인 마음은 이러한 원시적인 마음의 에네르기의 어떤 것과의 접촉을 잃어가고 있다. 그리고 의식은 근원적인 마음에 대해서는 알지 못하게 되며 이것은 그것을 인지할 수 있는 유일한 것인 매우 분화한 의식의 발전도상에 있어서 근원적인 마음이 사상되어버렸기 때문이다.

그렇지만 우리가 무의식이라고 부르고 있는 것은 근원적인 마음의 일부를 구성하고 있는 원시적인 특성을 보존하고 있는 것처럼 생각된다. 꿈의 상징이 항상 관련을 가지는 것은 이와 같은 특성이며, 무의식은 마음이 발전함에 따라 떨어져나간 모든 과거의 것들 — 환각, 공상, 고대적인 사고형태, 기본적인 본능 등 — 을 회복하면 찾아질 수 있을 것이다.

이것은 사람들이 무의식적인 사태가 다가올 때 저항이나 때로는 공포조차도 종종 경험하는 사실을 설명하고 있다. 이러한 잔존물의 내용은 단지 중성적인 것이나 혹은 아무튼 좋다고 하는 그러한 것은 아니다. 역으로 그러한 것들은 상당한 에네르기를 가지고 있어 누차 단순한 불쾌감 이상의 것으로 변한다. 그러한 것들은 진정한 공포를 불러 일으키는 것이 가능하다. 억압되면 될수록 그러한 것들은 전인격 속에 신경증이라는 형태를 띠고 퍼져간다. 잔존물에 그와 같은 중요성을 부여하는 것이 이러한 심적인 에네르기이다. 그것은 마치 무의식의 상태를 경험한 사람이 갑자기 자신의 기억 속에 틈이 있다고 하는 것 — 생각해 낼 수 없는 중요한 일이 일어난 듯한 것 — 을 인식하지 않으면 안될 때와 같은 것이다. 마음이라고 하는 것이 완전히 개인적인 일 — 이것은 보통 가정되고 있는 것이지만 — 로 잃었던 유아기의 기억을 돌이키려고 노력할 것이다. 그러나 그러한 유아기의 기억의 틈(gap)이라고 하는 것은 보다 큰 손실 — 원시적인 마음의 상실 — 의 단순한 징후에 불과하다.

태아로서의 발달의 과정이 유사 이전의 것을 반복하는 것처럼 마음도 또한 일련의 유사 이전의 단계를 통해 발전해 간다. 꿈의 중요한 임무는 유아기의 세계뿐만 아니라 가장 원시적인 본능의 수준에까지 올라가서 일종의 유사 이전의 것들을 회상하게 하는 것이다. 그 같은 회상은 어떤 종류의 사례에 있어서는 프로이트가 훨씬 이전에 인식했던 것과 같이 현저하게 치유적인 효과를 가져왔다. 이러한 관찰은 유아기적 기억의 틈 — 소위 건망 — 이 중대한 손실을 보여주는 것이고, 그것으로부터의 회복은 생명과 행복의 증가를 가져온다는 생각을 확증해 주는 것이다.

아이들은 신체도 작고 그 의식적인 사고도 빈곤하고 단순하여, 우리는 유아의 마음이 유사 이전의 마음과의 근원적인 동일성을 기본적으로 가지고 있으며 상당한 복잡성도 가지고 있음을 알지 못하고 있다. 그러한 근원적인 마음은 인간의 진화의 단계가 태아의 신체 속에 있는 것과 마찬가지로 유아 속에 어느 정도 존재하며 오늘날도 작용하고 있다. 전에 내가 보여주었던 것처럼 자신의 꿈을 아버지에게 선물로 드렸던 어린 소녀의 멋진 꿈을 떠올려보면 독자는 내가 의미하고 있는 것에 대하여 적절한 생각을 가지라고 생각한다.

유아기의 건망 속의 기묘한 신화적인 면은 누차 후에 정신병 속에서도 인정되었다. 이와 같은 종류의 이미지는 근원적이며 따라서 매우 중요하다. 성인에 있어서 그와 같은 회상이 재현되면 어떤 경우에는 상당한 심리적 장해를 불러일으키며 또한 다른 사람에 있어서는 기적적인 치유나 종교적인 회심을 불러일으킬 수가 있다. 종종 그러한 것들은 오랫동안 잃어버리고 있었던 생명력을 가져오고 인간 생활에 목적을 부여하며 풍부하게 해 주는 것이다.

유아기의 기억을 회상하는 것이나 마음의 작용이 갖는 원형적인 존재방식의 재현을 통해서 — 잃어버리고 재획득된 내용을 의식으로 동화하고 통합하는 것에 성공한 경우에 있어서는 — 의식의 보다 커다란 지평(地平)과 광활함을 창출할 수 있다. 그러한 것들은 중성적인 것이 아니며, 그들 자신이 무엇인가 변화를 따라가지 않으면 안되는 것처럼 그러한 동화는 인격을 변화시키는 것으로 될 것이다. '개성화 과정'이라고 부르는 이 부분 — 이것에 대해서는 M. L. 폰 프란츠 박사가 이 책의 뒷부분에서 서술하고 있다 — 에 있어서 해석이 중요한 실제적 역할을 점하는 것이며, 이것은 상징이라고 하는 것이 마음속에 있어서 대립을 조화시키고 재통합하는 자연의 시도이기 때문이다.

물론 상징을 보고 단지 무시해버리는 것으로는 그 같은 효과를 가져올 수 없다. 단지 과거의 신경증의 조건을 재현시킴에 불과하고 통합에 대한 시도를 파괴하는 것이 되고 말 것이다. 그러나 불행하게도 원형의 존재 그 자체를 거부하지는 않는 소수의 사람들이 대개 한사코 원형을 단순한 언어로서 취급하고 그 살아있는 현실성을 망각해버린다. 이리하여 그들의 마력이 (부적절하게도) 축출되어 버릴 때 제한 없는 치한의 과정이 시작된다. — 환언하면 원형으로부터 원형으로 이동하고 모든 것은 모든 것을 의미한다고 하는 것으로 된다. 물론 원형의 형태는 어느 정도 교환 가능한 것이지만 그 마력은 하나의 사실이고 사실로서 그치며, 원형적인 사상의 가치를 보여주는 것이다.

이러한 정감적인 가치는 마음에 새겨두고 꿈의 해석에 있어서의 지적인 전과정을 통하여 고려하지 않으면 안된다. 사고와 감정은 필시 대립적이고, 사고하는 것은 자동적으로 감정의 가치를 방기하며 또한 그 역도 성립하지만, 이와 같은 가치를 잃어버리는 것은 필시 자주 일어 나는 일이다. 심리학은 가치, 즉 감정의 요소를 고려하지 않으면 안되는 유일한 과학이며 이렇게 말할 수 있는 것은 감정이 마음의 현상과 생명을 연결해 주는 것이기 때문이다. 이 점에 관해 심리학은 종종 과학적이지 않다는 비판을 받지만 그와 같은 비판은 감정에 적절한 고려를 하지 않으면 안된다는 과학적, 실제적 필요성을 이해하지 못하고 하는 짓이다.

9. 단절의 치유

우리의 지능은 자연을 지배하는 새로운 세계를 만들어내고 그 신세계에 거대한 기계를 대량으로 들여보냈다. 기계는 의심할 여지없이 매우 유익한 것으로 우리는 기계를 없애버린다든지 혹은 기계에 우리가 종속되어버리는 따위의 가능성을 생각해보지 않는다. 인간은 과학적 발견적인 정신의 모험으로 가득찬 선동에 따르는 것이든지 혹은 자신이 이루어놓은 근사한 일 때문에 스스로를 찬미하는 것일지도 모른다. 마찬가지로 인간의 천재는 전보다 한층 더 위험한 발명을 하는 무의미한 경향을 보여주고 있다. 이렇게 말하는 것은 그것이 대규모적인 자살 보다 뛰어난 수단을 보여주고 있기 때문이다.

세계 인구의 급격한 증가를 고려해서 인간은 이미 그 같은 증가를 제어하는 방법과 수단을 찾기 시작하고 있다. 그러나 자연은 인간 자신의 창조력을 인간에게 되돌리려고 하는 시도를 예기하고 있을지도 모른다. 예컨대 수소폭탄이 인구 증가에 대한 효과적인 제지 수단일지도 모른다. 자연에 대한 우리의 오만한 지배에도 불구하고 우리는 또한 자연의 희생자이며, 이것은 우리가 자기 자신의 성질을 제어하는 것을 배우지 못하였기 때문이다. 우리가 재난을 불러들이고 있다는 것은 피할 수 없는 사실이다.

우리가 도와줍소사하고 기도하는 신은 이제는 존재하지 않는다. 세계의 위대한 종교는 빈혈증에 걸려 있으며, 이렇게 말할 수 있는 것은 도움이 될 수 있는 힘이 숲이나 하천, 산, 동물로부터 사라져버리고 신, 즉 인간은 무의식와 지하세계로 밀려나 사라져버렸기 때문이다. 이리하여 우리는 종교를 과거의 유물에 파묻힌 수치스러운 생활을 이끌어내는 것으로서 업신여기고 있다. 우리의 현재 생활은 이성의 여신에 의해 지배되고 그것은 우리의 최대의 가장 비극적 환상이다. 이성의 도움을 받아 우리는 '자연을 정복'했다고 믿고 있는 것이다.

그러나 그것은 단순한 슬로건에 불과하다. 이것은 소위 자연의 정북이 과잉 인구라고 하는 자연현상에 의해서 우리를 압도하고 필요한 정치적 협조에 대한 우리의 심리적 무능력에 의해서 곤란함을 더해가고 있다. 인간이 서로 싸우고 타인에 비해 우세하기 위해 싸우는 것도 당연한 것이다. 그렇다면 우리는 어떻게 '자연을 정복'한 것일까.

무엇인가의 변화가 어딘가에서 생기지 않으면 안된다면, 그것은 변화를 체험하고 그것을 지속시키려고 하는 개개의 사람들이다. 변화는 실제 개인에 의해서 시작되지 않으면 안된다. 그것은 우리 중에 누구부터 시작해도 좋다. 누구나 자기 자신이 싫어하는 것을 누군가 타인이 할 것이라고 방관하는 것은 불가능하다. 그러나 누구도 무엇을 해야 하는가를 알지 못하므로 각자의 무의식이 무엇인가 도움이 될 만한 것을 알고 있는지 어떤지에 관해 찾아보는 것이 가치 있는 것은 아닐까. 확실히 의식적인 마음은 이 점에 관해서는 하등 유용한 것을 만드는 것은 불가능하다. 인간은 오늘날 그 위대한 종교나 각종 철학이 세계의 현재 상항에 직면하여 필요한 안정성을 주고 격려해 주는 강력한 관념을 제공할 수 없음을 안타까워하고 있다.

나는 불교도들이 어떻게 말할 것인지 잘 알고 있다. 요컨대, 사람 둘이 불법의 '8정도(八正道)'에 따르게 되면, 그리고 참된 자아에 대한 통찰을 얻게 되면, 세상사가 뜻대로 될 것이라고 말한다. 또한 그리스도교도들은 사람들이 신을 믿기만 하면, 우리는 보다 나은 세계를 가질 것이라고 말하고 있다. 합리주의자는 사람들이 지적이고 합리적이면 우리의 문제는 모두 해결될 것이라고 주장한다. 그러나 문제는 그들 자신의 누구도 문제를 스스로 해결하고자 하지 않는다는 것이다.

그리스도교도들은 이전에는 신이 그들에게 말을 걸어왔다고 믿고 있는데, 어찌하여 오늘날 신이 그렇게 하지 않았는가를 종종 문제로 삼는다. 그와 같은 의문을 들을 때 나는 항상 어떤 랍비의 말을 생각해낸다. 옛날에는 신은 인간들 앞에 모습을 자주 나타냈는데 현재에는 누구도 신을 볼 수 없었던 이유가 무엇인지 찾아보고, 이렇게 답을 하였던 것이다. "오늘날, 이제는 머리를 낮게 숙여 경배하는 사람이 없게 되었기 때문인 것이다."라고.

이 해답은 핵심을 지적하고 있다. 우리는 필시 주관적인 의식의 세계에 사로잡혀 옛부터 진리인, 신은 오로지 꿈이나 환상을 통해 말을 걸어온다고 하는 사실을 잊고 있었다. 불교도는 무의식적인 공상을 무용한 환상으로서 제거시켜 버리고, 그리스도교도들은 교회와 그 '성서'를 자신과 자신의 무의식 속에 끼워 넣고 있다. 그리고 합리적이고 지적인 사람은 자신의 의식이 곧 마음 전체가 아니라는 사실을 아직도 알지 못한다. 70년 이상 걸쳐 무의식이라고 하는 것이 기본적인 과학적 개념이며, 무엇인가 중요한 심리학적 연구에서 빠져서는 안된다고 하는 사실에도 불구하고 그와 같은 무지가 현재까지 계속되고 있다. 우리는 이미 자기 자신을 전능한 신과 같은 것으로서 자연현상의 유익성이나 해로움에 관한 판단자로 행세할 수는 없다. 우리는 식물학을 유익한 식물과 무익한 식물이라고 하는 옛날식의 분류에 기초하여 세우려고는 하지 않으며, 또한 동물학을 무해한 동물과 위험한 동물의 소박한 구별 위에 세우려고는 하지 않는다. 그러나 우리는 아직 의식은 의미가 있고 무의식은 의미가 없다고 추론하는 것에 만족하고 있다. 과학에 있어서는 이와 같은 가정은 일소에 붙일 만한 것일 것이다. 예컨대 미생물은 의미가 있는 것인가, 그렇지 않으면 의미가 없는 것인가.

무의식이 어떤 것이라 해도 그것은 상징을 산출하는 하나의 자연현상이며, 상징이 의미를 갖는 것은 이해되고 있다. 우리는 현미경을 통하여 사물을 본 일이 없는 사람을 미생물의 권위자로서 기대할 수는 없다. 마찬가지로 자연의 상징을 성실하게 연구한 일이 없는 사람을 이 점에 있어서 유능한 판단자라고 생각할 수는 없다. 그렇지만 인간의 정신에 관한 일반적인 평가는 너무나 저조하여 위대한 종교나 철학이나 과학적인 합리주의는 그것을 두번 다시 보려고 하지 않는 것이다.

가톨릭 교회는 신에 의해서 주어진 꿈이 발생하는 것을 인정하고 있다는 사실에도 불구하고 가톨릭 사상가들의 대부분은 꿈을 진정으로 이해하려고 시도하지 않는다. 프로테스탄트의 논의나 교의에 있어서 신의 음성(Vox Dei)이 꿈 속에서 인지될 수 있는 가능성을 허용할 정도로 겸손한지 의심스럽다. 그러나 신학자가 신의 존재를 진정으로 믿게 된다면 신이 꿈을 통해 말을 걸어올 수 없다는 등의 뜻을 어떠한 권위에 의해서 시사할 수 있을 것인가.

나는 자연의 상징에 관한 연구로 반세기 이상을 보내왔다. 그리고 꿈과 그 상징은 터무니없는 것도 아니고 무의미한 것도 아니라는 결론에 도달하였다. 차라리 반대로 꿈은 그 상징을 이해하려고 노력하는 자에게 있어서는 가장 흥미로운 정보를 제공하는 것이다. 그 결과가 이 세상 사람들이 특별히 관심을 가지고 있는 실제적인 일에 대개 관계가 없는 것이라는 것은 사실이다. 하지만 인생의 의미는 직업생활에 의해 모두 설명되어지는 것은 아니며, 인간의 마음속에 존재하는 깊은 욕망은 은행의 감정에 의해 답을 얻을 수 있는 것도 아니다.

이용할 수 있는 모든 에네르기가 자연의 탐구에 쓰여지고 있는 인류사의 한 시기에 있어서 인간의 본질에 관해 거의 주목되지 않고 있다. 대부분의 연구는 그 의식적인 작용에 있어서 이루어지고 있지만, 인간의 본질은 그의 마음인 것이다. 그러나 인간의 마음에 있어서 참으로 복잡하여 잘 알려져 있지 않은 부분은 거기에서 상징이 산출되는 것이지만 사실상 아직 탐구되고 있지 않다. 거기로부터 매일밤 신호를 받고 있으면서 그와 같은 정보를 해독하는 것은 너무나 뒤떨어져있고, 중심적인 소수를 제외하고 그러한 것에 마음을 두는 사람이 없다는 것은 거의 믿기가 어려울 정도이다. 인간의 최대 장치인 마음은 너무나 고려되고 있지 않다. 그것은 여러 차례 신뢰되지 못하고 경시되었다. "그것은 단지 심리적인 것에 불과하다."라고 하는 것은 종종 "그것은 아무것도 아니다."라는 것을 의미하고 있다.

실제 이와 같은 강한 편견은 어디에서 나오는 것일까. 우리는 분명히 너무나도, 우리가 생각하고 있는 문제에 마음을 쓰고 있지 않아 무의식이 우리에 관해 생각하고 있는 것을 찾는 일을 까맣게 잊어버리고 있다. 프로이트의 생각은 사람들이 본래 가지고 있던 마음에 대한 경멸을 확고하게 해버렸다. 프로이트 이전에 있어서 마음은 단지 간과되고 무시되었던 것에 지나지 않았지만 오늘날 그것은 도덕적인 거부로 사장되어 버렸다.

이와 같은 근대적인 관점은 분명히 일방적이고 부당한 것이다. 그것은 이미 알고 있는 사실과 일치하지도 않는다. 무의식에 대한 우리가 가지고 있는 실제의 지식에 의하면 그것은 자연의 현상이며 자연 그 자체와 같이 적어도 중성적인 것이다. 무의식은 인간의 성질의 모든 측면 — 요컨대 밝음과 어두움, 아름다움과 추함, 선과 악, 사려깊음과 어리석음 — 을 포함하고 있다. 집단적인 면만이 아니라 개인적인 측면에서도 상징에 관한 연구는 큰일이며 아직 달성되지 않은 일이다.

그러나 이어서 그 단서를 마련한 초기의 결과는 희망적인 것이며 그러한 것들은 현재의 인류에게 아직까지 해결될 수 없었던 많은 의문에 대해 해결점을 제시해 줄 것이다.

제2장

고대 신화와 현대인

조지프 L. 헨더슨

미국의 정신의학자이며, 미국 정신의학과 심리학계에 있어서 융학파의 창시자이다. 『The Wisdom of the Serpent』의 공동 저자로 죽음에 관한 신화를 담아냈으며 죽음과 부활의 주기적 패턴을 수용한 융의 패턴을 따르는 것이 죽음에 대한 공포를 극복할 수 있다고 서술한다.

고대 신화와 현대인

1. 영원한 상징

　고대인들을 재현시켜온 상징적 이미지와 신화에 있어서 오늘날 인류의 고대사가 매우 뜻깊게 재발견되고 있다고 하겠다.

　고고학자들이 과거 속으로 깊이 파고 들어가면서 우리가 귀하게 여기게 되는 것은 역사적 시간 속에서 일어났던 사건들이 아니라, 옛 신앙을 말해 주는 조각상들과 디자인과 신전과 언어들이다. 또 다른 상징들이 언어학자들과 종교사가들에 의해서 밝혀졌는데, 다행히 그들은 이러한 신앙들을 이해하기 쉬운 현대의 개념으로 변역될 수 있었다. 그 다음에 이것들은 문화인류학자들에 의하여 소생되는 것이다. 그들은 또한 똑같은 상징적 양식이 문화의 외곽지대에서 여러 세기 동안 변하지 않고 존속해온 작은 종족사회의 의식과 신화 속에서 발견될 수 있다는 것을 보여주기도 한다.

　이와 같은 모든 연구는 그와 같은 상징들이 고대 사람들이나 낙후된 현대인들에게나 속하고 의미가 있는 것이며 복잡한 현대생활에는 맞지 않는 것이라고 주장하는 현대인의 일방적인 자세를 바로잡는 데 큰 역할을 해왔다. 런던이나 뉴욕에서는 신석기시대의 풍요의식을 고루한 미신으로 무시할 것이다. 누군가가 환상을 보았다든가 신의 목소리를 들었다고 하면, 그 사람은 성자나 신탁을 받은 자로 여겨지지 않고 정신병자로 취급될 것이다.

우리는 고대 그리스의 신화를 읽거나 아메리카 인디언의 민담도 읽는다. 하지만 우리들은 그것들과 오늘날의 '영웅들'이나 극적 사건에 대한 우리들의 태도 사이에 어떠한 관계가 있는지 알지 못한다.

그렇지만 거기에 관련성은 있다. 그리고 그것들을 나타내는 상징들은 그들의 인간을 위한 타당성을 아직껏 잃지 않고 있다.

이와 같은 영원한 상징을 이해하고 재평가하는 일에 대한 우리 시대의 주요한 공헌 중의 일부가 융의 '분석심리학파'에 의하여 이루어졌다고 하겠다. 그 분석심리학파는 상징이 일상생활의 자연스러운 일부분 같은 원시인과 상징이란 분명히 무의미하고 부합되지 않는 것 같은 현대인 사이의 인위적인 구분을 해소하는 데 조력해왔다.

융이 이 책의 초반부에서 지적했듯이 인간의 마음은 그 자체의 역사를 지녔으며, 정신은 그 발전의 앞 단계로부터 남겨진 여러 가지 흔적을 그대로 유지하는 것이다. 한 걸음 더 나아가서 무의식의 내용은 정신의 형성에 영향을 끼친다. 의식적으로는 우리는 그러한 영향을 무시할 수도 있지만 무의식적으로는 우리는 그러한 영향에 반응을 한다. 무의식적으로 자체를 나타내려는 상징적 형태 — 꿈을 포함하는 — 에도 반응을 한다.

개개인들은 꿈이 자연발생적이어서 맥락이 없다고 생각하지만, 분석가는 오랫동안 일련의 꿈의 이미지들을 관찰하여 그것들이 의미 있는 형식을 취한다는 걸 안다.

이것을 이해함으로써 그 분석가의 환자는 인생에의 새로운 자세를 취득할지도 모르는 것이다. 그러한 꿈의 상징들 중의 어떤 것들은 융이 '집단적 무의식'이라고 부른 것에서 파생한 것들로, 인류의 그 보편적 심리적 유산을 공유하며 전해 내려온 정신의 일부분이다. 이러한 상징이 현대인에게는 너무나도 고전적이어서 친근감도 들지 않고, 직접적으로 이해도 안되고 소화도 안되는 것이다.

여기에서 분석가는 도울 수 있는 것이다. 될 수 있는 한 환자는 이미 진부해졌기 때문에 부적합한 상징으로부터 벗어나야 한다. 혹은 환자는 가능하면 죽음과는 상관없이 현대적 형태로 다시 태어나려는 낡은 상징의 가치를 발견하도록 도움받아야 한다.

분석가는 환자와 함께 상징이 뜻하는 것을 탐구하기 전에 상징의 기원이나 의의에 관한 폭넓은 지식을 갖추고 있어야 한다 왜냐하면 고대 신화와 현대의 환자가 꾸는 여러 가지 꿈에 나타나는 이야기 간의 유사성은 사소한 것도 아니고 우연한 것도 아니다. 이와 같은 유사성이 존재하는 이유는 현대인의 마음이 상징을 산출할 수 있는 능력을 갖고 있기 때문이고, 그와 같은 능력은 과거에 원시인의 신앙과 의식에 나타나 있었다. 그런데 그 능력은 아직도 정신적으로 대단히 중요한 역할을 한다. 우리는 우리가 의식하는 것보다 훨씬 많은 방식으로, 그러한 상징들에 의해서 전달되며 또한 우리들의 자세와 행동 모두가 깊은 영향을 받는 메시지에 의존하고 있다.

예를 들자면, 전시에는 호머, 셰익스피어, 톨스토이의 작품에 더 많은 흥미를 느끼고 지속적인 의미(혹은 원형적인 의미)를 전쟁에 부여해 주는 대목을 새로운 이해를 갖고 읽게 되는 것이다. 그 대목들은 우리로부터 반응을 불러 일으키는데 그 반응은 전쟁에 대하여 강력한 정서적 경험을 해 본 일이 없는 사람들에게서는 기대할 수 없는, 보다 심원한 것이다. 트로이 평원에서의 전투는 아진코트나 보로디노의 전투와는 전혀 다르지만 그 위대한 작가들은 시간과 공간의 차이를 초월하여 보편적인 주제를 표현한다. 이 주제들은 근본적으로 상징적이기 때문에 우리는 거기에 반응하는 것이다.

그리스도교 사회에서 자라난 사람이라면 보다 더 인상깊은 예를 잘 알고 있을 것이다. 크리스마스 때 반 신적인 아기의 신화적 탄생에 대하여 우리는 깊은 내적 감응을 나타낼 수도 있는 것이다. 우리가 설사 그리스도의 동정녀 탄생설을 안 믿는다 해도 어떤 의식적인 종교적 신앙을 지니지 않았다 해도 그러할 것이다. 부지불식간에 우리는 재생의 상징에 빠져드는 것이다. 이것은 훨씬 더 오래된 동짓날의 의식의 잔재로서 북반구의 사라져가는 겨울 풍경이 이제 생기를 되찾게 된다는 희망을 내포하고 있는 것이다.

복잡하긴 하지만 우리가 이 상징적인 명절에서 어떤 만족을 얻는 것은, 부활절에 달걀과 토끼를 가지고 즐기는 유쾌한 의식에 아이들과 함께 즐기는 것과 같은 것이리라.

그러나 우리는 과연 무엇을 하고 있는지를 알고 있는가, 그리고 그리스도의 죽음과 부활에 관한 이야기와 부활절의 민속적 상징성과의 관계를 알고 있는가? 보통 우리는 그런 것을 이지적으로 따지는 것을 생각조차 안한다.

그러나 그들은 서로 관련되어 있는 것이다. 성금요일에 그리스도가 십자가에 못박힌 일이 처음에는 풍요의 상징과 같은 양식에 속하는 것 같이 보인다. 풍요의 상징은 오시리스, 타무즈, 오르페우스와 같은 다른 '구원자'의 의식에서도 나타난다. 그들도 또한 신 또는 반신으로 태어나고, 영화로웠다가 죽임을 당했다가 다시 태어난다. 그들은 어쩌면 '윤회 종교'에 속하고, 그 윤회 종교에서는 신적인 존재의 죽음과 재생이 영원히 반복되는 신화를 이룬다.

그러나 종교의식이라는 관점에서 볼 때, 부활절에 그리스도가 부활하는 것은 윤회종교의 상징보다 만족스러운 것이 못된다. 왜냐하면 그리스도는 신의 오른쪽에 앉기 위해서 부활했으므로, 그리스도의 부활은 단지 일회적인 것이다. 그리스도교를 다른 신적 존재에 관한 신화로부터 구별시켜 주는 것은 (그리스도교의 최후의 심판도 유사한 '폐쇄적' 주체를 지니고 있다.) 부활에 관한 그리스도교적 개념의 일회성이다. 그러나 아마도 일회성에 대한 감응이 아직 기독교 이전의 전통에 의한 영향을 받고 있었을 초대 교인들로 하여금 그리스도교는 옛날의 풍요의 의식에 의하여 보충을 받을 필요가 있다고 생각케 한 이유였을지도 모른다. 그들은 반복적으로 다시 태어나는 약속이 필요했다. 그래서 이것이 부활절의 달걀과 토끼로 상징되는 것이다.

나는 전혀 다른 이 두 가지 예를 들어서 현대인들이 어떤 형태로 이와 같은 깊은 정신적 영향에 반응하고 있는가를 보여주려고 하는 것이다. 의식적으로는 현대인들이 이것을 미신적이고 교양이 없는 사람들의 민담에 불과하다고 도외시한다. 우리가 상징의 역사를 자세히 검토하면 할수록 여러 가지 다른 문화적 형태의 생활 속에서 한 상징의 역할을 살펴보면 볼수록 이들 상징 속에는 '재창조적'인 의미가 들어 있음을 잘 이해하게 된다.

어떤 상징은 유아기와 청년기로 가는 과도기와 관련이 있고, 어떤 상징은 성숙기와 그렇고, 또 어떤 상징은 사람이 불가피한 죽음에 대비하는 노년기의 경험들과 관련되어 있는 것이다. 융은 어떻게 여덟살짜리 소녀의 꿈 속에 노년기와 관련되어 있다고 보이는 상징들이 들어 있었는가를 설명해 주었다. 그 소녀의 꿈은 삶으로 가는 것과 죽음으로 가는 것은 똑같은 원형적 형태에 속해 있음을 보여 주었다. 그러므로 상징적 개념의 전개가 현대인의 무의식적 마음속에서 이루어지는데, 그것은 고대 사회의 의식 속에서 이루어졌던 것과 똑같은 전개였다. 고대의, 즉 원시의 신화와 무의식에 의하여 산출된 상징을 이어주는 결정적인 연결은 분석가에게는 실제로 중대한 중요성을 갖는다. 그것으로 분석가는 역사적 원근과 심리학적 의미를 부여해 주는 문맥을 따라 상징들을 알아보고 해석할 수 있는 것이다.

더 중요한 고대의 몇몇 신화를 통하여, 그 신화들이 어떻게 어떠한 의미에서 우리들의 꿈에 나타나는 상징적인 것들과 유사한가를 예시해보기로 하자.

2. 영웅과 영웅화

영웅에 관한 신화야말로 세상에서 가장 일반적이고 잘 알려진 신화이리라. 우리는 그것을 그리스와 로마의 고대 신화에서도 발견할 수 있고, 중세에 있어서의 극동에서도 그리고 현대의 미개한 종족들 가운데에서도 발견할 수 있다. 그것은 또한 우리들의 꿈에도 나타난다. 그것은 분명히 극적인 호소력을 가졌고, 약간 불분명하지만 매우 심오한 심리학적 중요성을 갖는다.

이들 영웅신화가 세부적으로는 무한히 다양하지만 세밀히 조사해보면 그것들이 구조적으로 매우 비슷하다는 것을 우리는 알 수 있다. 말하자면, 그것들은 보편적인 양식을 지녔다고 하겠는데 그러나 그것들은 각각 다른 집단이나 개인에 의해서 서로간에 아무런 직접적인 문화적 접촉없이 발전된 것이다. 그 집단들은 예를 들면 아프리카의 종족들이나, 북아메리카의 인디언이나, 페루의 잉카족들이나, 그리스인들이다. 영웅의 출생이 신비롭지만 비천하다는 것과 어렸을 때부터 이미 초인적인 힘을 지녔다는 것과 돌연히 발군의 힘으로 세력을 장악하고 악한 세력과 싸워서 이긴다는 것과 자만이라는 죄에는 약하고 배신이나 영웅적 희생으로 인하여 죽게 된다는 것을 말해 주는 이야기를 우리는 듣고 또 듣게 되는 것이다.

어떻게 해서 이런 형태가 개개인에게 심리적 의미를 갖는다고 생각되느냐 하는 것은 뒷장에서 자세히 설명하게 될 것이다. 그런데 그 개개인은 자신의 인격을 발견하고 주장하고자 하며, 보편적인 동일성을 확립할 필요가 있는 한 사회를 위하여 애쓰고 있다고 보아야 한다. 그런데 영웅신화의 또 다른 중요한 특성이 하나의 단서를 제공해 준다. 많은 이야기 가운데에서 초기의 영웅의 약점이 힘이 센 수호자적인 인물의 등장으로 말미암아 균형을 유지하는데, 이 수호자는 영웅으로 하여금 도움없이는 해낼 수 없는 초인적인 임무를 수행할 수 있게 한다. 그리스의 영웅들 가운데서 데시우스는 자신의 수호신으로 바다의 신 포세이돈을 가졌고, 페르시우스는 아테나를 가졌고, 아킬레스는 자신의 스승으로 현명한 케이론을 가졌던 것이 그 예시이다.

이들 신과 유사한 인물들은 실제로 정신적인 모든 것을 상징하는 표상으로서 개인의 자아가 결하고 있는 힘을 제공하여 주는 좀더 크고도 포괄적인 동일성이다. 그들의 특별한 역할을 보면 영웅신화의 본질 기능이 개인의 자아의식(자신의 장점과 약점에 대한 의식)을 발전시키는 것임을 알 수 있다. 그와 같은 발전을 통해서 인생이 부과하는 어려운 임무를 능히 해낼 수 있도록 장비를 갖추게 된다. 개인이 처음 시험에 합격하고 인생의 원숙한 단계에 들어가면 영웅신화는 필요성을 상실한다. 말하자면 영웅의 상징적 죽음이 그 원숙을 성취하는 업적이 되는 것이다. 지금까지 완전한 영웅신화에 관하여 언급해왔는데, 완전하다는 것은 출생에서 죽음에 이르는 전생애가 자세히 기술되었다는 뜻이다. 전생애의 단계 하나 하나에 특별한 형태의 영웅 이야기가 등장하며 그것은 개인이 자아의식 발전단계에서 도달하는 점에 대응하는 것이고, 또 주어진 시점에서 개인이 봉착하게 되는 특수한 문제에 대응하는 것으로서 이것을 인정하는 것은 반드시 필요하다. 다시 말하자면 이것은 영웅의 이미지가 개인의 개성 발전의 여러 단계를 반영하도록 전개한다는 뜻이다. 이 개념의, 이해를 위하여 북아메리카에 사는 위네바고라고 불리는 한 이름없는 인디언 부족을 들어 설명해보자. 그 까닭은 그 부족이 영웅발전의 네 단계를 뚜렷이 나타내기 때문이다. 폴 래딘이 1948년에 출판한 위네바고 족의 영웅의 주기(周期)라는 이야기에서 우리는 아주 원시적인 영웅 기념에서 아주 복잡한 영웅에 이르기까지의 뚜렷한 전개를 다른 영웅의 주기에 있어서도 발견하게 된다. 이와 같은 전개는 다른 영웅의 주기에 있어서도 특징되는 것이다. 그 이야기에 나타나는 상징적 인물들이 가진 이유들은 다르지만, 그들의 역할은 비슷하므로 이 예가 보여주는 요점을 일단 파악하면 이해를 더 잘할 수 있을 것이다. 래딘 박사는 영웅 신화의 전개에 나타나는 네 개의 분명한 주기를 주시한다. 그는 그 주기들을 '장난꾸러기 주기', '산토끼 주기', '붉은 뿔 주기', '쌍둥이 주기'라고 불렀다. 래딘 박사가 "그것은 성장의 문제에 대처하는 우리들의 노력을 영원한 허구(산토끼 주기)가 만들어 내는 환상(붉은 뿔 주기)의 도움을 받아서 표현하는 것이다."라고 한 것으로 미루어 보아, 그는 이 신화가 전개하는 심리학을 제대로 이해한 것으로 보아야겠다. '장난꾸러기 주기'는 가장 발달이 안된 인생의 초기와 맞먹는 기간이다. '장난꾸러기'는 육체적 욕구가 자신의 행동을 지배하는 인물로서 정신상태는 어린 아이이다. 자신의 기본적 욕구를 만족시키는 이야기들 중에 토끼에 관한 이야기나 여우에 관한 이야기들이 장난꾸러기 신화의 본질들을 유지하고 있다고 하겠다. 애당초 동물의 형태를 한 이 인물은 약탈을 일삼는다. 그러나 그러한 가운데 그에게 변화가 생긴다. 그는 온갖 악행 끝에 육체적으로 성장한 사람의 모습을 띠기 시작하는 것이다.

다음은 토끼이다. 아메리카 인디언들 간에는 종종 이리의 성격을 가진 것으로 인정되는 '장난꾸러기'처럼 처음에는 '산토끼'도 동물의 모습으로 등장한다. 그것은 아직 성숙한 인간의 모습에 도달하지 못하였지만, 역시 인류 문화의 창시자로서 — 변모시키는 존재로서 — 등장한다. 위네바고 족들은 '산토끼'가 그들에게 유명한 치병제 의식을 마련해 줌으로써 문화 창시의 영웅인 동시에 그들의 구원자가 되었다고 믿는다. 래딘 박사에 의하면 이 신화의 위력이 너무 강해서 그리스도교가 전래되어온 후에도 '페이요테 의식'의 참여자들은 산토끼를 내놓으려 하지 않았다. 산토끼가 그리스도의 모습과 혼동이 되어서 그들은 이미 산토끼를 가지고 있으므로 따로 그리스도가 필요없다고 할 정도였다. 이 원형적 인물은 분명히 '장난꾸러기 주기'가 발달한 것이라 하겠다. 그것이 사회적 인물로 변해가고 '장난꾸러기 주기'에서 나타났던 본능적이고 유아적인 욕구를 시정하고 있음을 알 수 있는 것이다. 세 번째인 '붉은 뿔'은 뛰어난 인물이 못되고, 열 명의 형제들 중에서도 제일 어린 존재라고 한다. 그는 시합에서 이긴다든가 전투에서 뛰어나다든가 하여 원형적 영웅의 자격을 얻는다. 그는 자기의 초인적힘을 거인들의 꾀(주사위 놀이에서)와 힘(씨름에서)으로 이김으로써 과시하는 것이다. 그에게는 '태풍'이라는 이름의 썬더 버드(인디언들이 믿는 커다란 새)의 모습을 한 힘센 친구가 하나 있는데 '붉은 뿔'이 아무리 약세를 보일 때라도 그가 모두 보충하여 준다. 우리는 '붉은 뿔'과 함께 비록 고대이긴 하더라도 인간의 세계에 도달하게 되는데 여기에서는 인간을 파멸시키려는 악의 힘을 쳐 이기기 위하여 초인적인 힘과 수호신의 도움이 필요하게 된다. 이야기가 끝나가는 무렵엔 영웅신은 '붉은 뿔'과 그의 아들들을 이 세상에 남겨 두고 떠나간다. 이제는 인간의 행복과 안전에 대한 위험은 인간 자신에게서 오는 것이다.

'쌍둥이'는 태양의 아들들이라고 하지만 본질적으로는 인간으로서 둘이 합쳐져 한 인간을 이루는 것이다. 어머니의 뱃속에서는 본래 합쳐져 있었는데 그들이 태어난 때에 억지로 분리된 것이다. 그러나 그들은 서로 속해 있어서 매우 어렵기는 하지만 서로 하나가 될 필요가 있다. 우리는 두 아이에게서 인간성의 두 가지 측면을 발견하게 된다. 하나는 몸으로서 복종하고, 온건하고, 솔선하지는 않는 형이고, 다른 하나는 도전으로서 동적이고, 반항적인 형이다.

어떤 '쌍둥이 영웅' 이야기에서는 이와 같은 두 가지 태도가 세련되어서 한 인물은 주로 내성적 힘을 가진 내향성의 인물을 대표하고, 또 다른 인물은 큰 일들을 성취할 수 있는 활동적인 외향성의 인물을 대표한다.

오랜 기간동안 이 둘은 무적의 영웅이었다. 그 둘이 따로따로 제시가 되든 하나로 제시가 되든, 그들은 언제나 파죽지세이다. 그러나 나빠마호 인디언의 신화에 나오는 전사신들처럼 그들도 결국에는 자신들의 힘의 남용으로 인하여 병이 난다. 하늘에도 땅에도 그들이 퇴치할 괴물은 한 마리도 남지 않게 된다. 결과적으로 그들의 행동이 난폭해져서 천벌을 받게 된다.

위네바고 족들은 말하기를 결국에는 그들로부터 안전한 것은 아무 것도 없다고 한다. 지구를 받들고 있는 지주(支柱)들도 안전하지 못했다. 쌍둥이가 지구를 받들고 있는 네 동물 중의 하나를 죽였던 것이다. 그러나 이때 그들은 자신들의 한계선을 침범했기 때문에 그늘의 생애는 끝이 나야만 했다. 그들이 받아야 할 벌은 죽음이었다.

이렇게 '붉은 뿔 주기'와 '쌍둥이 주기'에서 교만, 즉 도가 지나친 자만을 고치기 위하여 필수적인 영웅의 희생 또는 죽음이라는 주제를 보게 된다. 문화의 수준이 '붉은 뿔 주기'와 대등한 원시 사회에서는 이와 같은 위험을 신과의 화해를 위한 인간 제물을 바침으로써 회피할 수 있을 것으로 보지만 이 주제는 상징적으로 대단한 중요성을 지녔고 인류 역사를 통하여 늘 되풀이되어 왔다. 이로꿰이스 부족이나 소수의 알곤퀸 부족들처럼 위네바고 족들은 그들 개개인의 파괴적 충동을 길들이기 위한 토템 숭배의 의식으로서 아마 사람의 고기를 먹었던 것 같다.

유럽의 신화에 나오는 영웅의 배신이나 패배의 경우에는 의식으로서의 희생의 주제가 더욱 분명하게 교만에 대한 처벌로 쓰였다. 그러나 위네바고 족이나 나바호 족처럼 극단적이지는 않았다. '쌍둥이'가 과실을 범하여 죽음의 벌을 받지만 그들도 자신들의 무책임한 힘에 스스로 놀라서 영원한 잠을 자는 상태가 될 것에 동의하게 된다. 인간성의 모순적인 양면은 다시 평형을 되찾게 된다.

네 가지 형태의 영웅담이 상당히 길게 언급된 까닭은 역사적 신화와 현대인의 영웅 꿈과 같이 나타나는 유형들이 뚜렷하게 표현되어 있음을 보여 주기 때문이다. 우리는 이것을 염두에 두고 한 중년 환자의 다음과 같은 꿈을 조사해 볼 수 있다. 이 꿈을 풀이해 보면 분석적 심리학자가 자기의 신화적 지식으로 어떻게 환자가 답을 찾을 수 있도록 도와주는가를 보여준다. 이 사람은 자기가 극장에 있는 꿈을 꾸었는데, 그 꿈에서 자기는 타인들의 견해를 존중해 주는 중요한 인물이었다. 무대 위에서는 한 마리의 흰 원숭이가 관중들에게 둘러싸여서 대좌 위에 서 있었다. 이 꿈을 자세히 설명하면서 이 사람은 다음과 같이 말했다.

"안내인이 나에게 주제를 설명해주었습니다. 그것은 바람이 부는 가운데서 매를 맞고 있는 선원의 고동이라더군요. 나는 흰 원숭이가 어떻게 선원이냐고 이의를 제기했죠. 그러나 그때 검은 옷을 입은 청년 한 사람이 거기에 서 있었고, 또 나는 그 청년이 주인공일 것이라고 생각했습니다. 그런데 또 한 사람의 잘생긴 청년이 제단 위로 성큼성큼 걸어오더니 거기에 누웠어요. 그 청년은 자기를 제물로 바치기 위하여 가슴에 표시를 하고 있는 거였어요. 그러다 보니 나는 다른 두세 사람들과 함께 제단 위에 있었습니다. 우리는 작은 사다리로 내려갈 수가 있었지만 거기에는 건장한 청년이 둘이 서 있었고, 나는 그들이 우리를 제지할 것이라고 생각해서 내려 가기를 주저했습니다. 그러나 우리와 함께 내려가던 부인 한 사람이 아무런 방해도 받지 않고 내려갔기 때문에 안심하고 우리는 모두 그 부인을 따라 내려갔습니다."

이러한 꿈을 빠르고도 쉽게 풀이할 수는 없다. 우리는 꿈 꾼 사람의 관계 및 꿈이 갖는 여러 가지 상징적인 뜻을 알기 위하여 꿈을 신중하게 풀어 나가야 한다. 이 꿈을 꾼 환자는 신체적으로 성숙한 남성이다. 그의 인생은 성공적이었고 표면상으로는 남편으로서, 또한 아버지로서 흠잡을 데가 없었다. 그러나 정신적으로는 아직 미숙하고, 아직 청년기의 발달과정을 끝내지 못했던 것이다. 영웅신화의 여러 가지 양상을 띠고 그의 꿈에 나타난 것은 이 정신적 미발달이었다. 꿈에 나타난 이미지들이 일상생활의 현실이라는 점에서는 의미를 잃은 지가 오래되지만 아직 그의 상상력에 대해서는 매우 강한 매력을 발하는 것이었다고 하겠다.

이와 같이 이 꿈에서 우리는 극적으로 등장하는 일련의 인물들을 보게 되는데, 이들은 꿈꾸는 사람이 진정한 주인공일 것이라고 줄곧 기대하고 있는 한 인물의 여러 가지 면이라 하겠다. 처음의 것이 흰 원숭이, 두 번째가 선원, 세 번째가 검은옷의 청년, 그리고 맨 마지막이 잘생긴 청년이었다. 연극의 첫 장면은 선원의 고통을 표현하는 것으로 보이는데 꿈꾸는 사람이 보는 것은 흰 원숭이뿐이다. 검은 옷을 입은 남자는 갑자기 나타났다가 역시 갑자기 사라진다. 그는 흰 원숭이와 대조를 이루는 첫 인물이고 잠시동안 진정한 주인공과 혼동이 된다. (꿈에 나타나는 그와 같은 혼동은 늘 있는 것이다. 무의식이 꿈 꾸는 사람에게 늘 분명한 이미지만 제시하지는 않는다. 계속되는 대조와 역설에서 꿈 꾸는 사람은 의미를 찾아내야 한다.)

중요한 것은 이 인물들이 한 연극의 과정에서 나타난다는 것이다.

그리고 이 꿈의 전후관계는 꿈꾸는 사람이 자기가 받고 있는 분석치료에 대하여 직접 언급하고 있는 것 같다. 그가 말하는 '안내인' 아마 자기를 치료하는 분석가일 것이다. 그러나 그는 자신을 의사의 치료를 받는 환자로 보지를 않고 '타인들의 견해를 중시하는 중요한 관객'으로 보았다. 이것은 그가 어떤 사람들을 내려다보는 유리한 지점이고, 그는 이 사람들을 자기가 자랄 때 겪은 경험과 연관시키고 있다. 예를 들면 흰 원숭이는 일곱 살에서 열두 살 사이의 장난끼 심하고 제멋대로인 소년들의 행동을 상기시켜 준다. 선원은 모험으로 가득 차 있는 청춘의 전반기를 암시하는데, 무책임한 장난에 대하여 결과적으로 태형을 받게 된다. 꿈꾸는 사람이 검은 옷을 입은 청년에 대해서는 무슨 연상을 할지는 몰라도 희생을 당할 찰라에 있는 청년은 청춘의 후반기의 자기 희생적인 이상주의를 생각케 해 준다.

이 단계에서는 역사적인 것들(혹은 원형적 영웅 이미지들)과 꿈꾸는 사람 개인의 경험에서 얻은 것들을 합쳐서 그것들이 어떻게 서로 부합이 되는지 모순이 되는지, 혹은 서로 제약을 가하는지를 알 수 있다.

첫째 결론은 흰 원숭이가 장난꾸러기나 혹은 적어도 위네바고 족들이 장난꾸러기가 가졌다고 생각하는 인간성을 대표하는 듯하다는 것이다.

그러나 보기에 따라서는 그 원숭이도 또한 꿈꾸는 사람이 직접 충분히 경험하지 못한 어떤 것을 대표하는 것 같다. 그는 실제로 그 꿈속에서 자기는 관객이었다고 말한다. 나는 그가 소년 시절에 부모에게 너무 밀착되어 있었다는 것과 본성이 내성적이었다는 것을 알아냈다. 이런 이유로 그는 아동기 후기에 자연히 나타나는 거친 성격이 충분히 발달하지 못하고, 학우들과의 놀이에도 제대로 어울리지 못했던 것이다. 그의 말을 빌면, 그는 '장난'을 친다든가 '못된 짓'을 하는 일이 없었다. 이 말은 해결의 실마리를 제시해 준다. 꿈 속의 원숭이는 결국 장난꾸러기 형태의 상징인 것이다.

그러면 왜 장난꾸러기가 원숭이로 나타났을까? 그리고 어째서 그것은 또 흰 원숭이여야만 했을까? 이 점은 이미 지적한 바와 같이 위네바고 족의 신화에서는 장난꾸러기가 영웅 주기의 최후 단계에 이를 때에는 인간의 모습으로 변하기 시작한다고 했다. 그리고 이 꿈에서는 원숭이가 나타나는데 너무도 인간과 비슷해서 우습기는 하지만 지나친 희화화는 아니다. 꿈을 꾼 사람 자신도 왜 원숭이가 하얗지를 설명하고 개인적 연상을 제시할 수가 없었을 것이다. 그러나 우리는 원시적 상징에 관한 지식으로 미루어서 흰 색은 '신적인 특성'을 나타내는 것이라고 추측할 수 있을 것이다. (흰 색이 아니었으면 평범했을 것이다. 원시 사회에서는 흰 색으로 변하는 종류가 신성시되는 경우가 많다.) 이것은 '장난꾸러기'가 반신적이고 반마술적인 힘을 가졌다는 것과 부합된다.

이와 같이 흰 원숭이는 이 꿈을 꾼 사람에게 장난치는 어린 아이의 적극적인 성격을 상징하는 것 같다. 그런데 그는 어린 시절에 이 적극적인 성격을 제대로 받아들이지 못했기 때문에 지금 그것을 고양시키는 느낌이 드는 것이다. 꿈이 말해 주는 대로 그는 원숭이를 좌대 위에다 놓는다. 여기서 원숭이는 잃어버린 아동기의 경험 이상의 것이 된다. 그것은 성인이 된 그에게는 창조적 경험을 상징하는 것이다.

다음은 원숭이에 대한 혼동이다. 그것이 과연 원숭이 인가, 혹은 태형을 참아야 하는 선원인가? 꿈꾼 사람 자신의 연상이 이 변화의 의미를 지적하였다. 어쨌든 인간의 성장의 다음 단계는 아동기의 무책임에서 사회화의 시기로 옮아가는 단계이며, 그것은 고통스러운 기율에의 복종을 내포하는 것이다. 그러므로 이 선원은 '장난꾸러기'가 발전한 모습이고, 성인식이라는 고난의 방법을 통하여 사회적 책임을 지는 인간으로 변모하고 있는 중이다. 상징의 역사에 입각하여 생각한다면, 바람은 여기에서 자연의 요소들을 대표하고, 태형은 인간적으로 도입된 요소이다.

이 점에서 우리는 위네바고 족이 '산토끼의 주기'에서 표현하고 있는 과정이 여기에 해당되는 것을 알 수 있다. 이 주기에서는 문화적 영웅은 약하고, 몸부림치는 모습으로 더욱 발전하기 위하여 어린이다운 것을 희생시키려는 순간이다. 꿈의 이 시점에서 환자는 다시 한번 아동기와 청춘의 전반기의 중요한 시기에 충분한 경험을 다 겪지 못한 것을 자인한다. 그는 어란 시절의 개구쟁이 기질도 잃어버리고 십대 초반의 발랄한 장난기도 잃어버렸는데, 그는 상실한 이 경험과 성격들을 재현시킬 수 있는 방법을 모색하고 있다.

다음에 그 꿈에는 이상한 변화가 생긴다. 검은 옷을 입은 청년이 등장하고, 꿈꾸는 사람은 이것이 '진정한 주인공'일 것이라고 생각한다. 검은 옷차림의 청년에 대한 설명은 이것이 전부이지만 이 순간적인 일견이 꿈에서 종종 나타나는 중요한 주제를 도입하는 요소가 된다고 하겠다.

이것이 분석심리학에서는 결정적 역할을 하는 '그림자'라는 개념이다. 융이 지적하는 바에 따르면 의식적 마음이 던지는 '그림자'는 인격의 폐쇄적이고 억압되고 불쾌한 면을 가지고 있는 것이다. 그러나 이 어두운 면이 의식적 자아의 단순한 반대만은 아니다. 자아가 불쾌하고 파괴적인 태도를 가지는 것과 마찬가지로 '그림자'도 좋은 성격, 즉 정상적인 본능과 창조적인 충동을 갖는다. 자아와 그림자는 별개의 것이지만 사고와 감정이 서로 얽혀있듯이 풀 수 없을 정도로 연결되어 있다.

그러나 자아와 그림자는 융이 '해방을 위한 투쟁'이라고 부르는 상태에서 서로 갈등을 이루고 있는 것이다. 원시인들이 의식을 획득하려는 괴로운 싸움에 있어서, 이 갈등은 원형적인 영웅과 용이나 그밖의 괴물로 의인화된 약한 우주의 세력들 간의 시합으로 표현된다. 개인의 의식의 발전 과정에 있어서 영웅의 상은 상징적 수단이고, 서서히 등장하는 자아는 이 수단을 빌어서 무의식적 마음의 무력을 극복하고, 어머니가 지배하는 세계에서 누리던 유아적 행복으로 되돌아가려는 욕망으로부터 성숙한 어른을 해방시켜 주는 것이다.

신화에서는 영웅이 이와 같은 괴물과의 싸움에서 이긴다. 그러나 영웅이 괴물에게 굴복하는 신화들도 있다. 여기에서 유명한 것이 '요나와 고래의 이야기'라고 하겠는데, 이 신화에서는 영웅이 바다의 괴물에게 삼켜지는 것이다. 괴물은 그를 데리고 깊은 바다의 서쪽에서 동쪽으로 해엄쳐 가는데, 이것은 저녁 해가 지는 것에서부터 아침 해가 뜨는 것까지, 즉 태양의 이동을 상징하는 것이다. 영웅이 암흑 속으로 들어가는데 암폭은 일종의 죽음을 상징한다. (나는 나의 임상적 경험에서 이와 같은 주제의 꿈들을 다룬 적이 있다.)

영웅과 용과의 싸움은 이 신화 중에서 가장 자극적인 것이다. 그리고 억압당한 성향과 싸워서 자아가 승리하는 원형적 주제를 더욱 더 뚜렷하게 보여 준다. 대부분의 사람들의 경우에서 인격의 어둡고 부정적인 면은 무의식 속에 남아 있지만 반대로 영웅은 그림자의 존재를 알고, 그것들로부터 힘을 끌어낼 수 있어야 한다는 것을 깨달아야 한다. 용을 압도할 정도로 맹렬해지려면 그는 파괴적인 세력과 새로운 관계를 맺어야 할 것이다. 말하자면 자아는 승리를 거두기 전에 먼저 그림자를 극복하고 동화시켜야 하는 것이다.

그런데 이 주제는 유명한 문학상의 영웅상인 괴테의 '파우스트'에서 찾아 볼 수 있다. 베피스토펠레스와의 내기를 받아들임으로써 파우스트는 '그림자'와도 같은 힘에게 자신을 맡기는데, 괴테는 그 힘을 '악을 원하지만 선을 발견하는, 그러한 힘의 일부'라고 설명했다. 이제껏 그 꿈이 설명되고 있는 그 사람처럼 파우스트도 어린 시절의 중요한 부분을 마음껏 누리며 살지를 못했다고 보아야 한다. 따라서 그는 비현실적이고 불완전한 사람이어서 현신화될 수 없는 형이상학적인 목표를 추구하다가 결실을 보지 못하고 실패하는 것이다. 그러나 그는 여진히 선과 악을 동시에 살아야 한다는 인생의 도전을 받아들이기를 꺼린다.

나의 환자의 꿈에 나타나는 검은 옷차림의 청년이 언급하는 듯한 것이 바로 무의식의 어떤 면이다. 인격의 '그림자'와 그림자가 지니는 강력한 잠재력, 그리고 영웅으로 하여금 삶의 투쟁 영위 하도록 대비시켜 주는 그 역할 등을 깨우쳐 주는 것은 꿈의 초기 부분으로부터 희생적 영웅의 주제로 옮아가게 하는 본질적인 변화이다. 그 잘생긴 청년은 마침내 자신을 제단 위에 올려 놓는 것이다.

이 상은 청년 후반기의 자아 형성과정과 연관이 되는 그런 형태의 영웅심을 대표한다고 본다. 이 시점에서 인간은 자신도 변화시키고 타인들과의 관계도 변화시키는 이상적 원리의 힘을 느끼기 때문에 그는 그 인생의 이상적 원리를 표현한다. 말하자면 그는 매력 있고 정력과 이상으로 가득 찬 청춘의 개화기에 있는 것이다. 그러면 왜 그는 자신을 희생 제물로 바치려는가?

그 까닭은 아마도 파멸시키겠다고 협박하여 위네바고 신화의 쌍동이로 하여금 그들의 힘을 쓰지 못하게 만든 것과 같은 이유일 것이다. 사람을 활동케 하는 청년기의 이상주의는 과신으로 이끌려 가기 마련이다. 인간의 자아는 신의 속성과 유사한 것을 경험하는 경지까지 올라갈 수 있으나 도가 지나쳐서 비참한 상태로 떨어지는 대가를 치러야 한다. 이것이 이카루스라는 청년의 이야기이다. 그는 인간이 만든 나약한 날개로 하늘 높이 올라가지만 너무 태양에 가깝게 가서 떨어져 죽는다. 그래도 여전히 젊은 자아는 언제나 같은 모험을 해야 하는데, 그 이유는 청년은 자기가 쉽게 도달할 수 있는 이상의 목표를 안 세우면 청년기와 장년기 사이에 놓여 있는 장애를 뛰어넘을 수가 없기 때문이다.

지금까지 나는 나의 환자가 자신의 개인적인 연상의 수준에서 자기의 꿈에서 이끌어낼 수 있는 결론에 대한 이야기를 해 왔다. 그러나 여기에는 원형적 수준이 포함되어 있는데 그것은 인간 제물을 바친다는 신비이다. 정말로 그것이 신비이기 때문에 그것은 종교적 의식으로 표현되고 그 의식은 그것의 상징성에다 우리를 싣고 인류 역사의 먼 옛날까지 거슬러 올라가는 것이다. 제단에 누운 인간에게서 우리가 발견하는 것은 고인돌에서 제사을 지내는 것보다 더 원시적인 것이다. 수없이 많은 원시인들의 제단이 그랬듯이 거기서도 신화적인 영웅의 죽음과 재생이 얽힌 하지 동지의 제사가 해마다 거행되었음을 상상할 수 있을 것 같다.

그 의식에는 슬픔이 깃들고, 슬픔은 또한 일종의 기쁨일 수도 있는데, 죽음이 또한 새 생명으로 인도하리라는 내적인 긍정일 수도 있는 것이다. 표현의 방식에 상관없이 주제는 하나로서 죽음을 통한 신생의 드라마라 하겠다. 위네바고 인디언들이 산문적 서사시로 표현했던 것이나, 북유럽의 전설에서와 같이 발레르의 죽음을 왜곡하는 형태로 표현되는 것이나, 링컨을 애도하는 지프만의 시처럼 표현되는 것이나 또한 인간이 자기 자신의 희망과 불안으로 되돌아 가는 꿈을 꾸는 꿈으로 표현되는 것이나 어떻게 표현되든 마찬가지인 것이다.

그 꿈이 상당히 재미있는 종장으로 끝나는데 그 끝맺음에서 꿈꾸는 사람은 마침내 꿈의 행위 속으로 말려든다. 그와 다른 사람들이 그들이 내려가야 할 단상에 있는데, 그는 깡패들이 달려들 가능성 때문에 그 사다리를 믿지 않는다. 그러나 한 여인이 그에게 용기를 일깨워주어서 자기가 무난히 내려갈 수 있다는 것을 믿게 함으로써 마침내 내려가는 것이다. 그의 연상에서 내가 발견한 것이 그가 무대 위에서 본 연극 전체가 그의 분석의 일부 또는 그가 경험하고 있는 내적 변화의 과정이라는 사실이기 때문에, 그는 아마도 생활의 현실로 되돌아 가는 어려움을 생각케 되었을 것이다. 자신이 '깡패'라고 하는 사람들에 대한 두려움은 '장난꾸러기'의 원형이 집합적 형식으로 나타날지도 모른다는 두려움일 것이라는 암시를 한다.

그 꿈에서 구제의 요소가 되는 것은 사다리인데, 그것은 아마 합리적인 정신을 나타내는 상징일 것이다. 그리고 사다리를 이용하도록 권하는 여인도 역시 그러하리라. 그 꿈의 마지막 단계에 가서 그 여자가 나타나는 것은 남성적이기만 한 행위에 여성적 원리를 내포했으면 원만해질 것이라는 정신적 필요가 있다는 것을 나타낸다. 지금까지 언급된 것이나, 위네바고 족의 신화를 선택하여 특별한 종류의 꿈을 설명할 때 이용한 사실들을 보고 신화의 역사에서 발견되는 것들과 꿈 사이에서 완전히 기계적인 평행관계를 찾아야만 한다고 추론해서는 안 될 것이다. 꿈은 한 가지 한 가지가 꿈을 꾼 사람에게 개별적이다. 그것이 택하는 엄밀한 형식은 꿈을 꾸는 사람 자신의 상황에 의해서 결정된다. 다만 분명히 하고자 하는 것은 무의식이 이 원형적인 것들을 가져다가 어떠한 양상으로 꿈을 꾸는 사람의 필요에 맞도록 꾸며나가느냐 하는 것이다. 그러므로 이 꿈에서는 위네바고 족들이 '붉은 뿔'이나 '쌍둥이'에서 묘사한 것이 직접 무엇이냐를 따지지 말고 오히려 그 두 주제의 본질(그 두 주제 속에 있는 희생적 요소)에 언급하는 것이다.

일반적으로 말하자면 영웅 상징의 필요성은 자아의 강화가 필요할 때 생긴다고 해도 과언이 아닌 것 같다. 말하자면 의식적인 마음이 어떤 일에 있어서 도움이 필요하고, 그 일은 도움 없이는 즉 무의식적 마음속에 깃든 원천적인 힘을 끌어오지 않고는 성취할 수 없는 것이다. 예를 들자면 지금까지 언급된 꿈에서는 전형적 영웅에 관한 신화 보다 더 중요한 어떤 면에 대한 언급이 없다. 무서운 위험에서 아름다운 여자를 구하거나 보호해 주는 힘에 대한 언급이 없는 것이다. (슬픔에 잠긴 소녀는 중세 유럽의 신화에서 잘 나타난다.) 이것은 신화와 꿈이 아니마 — 남성의 마음속에 깃든 여성적 요소 — 와 관련을 맺는 하나의 방법이라 하겠다.

이와 같은 여성적 요소의 성격과 기능에 대해서는 뒤에 폰 프란츠가 논할 것이다. 그러나 여기에서도 영웅상에 대한 여성적 요소의 관계를 또 한 사람의 환자가 제시한 꿈을 이용하여 설명해 보고자 한다. 이 환자도 성숙한 나이의 남자이고, 그의 꿈은 다음과 같다.

"나는 인도를 횡단하는 긴 도보여행에서 돌아 왔습니다.

어떤 여인이 나와 내 친구의 여행준비를 해 주었지요. 그리고 나는 돌아 와서 그녀가 우리에게 검은 방수 모자를 주지 않았다고 불평하고, 그녀의 실수때문에 우리는 흠뻑 젖었다고 했지요."

이러한 꿈의 도입은 뒤에 나타나지만 이 환자의 청년시절의 어느때를 가리키는데, 이 때 그는 대학 친구들과 함께 위험한 산악지대를 도보로 여행하는 영웅적 계획을 짰던 것이다. 이 사람은 인도에 전혀 가

본 적도 없고, 이 꿈에 대한 본인 자신의 연상을 감안할 때 그가 꿈에서 한 여행은 어떤 새로운 세계에 대한 탐험, 말하자면 실제로 어떤 지역이 아닌 무의식의 세계에 대한 탐험을 뜻하는 것이 아닐까 하는 결론을 내리게 되있다.

꿈을 꾸는 가운데 그 환자는 한 여자가 — 아마도 아니마의 의인화일 것이다 — 자기를 위하여 여행 준비를 제대로 해주지 않았다고 생각하는 것 같다. 적당한 방수 모자가 없었다는 것을 그의 마음이 무방비 상태에 있다고 스스로 느끼고 있다는 것을 시사한다고 하겠다. 그런 마음의 상대에서 그는 생소하고, 별로 유쾌하지 못한 여러 가지 경험에 부딪치게 되어서 불안한 기분이 된다. 그는 자기가 어렸을 때 어머니가 입을 옷을 챙겨 주던 것과 마찬가지로 그 여인도 자기에게 방수 모자를 챙겨 주었어야 했다고 그는 생각하고 있는 것이다. 이 에피소드는 그가 청년시절에 건달과도 같이 방랑자 기분을 내던 시절을 회상하는 것으로 그 당시에 그는 어머니(원시적인 여성상)가 모든 위기에서 자기를 보호해 준다는 기대로 안정감을 느끼고 있었다. 그러나 나이가 들면서 그것이 어린아이의 환상과도 같은 것이라는 걸 알고, 이제는 자신의 불행에 대하여 어머니가 아닌 자신의 아니마에게 항의하는 것이다.

이 꿈의 다음 단계에서 이 환자는 몇몇 사람들과 함께 하이킹에 참가했던 이야기를 한다. 그는 피로해서 어떤 야외 식당이 있는 곳으로 들어왔다. 그는 거기에서 전에 잃어버린 방수 모자와 비옷을 발견한다. 그는 쉬기 위하여 자리에 앉으면서 지방의 한 고등학생이 연극에서 페르세우스 역을 한다는 포스터에 시선을 둔다. 그때 그 학생이 나타나는데, 그 학생은 소년이 아니라 건장하게 생긴 청년이었다. 그는 검은 모자를 쓰고 회색 옷을 입고 있었다. 그리고 그는 자리에 앉아서 검은 옷을 입은 다른 남자와 얘기를 한다. 이 장면이 지난 후 꿈을 꾼 환자는 새로운 활기를 느끼고 자기는 다시 대원들과 합세할 수 있음을 깨닫는다. 다음에 그들은 모두 언덕을 넘어갔다. 발 밑에 그들이 찾아가는 목적지가 보인다. 그것은 아름다운 항구이다. 이 항구를 발견하고서 그는 기운이 돌고 생기가 회복되는 길 느낀다.

여기에서는 처음의 에피소드에서 보는 것과 같은 불쾌하고 고독한 여행과는 반대로 꿈을 꾸는 환자는 다른 대원들과 함께 있다. 이러한 대비는 고독이나 타인과의 관계에서 오는 사회적 영향에 대한 젊은이다운 저항이라는 초기의 형태로부터 달라졌다는 것을 보여 준다. 이것은 관계를 위한 새로운 능력을 암시하는 것이므로 그의 아니마가 이전보다 기능을 잘한다는 것을 의미한다. 즉, 아니마 상이 전에는 그를 위하여 챙겨 주지 못한 방수 모자를 발견했다는 사실이 그것을 상징하여 주고 있는 것이다.

그러나 꿈을 꾼 환자는 지쳤다. 식당에서의 장면은 그가 자신의 어렸을 때의 태도를 새로운 견지에서 볼 필요가 있다는 것을 반영한다고 하겠다. 그는 이렇게 과거로 되돌아감으로써 자신의 힘을 새롭게 할 수 있으리라는 희망을 갖는다. 결국에는 그렇게 된다.

그가 제일 먼저 보는 것은 젊은 주인공의 역을 말해 주는 포스터이다. 즉, 고등학생이 페르세우스 역을 맡는다는 것이다. 다음으로 그 학생을 보는데 이제는 어른이고 함께 있는 친구가 그와는 강한 대조를 이룬다. 한 사람은 밝은 회색 옷을 입고, 또 한 사람은 검은 옷을 입었다. 이미 앞에 언급된 대로 '쌍둥이'의 재현이라고 볼 수 있을 것이다. 그들은 자아와 두 번째 자아라는 대립을 나타내는 영웅상이다. 그러나 이것들이 여기에서는 조화되고 통일을 이룬 관계로 나타나 있다.

이 환자의 연상이 이것을 확인하고, 회색 옷을 입은 상이 사회에 적응하고 인생을 세속적인 자세로 살아가는 것을 나타내는 데 반해서, 검은 옷을 입은 상은 성직자들이 검은 가운을 입는다는 뜻에서 정신적 생활을 강하게 표현하고 있음을 강조한다. 그들이 모자를 쓰고 있었다는 사실(그리고 그는 자신의 모자를 찾았다)은 그들이 비교적 원숙한 동일성을 이룬 것을 나타낸다. 자신의 청년기 전반기에는 그것이 극심할 정도로 결여되고 있었다고 느꼈고, 또한 지혜를 추구하는 사람으로서 이상적인 자아상을 가졌지만 아직 '장난꾸러기'의 성격이 몸에 배어 있었다.

그리스의 영웅인 페르세우스에 대한 그의 연상은 재밌는 것이었다. 그것이 매우 불확실함을 드러냈기 때문에 특별히 중요한 문제가 된 것이다. 결국 환자가 페르세우스는 미노타우로스를 죽이고 크레타의 미궁으로부터 아리아드네를 구한 영웅이라고 생각했음이 보인다. 그는 이름을 적으면서 자신의 실수를 알게 되었다. 즉, 미노타우로스를 죽인 것은 테세우스이지 페르세우스가 아니었다는 것이고, 이 실수는 환자로 하여금 두 영웅의 공통점을 깨닫게 함으로써 갑자기 중요해졌다. 두 영웅이 모두 무의식적이고 악마 같은 모성적 힘에 대한 공포심을 극복해야만 했다. 그리고 이 힘으로부터 하나의 젊은 여성의 이미지를 해방시키지 않으면 안되었다.

페르세우스는 보는 사람은 누구나 돌로 변하게 만든다는 무서운 얼굴의, 머리카락이 뱀으로 이루어져 있는 괴물 메두사의 목을 베야만 했다. 뒤에 그는 안드로메다를 지키는 용을 이기지 않으면 안되었다. 테세우스는 아테네의 젊은 부성적 정신을 대표했는데, 그는 무서운 괴물인 미노타우로스가 사는 크레타의 미궁에 대한 두려움을 과감히 극복해야만 했다. 미노타우로스는 아마도 모성적인 크레타 섬의 불건전한 퇴폐를 상징하는 것이리라. 모든 문화에 있어서 미궁은 모성적 의식의 세계가 얽히고 복잡한 뜻을 가졌음을 나타낸다. 보편적 무의식의 신비한 세계에 들어가기 위한 특별한 이니시에이션의 준비를 갖춘 자만이 이 미궁을 통과할 수가 있다. 이와 같은 위험을 극복하고 비로소 테세우스는 비탄에 잠긴 처녀 아리아드네를 구출하였다. 이 구출은 어머니 이미지의 탐욕스러운 면에서 아니마 이미지를 해방시키는 것을 상징한다. 이것을 성취하지 못하면 남자가 여자와 관계를 맺기 위한 실제적 능력을 이룰 수가 없다. 이 사람이 아니마 이미지를 어머니 이미지에서 충분히 분리시키지 못했다는 사실이 또 다른 꿈에서 강조되었다. 그 꿈에서 그는 용을 만났는데 그것은 그의 어머니에의 집착의 탐욕스러운 측면을 상징하는 이미지라고 하겠다. 이 용이 그를 따라온다. 그러나 그는 무기가 없었기 때문에 그는 최악의 전투를 해야만 한다.

그러나 중요한 것은 그의 부인이 꿈 속에서 나타났다는 것이다. 그리고 그녀가 나타남으로써 웬일인지 용이 작아지고 덜 무서워졌다. 이 꿈에서 나타나는 변화는 꿈을 꾼 사람이 자신의 결혼생활에서 늦게나마 어머니에 대한 집착을 극복하고 있음을 보여준다. 다시 말하자면 여성에 대한, 그리고 마침내는 성인 사회 전체에 대한 보다 더 성숙한 관계를 맺기 위하여 그는 모자의 관계에 밀착되어 있는 정신적 에너지를 푸는 길을 모색해야만 했던 것이다. 영웅과 용의 싸움은 이러한 '성장'의 과정을 상징적으로 표현한 것이었다.

그러나 영웅의 임무는 생물학적인 결혼의 조정을 훨씬 넘어선 것이다. 영웅의 임무는 모든 진실한 창조적 행위에 필요한 정신의 내적 구성요소로서의 아니마를 해방시키는 것이다. 이 남자의 경우에는 어떤 결과가 나올 것이냐 하는 가능성은 추측에 맡길 수밖에 없는 것이다. 왜냐하면 인도 여행을 하는 꿈 속에서 그 설명이 직접적으로 되어 있지 않기 때문이다. 그러나 그가 언덕을 넘어 가서 조용한 항구를 목적지로 내려다 본 것에는 그가 자기의 순수한 아니마 기능을 발견하게 되리라는 약속이 깃들어 있었다는 것을 생각하게 한다. 그래서 인도 여행 당시에 부인이 보호(방수모자)를 해주지 않았다고 품었던 원한이 이제는 극복된 것이다. (꿈에서 의미있게 배치되어 있는 도시는 아니마의 상징이다.)

이 남자는 영웅 원형과의 접촉을 통하여 자신의 안전을 보증하는 약속을 받고 집단을 대하는 협조적이고 사려깊은 새로운 태도를 발견하였다. 원기회복의 기분이 뒤따른 것은 당연한 일이다. 그것도 영웅 원형이 표현하는 힘의 내적 원천에 의거한 것이다. 그는 여자로 상징되는 자기의 그 부분을 분명하게 하고 발전시킨 것이다. 그리고 그는 자아의 영웅적 행위로써 어머니로부터 자신을 해방시켰다.

현대의 꿈에 나타나는 영웅 사회의 이상과 같은 예와 그 밖의 다른 예들이 보여주는 대로 영웅으로서의 자아는 항상 순전히 자기 중심적으로 자신을 나타내는 자가 아니라 본질적으로 문화를 전승하는 사람이다. '장난꾸러기'까지도 오도하거나 무목적적인 경우도 있긴 하지만 미개인이 이해하는 나름대로 세상에 공헌을 했다고 본다.

나바호 신화에서는 코요테라는 이름으로 나오는데 그는 창조적 행위로서 별을 하늘에 뿌리고, 죽음의 우연성이 필요함을 제창하고, 신화의 재현에서는 그가 인간들을 홍수의 위험에서 구출하려고 그들을 이끌고 갈대 사이로 빠져나간다. 그리하여 그들은 한 세계에서 다른 세계로 빠져나가고 거기에서는 홍수의 위협을 받지 않게 되는 것이다.

우리가 지금 언급하고 있는 창조 진화형은 어린아이 같고 전(前) 의식적이고, 단순한 수준에서 출발했음이 분명하다. 진정한 문화적 영웅에 있어서는 자아가 의식적이고도 효과적인 수준까지 올라가는 것이 분명하다. 같은 방식으로 아동기의 자아와 청년기의 자아는 부모의 기대라는 억압에서 해방되어 하나의 개인이 되는 것이며, 이러한 의식의 수준까지 올라가는 상승의 일부로서 영웅과 용의 전투를 거듭하여 혼돈으로부터 문화적 유형을 만들어낼 허다한 인간적 임무를 다하기 위하여 에너지를 해방시키는 것이다,

이것이 성공하면 일종의 자아의 힘 혹은 집합적으로는 종족의 동일성으로 등장하는 완전한 영웅 상을 우리는 보게 되는데, 그가 이제는 괴물이나 거인을 정복할 필요가 없는 것이다. 이제 이러한 심층의 힘

이 인격화될 단계에 도달한 것이다. '여성적 요소'가 이제는 꿈 속에서 용의 모양으로 나타나는 일이 없고 다만 여자의 모습으로 나타날 것이다. 마찬가지로 인격의 그림자의 측면도 더 이상 무서운 모습을 띠지 않을 것이다.

중요한 사실은 쉰 살에 가까운 한 남자의 꿈에서 잘 설명되고 있는 것이다.

그는 일생 동안 온갖 실패와 불안이 주기적으로 엄습하여 고통을 겪었다. 이것이 본래는 의심이 많은 어머니 때문에 시작되었다. 그러나 그의 업적은 직업면에 있어서나 인간적인 관계에 있어서나 보통 이상이었다. 꿈에서 9세의 그의 아들이 번쩍이는 중세 기사의 갑옷을 입고 19세가량의 소년의 모습을 하고 나타난다. 그 소년은 검은 옷을 입은 한 무리의 남자들과 싸우려고 불려 온 것이다. 그는 처음에 싸울 준비를 하지만 갑자기 투구를 벗고, 위협하고 있는 무리의 두목에게 미소를 짓는다. 그들이 서로 싸움을 거두고 친구가 되는 것이 분명했다.

꿈에서 나타난 아들은 그 사람 자신의 젊은 자아이다. 그는 종종 자기 회의의 형태를 띤 그림자로 인하여 위협을 느꼈다. 그는 성인이 된 이래로 어떤 의미에서는 이 적과 싸워서 이겨 온 것이다. 그리고 지금 그와 같은 회의 없이 자라는 아들을 보고 실제로 용기를 얻었다. 특히 자신의 환경에 가장 알맞는 형태의 적절한 영웅상을 형성하였기 때문에 자신은 이미 그림자와 싸울 필요가 없음을 깨달았다. 그는 이제 그림자를 받아들일 수가 있는 것이다. 이것이 바로 우정이라는 행동으로 상징된 것이다. 이제 그는 개인적 우위를 얻으려고 경쟁할 필요가 없다. 민주주의적 사회를 형성하는 문화적 임무에 적응이 된 것이다. 인생의 완성 단계에서 도달한 이러한 결론은 영웅적 임무를 넘어서서 참으로 성숙한 자세로 사람을 이끌어 주는 것이다. 그러나 이와 같은 변화는 자연스럽게 발생하는 것이 아니다. 그것은 과도기가 필요하고, 그것은 이니시에이션의 원형을 나타내는 여러 가지 형태로 표현되는 것이다.

3. 이니시에이션의 원형

심리학적 의미로 영웅 이미지가 자아 자체와 동일하다고 보면 안된다. 그것은 하나의 상징적 방법이라고 설명하는 것이 좋을 것이다. 자아는 그 방법으로 아동 초기에 부모의 이미지로 인하여 야기된 원형에서 자체를 분리시키는 것이다.

융은 어떤 사람이든 본래는 전체라는 느낌을 가지고 있었고, 강렬하고 완전한 '자기의식'이 있었다고 시사한다. 마음의 전체인 자기로 부터 개인의 성장과 함께 개인화 '자아의식'이 나타난다는 것이다.

지난 수년 동안에 융의 후계자들에 의하여 유아기에서 아동기에 이르는 과도기에 일어나는 일련의 사건들 ― 그 사건들을 통하여 개인의 자아가 출인한다 ― 이 기록되기 시작했다. 앞에서 말한 분리가 원래의 전체감을 별로 해치지 않고는 성립이 안된다. 그리고 개인적 자아는 전체적 자아와의 관계를 다시 맺으려고 계속 돌아와야 하는데 이것은 정신적 건강을 유지하기 위해서이다.

나의 연구를 통하여 정신의 분화의 첫 단계가 영웅신화임이 밝혀질 것이다. 그것이 네 단계의 주기를 통과하는 것 같다는 설을 밝혔는데 그 네 단계의 주기에 의하여 자아는 원초적인 전체성을 떠나서 개체로서의 상대적 자율성을 성취하려고 한다. 어느 정도의 자율성이 이루어 지지 않는 한 그 개인은 성인의 환경과 관련을 맺을 수 없다.

그러나 영웅 신화가 이와 같은 해방이 온다고 보증하지는 않는다. 다만 그것이 어떻게 가능한가 하는 것과 따라서 자아가 의식을 성취할 수 있으리라는 걸 보여줄 따름이다. 그 의식을 바르게 유지하고 발전시켜서 개인이 유익한 삶을 영위하고 사회에서 필요한 자아식별의 의식을 형성하는 문제는 아직도 남아 있다.

고대의 역사와 현대의 원시 사회에서 행해지는 의식들이 신화와 성인식에 관한 많은 자료를 제공해 주었는데, 젊은이들은 그 의식에 의하여 부모 곁에서 떠나 그들 종족의 일원으로 만들어졌던 것이다. 그러나 어릴 때의 세계와 이렇게 분리됨으로써 원초적인 부모 원형이 훼손된다고 하겠다. 그리고 이 상처는 집단 생활에 동화되어 가는 치유의 과정을 통하여 나을 것이다. 집단과 개인의 동일성은 종종 토템 신앙의 동물로 상징되기도 한다.

이와 같이 집단은 상처 입은 원형의 욕구를 충족시켜 주고 일종의 제 그의 부모가 되는데, 이 부모에게 젊은이들은 먼지 상징적 희생을 하고 새로운 삶으로 재출발하는 것이다.

융이 '젊은이들을 빼앗아 갈지도 모르는 힘에게 희생의 제물을 바치는 듯한 의식'이라고 한 이 의식에서 우리는 원초적인 원형의 힘이 영웅과 용의 싸움이 보여 주는 식으로 영원히 극복될 수는 없다는 것을 알게 된다. 즉, 그와 같은 방법으로는 반드시 무의식의 풍성한 힘들로부터 소외당한다는 아쉬운 감을 금할 수 없다. 우리는 '쌍둥이' 신화에서 자아 - 자기의 분리를 지나치게 주장하는 그들의 교만이 그들 스스로의 행적에 대한 두려움 때문에 시정되는 것을 보았다. 결국엔 그들이 하는 수 없이 조화를 이룬 자아 - 자기의 관계로 되돌아간 것이다.

부족 사회에서 이 문제를 가장 효과적으로 해결하는 방법은 성인식이다. 이 의식은 미성년자를 원초적인 어머니 - 아들의 동일성이나 자아 - 자기의 동일성의 심층적 수준으로까지 이끌고 가서 그로 하여금 강제로 상징적 죽음을 경험하게 만든다. 다시 말하자면 그의 동일성이 일시적으로 집단적 무의식 속에서 분할되고 해소되는 것이다. 이 상태로부터 미성년자는 신생의식에 의하여 구원을 받는 식을 올리는 것이다. 이것이 토템, 씨족, 부족 혹은 이 셋의 결합으로 나타나는 큰 집단과 자아를 참으로 결합시키는 최초의 행위이다.

부족 집단의 경우든 복합적 사회의 경우든 무릇 의식은 반드시 이 죽음과 재생의 의식을 고집한다. 그것이 아동기 초기에서 아동기 후기로 옮아가는 경우든, 청춘기 전반기에서 청춘기 후반기로 옮아가는 경우든, 또는 청춘기에서 성인기로 옮아가는 경우이든, 인생의 한 단계에서 다른 단계로 옮아가는 '통과의식'을 미성년자에게 거행해주는 것이다.

물론 이 성인 의식의 입문과정이 청년의 심리에만 국한되는 것은 아니다. 한 개인의 인생의 모든 발전단계에 자기의 주장과 자아의 주장 사이에 반복되는 원초적 갈등이 수반되는 것이다. 사실상 이 갈등은 인생의 어느 시기보다도 성인 초기에서 중년에로 접어드는 과도기(서양 사회에서는 35세에서 40세 사이)에 가장 강하게 나타난다. 그리고 중년에서 노년에로 옮아갈 때에도 자아와 정신 전체 사이에 있는 차이를 재인식할 필요가 생긴다. 영웅은 삶이 죽음 속으로 소멸되어 가는 것에 대항하여 자아의식을 방어하는 마지막 부름을 받는다.

　이 결정적 시기에 있어서 이니시에이션의 원힘은 세속적 색채를 띤 청춘기의 의식보다는 더욱 정신적으로 만족할 만한 뜻깊은 전환을 마련해 주려고 활성화한 것이다. 이 종교적 의미로서의 이니시에이션의 원형적 형태 — 고대로부터 '신비'로 여겨져 온 — 는 특별한 예배 형식을 필요로 하는 출생, 결혼, 장례시의 모든 교회 의식 속에 얽혀 들어 있다.

　영웅 신화의 연구 때나 마찬가지로 이니시에이션의 연구에 있어서도 현대인 특히 분석을 받고 있는 사람들은 주관적인 경험으로부터 실례를 찾아내야 한다. 정신적 혼란이 전문의사의 치료를 받는 환자의 무의식 속에 우리가 역사상에서 알고 있는 이니시에이션의 형태와 똑같은 이미지가 나타난다고 해도 놀라울 일은 아니다.

　젊은이들에게서 발견되는 가장 공통적인 주제는 고난, 즉 힘의 시련일 것이다. 이것은 영웅 신화를 설명해 주는 현대적 꿈에서 우리 가본 것과 동일한 것으로 볼 수도 있다. 이를테면 비와 태형을 감수해야 했던 선원의 이야기라든가, 방수 모자를 안 쓰고 인도를 걸어서 여행한 것으로 나타낸 적성검사 같은 것이라 하겠다. 그리고 앞에서 설명된 처음의 꿈에서 잘생긴 청년이 제단 위에서 회생의 제물이 되려고 했을 때, 이 육체적 고난이라는 주제가 논리적 결론에 이르렀다는 것을 우리는 알 수 있다. 이 희생은 이니시에이션의 도입과도 비슷하지만 그 목적이 분명하지 않다. 새로운 주제에 이르는 길을 열기위하여 영웅 주기를 마무리하는 것 같이 보인다.

영웅 신화와 성인의식 사이에는 한 가지 뚜렷한 차이가 있다. 전형적인 영웅상들은 자신들의 야망을 달성하기 위하여 모든 노력을 기울이고, 간단히 말하자면 비록 그들이 후일에 그들의 교만 때문에 처벌 받거나 죽음을 당하는 한이 있을지라도 일단은 성공을 거둔다. 이와는 대조적으로 성인의식에 참가하는 미성년자는 자신의 야심과 욕망을 버리고 고난에 순응하라는 분부를 받는다. 그는 성공의 희망 없이 이 시련을 기꺼이 겪어야 한다. 사실상 미성년자는 죽음을 준비해야 한다. 고난의 표시가 가벼운 것(일시적 단식 같은 것)이든 이를 하나 부러뜨리는 일이든 문신을 하는 일이든, 고통스러운 할례나 신체의 일부를 절단하는 일이든 간에 목적은 언제나 같은 것이다. 즉, 상징적으로 죽음의 분위기를 조성하고, 그것으로부터 상징적으로 재생의 기운이 솟게 하려는 것이다. 25세의 청년이 꼭대기에 제단 같은 것이 있는 산에 오르는 꿈을 꾸었다. 제단 근처에서 그는 자신의 모습을 새긴 대리석 석관을 발견한다. 그때 베일을 쓴 사세가 지팡이를 짚고 다가온다. 지팡이 끝에서는 붉은 태양이 이글이글 타오른다. (이 청년은 뒤에 꿈에 대한 이야기를 하면서 산에 올랐다는 것은 분석을 받음으로써 자제력을 얻으려는 자신의 노력을 상기시키는 것이라고 말했다.) 놀라운 일은 자신이 시체가 된 것을 발견한 사실이다. 그리고 무엇을 이루었다는 느낌보다 약탈과 공포에 사로잡히는 것이다. 그 다음에 그가 지팡이 끝에 붙은 태양의 따스한 빛을 온 몸에 받을 때 힘이 생기고 다시 젊어지는 느낌을 갖는다.

이 꿈은 성인의식과 영웅 신화 사이에 정해야 할 차이를 아주 간결하게 보여 준다. 산에 오르는 행위는 힘의 시련을 암시하는 것 같다. 이것은 청춘의 발전의 영웅적 국면에서 자아의식을 이루려는 의지라 하겠다. 이 환자는 분명히 자기가 치료를 받는 것은 어른이 되기 위한 여러 가지 시련을 겪는 것이나 마찬가지라고 생각하였다. 그리고 그는 이 시련들은 우리 사회의 청년들에게 있어서 특징을 이루고 있는 경쟁적 태도로 겪었다. 그러나 제단 옆에서 벌어진 장면은 이와 같은 잘못된 추측을 시정하고 그의 임무는 자기보다 더 위대한 힘에 순종하는 것임을 보여 주었다. 그는 자신이 죽어서 석관이라는 상징적 형식 속에 매장된 것처럼 느꼈는데, 이 석관은 원초적인 생명의 그릇으로서의 원형적 어머니를 연상케 한다. 그와 같이 순종의 행위에 의해서만 그는 재생을 경험할 수 있는 것이다. 활력을 주는 의식이 아버지인 태양의 상징적 아들인 그에게 다시금 생명을 주는 것이다.

여기에서 다시 우리는 이것을 영웅 주기, 즉 '태양의 아들'인 쌍둥이의 주기와 혼동할지도 모른다. 그러나 이 경우에 이니시에이션을 받는 미성년자가 자기의 분수를 넘어설 것 같은 우려는 없다. 오히려 그는 청년기에서 성숙기로 넘어가는 것을 표시하는 죽음과 재생의 의식을 체험함으로써 겸양의 교훈을 체득한 것이다.

나이로 미루어 보아서 그는 이미 성년이 되었어야 하는데 발달이 저지되어 기간이 길어졌다. 이와 같은 지연으로 그는 신경증에 눌려서 치료를 받아온 것이다. 그리고 꿈은 그에게 미개한 사회에서의 의술 무당이 주는 것과 같은 현명한 충고를 줄 수 있다. 즉, 자신의 힘을 증명하기 위하여 산에 오르는 것은 단념하고, 그로 하여금 성인으로서의 새로운 도덕적 책임을 질 수 있게 해 주는 뜻깊은 성인화의 의식에 순종해야 한다. 성인식을 잘 치르고 어른이 될 때에 가장 필요한 자세로 생각되는 순종이라는 주제를 소녀나 성숙한 여자의 사례에서 똑똑히 볼 수 있다. 여성들의 성인식이 우서 강조하는 것은 본질적으로 수동적 자세이다. 또한 월경이 그들의 자주성에다 부여하는 생리적 제약 때문에 수동성이 재차 강조된다. 여성의 관점에서 본다면 월경의 주기가 실제로는 성인식의 중요한 부분이라는 견해가 견지되어 왔는데, 그 까닭은 월경이 여성에게 부여된 생명 창조력에 순종하겠다는 깊은 순종의 의식을 일깨워주는 힘을 가졌기 때문이다. 그래서 여성은 기꺼이 여성으로서의 기능을 다하게 되는데 그것은 마치 남성이 자기가 속한 집단에서의 사회 생활에서 받은 역할을 다하는 것이나 마찬가지다.

한편 여성도 남성 못지 않게 성인이 되는 힘의 시련을 겪고 새로운 삶을 체험하기 위한 마지막 희생을 하게 된다. 이 희생은 그 여성으로 하여금 복잡한 개인적 관계에서 벗어나게 해 주고 한 개인으로서 보다 더 의식적인 역할을 하기에 적합하도록 만들어 준다. 대조적으로 남성의 희생은 자신의 성스러운 독립성을 포기하는 것이다. 그는 좀더 의식적으로 여성과 관계를 맺는다.

여기에서 우리가 부딪치게 되는 것은 남성을 여성과 여성을 남성과 상면하게 해 주는 성인식의 한 측면인데, 이것은 본래 남성과 여성의 상반성을 어느 정도 시정하는 것이다. 남성의 지식인 이성이 여성적인 것인 감성과 만나고 그들의 만남은 거룩한 결혼이라는 상징적 의식으로 대표되는데, 결혼은 고대의 신화와 종교에서 기원한 이래로 성인식의 핵심이 되어 왔다. 그러나 이것은 현대인으로서 이해하기가 매우 어려울 것이다. 그리고 현대인들로 하여금 그것을 이해하도록 한다는 것은 그들로 하여금 인생에서 특별한 위기를 맞게 하는 경우가 되기도 한다.

몇몇 환자들이 희생의 주제가 거룩한 결혼의 주제와 합쳐지는 꿈을 꾼 사례가 있다. 그 중의 한 꿈은 한 젊은이가 꾼 꿈인데, 그 청년은 한 여자와 사랑에 빠졌지만 결혼이라는 것이 강력한 어머니 상의 지배를 받는 감옥이 될까봐 두려워서 결혼하기를 주저했다. 그 자신이 어렸을 때 어머니의 영향이 컸는데 그의 장모가 될 분의 영향력도 비슷하게 느껴졌다. 그러면 그의 아내가 될 여자도 또한 유사하게 자기를 지배하려들 게 아닌가?

꿈을 꾸는 가운데 그는 한 남자와 두 여자와 함께 의식의 춤을 추고 있었다. 그런데 그 중의 한 여자는 그의 약혼녀였다. 나머지 둘은 자기보다 나이가 많은 부부였는데, 그들이 꿈을 꾼 사람에게 깊은 인상을 준 것은 그들이 서로 친밀한 사이였는데도 불구하고 그들에겐 개인차를 용납할 여지가 있는 것 같고, 서로가 상대방을 소유한다는 인상을 주지 않는 것이었다. 즉, 이 두 사람은 그에게 서로가 개성의 특성과 발전에 제약을 가하지 않는 자유로운 결혼상태를 보여 준 것이다. 그가 이러한 상태를 이룰 수 있다면 그는 결혼할 수 있을 것이었다.

의식에 따라 춤을 추는 가운데 남자들이 각각 자기의 여자 파트너에게로 얼굴을 향하고, 네 사람이 네모진 무도회장의 네 귀퉁이를 차지했다. 춤을 추다 보니까 그것은 또한 일종의 칼춤이었다. 춤추는 사람들은 손에 단검을 들고 팔다리를 율동적으로 움직이며 힘든 아라베스크 춤을 추었는데, 춤의 동작은 모두 상대를 공격하거나 상대에게 굴복하려는 충동의 교착상태를 암시하는 것이었다. 마지막 춤을 추다가 그들은 모두 칼로 가슴을 찌르고 죽어야만 하는 것이었다. 꿈을 꾼 사람만이 최후의 집단 자살을 거부하고서, 타인들이 쓰러진 뒤에 혼자 남아서 서 있었다. 그는 타인들과 같이 자기를 희생하지 못한 비겁성이 매우 수치스럽게 느껴졌다.

이 꿈은 이 환자로 하여금 자기가 인생에 대한 태도를 바꿀 의향 이상의 것을 지녔음을 절실히 느끼도록 만들었다. 이전에는 그가 자기중심적이었고, 개인의 독립성이라는 환상적인 안전을 추구하면서도 내적으로는 어머니에 대한 유아적 예속으르 인한 불안의 지배를 받았던 것이다. 그는 자신의 남성에 대한 도전이 필요했는데, 까닭은 자기가 유아적 정신상태를 희생하지 않고는 고립되고 수치스럽게 된다는 것을 알기 위한 것이었다.

그가 꾼 꿈의 의미를 알아 볼 그의 성찰력이 그의 의심을 거두게 했다. 그가 체험한 상징적 의식은 그로 인하여 젊은이가 유아적인 예속성을 버리고 단순히 영웅적일 뿐만 아니라 타인들과 관련된 형태로 공유하는 인생을 받아들이는 것이다.

그러므로 그 젊은 환자는 결혼을 하고 자기의 부인과의 관계에서 적합한 충족을 발견하였다. 그의 결혼은 사회에서의 그의 능률을 저해하기는커녕 오히려 높여 주었다.

눈에 보이지 않는 어머니나 아버지의 간섭이나 영향이 결혼의 베일 속으로 파고들지 모른다는 불안 뿐만 아니라, 정상적인 젊은이들에게도 결혼 의식에 관하여 두려워할 만한 이유가 있다. 결혼은 본질적으로 여자의 성인식이고, 그 의식 가운데 남자는 정복자적인 영웅으로 느껴질 수밖에 없다. 우리가 부족사회에서 신부의 유괴와 강간 같은 공포에 대항하는 의식을 발견하는 일이 놀라운 것이 못된다. 이러한 것들이 남자가 신부에게 순종하고, 결혼의 책임을 져야 하는 바로 그 마당에서 그로 하여금 이제는 유물로 남아있는 영웅의 역할에 의존할 수 있게 만들어 준다.

그러나 결혼의 주제는 아주 보편적인 이미지이기 때문에 그것은 또한 더욱 더 깊은 의미를 가지고 있다. 결혼은 실제로 부인을 얻는 것이기도 하지만 남성의 마음속에 있는 여성적 부분에 대한 수긍이 되는 것이 아니라, 오히려 필요한 상징의 발명이라 하겠다. 그러므로 우리는 적당한 자극만 있으면 나이에 상관없이 어떤 남자에게서나 이와 같은 원형을 발견할 수 있는 것이다.

그러나 모든 여자가 결혼에 대하여 호의적 반응을 일으키는 것은 아니다. 한 여자 환자는 직업에 대하여 지나친 욕망에 차 있었는데, 결혼 때문에 단념을 해야 했고, 결국에는 그 때문에 파탄에 이르게 되었다.

그녀는 무릎을 꿇고 있는 남자 맞은 편에서 자기도 무릎을 꿇고 있는 꿈을 꾸었다. 남자는 그녀에게 반지를 끼워 주기 위하여 반지를 들고 있으며, 그녀는 긴장된 자세로 오른손의 둘째 손가락을 내밀고 있었다.

이것은 분명히 결혼의 의례에 어긋나는 것이었다.

그녀가 저지른 중대한 실수는 바로 지적될 수 있다. 왼손의 반지 끼는 손가락을 내밀지 않고, (내밀었다면 그녀는 남성의 원리에 대한 조화롭고 자연스러운 관계를 맺었을 것이다.) 그녀는 남성에게 줄 것은 자신의 의식적 — 오른쪽 손가락을 내밀었는데, 분석상의 전례로 오른쪽은 의식 쪽을 뜻하는 것이다 — 주체의식이라는 그릇된 생각을 하였다. 실제로 결혼은 그녀의 의식의 표면에 떠오르지 않는 자연스러운 부분(즉, 왼쪽)만을 그녀가 그와 공유할 것을 의도하였던 것이다. 여기에서 결합의 원리는 문자 그대로의 절대적 의미를 지니는 것이 아니라, 상징적 의미를 갖는다. 그녀의 두려움은 마치 완고한 부족적 결혼으로 말미암아 자신의 주체를 잃을까봐 염려하는 여자의 두려움과 같은 것이다. 그녀가 저항하는 사유는 충분히 있다.

하지만 원형적 형식으로서의 성스러운 결혼은 여자의 심리를 위하여 특별히 중요한 뜻을 지니는 것이다. 그리고 여자들이 청춘시절에 이 심리를 위한 준비를 갖추는 것인데 이 준비를 위하여 입문의식의 성격을 띤 많은 예비적 과정이 있는 것이다.

4. 미녀와 야수

오늘날 우리 사회에서는 소녀들도 남성적인 영웅신화에 적극 참여하고 있다. 왜냐하면 소년들과 마찬가지로 소녀들도 뚜렷한 개성을 발달시켜야 할 뿐만 아니라 또한 교육도 받지 않으면 안되기 때문이다. 그러나 마음속에는 여전히 보수적인 면이 있어서, 이 점이 소녀들을 남성과 유사하지 않은 여성으로만 만들어내는 특징인 감정을 표면화시키는 것 같다. 이렇게 마음속에 보수적인 면이 솟아나기 시작하면 오늘날의 여성은 이것을 억제하려고 할 것이다.

그것은 우정이라는 속박되지 않은 평등성이나 현대 여성의 특권이 된 남성과 경쟁할 수 있는 기회로부터 여성을 차별하리라는 두려움이 있기 때문이다.

이러한 자신의 억제는 대단히 효과적이어서 학교나 대학에서 배운 남성적인 지적 목표와 동화하는 데 일시적으론 성공할 것이다.

결혼했다고 하더라도 어머니가 된다고 하는 내면의식의 명령을 내포한 결혼상태에 겉으로는 복종하는 것처럼 보여주고 자신은 아직 자유롭다는 일종의 환상을 계속 갖고 있는 것이다.

그 때문에 오늘날 우리가 종종 볼 수 있는 것처럼 고통에 찬 모습으로 (그러나 궁극적으로는 보답되는) 매장시켜진 여성상을 드디어는 아내라는 위치로 재발견시킬 수 있는 갈등이 일어나는 것이다.

이러한 예를 어느 결혼한 젊은 부인에게서 보았다. 그녀는 아직 어린아이가 없었으나 기대되고 있는 일이기도 하고 언젠가는 하나 혹은 둘을 가질 예정이었다. 그러나 그녀의 성적 반응은 불만족한 것이었다. 이것은 그녀와 그녀 남편을 괴롭히는 일이 었으나 어떤 이유에서 인지를 그들은 해명할 수가 없었다.

그녀는 명문 여대를 우등으로 졸업했고, 남편의 남자친구들과 지적인 교우관계를 즐기고 있었다. 그녀의 결혼생활은 이러한 측면으로는 매우 만족스러운 것이었다. 그러나 가끔 감정이 폭발하여 공격적인 태도로 말을 건네는 일이 있었다. 그 때문에 남자들은 그녀에게서 멀어지고 그녀 자신은 견디기 힘든 불만을 느끼게 되었다.

이럴 즈음에 그녀는 꿈을 꾸었다. 그 꿈이 매우 중요한 것처럼 생각되었기에 해몽을 듣고자 전문적인 충고를 구하러 나에게로 왔다.

그녀가 꿈에 본 것은 자신과 같은 젊은 여자의 대열에 자기가 서 있는 것이었다. 그리고 그녀들이 가고 있는 앞쪽을 보니 한 사람씩 대열의 선두에 이르렀을 때는 단두대에서 목이 잘려나가는 것이 보였다. 꿈을 꾼 당사자는 아무런 공포도 느끼지 않고 자기 차례가 오면 으례히 이 같은 취급에 아주 기꺼이 따르려는 마음으로 그 대열에 남아 있었다는 것이다. 이것은 그녀가 '머리로 산다'는 습관을 버릴 준비가 되었음을 의미 한다고 나는 그녀에게 설명했다. 즉, 그녀가 육체의 자연스러운 성적 반응을 발견하고 모성이라는 생물학적인 역할을 다하기 위해 자신의 육체를 해방하는 방법을 배우지 않으면 안되는 것이다.

꿈은 이 결정적인 전환을 행하는 필요성으로써 그것을 나타내고 있었다. 그녀는 '남성적'인 영웅의 역할을 희생하지 않으면 안되었던 것이다.

예상했던 대로 이 교육을 많이 받은 부인은 지적인 수준에서 이 해석을 받아들이는 데 아무런 어려움도 느끼지 않았다. 그리고 오히려 보다 더 순종적인 여성으로 자기 자신을 변화시키려고 시도했다.

　그후, 그녀는 애정생활을 개선하고 두 아이를 훌륭하게 키우는 아주 현명한 어머니가 되었다. 그녀는 자신을 더욱 더 잘 알게 됨에 따라 남성(또는 남성적으로 훈련된 여성의 마음)에게 있어서 인생이라는 것은 영웅적 의지에 의한 행위처럼 배우고 익힘으로써 탈취해야만 하는 그와 같은 것이라는 걸 알기 시작한 것이다.

　그러나 자기 자신을 올바르게 느끼는 여성에게 있어서 인생이라는 것은 점차로 깨달아가는 과정에 의해 최고로 실현되어지는 것이다.

　이 같은 종류의 깨우침을 표현하는 신화로는 세계 공통의 '미녀와 야수'라는 동화가 있다. 이것들 중에서 잘 알려진 판의 경우를 살펴보자.

　어떻게 해서 네 자매 중 가장 예쁘고 아름다운 막내딸이 부친의 마음에 들게 되었는가는 그녀에게 헌신적인 선량함 때문이라는 것을 말해 주고 있다. 다른 말들은 모두 비싼 선물을 원했지만, 이 막내딸은 부친에게 오직 흰장미 한 송이를 원한다고 한 것은 단지 그녀는 자신의 감정에 성실하였을 뿐이었다. 자기가 부친의 생명을 위태롭게 하고 부친과의 이상적인 관계를 단절하게 되리라고는 알 턱이 없었다고 하는 것은 부친은 야수의 마법에 싸인 정원으로부터 그 흰장미를 훔친 것이다. 야수는 이 도둑질에 화가 나서 벌을 (죽음을 의미한다.) 주면서 3개월 후에 다시 오라고 명한다. (부친에게 선물을 가지고 귀가할 여유를 주었을 때, 야수는 본래의 성격으로부터 빗나가는 행동을 한 것이다. 특히 부친이 집으로 돌아갈 때는 트렁크 가득히 황금을 보낸 점이다. 미녀의 부친 설명에 의하면 야수는 잔혹한 동시에 무척 친절하였던 것이다.)

미녀는 부친의 벌을 자기가 감수하겠다고 고집하여 3개월 후에 마법의 성으로 들어 간다. 그 곳에서 그녀에게 아름다운 방이 주어졌다.

가끔 야수가 방문하는 것 이외에는 아무 근심도 두려움도 전혀 없었다. 그러나 야수는 방문하는 횟수가 잦아지면서 언젠가 자기와 결혼해 주면 좋겠다고 졸라댄다. 그렇지만 그녀는 항상 거절한다. 그러던 어느 날 부친이 병으로 누워 있는 모습을 마법의 거울로 보자, 그녀는 일주일 이내에 집으로 돌아가겠다고 약속을 하였다. 그리고 나서 야수에게 부친을 간호할 수 있도록 돌가게 해달라고 부탁했다. 그러자 야수는 만일 그녀가 자기를 버린다면 자기는 죽을 것이라고 말하면서 일주일 간만 그녀를 집으로 돌려 보낸다.

집에 도착하여 변함없이 명랑한 모습을 보이자 부친은 무척 기뻐하나 언니들은 질투를 하게 된다. 그래서 언니들은 약속받은 일주일보다 더 머물도록 음모를 꾸민다. 드디어 그녀는 자기가 약속을 어긴 것에 실망한 나머지 야수가 죽어가는 꿈을 꾼다. 그러자 그녀는 자기가 너무 오 래 머문 것을 깨닫고 그를 살려내기 위하여 성으로 다시 간다.

죽음에 임박한 야수의 추한 모습에도 불구하고 그녀는 그에게 열심히 봉사한다. 야수는 그녀 없이는 살 수가 없었다면서 지금 그녀가 돌아와줘서 행복하게 죽을 수 있을 것이라고 말한다. 그러자 미녀 쪽에서도 야수 없이는 살 수 없다는 것을 느끼며 그와 사랑에 빠진 것을 깨닫게 된다. 미녀는 그에게 그러한 사실을 말하면서 만일 그가 죽지 않는다면 아내가 되겠다고 약속한다.

그리고 나자 갑자기 성이 눈부시게 빛나면서 음악으로 가득 차게 된다. 그리고 야수는 사라지고 대신에 아름다운 왕자가 나타난다. 왕자는 마녀에 의해서 마법에 싸여 야수로 변해 있었던 일을 얘기한다. 그리고 이 마법은 미녀가 야수를 그녀의 선량함으로 인해 사랑하게 되자 깨끗이 풀어지게 되었다.

이 이야기 속의 상징이 의미하는 것을 해석한다면 미녀는 부친과 감정의 끈으로 이어져서 그 정신적인 성격 때문에 더욱 더 속박되어지는 일반적인 젊은 딸이나 부인이라고 볼 수가 있다.

그녀의 선량함은 흰장미를 구한 것으로 상징되어 있으나, 이 일에 숨겨진 의미는 그녀의 무의식의 의도가 단지 선량함이라는 것을 나타낼 뿐만 아니라 잔혹성과 친절성을 겸비한 것을 나타내는 어떤 원리의 힘에다 부친과 자기 자신을 매어 둔 것이다.

마치 그녀는 극도로 고결한 그러나 비현실적인 태도를 취하게 하는 사랑으로부터 도망쳐 나오기를 바라는 것 같다.

야수를 사랑하는 것을 배움으로서 그녀는 그 동물적인 (그런 만큼 불완전한) 그러나 순수하게 에로스적인 형태 속에 감추어진 인간의 사랑의 힘에 눈뜨는 것이다.

짐작컨대 이것은 관계성의 참다운 기능을 깨닫는 것을 나타내고 있다. 이 깨달음으로 인해 근친상간의 두려움 때문에 억제되지 않으면 안되는 그녀의 근원적 소망의 에로스적인 요소를 그녀는 받아들일 수가 있는 것이다.

부친으로부터 떨어지기 위해 그녀는 즉 근친상간에 대한 공포를 받아들여야만 하고 또 그녀가 동물적 인간을 알 수가 있게 되고 여자로서 자기 자신의 진정한 반응을 발견하기까지는 공상 속에서 공포와 함께 자신이 사는 것을 용인하지 않으면 안되었다.

이와 같은 방법으로 그녀는 자기 자신과 자신의 남성상에 대한 이미지를 억압의 힘으로부터 구출하여 말로 표현할 수 있는 가장 좋은 의미에서 정신과 자연을 결합시키는 것으로써 자신의 사랑에 신뢰를 갖는 능력을 의미하는 것이다.

내 환자였던 완치된 한 여성의 꿈도 근친상간의 공포를 제거해야 하는 요소를 나타내고 있다.

이 환자에게 있어서 이것은 정말로 무서운 현실적인 공포였다 라고 하는 것은 그녀의 부친이 아내가 죽은 후에 극단적으로 딸에 대하여 친밀한 태도를 보인 탓이었다.

꿈 속에서, 그녀는 광폭한 황소에게 쫓기고 있었다. 그녀는 처음엔 도망쳤으나 그것이 아무 소용이 없음을 깨달았다. 그녀가 넘어지자 황소는 그녀 위에 올라섰다. 그러나 한 가지, 황소에게 노래를 불러주는 것만이 그녀가 도망칠 수 있는 유일한 희망이었다. 그래서 떨리는 목소리로 노래를 부르니 황소는 양순하게 수그러져서 그녀의 손을 혓바닥으로 핥기 시작했다.

이 해석은 여자가 이제는 보다 더 친밀한 여성적인 방법으로 남자와 관계를 가질 수가 있게 되었다는 것을 나타내고 있는 것이다. 단지 성적으로 뿐만 아니라 에로스적으로도, 즉 그녀의 의식적 인격의 수준에 있어서 가장 넓은 관계성의 의미에서도.

그러나 비교적 나이가 많은 부인의 사례로는 '야수'의 테마는 부친에 향한 개인적인 집착에 대해서 해답을 알아내거나 성적 금기를 해방하거나 하는 결정적인 일이 나타나 있지 않으며, 정신분석을 좋아하는 합리주의자가 신화에서 보기를 원하는 것 같은 그런 것은 아무것도 제시하고 있지 않다.

사실 이 테마는 또한 청춘기의 절정기나, 월경폐기가 임박해 오는 갱년기와 같은 여자의 의미깊은 이니시에이션의 어떤 종류에 대한 경우를 나타낼 수도 있다. 즉, 정신과 자연과의 결합이 저해되면 어떤 연령에서도 일어날 수 있는 것이다.

예를 들면, 갱년기의 부인이 다음과 같은 꿈을 제시하고 있다.

'나는 낯선 부인들 몇 사람과 함께 있었습니다. 그리고 우리는 이상한 집의 계단을 같이 내려갔습니다. 그러자 갑자기 흉악한 얼굴을 한 회색과 검정색의 날개가 달린 모피를 입은, 꼬리가 긴 무섭고 심술궂은 모습의 괴상망측한 원시인들과 딱 마주쳤습니다. 우리는 완전히 그들에게 포위되었으나, 문득 떠오르는 것은 우리들을 구하는 유일한 길은 벌벌 떨거나 도망치거나 혹은 싸우거나 하는 것이 아니라 그들의 좋은 면을 깨우치도록 하여 인간적으로 이 동물들을 취급하는 일이라고 나는 느꼈습니다. 한 원시인이 나에게로 다가오자, 나는 댄스의 파트너가 하는 것 같이 인사를 하고 그와 춤을 추기 시작했습니다.'

'후에 나에게도 초자연적인 치유의 힘이 주어져 있었습니다. 그리고 나서 죽음의 문턱에 있는 한 사람의 남자가 나타났습니다. 나는 새털 같은 것 혹은 다행히 주둥이를 가지고 있었으므로 그것을 통해 그의 콧구멍에 공기를 불어 넣었더니 그는 다시 호흡을 시작했습니다.'

이 부인은 결혼하여 아이를 낳고 기르는 동안 쭉 자기의 창조적인 재능을 잊어버려야 했었다. 한 때 그녀는 작가로서 작게나마 명성을 얻은 적이 있었던 것이었다. 이 꿈을 꿀 무렵 그녀는 다시 자기 일에 돌아가려고 노력하는 반면에 자기는 좋은 아내도, 친구도, 어머니도 아니라는 비판을 자신에게 심하게 하고 있었던 것이었다.

이 꿈은 극도로 높은 의식수준으로부터 이상한 집이라는 낮은 영역까지 꿈이 말하고 있는 대로 내려가는 또 다른 방향으로 부인의 똑같은 변화의 과정을 통해 그녀의 문제로 나타난 것이었다.

이 꿈은 동물적 인간으로서의 남성 원리를 수용하도록 호소하고 있으며 보편적인 무의식의 어떤 의미 깊은 측면에 부딪쳐 있다고 상상할 수가 있다. 이 동물적 인간은 두뇌가 원시적인, 영웅주기의 시초에 본 영웅적 장난꾸러기인 '트릭스타'와 같은 것이다.

그녀가 이 원인과 관계를 가지는 것, 그리고 그의 좋은 점을 드러냄으로써 그는 인간화한다는 것을 자신에게 자연히 주어진 창조적 정신의 어떤 예견하기 힘든 요소를 우선 인정하지 않으면 안된다는 것을 의미하고 있다.

이 요소에 의하여 그녀는 평범한 일상생활의 끈을 끊어버리고 인생의 후반기에 있는 그녀에게 좀더 알맞는 새로운 방법으로 즐길 수 있는 것을 배울 수가 있는 것이다.

이 충동이 창조적인 남성원리와 관계하고 있는 것은 두 번째 꿈에 나타나 있다. 거기서 그녀는 상대의 코에 새의 부리와 같은 것으로 공기를 불어넣어서 한 사람의 남자를 소생시킨다.

이 공기를 보내는 행위가 에로스적인 따뜻함의 원리보다도 정신을 재생하는 필요성을 암시하는 것이다. 이것은 세상에 잘 알려져 있는 상징으로써, 이 의식적 행위가 새로이 획득한 것에다 창조적인 생명의 숨을 불어넣은 것이다. 여기에 다른 여성의 꿈으로 '미녀와 야수'의 자연적 측면을 강조하는 것이 있다.

'무엇인가가 밖에서 날아왔거나 혹은 창으로 던져진 것이었습니다. 소용돌이치는 것 같은 황색과 흑색의 발을 가진 거대한 곤충과 비슷했습니다. 잠시 후에 그것은 기묘한 동물이 됩니다. 호랑이처럼 황색과 흑색의 무늬를 가지고 있으나, 곰과 같이 생긴 인간의 손과 발이 달렸고 이리처럼 뾰족한 얼굴을 하고는 이리저리 마구 뛰어다니며 어린아이를 해치는 것 같았습니다.

일요일 오후였지요. 나는 하얀 양복을 입고 주일학교로 가고 있는 소녀와 마주쳤습니다. 나는 순경아저씨에게 도움을 청해야만 되었지요. 그러나 바로 그 때 그 동물의 반이 여자로 변하고 나머지 반은 동물로 변신한 것을 보았습니다. 그것은 나에게 꼬리를 흔들며 와서 귀여움을 받고 싶어했습니다. 나는 이런 상황이 꿈 속에서도 어느 동화

속의 광경이나 꿈과 같이 느껴졌습니다. 그리고 친절만이 그 동물을 변하게 할 수가 있다고 생각했습니다. 나는 그 동물을 따뜻하게 껴안으려고 했지만 행동으로 이어지지 않았습니다. 나는 그것을 밀쳐 냈습니다. 그러나 그것을 붙들어야만 하고, 그것에 익숙해져야만 했습니다. 그러면서 나는 언젠가 그 동물에 키스할 수 있겠다고 느꼈습니다.'

이 꿈은 먼저의 것과 아주 상이한 상황이었다. 이 부인은 자기 속의 남성적 창조기능에 의해서 일을 일성적으로 지나치게 진행시킨 것이다. 그래서 그것이 강박적이며 심적인 선입관이 된 것이다. 이와 같이 그녀는 아내로서의 여성적 기능을 자연의 형태로 발휘하는 것을 방해받고 있는 것이다. (그녀의 꿈에 대한 연상에서도 "남편이 집에 돌아오니 나의 창조적인 면은 자아로 기어들고 나는 극도로 계획적인 주부가 되었습니다."라고 말했다.) 이 꿈은 예기치 않은 전환을 하여 나쁜 쪽으로 향하고 있던 정신을 여성쪽으로 향하게 했다. 이 여성은 그녀 자신을 스스로 자기 속에 받아들여서 키우지 않으면 안되는 것이다. 즉, 이와 같은 방법으로 그녀는 자기의 창조적인 지적 흥미를 타인과 원만히 관계할 수 있는 인간의 본능과 조화시킬 수 있었던 것이다.

이것은 잔혹한 동시에 친절성을 지닌 자연이 만든 생명의 근원성을 새로이 수용하는 것을 말한다.

그녀의 사례에 견주어 말한다면, 그것은 전후로 분발하지 않고 무턱대고 하는 모험적이면서도 동시에 조심스럽고 창조적인 가정적인 면을 지닌 것이다.

이것들이 서로 상반되는 자각이 고도로 지성화된 심리적 단계에 처한 경우를 제외하고는 분명히 조화를 이룰 수가 없다. 그리고 물론 주일학교에 가는 나들이 옷으로 단장한 저 순진한 아이들에게도 위험한 일인 것이다.

이 부인의 꿈은 자기 자신에 대한 극도로 순박한 이미지를 극복할 필요가 있다고 해석할 수도 있다.

그녀는 자기의 감정이 양극단에 있는 것을 완전히 받아들여야만 했던 것이다. 마치 '미녀'가 부친에 대한 순박한 신뢰를 포기해야만 했던 것 같이 부친이 '야수'의 애정 깊은 격분을 사지 않고서는 부친의 감정이라는 순백의 장미를 그녀에게 줄 수가 없었던 것과 마찬가지이다.

5. 오르페우스와 사람의 아들

'미녀와 야수'라는 것은 야생의 꽃과 같은 동화로서, 전혀 예기치 않았던 형태로 나타나 경이스러움에 대한 매우 자연스러운 감정을 우리에게 건네주므로 그것이 식물의 목정한 강(綱) 속(屬) 종(種)에 속해 있다는 것을 잠시 잊게 하는 정도이다.

그와 같은 옛이야기가 본래 지니고 있는 어떤 종류의 신비스러움은 단지 커다란 역사적 신화 속에서 뿐만 아니라 신화가 표현되어 있는 의식, 또는 신화의 원천이 되어 있는 의식에 있어서도 보편적으로 볼 수 있는 것이다.

이런 종류의 심리적 경험이 적절히 표현되어 있는 의식이나 신화의 형태는 디오니소스의 '희랍-로마, 종교, 그리고 그것을 잇는 올페우스의 종교에서 예를 찾을 수가 있다.

그리고 이들 두 종교는 신비로운 것으로 알려져 있는 어떤 종류의 의미 깊은 이니시에이션을 탄생시켰다. 그들은 양성적 성격을 구비한 신인(神人)과 관련하는 상징을 만들어 낸 것이다. 신인은 동물과 식물의 세계에 대한 친밀한 이해를 가지며 그 비밀의 도입을 주관하는 것으로 생각되었던 것이다.

디오니소스적 종교는 자기의 동물적 성질에 몸을 바치는 것으로써 '어머니인 대지'의 풍요한 생식력을 경험하는 것에 대한 필요성을 가르친다.

디오니소스적 제의에 있어서의 통과의식의 최초의 동기는 술이었다. 초보자는 엄중히 보호된 자연의 신비 속으로 인도되기 위해 필요한 의식의 상징적인 저하로 만들어낸 것을 생각하게 되었다.

자연의 신비의 본질이라는 것은 에로스적인 충족의 상징에 의해 표현되고 있었던 것이다. 즉, 디오니소스 신과 그의 배우자 아리아드네스가 성스러운 결혼 의식으로 결합되는 것이다.

시대에 따라 디오니소스의 의식은 그 감동적인 종교적 힘을 잃어버리고 말았다. 생명과 사랑의 순수한 자연적인 상징을 가지고 그들의 배타적인 편견에서 해방되었다는, 거의 동양적인 욕구가 나타난 것이다.

디오니소스 종교는 정신에서 육체로 또는 그와 반대로 끊임없이 변천하므로 다분히 금욕적인 사람들에게는 너무도 야만스럽고 난폭한 것으로 생각되었던 것이다. 그래서 이 사람들은 올페우스 신앙으로 그 종교적 황홀감을 내적으로 경험하게 된 것이다.

올페우스는 실재하는 인물이었을 것이다. 가수이며 예언자이고 교사이기도 했던 그는 순교하였고, 그리고 그의 묘는 성지가 되었다.

초대 그리스도 교회가 올페우스에게서 그리스도의 친형을 보았던 것은 의심할 여지가 없는 것이다.

두 종교가 함께 후기 헬레니즘기에도 성스러운 내세에 대한 약속을 가져온 것은 그리스도나 올페우스가 인간이면서 성스러운 인격의 매개자로서 로마제국 밑에서 멸망해가는 희랍문화를 받드는 군중에게 동경하는 내세에 대한 희망을 가져다 주었기 때문이다.

그렇지만 올페우스의 종교와 그리스도의 종교 사이에는 하나의 중요한 차이점이 있다. 신비적인 형태로 승화되고는 있었으나 올페우스적 신비로움은 옛 디오니소스 종교를 살려내고 있었던 것이다.

이 정신적 기조력은 반인신에서 온 것으로 그 신에 의해서 농업의 기술에 기초를 둔 종교의 가장 의미 깊은 내용이 확보되었었다. 그 내용이라는 것은 풍요로운 신들의 낡아버린 형식에 불과하며, 그 신들은 네 계절로부터만 오는 것이었다. 다시 말해서 그것은 탄생과 성장과 성숙과 소멸의 영원히 되풀이되는 주기인 것이다.

한편 그리스도교는 신비를 추방하고 말았다. 그리스도는 가부장적인 유목민족의 목가적 종교의 산물이며 그 개량자였다. 이 종교의 예언자들은 그들의 메시아를 절대적으로 성스러운 것의 근원적인 존재라고 주장하고 있었다.

'그 사람의 아들'은 인간인 처녀로부터 태어났기는 했지만 하늘에 그 기원이 있는 것이며 그곳으로부터 그는 인간에게 신이 잉태시킨 형태로 온 것이다.

그리고 그는 죽은 후에 하늘로 돌아갔다. 그것은 단 한 번뿐이며 '죽은 자가 다시 살아날 때'라는 재림에까지 신의 오른편에 앉아 있는 것이다.

물론 이 초대 그리스도교와 승천의 교회로 오래 존속하지는 않았다. 그 주기적으로 행해졌던 신비의식에 대한 기억이 어느 정도까지는 후계자들에게도 남아 있었으므로 교회는 결국 이교적 과거로부터 이어받은 많은 행사를 그 의식에 집어넣지 않으면 안되었다.

이 중에서 가장 의미 깊은 것이 성 토요일과 부활제의 일요일에 그리스도의 부활을 축하하며 행해진 행사이다.

그것은 세례식으로써 중세의 교회가 적절한, 그리고 의미 깊은 이니시에이션을 의식으로써 만든 것이다. 그러나 이 의식은 현대에 와서는 거의 남아 있지 않으며 프로테스탄트에서는 완전히 없어져 버렸다.

신교에 비하여 모든 것이 훨씬 생생히 남아 있는 것으로는 신자에 대한 이니시에이션의 중심적인 신비의 의미로 아직 가지고 있는 것으로는 성찬식 전례로 영성체(그리스도의 몸)를 봉헌하는 가톨릭 교회의 의식이 있다. 이것은 융에 의하여 그의 논문 (미사에 있어서의 변모의 상징) 속에 다음과 같이 기술되어 있다.

'성배로 높이 올리는 것은 포도주의…… 성찬의 준비다. 이것은 바로 잇따르는 성령에 대한 기념에 의해 확인된다…… 이 기념이 포도주에 성령을 주입하는 일을 돕는 것이다. 성령은 아들을 낳고 채우며 변하는 것이기 때문이다…… 봉헌 후에, 이전에는 성배가 그리스도의 오른쪽 옆구리로부터 흘러나온 피를 대신하는 것으로써 빵의 오른쪽에 놓여졌었다.'

성찬식의 의식은 어느 곳에서든 모두 같으며, 디오니소스의 잔을 마시든가 또는 그리스도의 성배를 마시든가 둘 중 어느 한 쪽에 의해 표현된다.

그러나 수준은 제각기 상이하다. 디오니소스적인 참가자는 사물의 근원까지, 즉 어머니의 자궁으로부터 무리하게 노출시킨 신의 '폭풍과 같은 탄생'까지 거슬러 올라간다.

폼페이에 있는 '신비의 변장(Villa de Misteri)'이라는 프레스코 벽화 속에는 공포의 가면을 쓴 신을 불러내는 의식이 그려져 있으며 이 가면은 사제가 입문자를 향해 내밀고 있는 디오니소스의 잔에 비쳐 지고 있다.

그리고 지상의 진귀한 과일을 가득 담은 도구가 있고 생식과 성장의 원칙으로서 신의 모습을 드러낸 창조적 상징인 남근이 있는 것이다.

탄생과 죽음이라는 자연의 영원한 주기에 촛점을 맞추며 이 후향적 견해와는 대조적으로 그리스도교의 깊은 뜻은 초월신과 입문자가 궁극적으로 합일한다는 희망을 목표로 하고 있다.

어머니인 자연은 아름다운 계절적 변화와 함께 뒤에 남겨지고, 그리스도교의 중심상은 영적인 확실성을 주고 있다. 그는 하늘에 있는 신의 아들이기 때문이다.

그런데 이 양자는 올페우스의 상 중에서 어느 정도는 융합되어 있는데, 그 신은 디오니소스를 기억하면서도 그리스도를 향해 바라보는 것이다. 이 중간자적 상의 심리적 의의는 저술가 린다 피엘츠-다비드가 그 신비의 별장' 속에 그려진 올페우스의 의식에 대하여 해설한 것 가운에 다음과 같이 묘사했음을 찾아볼 수 있다.

"올페우스는 노래를 부르고 비파를 켜면서 가르쳤다.

그가 비파에 맞추어 노래를 부르면 새들이 흥겨워 하면서 그의 주위를 날아다녔고, 물고기들도 살고 있는 물에서 그를 향해 뛰어나왔다. 바람과 바다는 잠잠해지고 시냇물은 그를 향해 흘러 나왔다. 호랑이와 사자도 양과 함께 그의 발밑에 눕고 이리들은 숫사슴과 새끼사슴의 곁에 앉았다.

그렇다면 도대체 이런 일은 어떤 의미를 갖는 것일까?

그것은 자연의 현상적 의미를 간파하는 신적인 통찰력을 통해……자연의 사건들이 내부로부터 조화로운 질서를 이룬다는 것을 뜻한다.

예배의 행위 중에서 중보자는 자연의 빛을 파급하는데, 그때 삼라만상이 빛으로 변하고 모든 피조물은 위로를 받는 것이다.

올페우스는 헌신과 경건의 화신으로서 모든 다툼을 해결하는 종교적 자세를 상징하는 것이다. 왜냐하면 그로 말미암아 모든 영혼이 다툼과는 정반대의 방향으로 바뀌기 때문이다. 그리고 그가 이 일을 행할 때 그는 참다운 올페우스가 된다. 즉, 그의 원시적인 화신으로서의 선한 목자가 되는 것이다."

선한 목자 및 중보자로써 올페우스는 디오니소스적 종교와 그리스도교와의 사이에서 밸런스를 취하고 있다. 이것은 이미 말한 바와 같이 시간적으로나 다른 방향을 목표하고 있음에도 불구하고 ― 한쪽은 지하세계적인 주기성의 종교이며 다른 한쪽은 천상적인 종말론 내지는 목적론적인 것이다 ― 디오니소스에서나 그리스도에서나 둘 다 같은 역할을 인정하기 때문이다.

이러한 일면의 계도적 사건들은, 종교사의 맥락에서 이끌어내진 것으로서 현대인의 꿈이나 환상 속에서 생각할 수 있는 한도 내에서의 개인적 이동을 수반하면서 끊임없이 되 물이되는 것이다.

분석을 받고 있는 한 부인이 심한 피곤과 우울증 상태에서 아래와 같은 환상을 보았다.

"나는 창이 없는 높고 둥근 천장의 방에서 좁고 긴 테이블에 앉아 있었습니다. 내 몸은 구부러지고 졸아들었습니다. 어깨로부터 마루바닥까지 걸쳐진 길고 하얀 린넨의 천 이외에는 아무것도 입지 않았습니다. 그리고 뭔가 결정적인 일이 나에게 일어났습니다. 내 인생은 이미 지나갔고 얼마 남지 않았습니다. 눈앞에 금색의 후광을 가진 붉은 십자가가 나타났습니다. 나는 먼 옛날에 어떤 종류의 약속인가를 했던 것과 그리고 지금 지키지 않으면 안된다는 것을 생각해냈습니다. 그리고 오랫동안 거기에 앉아 있었습니다. 그러면서 내가 눈을 조금씩 뜨면 나를 치료하기 위해 옆에 앉아 있는 남자가 보였습니다. 나에게는 안 들리지만 그는 말을 건네왔습니다. 그는 이제까지 내가 어디에 있었는가에 대해서 모두 알고 있는 듯했습니다. 나는 자신이 추하고 죽음의 냄새를 풍기고 있을 것이라는 것을 알고 있었습니다. 그가 혐오감을 나타내지 는 않을까 하고 생각했습니다. 오랫동안 그를 바라보았습니다. 그는 얼굴을 돌리지 않았습니다. 나는 호흡이 수월해졌습니다. 그랬더니 시원한 바람 혹은 찬물이 몸에 덮쳐오는 것을 느꼈습니다. 지금 린넨의 천으로 자신을 감싸고 자연의 잠을 잘 준비를 했습니다. 남자의 치유하는 두 손이 나의 양어깨에 놓였습니다. 나는 거기에 상처가 있었다는 것을 막연히 기억했습니다. 그러자 그의 손의 무게가 나에게 활력과 치유를 가져오는 듯했습니다."

이 부인은 이미 자신이 원래 속해 있는 종교에 강한 의문을 느꼈다. 그녀는 신앙깊은 가톨릭 신자로서 전통이 있는 학교에서 교육을 받았었다. 그러나 소녀시절부터 자신의 가정이 믿고 있는 엄격한 종교적 인습에서 자유로워지고 싶다고 고민해왔었다. 그러나 교회에서 행하는 상징적인 행사나 그것들이 지닌 의미에 대하여 깊고 풍부한 통찰이 그 심리적 변화를 통해 그녀의 것이 되었던 것이다.

그녀의 분석을 통해 이 종교적 상징에 대한 산 지식이 가장 유효하다는 것을 나는 알아냈다.

자신의 환상 속에서 가장 중요한 것으로써 그녀가 선택한 것은 하얀 천이었다. 그녀는 그것을 신에게 바치는 물건이라고 생각하고 있었다.

높고 둥근 천장의 방은 무덤이라고 보며, 그녀의 약속은 복종의 경험과 결부시켜 생각되었다. 이 약속 — 그녀는 그렇게 불렀다 — 은 죽음의 지하 납골실에 들어가는 위험한 하강의 이니시에이션의 지식을 암시하고 있었다.

그것은 교회와 가정으로부터 떨어져서 자기 나름대로 신을 체험하려고 한 그녀 자신의 길을 상징화하고 있있다. 참으로 상징적인 의미에서 '그리스도의 이니시에이션'을 실행한 것이다. 그리고 그리스도와 같이 이 죽음에 앞선 상처를 그녀는 받은 것이다.

이 헌납물인 흰 천은 죽은 사람의 옷 또는 겉옷을 암시 한다. 못박힌 예수 그리스도는 이것에 싸여서 무덤으로 운반된 것이었다. 이 환상의 최후 쪽에서 한 사람의 치유하는 남성상이 도입되었으며 이것은 그녀의 분석자인 나와 막연히 결부시켜 생각하고 있으나 반면 그녀의 경험에 대해 충분히 알고 있는 친구로서 자연스러운 역할을 다하고 있는 것 같이도 보인다.

그는 그녀에게는 들리지 않는 말로 얘기하고 있었다. 그러나 그의 두 손이 그녀에게 원기를 주어 치유의 감각을 주고 있다.

이상에서 우리는 올페우스 내지는 그리스도로서의 선한 목자의 손과 말을 느낀다. 물론 중보자인 동시에 치료자인 것이다. 그는 인생의 길에 서서 지금 바로 그녀를 주검의 무덤으로부터 살아난 것을 확신시켜주지 않으면 안되는 것이다.

우리는 이것을 재생 혹은 부활이라고 부를 것인가?

충분히 그렇게 부를 수도 있을 것이고 그렇지 않을 수도 있다.

나중에 이 의식의 근본이 명백해진다. 즉, 찬바람 혹은 물이 그녀의 몸에 덮친 것은 죽음의 죄를 씻어내서 깨끗하게 하는 원시적인 행위이며 실제 세례의 근본인 것이다.

같은 여성이 다른 꿈 속에서 자신의 탄생일이 그리스도의 부활일과 일치된다는 느낌을 받았다. (이것은 그녀에게 있어서 모친에 대한 기억보다도 훨씬 더 의미 깊은 것이었다. 그녀가 어린시절에는 생일을 항상 열렬히 기다리고 있었다. 그러나 모친은 한 번도 그녀에게 새롭게 태어나는 기분을 주지 않았었다.)

그러나 이것은 그녀가 그리스도의 상과 자신의 것을 동일시하고 있다는 것을 뜻하는 것은 아니었다.

그의 힘과 영광에도 불구하고 무엇인가가 결핍되어 있었던 것이다. 그녀가 기도를 통해서 신에게 가까이 가려고 하면 그와 십자가는 하늘 높이 치솟아 그녀가 닿을 수 없게 되었다.

이 두 번째의 꿈에서 떠오르는 태양을 재생의 상징으로 의지하게 되었다. 그리고 새로운 여성 상징이 나타나기 시작한 것이다. 처음에는 '물이 들어 있는 주머니 속에 떠 있는 태아'와 같은 것이 나타났다. 그리고 나서 그녀는 바다를 건너 '위험한 지점'을 넘어서 여덟 살짜리 남자애를 싣고 가는 중이었다. 그러자 갑자기 새로운 움직임이 일어나고 그 속에서 그녀는 이미 무서움이나 죽음의 힘은 전혀 느끼지 않는다.

그녀는 "숲속에 있는 작은 폭포가 흘러내리는 샘가에 있었고……주위에는 온통 청포도가 무성하게 열려 있었습니다. 나는 양 손에 속에서 물이 솟아오르는 돌화분과 녹색 이끼와 제비풀을 들고 있었습니다. 나는 폭포 밑에서 목욕을 합니다. 그것은 금색으로된 '명주실'같았습니다. 나는 어린애와 같은 기분이 되었습니다."라고 말했다.

이와 같이 수없이 변화하는 이미지의 불가사의한 묘사 속에서는 그 내적인 의미를 놓쳐버리기 쉬우나, 그럼에도 불구하고 이 사건들의 의미는 명백하다.

여기에 보다 큰 정신적인 자기 모습이 다시 태어나고 어린애와 같이 자연 속에서 세례를 받는다는 재생의 과정이 나타나 있는 것 같다. 그런데 그녀는 커다란 어린애를 구했지만 이 어린애는 그 어떤 형태 속에서 유아기의 가장 상처받기 쉬운 시기에 있는 자기 자신이었다. 그리고 그녀는 위험한 감을 넘어서 물 속을 이 어린애와 함께 날아갔다.

이것은 그녀의 가족이 믿고 있는 종교로부터 너무나도 멀리 떨어진 장소에서 느끼는 죄의식이 몸서리치는 두려움을 가리키고 있다.

그러나 종교적 상징은 그 부재(不在)에 의해서도 의미를 가진다. 모든 것은 자연 속에 있는 것이다. 즉, 부활하신 그리스도보다는 오히려 양치기 올페우스의 영역에 있다는 것이 명백하다.

이렇게 계속되어지는 또 다른 꿈 속에서, 그녀는 죠토가 그린 성 프란시스코의 프레스코 벽화가 있는 아씨시의 사원과 비슷한 어떤 교회로 가고 있었다. 이곳은 다른 교회보다 훨씬 마음이 편안하다고 그녀는 느꼈다. 왜냐하면 성 프란시스코는 올페우스처럼 타고난 종교인이기 때문이었다.

이것은 그녀가 소속된 종교를 바꾼 것을 퍽 괴로워하던 때의 기분이 되살아난 것이었지만, 그러나 이제 그녀는 자연의 빛 본연지에 의해 고무되어 이러한 경험과 기꺼이 맞설 수 있다고 믿고 있었다.

이 일련의 꿈은 디오니소스적 종교의 희미한 반영으로 끝났다. (이것은 올페우스라 할지라도 때로는 인간 속에 있는 동굴신의 풍부한 창조력으로부터 약간 멀리 떨어진 존재가 될 수 있다는 것을 암시하고 있다고 때도 과언이 아닐 것이다.)

그녀는 금발머리의 어린아이 손을 잡고 가는 꿈을 꾸었다.

"우리들은 태양이나 숲, 꽃 등 주위의 모든 것들과 즐겁게 축제에 참가하고 있습니다. 그 아이는 손에 작은 흰 꽃을 가지고 있습니다. 그리고 그녀는 검은 황소의 머리에 꽃을 꽂습니다. 황소도 축제에 참가하고 있습니다. 그래서 축제의 장식물로 치장되어집니다."

이것은 황소로 변장한 디오니소스를 축하하는 고대의 의식을 연상시킨다.

그러나 꿈은 거기서 끝나지 않았다. 부인은 이와 같이 덧붙여 말했다.

"잠시 후에 황소는 황금의 화살에 찔린다." 이 말은 디오니소스 이외에 황소가 상징적 역할을 연출하고 또 다른 하나의 그리스도교의 의식이라는 것이 된다.

페르샤의 태양신 미드라스는 황소를 산 제물로 바친다. 미드라스는 올페우스와 같이 영적 생명을 향한 동경심을 나타내고 있으며, 이 영적 생명이 인간의 원시적인 동물 감정을 지배하고 나서 이니시에이션의 의식을 거쳐서 그에게 평화를 주는 것이다.

이 일련의 이미지로 같은 형의 많은 환상이나 꿈에서 보는 바와 같이 최후의 평화나 휴식처는 있을 수 없다는 암시를 확인해 주고 있다.

남자나 여자도 그 종교적 모색에 있어서는 — 특히 현대 서구사회에 살고 있는 사람들은 — 여전히 이들의 초기 전통의 힘에 지배되고 있다. 전통끼리도 아직까지 우열을 다투고 있는 것이다.

그것은 이교도와 그리스도교 신앙의 항쟁이며 또한 재생자 부활에 대한 다툼이라고 할 수 있을지도 모른다.

이 딜레마의 보다 직접적인 해결책은 부인의 맨 처음 꿈에서 볼 수 있는 것으로 이것은 잘못하면 지나치기 쉬운 기묘한 상징 속에 가려있다.

이 부인은 자신의 죽음 앞에서 금빛 테두리로 싸인 붉은 십자가의 환영을 그녀의 눈으로 보았다고 말하고 있다.

후에 그녀의 분석에서 명백해진 바에 의하면 그녀는 심각한 심적 변화를 경험하기 시작할 때였으며, 이 죽음의 상황에서 벗어나서 새로운 종류의 삶에 빠져들려고 한 것이다. 따라서 그녀의 절망적인 인생의 심연으로부터 나온 이 이미지는 그 어떤 방법으로라도 앞으로 그녀의 종교적 태도를 예고하는 것이 틀림 없다고 상상할 수도 있다.

다음에 그녀가 한 것은 이 금색의 후광 테두리가 그리스도교에 앞서는 신비적 종교에 대한 그녀의 신앙을 나타내고 반면에 이 붉은 십자가가 그리스도교에 대한 그녀의 신앙을 나타내고 있다고 생각해도 좋은 증거로 사실상 제시한 것이다. 그녀의 환상은 앞으로 새로운 인생에서는 그리스도교와 이교적 요소를 조화시키지 않으면 안된다는 것을 그녀에게 말한 것이다.

최후로 그러나 중요한 것으로써 고대의 이니시에이션의 의식과 그리스도교와의 관계를 보자.

에레우시스의 비밀스러운 (풍요의 여신 데메델과 페르세포네를 숭배하는 의식) 의식에서 행해지는 이니시에이션의 의식은 단지 인생을 보다 풍요롭게 살려고 하는 자만심을 대상으로 했다고는 생각되지 않는다. 그것은 죽음에 대한 준비에서도 사용되고 있었던 것이다. 마치 죽음이 같은 종류의 의례식을 통과해야 하는 요구를 하고 있는 듯한 것이다.

에스퀼리네 언덕에 있는 콜룸바리움 가까이에 있는 로마시대의 무덤에서 발견한 뼈단지에 있는 이니시에이션의 마지막 단계의 장면을 나타낸 선명한 얕은 양각의 그림이 있었다. 이 그림에서는 이니시에이션을 받은 자가 여신 앞에 나타나서 말을 하고 있다. 이 모양의 나머지는 성화의 기본적인 두 가지 의식에 맞추어져 있었다. 신비의 돼지라는 산 제물과 성스러운 결혼의 신비화된 변형이었다.

이 모든 것은 죽음에 이르는 이니시에이션을 지시하고 있었으나 애통스러워 하는 종말을 빠뜨린 하나의 형식 속에 있었다. 그것은 죽음이 불멸하다는 약속을 하고 있다 — 특히 오르포이스적인 — 후기의 신비적인 요소를 암시하고 있다.

그리스도교는 다시금 이것을 극복하고 불멸보다 더 커다란 무엇인가를 약속하고 있다. (주기적인 신비성의 오랜 의미로서는, 단지 육신의 부활을 의미하는 것에 불과한지도 모른다.) 왜냐하면 이것은 신자에 대한 천국의 영원한 삶을 보증하고 있기 때문이다.

이런 이유에서 현대생활에 있어서도 옛날의 형식이 되풀이되는 것을 다시금 볼 수 있는 것이다.

죽음에 직면하는 것을 알아야 하는 자는 옛날 메시지를 다시 한번 알아두어야 할 필요가 있다. 그리고 이것은 죽음의 신비이며 죽음에 대해서도 우리가 인생을 위해서 미리 준비해야 하는 것을 배운 것과 마찬가지로 복종과 겸손의 정신을 가지고 대비하지 않으면 안된다고 우리에게 말해 주는 것이다.

6. 초월의 상징

인간에게 영향을 끼치는 상징은 그 목적이 각기 다르다. 어떤 사람들은 눈을 뜨게 하는 것이 필요하며 그래서 디오니소스의 '번개의 의식'과 같은 폭력적인 이니시에이션을 경험하는 것이다. 또한 위압당하는 것이 필요한 사람들도 있다. 그래서 그들은 그리스 후기의 아폴로 종교가 암시하는 바와 같이 성스러운 동굴 혹은 사원의 정해진 계획에 따라 복종하게 된다.

고대의 문헌에서 뽑아낸 자료나 살아 있는 사물들에서 보는 것처럼 완전한 이니시에이션은 양쪽의 주제를 다 내포하고 있다. 그러나 이니시에이션의 근본적인 목적은 청년기적 본성 중의 본유 의 장난꾸러기 같은 포악함을 길들이는 것이라는 것이 명백하다. 그러므로 이 과정을 움직이기 위한 의식에 어떠한 종류의 어려움이 따 른다 할지라도 그것은 문명화하고 영혼화한다는 목적을 가지고 있는 것이다.

하지만, 다른 종류의 상징성도 그것이 맨 처음 알려진 성스러운 전통에 속하는 것으로써, 개인의 인생에 있어서 과도기와 또한 연관되어 있는 것이다.

그러나 이들 상징은 초입문자들을 종교적 교리로 인도하거나 세속적인 집단의식에 통합하려고 하는 것만은 아니다. 오히려 그와는 정반대로 너무나 미성숙하고 고전적인 딱딱한 상태로부터 인간을 자유롭게 해야하는 필요성을 지적하고 있다.

다시 말해서 인간이 그 성장과정에 있어서 보다 우수하고 보다 성숙한 단계로 나가는 때, 현존의 한정된 형식으로부터 그 자신을 해방 혹은 초월시키는 것이 관련되어 있는 것이다.

내가 이미 말한 바와 같이 어린애들은 완전성의 감각을 가지고 있다. 그러나 그것은 단지 자아의식이 최초로 나타내기 이전에 있어서 일 뿐이다.

성인의 경우에는 완전성의 감각은 마음속의 무의식적 내용과 의식적인 것과의 결합을 통해서 얻어지는 것이다.

이 결합에 의해서 발생되는 것은 융이 말하는 바로 '정신의 초월적 기능'이 생기는 것으로써 그것으로 인해 그 자신이 최고의 목표에 도달할 수가 있는 것이다. 즉, '개성적인 자기'의 가능성이 완전히 실현되는 것이다.

이와 같이 '초월의 상징'이라는 것은 이 목적에 도달하려고 하는 인간의 노력을 표현하는 것이다. 이 상징이 주는 수단에 의해 무의식의 내용물이 의식의 정신상태로 들어갈 수가 있게 된다. 이 상징들은 그 자체가 이들 내용물의 능동적 표현이기도 하다.

이들 상징의 형태는 다양하다. 그것이 역사 속에 나타나건 혹은 인생의 결정적인 단계에 이른 현대인의 남녀들 꿈 속에 나타나건 그것들은 모두 중요한 것이다.

이 상징성의 가장 오래된 수준에서 우리는 또다시 장난꾸러기의 주제와 마주친다.

그러나 이번에는 장난꾸러기가 이미 무법적인 영웅은 아니다. 그는 샤먼 — 초자연적인 마술사 — 이며 그 마술적 행위와 힘차게 흩어지는 직관에 의하여 이니시에이션의 원시적 주인이라는 것이 판명된다. 그의 힘은 육체를 떠나서, 새처럼 온 우주 속을 날아다닐 수가 있는 그의 가상적인 능력에 머물러 있게 된다.

이 경우 새는 초월의 가장 흡사한 상징이다. 그것은 매체, 즉 아주 먼 곳에서 일어난 일 혹은 의식적으로는 아무것도 모르는 사실을 황홀한 상태에 빠짐으로 알 수 있게 되는 사람, 즉 매개체를 통해서 직관의 특이한 성질을 표현한다.

이와 같은 힘의 증거로는 최근 프랑스에서 발견된 유명한 동굴 벽화에 대한 설명을 미국인 학자 죠셉 캠벨이 지적하듯이 역사 이전의 구석기시대까지 거슬러 올라가서 발견할 수가 있다.

라스코에다 그는 이렇게 쓰고 있다. "그의 옆에 있는 지팡이에 올라앉은 새의 모양을 그린 마스크를 쓰고, 황홀상태에 빠져 누워 있는 샤먼이 묘사되어 있다. 시베리아 샤먼들은 오늘날에도 이와 같은 새 모양의 의상을 입고 있다. 그들의 대부분은 인간이 여자로 하여금 새로 잉태하게 했다고 믿어오고 있다. 그 때문에 샤먼은 단지 익숙해진 거주자로서 뿐만 아니라 정상적으로 깨어 있는 우리의 의식으로는 보이지 않는 엄청난 힘의 영역에 속해 있는 축복받은 자손이기도 하다. 누구나 순간적인 환상 속에서 그런 상태가 될 수는 있을 것이다. 그러나 샤먼은 우리와 달리 의식의 지배자로서 그 속을 걸어 다니는 것이다."

이런 종류의 계도적 활동 가운데서 가장 높은 수준에 있는 것으로서는 마술사가 종종 실제로 일어나는 심령적 통찰을 대신하는 데 이용하는 계략적인 요술과는 아주 다르게 우리는 힌두교의 고행자 요가를 발견할 수가 있다. 그들은 그들의 무아의 경지에서 정상적인 사고의 범주보다도 훨씬 깊은 곳까지 빠져들어간다.

초월을 통해서 해방된다고 하는 이러한 종류의 가장 일반적인 꿈의 상징 중의 하나가 외로운 여행 혹은 순례의 주제인데, 그것은 죽음의 본질에 친하게 되는, 얼마만큼은 영적인 순례인 것 같다. 그러나 이것은 최후의 심판으로서의 죽음도 아니고, 혹은 힘의 다른 계도적 시련으로서의 죽음도 아니고, 어떤 연민의 정신이 통괄하고 지지해 주는 해방과 체념과 속죄의 여행인 것이다. 이 정신은 이니시에이션의 남성교사보다 여성교사에 의하여 나타나는 경우가 많은데, 중국 불교의 관음이라든가, 기독교 그노시스 교파의 소피아라든가, 고대 그리스의 지혜의 여신 팔라스 아테나와 같은 최고의 여성상(즉, 아니마)이 그런 경우이다.

새의 날개나 황야로의 여행만이 이 상징성을 표현하는 것이 아니고 해방을 예시하는 어떠한 강력한 운동이라도 이것을 나타낸다. 아직 본래의 가정이나 사회적 집단에 소속되어 있는 인생의 초반에 있어서 이것은 아마도 우리가 인생의 결정적인 첫걸음을 홀로 내딛는 것을 배워야 하는 이니시에이션의 순간으로 체험될 것이다. 그건 바로 T. S. 엘리어트가 그의 '황무지'에서 다음과 같이 표현하는 순간이다.

'그 너무나도 무모한 순간적 기권, 어느 분별의 세월도 돌이킬 순 없느니'

인생의 후반기에도 뜻깊은 자제의 상징들과의 관계를 모두 끊어버릴 필요는 없을 것이다. 그러나 우리가 숭고한 갈망의 전신에 매이고 그 정신이 모든 자유로운 사람들로 하여금 새로운 발견을 하거나 새로운 방법으로 인생을 살아가도록 강권할 수도 있는 것이다. 이러한 변화는 중년에서 노년에 이르는 시기에 특히 중요한 것이 될 것이다. 인생에 있어서 이 시기에는 많은 사람들이 은퇴 후에 무엇을 할 것인가, 일할 것인가, 놀 것인가, 집에 있을 것인가, 여행을 할 것인가 등을 생각하는 것이다.

만일 그들의 삶이 모험적이고 불안정하고 변화무쌍한 것이었다면 그들은 안정된 생활과 종교적 확신에 기초를 둔 위안을 찾을 것이다.

그러나 그들이 자신들이 출생한 사회적인 틀 속에서만 안주하고 있다면 그들은 자유롭게 되는 변화를 절실하게 구할 것이다. 이러한 요구는 세계일주여행이나 보다 작은 집으로의 이사라든가 하는 정도와 일로써 일시적으로 채워질 수도 있을 것이다. 그러나 새로운 생활의 틀을 단지 발견하는 것 뿐이 아니라 창조하는 것에 의해 그 어떤 의미에서도 낡은 가치관을 내적으로 초월하는 것이 아니면 이와 같은 외적인 변화는 소용이 없는 것이리라.

이 후자와 같은 사례는 다음과 같은 부인의 경우이다.

그녀는 자기와 자기의 친족 및 친지들이 오랫동안 누려온 생활 양식 대로 인생을 살아왔는데, 그들이 누려온 생활 양식은 충분히 뿌리 내린, 문화적으로도 풍요한, 그리고 유행에 따라 흔들리지도 않는 것이었다. 그녀는 다음과 같은 꿈을 꾸었다.

"나는 이상한 나무 조각들을 몇 개 발견했습니다. 조각되어 있진 않았으나 자연스러운 모양이 아름다웠습니다. 누군가가 "그것들은 네안데르탈인이 가져왔지요."라고 했습니다. 그러자 멀리서 시커먼 덩어리 같은 네안데르탈인이 보였습니다. 그러나 나는 그들 한 사람 한 사람을 확실히 볼 수는 없었습니다. 나는 거기서 나무 조각 하나를 가지고 갈 것이라고 생각했습니다. 잠시 후에 나는 마치 자신이 혼자서 여행을 떠난 것 같은 기분으로 계속 걸었습니다. 그리고 나는 사화산 같은 심연을 들여다 보았습니다. 그 심연의 한 부분에는 네안데르탈인이 하나 있었는데, 나는 거기에 네안데르탈인이 또 보이겠지 하고 기대했습니다. 그러나 그 대신에 검은 물돼지들이 물에서 들락날락 뛰어다니는 것이 보였습니다."

이 부인이 가족과 밀착되어 있는 것이나, 그 생활이 고도로 문화적인 양식인 것과는 대조적으로 이 꿈은 우리가 상상할 수 없을 정도로 원시적인 선사시대로 그녀를 이끌어 갔다고 하겠다. 이 고대인들 사이에서는 그녀는 어떠한 사회적 집단도 찾아 볼 수 없었다. 즉, 그녀는 그들을 멀리 보이는, 참으로 무의식적이고 집단적인 '검은 덩어리'로써 보는 것이다. 그래도 그들은 살아 있고, 그녀는 그들의 나무 조각을 들고 돌아 올 수가 있는 것이다. 따라서 이 나무 조각은 무의식의 문화적 수준으로부터가 아니라 원시적 수준에서 나오고 있는 것이다. 특별히 오래된 이 나무 조각은 이 부인의 오늘의 경험을 아득한 인간생활의 기원과 연결시킨 것이다.

고대의 나무나 식물이 상징적으로 정신적 생활(일반적으로 동물에 의하여 상징되는 본능적 생활과 구별된다)의 발전이나 성장을 표현한다는 것을 우리는 많은 예를 통하여 알고 있다. 여기에서 이 부인은 이 나무 조각으로부터 보편적 무의식의 가장 깊은 층과 자기를 연결시키는 상징을 획득하였다.

다음에 그녀는 자신의 여행을 혼자서 계속했다고 말하고 있는데, 이 주제는 이미 지적한 바와 같이 이니시에이션의 체험으로써 해방과 필요성을 상징화하고 있다. 그 때문에 여기에서 초월의 또 다른 상징을 보는 것이다.

그리고 그 꿈 속에서 그녀는 사화산의 거대한 분화구를 본다. 분화구는 지구의 가장 깊은 층에서 분출되는 불의 통로였던 것이다. 이것은 외상적 경험으로까지 거슬러 올라가는, 그녀의 중요한 기억의 흔적과 관계가 있으리라고 추측할 수 있다. 이것을 그녀는 젊은 시절의 개인적인 체험과 관련시킨다. 그때에 그녀는 자신의 마음이 찢겨져 나가지나 않나 하고 두려워할 정도로 파괴적이면서도 창조적인 감정의 힘을 느꼈었던 것이다.

그녀는 그녀의 청춘기의 후기에 자신의 가정의 지극히 인습적인 사회 양식으로부터 멀리 떠나버리고 싶은 생각이 전혀 예기치 않게 일어났다. 그녀는 별다른 어려움도 없이 별리를 꾀했다가, 뒤에 다시 돌아와서 화해할 수 있었다. 그렇지만 그녀에게는 아직도 가족적 배경으로부터 떠나고 싶고, 또한 자기 자신의 존재양식으로부터 떠나서 자유롭게 되고 싶은 깊은 소원이 남아 있었다.

이 꿈은 또 하나의 꿈을 연상시킨다. 그것은 전혀 다른 문제로 고민하고 있던 젊은 남자의 꿈인데, 그러나 그 젊은이도 같은 종류의 통찰을 필요로 하고 있던 것 같다. 그도 또한 분리를 꾀할 필요성에 임하였다. 그는 화산에 대해 꿈을 꾸었다. 분화구에서 두 마리의 새가 금방이라도 화산이 터질까봐 두려운 듯이 빨리 날아서 오는 것을 보았다. 이 예에서도 꿈은 개인의 이니시에이션 여행을 나타내고 있다.

가족의식이 거의 없는 집단으로 알려져 있고, 그냥 먹을 것만 함께 모아와서 나누어 먹는 종족들 사이에서도 이와 유사한 예를 발견할 수 있다고 보고되어 있다. 이러한 사회에서는 이니시에이션을 받을 젊은 이는 성소 — 북태평양 연안의 인디언 문화권에서 그 장소는 실제로 분화구의 호수이다 — 까지 혼자서 여행을 하지 않으면 안된다. 그리고 그곳에서 환각적인 혹은 황홀한 상태가 되어서 동물이나 새나 자연물의 형상을 한 '수호령'과 만나는 것이다. 그는 이 '숨의 혼령'과 동화하고, 그렇게 함으로써 제 구실을 할 수 있는 사람이 된다. 그와 같은 체험이 없으면 아쿠마우이 종족의 주술사가 말하듯이 '흔해빠진 인디언, 아무것도 아닌 존재'로 여겨지는 것이다.

이 젊은이의 꿈은 그의 삶의 초기에 있었던 것이다. 그래서 그것은 한 사람의 남자로서의 자신의 장래의 독립과 개성을 가리키는 것이었다. 내가 이미 말했던 부인은 그 인생의 끝에 가까이 오고 있었다. 그래서 유사한 여행을 경험하고 비슷한 독립의 획득을 필요로 하고 있는 것 같았다. 그녀는, 그 태고의 연륜에 의하여 이미 잘 알려진 문화의 여러 상징을 초월한 영원한 인간적 법칙과의 조화를 이루면서 여생을 살 수 있었다.

그러나 이와 같은 독립은 모든 불순함과 함께 세상을 포기하는 것을 뜻하는 요가적 이탈상태로 그치는 것은 아니다. 어떤 의미에서 이 여성은 죽어 끊어져버린 꿈의 풍경 속에서 동물생활의 징후를 본 것이다. 동물은 그녀가 전혀 알지 못하는 물돼지가 등장했는데, 그것은 특별한 종류의 동물이라는 의미를 지닌 것이다. 물에도 땅에도 다 살 수가 있는 특별한 종류의 동물을 뜻하는 것인지도 모른다. 이것은 초월의 상징으로서의 동물의 일반적인 성질인 것이다. 이러한 생물은 상징적으로 태고의 어머니인 대지의 심층으로부터 나타나는 것으로서 보편적 무의식 속에 사는 상징적인 주민인 것이다. 그들은 특수한 지하의 나라의 메시지를 의식의 영역에 전달하는 것으로 젊은이의 꿈에서 새가 상징하는 정신적인 대망과는 조금 다르다.

이 심층의 초월적 상징으로는 설치류 동물과 고슴도치와 도마뱀류와 뱀, 그리고 때로는 물고기 등이 포함된다. 이것들은 수중 생활과 새의 비행을 중간적인 지상생활로 연결시켜 주는 중간적 동물이다. 물오

리나 백조 같은 것이 여기에 해당된다. 다분히 초월을 나타내는 가장 보편적인 꿈의 상징은 뱀일 것이다. 이것은 로마의 약의 신 아스클레피우스의 의술이 상징하는 것으로 오늘날에도 의료를 나타내는 표식으로 사용되고 있다. 이것은 본래 나무에 사는 독이 없는 뱀인데 흔히 보는 대로 약신의 지팡이 끝에 도사리고 있어서 하늘과 땅 사이의 중계를 재현하고 있는 듯하다.

지하 세계의 초월을 나타내는 좀더 중요하고, 널리 알려져 있는 상징은 서로 엉켜 있는 두 마리의 뱀이다. 이들은 고대 인도의 나가 뱀이며, 그리스에서는 이 뱀들이 헤르메스 신의 지팡이를 휘감고 있다. 초기의 그리스의 헤르메스 상은 상부가 신의 흉상으로 되어 있는 돌기둥이다. 그 기둥의 한 측면에는 뱀이 감겨 있고 반대 쪽엔 발기한 남근이 있다. 이 뱀들은 성적 결합의 행위를 하고 있고, 발기한 남근도 분명히 성기이므로 우리는 헤르메스 상의 기능에 대하여 풍요의 상징이라고 결론을 내릴 수 있을 것이다.

그러나 우리는 여기에서 생물학적인 풍요만을 뜻하는 것으로 생각한다면 오류를 범할 것이다. 헤르메스를 말할 것 같으면 메신저로서, 교차로의 신으로서, 마지막으로 영혼을 이끌고 지하의 세계로 오가는 인도자로서 다른 역할을 하는 데 있어 장난꾸러기이다. 그래서 그의 남근은 아는 세계에서 모르는 세계를 뚫고서 구원과 치유의 영적 메시지를 찾는 것이다.

원래 이집트에서는 헤르메스는 해오라기 새의 머리 모양을 한 토트 신으로 알려졌다. 따라서 초월적인 원리를 새의 형태로 나타낸 것으로 생각되었다. 그리스 신화의 올림피아 시대에도 헤르메스는 다시 뱀이 나타내는 지하의 성격에 더하여 새의 속성을 회복했다. 그의 지팡이를 감고 있는 뱀들 위에 날개를 더해서 카두세우스, 즉 날개가 돋아난 머큐리의 지팡이가 되었고, 신 자신이 날개 달린 모자를 쓰고 샌들을 신은 '나는 사람'이 되었다. 여기에서 그의 완전한 초월성의 힘이 보이는데, 그것으로 인하여 지하의 뱀의 의식으로부터 오는 낮은 차원의 초원이 지상의 현실이라는 매체를 통하여 마침내 날개를 달고 나는 초인이나 초인간적 현실로 향하는 초월을 성취하는 것이다.

이와 같은 합성적 상징은 날개 달린 말, 또는 날개 달린 용 같은 표상에서도 볼 수 있다. 또한 융이 이 문제에 관하여 그의 고전적인 저저들에서 충분히 설명하고 있는 것 같이, 연금술의 예술적 표현에서 풍부하게 나오는 기타의 동물에서도 발견된다. 우리가 환자를 치료하는 가운데도 이와 같은 상징들의 수없이 많은 변화형을 볼 수 있다. 이들 상징은 우리의 정신치료가 보다 깊은 마음의 내용을 해방했을 때 무엇을 얻을 수 있는가를 보여 준다. 그러므로 그것들은 보다 효과적으로 인생을 이해하기 위한 의식적인 도구의 일부가 되는 것이다.

과거로부터 우리에게 전해지거나 꿈 속에 나타나거나 하는 상징의 의의를 이해하는 건 현대인에게 있어 쉬운 일이 아니다. 그리고 억압과 해방의 상징과의 사이에 있는 오래된 갈등이 어떻게 해서 우리와 현재의 상황에 관계해오는지를 이해하는 것도 쉬운 일이 아니다. 그러나 변화하는 것은 그것들의 정신적인 의미가 아니고 그 고대적 형태가 취했던 특수한 형식이라는 걸 인식할 때 쉬워지는 것이다.

우리는 해방이나 자유의 상징으로서 새에 대하여 논해왔는데, 오늘날에 있어서는 제트기나 우주로켓에 대해서도 똑같이 이야기할 수 있을 것이다. 왜냐하면 그것들도 적어도 중력으로부터의 일시적 탈출 이라는 초월적 원리를 물리적으로 재현하고 있기 때문이다. 이와 마찬가지로 옛날에는 안정과 보호를 주었던 고대의 억압의 싱징이 오늘날엔 현대인이 추구하는 경제적 안정이나 사회 보장으로 나타날 것이다. 물론 우리 인생에 있어서 모험과 훈련, 악과 미덕, 자유와 안정간의 갈등이 있다는 것은 주지의 사실이다. 그러나 이것들은 우리를 괴롭히는 양의성(ambivalence)을 표현하는 용어에 불과하고, 거기에 대한 해답 같은 것은 아마도 결코 찾아지지 않을 것 같다.

하지만 답이 하나 있다. 억압과 해방 사이에는 합류점이 있는데, 우리는 그것을 지금까지 전해온 이니시에이션의 의식에서 찾을 수 있다. 개인이든 집단이든 그 상반된 힘을 그 의식 가운데서 융화시켜서 그들의 인생에서 평형을 이룰 수 있는 것이다.

그렇지만 그 의식이 이 기회를 틀에 박힌 듯이 자동적으로 제공하는 것이 아니고 개인이나 집단의 인생의 특수한 측면에 관련되는 것이어서, 그들이 바르게 이해되고 새로운 생활의 적절한 형태로 변혁되지 않는다면 이 기회는 사라져버릴 것이다. 이니시에이션은 본질적으로 순종의 의식으로 시작해서 억압의 시기를 거쳐서 다음에 해방의 의식으로 나가는 과정이다. 그리하여 어떠한 개인이라도 그 인격의 모순된 요소를 화해시킬 수가 있다. 즉, 진실로 그를 인간으로 만들고, 진실로 그를 자기 자신의 주인으로 만들어 주는 평형에 이르는 것이다.

제3장

개성화
과정

M. L. 폰 프란츠

고대언어학으로 취리히 대학에서 학위를 취득하였다. 1934년부터 1961년
C. G. 융의 서거 때까지 융과 함께 합동연구, 특히 융의 연금술 연구를 함께했
다. 융학파의 체제화에 선도적 역할을 했고 이 책의 책임 집필자이다.

개성화 과정

1. 마음의 성장 양식

이 책의 앞 부분에서 C. G. 융 박사는 읽는 이들에게 무의식의 개념을 설명하고, 그 개인적 집단적 구조를 제시하며 그 상징적 표현 양식을 보여준다.

무의식에 의해서 생겨나는 상징의 근본적인 중요성(즉, 그 치료적 혹은 파괴적인 영향력)을 인식하게 되면, 그 해석이라고 하는 곤란한 문제가 거기에 남게 된다.

융은 모든 것이 어떤 특정한 해석이 알맞게 주어지고 또 그것이 관계 있는 개인에게 의미 있는지 없는지에 달려 있다고 예시한다.

이와 같이 융은 꿈의 상징성의 가능한 의미와 기능을 보여준다.

그러나 융의 이론의 발전에 있어서, 이러한 가능성은 다른 문제를 야기했다. 즉, 개인의 생애에 걸친 꿈 전체의 목적은 무엇인가, 일시적인 마음의 움직임에 있어서 뿐만 아니라 전생애에 있어서 꿈은 어떠한 역할을 하는가의 문제이다.

융은 대단히 많은 사람을 관찰하고, 그 꿈을 연구함으로써, (그는 적어도 8만여의 사례를 해석했음을 추산한다.) 모든 꿈이 정도의 차이는 있을지언정 꿈을 꾼 당사자의 삶에 관계하고 있을 뿐만 아니라, 꿈은 심리적 요인의 하나의 커다란 조직의 전 부분을 형성하고 있다는 것을 발견했다.

그는 또 대체로 꿈이 하나의 배열이나 양식에 따르는 것 같다는 걸 알았다.

융은 그 양식을 '개성화 과정'이라고 한다.

꿈은 매일 밤 상이한 광경이나 이미지를 만들어내므로 주의 깊게 관찰하지 않는 사람에게 있어서는 어떠한 양식도 인지할 수 없을 것이다.

어떤 일정한 내용이 출현하거나, 사라지거나, 다시 나타나거나 한다는 점을 알게 될 것이다.

그리하여 전체 계열을 통하여 그것들을 보아가노라면 그것이 느리기는 하지만 변화해가는 것을 인정할 수 있을 것이다.

그리하여 만일 꿈을 꾼 사람의 의식적인 태도가 꿈이나 그것들의 상징적인 내용의 적절한 해석에 의하여 영향을 받는다면 이러한 변화는 더욱 촉진될 것이다.

이와 같이 우리의 꿈의 생활은 서로 엉킨 하나의 양식을 만들고 거기에 우리의 소질이나 성향이 나타나든지 없어지든지 재현하든지 하는 것이다.

이 뒤엉킨 디자인을 오랫동안 관찰하여 보면 일종의 숨겨진 규칙성

내지는 방향성이 작동하고 있어서, 눈에 띄지 않을 정도로 더딘 마음의 성장과정 — 즉, 개성화 과정 — 을 이루어내고 있음을 발견할 수 있다.

서서히 더 넓게 더욱 성숙한 인격이 나타나고, 점차로 기능을 발휘하여 타인으로부터 인정받을 정도까지 되는 것이다.

우리가 '발육 정지'라는 말을 사용하는 일이 많다는 사실은 이와 같은 성장과 성숙의 과정이 모든 사람에게 있어서 가능하다고, 우리가 생각하고 있다는 것을 나타낸다고 하겠다.

이 마음의 성장은 의지력에 의한 의식적인 노력에 의해 생기는 것이 아니고 구하지 않아도 자연스럽게 생겨나는 것으로, 그것은 꿈 속에서 종종 나무에 의해 상징되기도 한다. 나무의 힘센 자연의 발육이 명확한 하나의 양식을 만들어내기 때문이라 하겠다.

규칙성을 주는 조직화의 중심은 우리의 마음의 체계에 있어서 핵원자와 같다고 하겠다.

융은 이 중심을 '자기'라고 부르며 마음의 전체성으로써 기술하고 마음의 일부만을 형성하고 있는 '자아'로부터 구별한다.

인간은 이와 같은 내적인 중심존재를 고대로부터 직관적으로 인식해 왔다. 그리스인들은 그것을 인간 내부의 다이몬(Daimon)이라 불렀으며, 이집트에서는 그것은 바솔(Ba-soul)이라는 개념으로 표현되었으며, 로마에서는 각 개인의 타고난 '목질'로서 높이 인식되었다. 더욱 미개한 사회에서는 종종 동물이나 기물 속에 구현화된 수호신으로 여겨져왔다.

이 내적인 중심은 나스카피 인디언에 의하여 특히 순수하고 더럽혀지지 않은 형태로 인정되고 있다. 나스카피 인디언은 지금도 아직 래브라도우 반도의 숲속에 살고 있는 순박한 수렵종족인데, 그들은 고립된 가족 집단으로서 생활하며, 그렇게 너무나도 각 가족적으로 떨어져 살고 있기 때문에 부족적인 습관이나 집단적인 종교신앙이나 의식을 가지지 못하고 있다. 나스카피의 사냥꾼들은 전생애를 통한 고립적인 생활 속에서 자기의 내적인 소리나 무의식으로부터의 계시에 의존하지 않으면 안된다. 즉, 그들은 무엇을 믿어야 하는가를 말해주는 종교적 지도자도 없고, 자기를 돕는 의식이나 제전이나 습관도 없는 것이다.

그들의 기본적인 인생관에 의하면, 인간의 혼은 단지 '내적인 동반자'에 불과하며 그것을 '나의 친구'라고 부르거나, 위대한 사람을 뜻하는 '페오'라고 부른다. 그들 생각으로는 페오는 심장 속에 살며 영원히 죽지 않는 것이다. 즉, 죽음의 순간이나 혹은 그 직전에 페오는 개인을 떠나서, 나중에 다른 존재 속에 재생하는 것이다.

꿈에 주목하여 그 의미를 찾아내고, 그 진실성을 검증하는 나스카피는 그 '위대한 사람'과 보다 더 깊은 관계를 가질 수가 있다. 그 '위대한 사람'은 그런 사람을 좋아하고, 더욱더 좋은 꿈을 보내 온다.

나스카피의 개개인의 주된 의무는 그 꿈이 준 대로 지시에 따르는 것이며, 예술품으로서 그 내용에 영구적인 형태를 주는 것이다. 빈말이나 불성실은 '위대한 사람'을 내적 세계로부터 멀리하는 것이 되는데, 이웃이나 동물에 대한 사랑이나 관용성은 '위대한 사람'을 끌어

당겨서 그것에 생명을 부여한다.

꿈은 나스카피에게 내적 세계뿐만 아니라 외적 자연계에 있어서도 그 삶의 방법을 찾아내는 완전한 능력을 부여한다. 꿈은 자연의 변화를 예언하며, 생활의 터전이 되고 있는 수렵에 대하여도 의로운 지도를 해 준다.

여기에 이들 미개인에 대해서 언급하게 된 것은, 그들이 우리의 운명에 의해 오염되지 않았으며 융이 '자기'라고 부른 것의 체질에 대한 자연의 통찰력을 지금까지도 지니고 있기 때문이다.

'자기'는 마음속에 있는 지도 요인으로서 정의된다. 그것은 의식적인 인격과는 다른 것으로 꿈의 연구를 통해서만 파악할 수가 있다.

꿈은 자기를 인격의 끊임없는 발전과 성숙을 가져오는 조정의 중심으로서 나타낸다.

그러나 이 마음의 보다 넓고 전체적인 양상은 우선 타고난 어떤 가능성으로서 출현한다. 그 가능성은 일생 동안 극히 적게 현실에 나타나는 경우도 있고, 거의 완전히 발전하는 일도 있다.

그것이 어느 정도 발전하는가는 자아가 자기로부터의 메시지에 기꺼이 귀를 기울이느냐 아니냐에 달려 있다. 마치 나스카피가 '위대한 사람'의 시사를 받아들이는 사람은 보다 좋은 유익한 꿈을 얻는다는 것을 인정하는 것 같이, 이 타고난 '위대한 사람'은 그것을 무시하는 사람보다도 그것을 받아들이는 사람의 내부에서 보다 더 실질적인 것이 된다고 우리는 덧붙여 말할 수 있을 것이다. 이러한 사람은 또한 그보다 더 완전한 인간이 되는 것이라고 하겠다.

자아는 본래 그 자신의 임의의 욕구에 제한없이 따르게 되어 있지는 않고 전체의 마음 — 전체성 — 의 현실화에 종사하도록 되어 있다고까지 생각된다. 마음의 전체 조직에 불을 켜고, 그것을 의식화하여 현실화시키는 데 필요한 것은 자아인 것이다. 예를 들면, 내가 예술적인 재능을 가지고 있더라도 그것에 대하여 나의 자아가 의식하지 않으면 아무 일도 일어나지 않을 것이다. 그 재능은 없는 것과 같이 되는 것이다. 나의 자아가 그것을 인정하는 한에 있어서 그것을 나는 현실화할 수가 있다. 타고난 그러나 잠재적인 마음의 전체성은 충분히 자각되고 실천된 정체성과 같은 것은 아닌 것이다.

이 일은 다음과 같이 묘사할 수도 있을 것이다.

산에 있는 소나무의 종자는 잠정적인 형태로서 그것의 나무로서의 미래의 모든 것을 간직하고 있다. 그런데 개개의 종자는 어느 때 어떤 특정한 장소에 떨어지는데, 거기에는 토양이나 돌의 질이나 토지의 경사, 일광이나 바람을 받는 정도 등 여러 가지 특수한 요인이 있다. 종자 속에 있는 소나무의 잠재적인 전체성은 이러한 상황에 대해서 돌을 피하거나 태양쪽으로 기울어서 반응하며, 그 결과 그 나무와 성장을 형성한다. 그리하여 개개의 소나무는 서서히 실재화하고 그 전체성의 충족을 성취하여 현실세계에 모습을 나타낸다.

이 실재의 나무 없이는 소나무의 이미지는 단지 가능성에 지나지 않으며, 추상적인 개념에 불과하다. 다시 말하면 개인 속에 있는 이보다 좋은 개성의 실현이 개성화 과정의 목표인 것이다.

어떤 관점에서는 이러한 과정은 인간(다른 모든 생명체도 마찬가지이다)에게 있어서 저절로 무의식 중에 생긴다고 할 수 있다. 즉, 이것은 인간이 자기의 내적인 인간성을 살아나가는 하나의 과정인 것이다.

그럼에도 불구하고 엄밀히 말하자면, 개성화 과정은 개인이 그것을 인지하고 있고 의식을 가지고 그것과 산 유대관계를 가지고 있는 경우에만 현실인 것이다.

소나무가 그 성장을 인지하고 자기를 형성해가는 여러 가지 변화를 즐기는지 고뇌하는지 그렇지 않는지는 우리도 모른다.

그러나 인간은 확실히 자기의 발전에 의식을 가지고 참가할 수 있다. 인간은 자유로운 결정을 함으로써 그 발전에 적극적으로 협조해갈 수 있다고 느낄 때도 있다. 좁은 의미에 있어서의 개성화 과정에는 이와 같은 협조가 존재하고 있다. 그럼에도 불구하고 인간은 상술한 나무의 비유에 포함되지 않은 그 무엇을 경험한다.

개성화 과정은 타고난 전체성의 잉태된 요소와 운명의 외적인 작용 간의 타협 이상의 것이다.

주관적인 체험에 의하여 어떤 초인적인 힘이 창조적인 방법으로 적극적으로 개입하고 있다는 느낌이 들게 한다. 때로 감추어진 계획에 의하여 무의식이 자기를 이끌어가고 있다고 우리는 느끼기도 한다.

그것은 마치 무엇인가가 나를 보고 있는 것과 같다. 그것을 나는 보지 않지만 그것은 나를 보고 있다. 아마도 꿈이라는 방법으로 나에 대한 자신의 견해를 피력하는 마음속의 '위대한 사람'인지도 모른다.

그러나 이 마음의 중핵의 창조적이고 적극적인 면은 자아가 모든 의도적인, 혹은 염원에 의한 목표를 떨쳐버리고 보다 깊고 보다 기본적인 존재의 형태에 이르고자 노력하는 때에만 작용하게 되는 것이다. 자아는 아무런 계획이나 목표도 가지지 않고 성장을 향한 내적인 요청에 주의깊게 귀를 기울이고 몸을 맡길 수 있지 않으면 안된다.

많은 실존주의 철학자들이 이 상태를 기술하려고 노력하고 있으나 그들은 의식의 환상을 벗겨버리는 데에만 머물고 있다. 즉, 그들은 무의식의 입구까지 가까이 오면서도 그것을 열지 못하고 있다.

우리보다도 더욱 안정되고 뿌리깊은 문화권에 살고 있는 사람들은 인격의 내적인 성장을 위해 의식의 공리주의적인 태도를 버릴 필요성을 이해하는 데 그다지 어려움을 느끼지 않는다.

나는 어떤 나이 든 부인을 만난 적이 있는데, 그녀는 외적인 일에 관해서는 그 생애에 있어서 별로 그렇다 하게 성취한 것이 없지만, 실제로는 까다로운 남편과 훌륭한 결혼을 성취하여 성숙한 인격을 어떻든 그런대로 이루어오고 있었다.

그녀가 그의 일생에 있어서 아무것도 '안했다'라고 불평했을 때 나는 중국의 현자 장자에 관한 이야기를 했다. 그녀는 그것을 곧 바로 이해하고 크게 안식을 느끼는 것 같았다.

그 이야기는 다음과 같다.

장석이라고 불리는 한 목수가 여행 중에 한 사당 가까이의 뜨락에 있는 크고 오래된 상수리나무를 보게 되었다. 장석은 그 상수리나무에 감탄해 마지 않고 있는 그의 제자에게 말 했다.

"이것은 쓸 데 없는 나무라 배를 만들면 곧 썩어버리고 말 것이고 도구를 만들면 망가지고 말게다. 이 나무는 아무 데에도 쓸 데가 없다. 그러니까 이런 고목이 된 게다."

그러나 그날 밤 여관에서 잠이 든 장석의 꿈에 상수리 나무의 고목이 나타나 말했다.

"그대는 어째서 나를 가시나무, 배나무, 굴나무, 사과나무 등이나 다른 온갖 열대 맺는 나무 등 같이 너희가 기르는 나무에 비교했는가? 그것들은 열매가 맺기도 전에 인간에게 거칠게 당하기만 하느니라. 큰 가지는 꺾이고, 작은 가지는 갈라지느니라. 자기들의 장점이 자기 자신에게 해를 입혀서 천수를 다 할 수가 없는 것이로다. 이러한 이치는 모든 것에서 다 볼 수 있느니라. 그 때문에 나야말로 무용지물이 되려고 긴 세월 동안 애써왔느니라. 어리석은 인간이여, 만일 내가 어떤 점으로나마 유용했던들 이만큼 크게 자랄 수가 있었을까나? 더군다나 그대도 나도 자연의 피조물에 지나지 않거늘, 단순한 피조물이 어찌하여 다른 피조물보다 위에 서서 감히 그 가치판단을 내리는 건가? 무용한 인간이여, 그대가 무용한 나무에 대하여 무 엇을 알 수 있단 말인가?"

목수는 눈을 뜨고 그 꿈에 대해서 골돌히 생각에 잠겼다.

제자가 어찌하여 이 나무가 무엄하게도 사람을 지키는 역할을 맡고 있느냐고 물었을 때, 그는 조용히 제자에게 일렀다.

"아무 말도 말거라. 그 나무는 여기에 의도적으로 생겨난 것이리라. 만일 다른 곳에 생겨났다면 사람들이 제대로 다루지는 않았으리라. 만일 이 사당의 나무가 아니었더라면 벌써 잘려 넘어져 있을지도 모를 일이니라."

이 목수는 확실히 꿈을 이해한 것이다. 그는 자신의 운명을 소박하게 충족시킨다는 것이 인간에게 있어서 참으로 중요한 일이며, 우리의 공리주의적인 생각은 무의식의 요청에 대해서도 길을 양보하지 않으면 안된다는 것을 안 것이다. 이 비유를 심리학적인 표현으로 설명한다면, 이 나무는 개성화 과정을 상징하며 우리의 근시안적인 자아에게 교훈을 주고 있다고 말할 수가 있다.

자신의 운명을 충족시킨 나무 아래에는 — 장자 얘기에 의하면 — 하나의 사당이 있었다. 그것은 자연의 가공되지 않은 채로의 돌이며 사람들은 그 위에서 그 땅을 '소유하고 있는' 토지의 신에게 제물을 바쳤다.

그 사당의 상징은 개성화 과정을 실현하기 위해서 무엇을 할 것이라든가, 일반적으로 옳다고 여겨지는 것은 무엇이라든가, 보통 어떠한 일이 일어날 것인가 따위로 생각하는 것을 그치고 무의식의 힘에 의식을 가지고 몸을 맡기지 않으면 안된다는 사실을 나타내고 있다.

내적인 전체성 — 자기 — 이 지금 여기서 그 특정한 상황의 무엇을 하고자 하는지를 알기 위해서는 오로지 조용히 귀 기울이지 않으면 안되는 것이다.

우리들의 태도는 앞에서 얘기한 산의 소나무와 같지 않으면 안되리라. 즉, 그것은 성장이 돌에 의하여 방해되었어도 짜증내는 일 없이, 그것을 어떻게 극복할 것인가 하고 계획을 세우는 일도 하지 않는 것을 뜻한다. 그저 왼쪽으로 뻗을까, 오른쪽으로 뻗을 것인가, 혹은 경사면에 따라서 갈 것인가 다르게 갈 것인가를 감지하려고 할 뿐이다.

이 나무와 같이 우리도 거의 눈에 보이지 않지만, 강하고 지배적인 이 힘 — 독자의 창조적인 자기 실현으로 향하는 충동으로부터 생기는 힘 — 에 몸을 맡겨야 하리라. 그리고 이것은 개인이 되풀이하며 탐색하여 그 속에서 아직 아무에게도 알려지지 않은 무엇인가를 발견하는 하나의 과정인 것이다. 지도적인 힌트나 힘은 자아로부터 생기는 것이 아니고 마음의 정체성, 즉 자기로부터 생기는 것이다.

더구나 타인이 발전시키고 있는 도정을 훔쳐보는 것은 무용한 일이다. 그것은 자기 실현의 작업이 각 개인에게 있어서 독자적인 것이기 때문이다. 인간의 문제는 다분히 비슷한 것이기는 해도 결코 동일하지는 않은 것이다.

모든 소나무는 대단히 비슷하다. (그렇지 않으면 우리는 그것을 소나무라고 인정하기 어렵다.) 그러나 정확히는 어느 하나도 전혀 다른 것과 같지는 않은 것이다.

이러한 유사의 차이의 요소 때문에 자기 실현의 무한의 다양성을 요약하는 것은 곤란하다. 실제로 각 개인은 무엇인가 타인과는 다른 것, 즉 자기 자신의 고유한 무엇인가를 성취하지 않으면 안되는 것이다.

많은 사람들이 융 학파의 연구가 마음의 소재를 체계적으로 제시하지 않는 것을 비판한다.

그러나 이들 비판은 소재 자신이 정감에 충만한 산 경험이며 본래 비합리적이며 변동을 계속하여 극히 피상적인 방법으로밖에는 체계화될 수 없다는 것을 잊어버리고 있는 것이다.

현대의 심층심리학은 여기에 있어서 미시물리학이 직면하고 있는 것과 똑같은 한계에 도달한다고 하겠다. 즉, 우리가 통계적인 평균을 다룰 때 사실의 합리적 통계적 기술이 가능한 것이다. 그러나 우리가 하나의 마음의 사실을 기술하려고 시도할 때 될수록 많은 각도에서 본 묘사를 하는 것 이상의 것은 할 수 없다.

이와 똑같이 과학자들은 빛이 무엇인지 모른다는 것을 인정하지 않으면 안되리라. 그들은 어떤 실험상태에 있어서는 빛은 입자로서 성립되어 있는 것 같이 보이지만, 다른 실험상황에 있어서는 파장에 의해서 성립되어 있는 것처럼 보인다고밖에 말할 수가 없는 것이다. 그러나 빛 그 자체가 도대체 무엇인가는 알려지지 않고 있는 것이다.

무의식의 심리학이나 개성화 과정의 그 어떤 기술은 여기에 견주어 볼 만한 지경에 부딪치게 되는 것이다.

그러나 나는 여기에 그것들의 가장 전형적인 양상의 몇 가지 개요를 제시해 보겠다.

2. 무의식에서의 최초의 접근

대부분의 사람들에게 있어서 젊은 시절은 점진적인 자각에 이르는 상태로서 특징지워진다.

거기에서 개인은 세계와 자기 자신을 서서히 인지하게 되는 것이다.

아동기는 크게 정감적인 강도를 지닌 시기이다. 그리고 아동의 어린 날의 꿈은 종종 마음의 기본적인 구조를 상징적인 형태로 나타내며 그것이 후에 그 개인의 운명을 어떻게 형성하는가를 암시하는 것이다.

언젠가 융은 한 예로 너무나도 심한 불안에 휩싸여 그 불안을 견디지 못하고 26세의 젊은 나이에 자살한 여성에 대하여 연구생들에게 이야기했다.

어린아이 때 그녀는, '서리의 요정'이 그녀가 자고 있는 방에 들어와서는 그녀의 배를 꼬집는 꿈을 꾸었었는데, 잠이 깨어서 보니, 그녀 자신이 자기 배를 꼬집었다는 것을 알게 되었다.

그 꿈을 그녀는 무섭다고는 생각하지 않았다. 그저 그녀는 그런 꿈을 꾸었다고 기억하고 있을 뿐이었다.

그러나 그녀가 이 차가움의 화신 ─ 얼어붙은 생명의 화신 ─ 과의 기묘한 만남에 정감적으로 반응을 하지 않았다는 사실은 그 미래의 흉사를 가리키며 그 스스로 이상한 것이었다. 실제로 훗날에 와서 그녀의 생명을 종식케 한 것은 하나의 차가운 무동감한 손이었던 것이다. 이 하나의 꿈으로부터 꿈을 꾼 사람의 비극적인 운명을 끌어내는 것은 가능한 것이며, 그것은 이미 어린아이 때 그녀의 마음에 의해 얘기되었던 것이다.

때때로 꿈이 아니고 무엇인가 대단히 인상적이며 잊을 수 없는 사실이 하나의 예언과 같이 상징적인 모습으로 미래를 예지하는 일도 있다.

어린아이가 어른에게 있어서 인상적으로 보이는 일들은 자주 잊어버리지만 아무도 주의하지 않는 사건이나 이야기에 대하여 생생한 기억을 지니고 있다는 것은 잘 알려져 있다. 이런 아동기의 기억을 잘 조사해보면 (그것을 하나의 상징인 것처럼 생각한다면) 그것이 어린 아이의 마음의 구성의 기본적인 문제를 제시하고 있다는 것을 발견하게 된다.

어린아이가 학교에 갈 나이가 되면 자아를 형성하고 외계에 적응하는 시기가 시작된다. 이 시기는 일반적으로 많은 고통스러운 쇼크를 일으킨다.

그 무렵에 어떤 아이들은 자기가 다른 아이들과 대단히 다르다고 느끼기 시작한다. 이 자기만이 다르다고 느끼는 감정은 일종의 슬픔을 불러오고, 그것이 많은 아이들의 고독감의 일부를 형성한다.

이 세상의 불완전함 및 외계는 물론 자기 자신의 내부의 악이 의식되는 문제가 된다. 즉, 어린아이는 외계로부터의 요구뿐만 아니라 긴급한 (그러나 아직 이해되고 있지 않은) 내적인 충동에 대처하려고 노력하지 않으면 안되는 것이다.

의식의 정상적인 발달이 방해되면 어린아이는 종종 외적 내지 내적인 곤란을 피해 내적인 '요새' 속에 도망한다. 그런 때에 그들의 꿈이나 무의식의 소재에 의한 상징적인 그림은 종종 많은 원이나 사각형이나 '핵'의 주세를 나타낸다. (여기에 대해서는 나중에 선명하게 될 것이다.) 이것은 전술한 마음의 핵, 즉 의식의 전체 구조적인 발달이 뿌리를 내리고 있는 인격의 가장 중요한 중심을 나타내고 있다. 중심의 이미지가 개인의 마음의 생활이 위협받을 때, 특히 눈에 띄는 모습으로 나타나는 것은 당연한 일이다.

이 중심의 핵으로부터 (오늘난 우리가 아는 한에 있어서) 자아의식의 확립의 방향이 정해진다. 자아는 명백히 이 본래의 중심의 영상이며 구조적인 대칭이다.

이 초기 단계에서 자기의 내적 및 외적 혼란에 대처하기 위해 산다는 의미를 열심히 탐색하는 어린아이들도 많다.

한편으로는 타고난 본능적인 원형적인 양식의 역동성에 의하여 무의식인 채로 움직여지고 있는 듯한 어린아이들도 있다.

이들 젊은이들은 사랑, 자연, 스포츠, 일에 관한 그들의 경험이 그들에게 있어서 직접적이고 만족할 만한 의미를 가지고 있기 때문에 산다는 것의 보다 깊은 의미를 부여하는 데 관심을 두지 않는다. 그들은 보통 사람들 이상으로 피상적이라고는 할 수 없다. 그들은 보다 더 내성적인 경향을 가진 사람들보다도 마찰이나 장해의 적은 형태로 생명의 흐름에 실려가고 있는 것이다.

기차를 타고서 밖의 경치를 안보고 있으면 정지, 발차, 심한 커브 때 이외에는 자기가 움직이고 있는 것을 느끼지 못하는 법이다.

실제의 개성화 과정 — 자기의 내적인 중심(마음의 핵), 즉 자기와의 의식에 의한 대화 — 은 일반적으로 인격이 손상당하고, 거기에 따르는 고뇌에 의하여 시작된다. 이 최초의 쇼크는 종종 그것이라고 감지할 수는 없으나 일종의 '계시'가 된다.

반대로 자아는 그 의지나 욕망에 있어서 방해받는다고 느끼고 일반적으로 그 장애를 무언가 외적인 것에 투영한다. 즉, 자아는 신이나 경제상태, 상사나 배우자를 무언가 장해가 된 것의 책임자로서 책망한다.

혹은 외적으로는 모두가 문제없어 보이지만 그 배후에 깃든 치명적인 지루함에 괴로워하며 모든 것을 무의미하고 공허하게 느끼는 사람도 있다.

많은 신화나 옛이야기에 있어서 이 개성화 과정의 최초의 단계는 왕이 아프다든가 늙었다라는 형태로 상징적으로 기술된다.

그 밖에 흔히 있는 이야기로는 후계자가 없는 왕가라든가, 괴물이 모든 여성 혹은 어린아이나 말 혹은 왕국의 재산을 훔치고 달아 났다든가, 홍수나 가뭄 또는 서리가 온 나라를 괴롭힌다든가, 우물이 메말랐다든가 등이다.

이와 같이 자기와의 최초의 만남은 사전에 어두운 그림자를 드리우는 것 같기도 하고 또 '내적인 친구'는 덫에 걸려 어찌할 수도 없어 몸부림치고 있는 자아를 잡으러오는 사냥꾼과도 같이 처음 한동안은 생각되는 것이다.

신화에 있어서 왕이나 그 나라의 불행을 제거할 수 있는 마법이나 부적은 항상 무언가 비상히 특별한 것이다.

어떤 이야기에서는 '하얀 지빠귀새'나 '그 아가미 속에 금반지를 지니고 있는 물고기'가 왕의 건강을 회복하는 데 필요하다는 것이다. 또 다른 이야기에서는 왕은 '생명수'나 '마귀의 머리에서 뽑은 세 올의 금발'이나 '어떤 여자의 금빛 머리칼'(결국 그 머리칼의 소유자 자신)을 필요로 한다는 것이다. 무엇이든지 간에 악을 퇴치시키는 것은 항상 특별하며 보기드문 것이다.

그것은 어느 개인의 생애의 최초의 위기와 전혀 똑같다. 찾을 수 없는 것이나 그것에 대하여 아무것도 알려져 있지 않은 것을 찾고 있는 것이다. 이러한 경우에 있어서는 모든 선의의 분별있는 충고 — 매사에 책임을 지도록 노력하라든가 휴식을 취하라든가 너무 무리하지 말라든가, 더욱 일하라든가, 사람들과의 교제를 넓히라(좁히라)든가, 취미 생활을 하라든가 — 는 전혀 무용한 것이 된다.

그것들은 모두 쓸모없다든가, 쓸모있다고 해도 거의 없는 거나 마찬가지다.

그런데 여기에 쓸모있다고 생각되는 것이 하나 있다. 그것은 다가오는 어둠에 편견을 가지지 않고 아주 순수하게 대면하여 그 숨겨진 목적이 무엇이며 그것이 무엇을 자기에게 구하고 있는지를 알려고 노력하는 일이다.

다가오는 어둠의 숨겨진 목적은 너무나도 비상하고 너무나도 독특하고, 너무나도 예기치 않은 것이므로, 그것이 무엇인지는 일반적으로 꿈이나 무의식으로부터 우러나오는 공상을 통해서만 발견할 수가 있다. 성급한 추측이나 감정적인 배척없이 무의식에 대하여 주목한다면 그것은 때때로 유용한 상징적인 이미지의 흐름이 되어 출현해오는 것이다. 그러나 언제나라고는 할 수 없다. 때로 그것은 우선 자기 자신 및 자기의 의식적 태도의 결점에 대하여 일련의 고통스러운 인식을 준다. 그리고 우리는 모든 종류의 괴로운 진실을 들이킴으로써 이 과정을 시작하지 않으면 안된다.

3. 그림자의 깨달음

무의식이 처음에 유용한 형태로 생기든 부정적인 형태로 생기든 조만간 의식적인 태도가 무의식의 요소에 보다 좋은 방법으로 재적응할 — 따라서 무의식으로부터의 '비판'이라고 생각되는 것을 받아들인다 — 필요가 생기는 것이다.

사람은 여러 가지 이유에서 엄밀하게는 보고 싶지 않은 자기 자신의 인격의 측면에 대하여 꿈을 통하여 알게 된다. 이것이 융이 말하는 '그림자의 깨달음'인 것이다. (그가 인격의 이 무의식 부분을 '그림자'라는 용어로 표시하는 까닭은 그것이 종종 꿈 속에서 인간상으로서 나타나기 때문이다.)

그림자는 무의식적 인격의 전부는 아니다. 그것은 자아가 전혀 모르는 혹은 별로 모르는 속성 — 거의 모두가 개인적인 영역에 속하고 의식화될 수도 있는 것 — 을 나타낸다.

어떤 점에서는 그림자는 개인의 실제 생활 외에 근원을 가지는 보편적인 요소로 성립되었다. 사람이 누구의 경우이든 자기의 그림자를 보려고 할 때 그는 자기 자신에게는 없지만, 타인에게는 명확히 찾아낼 수가 있다고 생각하는 성질이나 충동을 인지하게 된다. (그리고 종종 부끄럽게 생각한다.) 이기주의, 태만, 깔끔하지 못함, 비현실적인 공상, 책동, 획책, 부주의, 비겁, 이상한 금권욕이나 소유욕 등이 그러한 것들이라 하겠다. 간단히 얘기해서 자기 자신에게 "별 것 아니야. 아무도 그걸 알지 못해. 그리고 어쨌든 다른 사람들도 그렇게 하고 있으니까."

라며 일러둔 적이 있을지도 모르는 조그만 죄들이라고 하겠다.

친구가 당신의 결점을 책하였을 때 당신이 억누를 수 없는 분노가 끓어오르는 것을 느낀다면 거기에서 당신이 의식하고 있지 않는 자신의 그림자의 일부를 발견하게 될 것이라는 것은 우선 명백한 일이다. 물론 그림자의 결점 때문에 당신보다도 '별 것 아닌' 타인의 비관을 받는다는 것은 화나는 일이다.

그러나 만일 여러분 자신의 꿈 — 자기의 존재 안에 있는 내적인 판단 — 이 비판했다고 하면 어떨까?

그것은 자아가 사로잡힌 때이며, 보통 그 결과로 곤혹한 침묵이 생긴다.

거기에 잇따라서 고통스럽고 긴 자기교육의 일이 시작된다. — 그 일은 헤라클레스의 노동에 심리적으로 상당하는 일이라 할 수 있겠다. 이 불행한 영웅의 최초의 일은 잘 알려진대로, 아우게아스의 외양간 (역주: 30년간이나 청소를 안했기 때문에 불결하기 짝이 없는 것을 헤라클레스가 강물을 끌어들여 단 하룻만에 말끔히 치웠다는 외양간) 을 하루 안에 청소하는 일이었다. 거기에는 수백 마리의 가축이 수십 년 간이나 오물을 배설해 놓았었다는 것인데, 그러한 일은 보통 사람이라면 생각만 해도 낙심천만하고야 말 것이었다.

그림자는 결점만으로 구성되는 것은 아니다. 그것은 충동적 혹은 부주의한 행위에 있어서도 나타난다. 생각할 틈도 없이 욕이 튀어나오거나 음모가 꾸며진다거나 잘못된 결정이 내려진다거나 하는 식으로 의도하지도 않았고 의식적으로 전혀 바라지도 않았던 결과에 부딪히게 되는 것이다.

더욱이 그림자는 의식적인 인격보다도 훨씬 집단적으로 감염될 위험이 있다. 예를 들자면, 사람은 혼자일 때는 비교적 문제가 없다. 그러나 타인이 뭔가 좋지 않은 일이나 유치한 일을 하기 시작하면 거기에 동료가 되어 끼어들지 않으면 바보라고 여겨지지 않을까 하고 생각하기 시작한다.

자기 자신의 그림자나 타인의 그림자에 걸려 넘어지는 것은 특히 자기와 동성인 사람들과의 접촉에 있어서이다. 우리는 이성의 그림자를 인정은 하지만 보통은 그것으로 인하여 화나는 일은 별로 없고 보다 쉽게 용서할 수 있다.

꿈이나 신화에 있어서 그림자는 꿈을 꾼 사람과 동성의 인물로서 나타난다. 다음의 꿈이 그 예가 될 것이다. 꿈을 꾼 사람은 48세의 남성으로 자기 자신을 위해 자기의 힘으로 살려고 노력하며 일에 열심이고 자기 자신에게 엄격하며 본래의 성질보다도 훨씬 더 쾌락이나 자발성을 억압하고 있었다.

'나는 시내에 대단히 큰 집을 가지고 거기에 살고 있었다. 그러나 집의 각 부분이 어떻게 되어 있는지 아직 모르고 있었다. 그래서 나는 집안을 걸어도 보고 주로 지하에서 여러 개의 방들을 찾아냈다. 나는 그 방들에 대해서 아무것도 몰랐으며, 거기에는 다른 지하실이나 지하도로 통하는 비상구들이 있음을 알았다. 그 비상구들의 어떤 것들에는 자물쇠가 잠겨 있지 않았고 어떤 것에는 자물쇠마저 없는 것을 보고 나는 불편을 느꼈다.

더군다나 몇 명인가의 노동자가 근처에서 일하고 있어 그들이 몰래 숨어 들어오려고 한다면 숨어들 수 있을 것이었다.

내가 1층에 올라가서 뒷뜰을 지나갔을 때 거기에도 가로나 다른 집으로 통하는 입구가 있는 것을 발견했다. 그것들을 좀 더 자세히조 사하려고 했을 때, 한 남자가 다가와서 큰 소리로 웃으면서 우리들은 초등학교 때부터의 오랜 친구라고 했다. 나도 그를 기억하고 있어서 그가 자기의 생활상에 대하여 이야기하고 있을 때 나는 같이 출구쪽으로 가서 길을 따라서 슬슬 거닐었다.

우리가 거대한 순환도로를 따라서 걸었을 때 그 공간에는 기묘한 명암의 대비가 있었고, 우리는 푸른 잔디가 깔려 있는 곳에 도달하였다. 그때 돌연히 세 필의 말이 뛰어 지나갔다. 그 말은 아름답고 힘세고 야성적이었으나 잘 손질되어 있었고 그 위에는 아무도 타고 있지 않았다. (그 말들은 군대 복무 중에 도망쳐온 것이었을까?)'

기묘한 통로, 방, 지하실 안의 열쇠가 걸려 있지 않은 입구 등의 미로는 고대 이집트의 지하세계의 표상을 생각케 한다. 그것은 무의식과 그 알려지지 않은 가능성의 상징으로서 잘 알려져 있다. 그것은 또 어느 개인이 그 무의식의 그림자 부분에 있어서 어떻게 해서 다른 곳으로부터의 영향에 대하여 '열려져 있는가'를 보여주며, 어떻게 해서 기분 나쁘고 조화를 이루지 못하는 요소가 들어올 수 있는가를 보여주고 있다. 그 지하실은 꿈을 꾼 사람의 마음의 지하실이라고 할 수가 있다. 기묘한 건물(그것은 꿈을 꾼 사람의 인격에 아직 별로 인지되어 있지 않은 마음의 영역을 나타낸다)의 뒷 뜰에 있어서 오랜 학교 친구가 갑자기 나타났는데, 이 인물은 분명히 꿈을 꾼 사람 자신의 측면 — 어릴 적에는 그의 사는 방법의 일부분이었으나 지금은 잊어 없어지고만 측면 — 이 인격화되어 나타난 것이다.

어떤 사람의 아동기의 특성(예를 들면 쾌활함, 성급함, 혹은 신뢰성)이 돌연히 없어지고 그것이 어디에 어떻게 가버렸는지 알 수 없다는 것은 종종 일어나는 일이다. 이렇게 하여 잃어버린 이 사람의 특성이 이제야 뒷 뜰로부터 돌아와서 다시 사귀려 하고 있는 것이다. 이 인물은 꿈을 꾼 사람이 무시해온 생활을 즐기는 능력이나 그의 외향적인 그림자의 부분을 나타내고 있는 것이리라.

그러나 보기에 무해한 옛 친구와 만나기 전에 꿈을 꾼 사람이 왜 불안을 느꼈는지는 곧 알게 된다.

그가 길을 따라서 친구와 걷고 있을 때 말이 질주해온 것이다. 그는 말이 군대(즉, 그의 생활을 특징짓고 있는 의식적인 훈련)로부터 도망쳐왔을지도 모른다고 생각했다. 말에 아무도 타고 있지 않았다는 사실은 본능적인 힘이 의식적인 통제로부터 도망쳐 나올 수가 있다는 것을 가리키고 있다.

이 오랜 친구에 있어서 그리고 이 말에 있어서 이제까지 그에게 부족하였고 대단히 필요로 하였던 모든 바람직한 힘이 재현된다. 이것은 개인이 자기의 '다른 측면'과 만날 때 종종 출현하는 문제이다.

일반적으로 그림자는 의식에 의하여 필요한 가치를 내포하고 있으나 그 가치는 그 사람의 생활에 통합시키기 어려운 형태로 존재하고 있는 것이다. 이 꿈에 있어서의 큰 집이나 통로는 또한 꿈을 꾼 사람이 자기 자신의 마음의 차원을 알지 못하고, 또 그것들을 아직 채울 수가 없다는 것을 나타내고 있다.

이 꿈에 있어서의 그림자는 내향적인 사람(외부 세계로부터 너무 물러서는 경향이 있는 사람)에게 전형적이다. 보다 더 외적인 사물이나 생활로 향하려고 하는 외향적인 사람의 경우, 꿈은 전혀 다르게 보일 것이다.

어떤 원기 왕성한 성격의 젊은이는 재삼 새로운 사업을 기획하여 성공시켜왔다. 그렇지만 그의 꿈은 그가 하기 시작한 사적인 창작적인 일을 해내야 한다는 것을 강조하고 있었다.

다음은 그와 같은 꿈들 중의 하나이다.

'한 남자가 긴 외자 위에 누워 있고, 이불을 얼굴 위에까지 끌어올리고 있었다. 그것은 프랑스인으로, 어떤 범죄라도 저지를 것 같은 불한당이었다. 한 공무원 같은 남자가 나를 따라서 계단을 내려왔다. 나는 음모가 꾸며지고 있다는 것을 알았다. 즉, 프랑스인이 우연을 가장하고 (다른 사람의 눈에는 우연으로 보이는 방법으로) 나를 죽이려고 하는 것이었다. 그는 실제로 우리가 입구 가까이 왔을 때, 뒤로 몰래 가까이 다가왔으나 나는 충분히 경계하고 있었다. 장신이고 그럴 듯한 한 남자(부유하고 유력한 사람)가 내 뒤에서 기분이 언짢아서 급히 벽에 기대었다. 나는 재빨리 틈을 타서 공무원 같은 남자의 심장을 찔러

죽였다. "조금 습기가 느껴질 뿐이다."라는 말이 코멘트처럼 들렸다. 나는 이미 안전하였다. 프랑스인에게 명령하고 있던 남자가 죽었으므로 그는 이미 나를 공격하지 않기 때문이다. (아마도 공무원 같은 남자와 훌륭한 남자와는 동일한 인물이었는지도 모른다. 하여튼 후자는 전자의 대신이었던 것 같다.)'

이 못된 녀석은 꿈을 꾼 사람의 다른 측면 — 그의 내향성 — 을 나타내고 있으며 그것은 아주 빈곤한 상태에 이르르고 있다. 그는 긴 의자에서 자고 있고 (즉, 수동적으로) 이불로 얼굴을 뒤덮고 있었다. 즉, 홀로 내던져져 있고 싶었던 것이다.

다른 쪽, 공무원 같고 부유하며 풍채좋은 남자(그들은 비밀스럽게 등장한 인물이다)는 꿈을 꾼 사람의 성공한 외향적인 임무와 활동성을 인격화하고 있다. 이 풍채좋은 남자의 급격한 병은 꿈을 꾼 사람이 자기의 힘센 에너지를 외적인 생판에 너무나도 강제적으로 폭발시켜 갔을 때 실제로 몇 번인가 병에 걸렸다는 사실과 관련되어 있다. 그러나 이 성공한 남자가 혈관에 피를 가지고 있지 않았다 — 약간의 습기만 가지고 있었다 — 는 것은 꿈을 꾼 사람의 외적인 야심적인 활동이 순수한 생명이나 정열을 가지지 않고, 피가 흐르지 않는 기계적인 것이라는 걸 나타내고 있다.

이리하여 이 풍채좋은 남자가 살인을 당했다 해도 그것은 실제적인 손실은 아닐 것이다. 꿈의 마지막 부분에서, 프랑스인은 만족한다. 즉, 그 프랑스인은 확실히 바람직한 영상이긴 하지만, 단지 꿈을 꾼 사람의 의식적 태도가 그에게 동의하지 않았기 때문에 부정적이고 위험한 것으로 변한 적극적인 그림자를 대신하는 것이다.

이 꿈은 우리에게 그림자가 서로 다른 많은 요소로서 성립되어 있다는 것을 보여 준다. 예를 들자면 무의식적 욕망(성공한 풍채좋은 남자)의 요소와 내향성(프랑스인)의 요소가 있다. 이 특정한 꿈을 꾼 사람의 프랑스에 대한 연상은 프랑스 사람들이 연애 문제에 있어서 얼마나 능란한가 하는 것이다. 그러므로 이 두 사람의 영상은 잘 알려져 있는 두 가지의 충동, 즉 권력과 성을 나타내고 있는 것이다.

권력의 충동은 이때 이중의 형태를 취하며 나타난다. 즉, 공무원 같은 남자와 성공한 남자로서 말이다.

공무원 같은 남자는 사회적 적응을 의인화하고 있고, 반면에 성공한 남자의 야심을 나타낸다. 그렇지만 물론 양자가 다 권력의 충동에 필요하다. 꿈을 꾼 사람이 이 위험한 내적인 힘을 제지하는 데 성공했을 때, 프랑스인은 돌연히 더 이상 위협적이 아니게 된다. 다른 말로 하자면, 마찬가지로 위험한 측면인 성 충동도 수그러들고 만 것이다.

분명히, 그림자의 문제는 모든 정치적 갈등에서 키다란 역할을 차지한다. 이 꿈을 꾸었던 사람이 자기의 그림자 문제에 예민하지 않았더라면, 그는 그 못된 프랑스인을 외적 생활에 있어서의 '위험한 공산주의자'와 쉽게 동일시하고 말았을 것이다. 혹은 그 공무원 같은 남자나 부유한 남자를 '탐욕스러운 자본주의자'와 동일시했을 것이다.

이와 같이 그는 자기 자신의 내부에 그와 같은 서로 받아들일 수 없는 요소가 있는 것을 인정하기를 피했으리라. 자기 자신의 무의식적 경향을 타인들 속에서 찾아보는 경우, 그러난 일은 '투사'라고 불린다. 모든 나라에 있어서 정치적 선동은 작은 그룹이나 개인 사이에서 행해지는 험담이 꼭 그러하듯이 이러한 투사로 가득 차 있다. 어떠한 종류의 투사일지라도 타인에 대한 견해를 흐리게 하고 객관성을 파괴하여 따라서 참다운 인간관계의 모든 가능성을 망가뜨리는 것이다.

그리고 그림자를 투사함에 있어서 새로운 부가적인 불이익이 생긴다. 만약 우리가 자기 자신의 그림자를, 말하자면 공산주의자나 혹은 자본가와 동일시한다면, 우리 인격의 일부는 그 반대 편에 남게 될 것이다. 그 결과로 우리는 항상 (비록 자발적은 아니지만) 우리들 자신의 등 뒤에서 이 반대편을 지지하는 일들을 하게 될 것이다. 그리하여 우리는 본의 아니게도 부지불식간에 우리의 적을 돕고 있는 것이다.

만일, 반대로 우리가 투사를 인식하고 무서움이나 적의 없이 사물을 논하며 타인과 사려깊게 접한다면 거기에 상호이해 — 최소한 휴전의 기회가 있는 것이다.

그림자가 친구가 되느냐 적이 되느냐는 거의 우리 자신에 달려 있다고 하겠다.

아무도 발을 들여놓지 않은 집과 프랑스인 무법자의 꿈이 함께 보여주듯이 그림자는 언제나 적대자일 필요가 없는 것이다. 실제로 그림자는 그 상태에 따라 굴복하거나 친하거나 저항하거나 하여 일상적으로 접촉하는 사람들과 똑같이 사귀어야만 한다. 그림자는 무시되거나 오해받을 때에만 적대적이 되는 것이다.

자주는 아닐지라도, 때때로 사람마다 어쩔 수 없이 자기의 나쁜 면을 살리고 좋은 면을 억압하고 있다고 느끼는 것이다. 이와 같은 경우 그림자는 꿈 속에서 적극적인 상으로 나타난다. 그러나 자연스러운 감정과 기분을 살리는 사람에게는 그림자는 차갑고 부정적인 지식인으로써 나타날지도 모른다. 그것은 억압되어온 불쾌한 판단과 부정적인 생각을 인격화한 것이다. 그림자가 어떠한 형태를 취할지라도 그것은 자아와 대립하는 측면을 나타내고, 그 사람이 타인들에게서 가장 싫어하는 특성을 나타낸다.

만일 성실하고 자기 통찰을 기함으로써 그림자를 의식적 인격에 통합하는 일이 가능하다면 그것은 비교적 용이한 일일 것이다. 그러나 불행하게도 그와 같은 시도가 항상 성공한다고는 할 수 없다. 우리의 그림자 부분에는 이성으로는 누를 수 없는 억센 힘이 존재한다. 외계로부터의 괴로운 경험이 그림자의 통합에 유용한 때도 있을 것이다. 즉, 그림자의 욕망이나 충동을 제지하기 위해서는 말하자면, 골치아 픈 일이 떠올라야 하기도 하는 것이다. 때때로 영웅적인 결단이 그림 자를 제어하는 데 필요하지만 그런 초인적인 노력은 인간의 내부에 존 재하는 위대한 사람(자기)의 도움을 빌릴 수 있을 때에만 가능한 것이다.

그림자가 저항하기 힘든 충동의 압도적인 힘을 가진다고 해서 그것을 언제나 강하게 억압해야 된다고는 할 수 없는 것이다.

때때로 그림자는 자기의 요청이 동일한 방향을 가리키고 있기 때문에 강력해진다. 그리고 그 내적인 압력의 배후에 있는 것은 자기인지 그림자인지 모를 때가 있다. 무의식의 세계에서는 안타깝게도 사람은 달빛을 받는 풍경과 똑같은 상황에 있는 것이다. 모든 사물은 희미하여 구별하기 힘들고 그것이 무엇인지 어디서 시작하여 어디서 끝나는 지모르게 되고 만다. (이것은 무의식의 내용의 혼합이라고 알려져 있다.)

융이 무의식적 인격의 일부를 그림자라고 불렀을 때, 그는 비교적 잘 정의된 요소를 언급하고 있었던 것이다.

그러나 때때로 자아에 있어서 미지의 것은 모두가 그림자와 혼합되어서, 아주 가치 있고 막강한 힘을 가진 것들도 거기에 포함되어 있는 것이다. 예를 들면, 그 못된 프랑스인이 무용지물의 떠돌이인지 매우 가치로운 내향적인 사람인지는 어느 누구도 확실히는 못본다는 것이다.

그리고 앞에서 말한 꿈에 있어서의 그 목마들의 경우에 있어서도, 그 말들이 자유롭게 달리도록 내버려두어야 하는 것인지 아닌지는 모를 일이다. 꿈만으로서는 사정이 분명하지 않을 경우에는 의식적인 인격이 결정을 내리지 않으면 안된다.

만약 그림자의 영상이 가치 있고 생명력 있는 힘을 가졌을 때 그것은 실제의 체험 속에 동화되어야 하고 억압되어서는 안될 것이다. 자아는 그 오만과 자존심을 버리고, 어두운 것 같이 보이면서도 실제로는 그렇지 않은 어떤 것들을 살려나가야 한다. 이것은 자기의 욕정을 쳐서 이기는 것과는 반대의 일이기는 하지만 그와 똑같은 영웅적인 희생을 필요로 하는 것이다.

자기의 그림자와 만났을 때 생기는 윤리적인 곤란은 회교의 경전인 코란의 제18장에 잘 묘사되어 있다. 이 이야기에 의하면, 모세는 사막 속에서 하디르(초록색 사람 혹은 신의 최초의 천사)를 만난다. 그들은 함께 걷는다. 하디르는 모세가 자기의 행위를 보고 노여워할까봐 두려워짐을 표한다. 만일 모세가 하디르를 신용하지 않고 참지도 않는다면 하디르는 거기에서 그를 떠나지 않으면 안될 것이다.

얼마 지나지 않아서 하디르는 가난한 부락민의 어선에 구멍을 뚫어서 가라앉히고 만다. 그리고나서, 모세가 보는 앞에서 어떤 잘생긴 젊은이를 죽이고 드디어는 신을 믿지 않는 사람들의 마을의 무너진 성벽을 수리해 준다.

모세는 화를 낼 수밖에 없게 되고 하디르는 모세를 남겨두고 떠나야만 한다. 그러나 하디르는 헤어지기 전에 자기의 행위에 대한 사유를 설명한다. 즉, 배에 구멍을 뚫어서 가라앉힌 것은 배의 주인을 위해서 그랬다는 것이다. 해적들이 그 배를 훔치러 오고 있었기 때문에 그랬는데, 해적들이 돌아간 다음에는 그 배를 다시 끌어올릴 수 있었다. 잘생긴 젊은이는 죄를 범하려는 참이었고, 하디르는 그 젊은이를 죽임으로써 그의 양친을 불명예로부터 구해 주었다는 것이다. 그리고 성벽을 수리해 줌으로써 두 신앙심 깊은 청년들이 몰락에서 구출되었다는 것이다. 왜냐하면 그들의 보물이 성벽 밑에 묻혀 있었기 때문이다. 도덕적으로 지나치게 엄격하였던 모세는 비로소 자신의 판단이 조급했다는 것을 깨달았다. 하디르의 행위는 아주 악한 듯했지만 실은 그렇지 않았던 것이다.

이 이야기를 단순하게 파악한다면, 하디르는 경건하고 율법을 준수하는 모세의 무법자적이고 제멋대로인 사악한 그림자라고 생각될지도 모른다. 그러나 실은 그렇지 않은 것이다. 하디르는 그 이상의 존재이며 신의 감추어진 창조적 행위가 의인화된 것이다. ('왕과 시체'라는 유명한 인도의 이야기에서도 우리는 유사한 뜻을 발견할 수 있다.)

이 기묘한 문제를 예시하기 위하여 꿈을 인용하지 않은 것은 우연한 일은 아니다. 이 유명한 이야기를 코란에서 선택한 것은 그것이 인간의 생애의 모든 경험을 집약하고 있기 때문이며, 그것은 한 개인의 꿈에 있어서 이와 같은 명증성으로 표현되는 일은 거의 없기 때문이다.

어두운 영상이 우리의 꿈 속에 나타나서 무엇인가를 원하는 것 같을 때 그것이 우리들 자신의 단지 그림자의 일부를 의인화한 것인지 아닌지 알기 어렵다고 하겠다. 그 어두운 동반자가 우리가 극복해야 할 결점을 상징하는 것인지 우리가 받아들여야 할 의미깊은 생활방식을 상징하는 것인지를 사전에 구별한다는 것은 개성화의 과정에서 우리가 부딪치는 가장 곤란한 문제 중의 하나이다.

그 외에도 꿈의 상징은 너무나도 미묘하고 복잡할 때가 자주 있기 때문에 어느 누구도 그 해석에 확신을 가질 수 없는 것이다. 이러한 경우에 우리가 할 수 있는 유일한 것은 그 윤리적인 혼미에서의 불쾌함을 감수하고 — 최종적인 결론을 내리거나 언질을 주는 행위를 하지말고 — 다만 계속해서 꿈을 관찰하는 일이다.

이것은 신데렐라가 계모로부터 산더미 같이 많은 콩을 받고서 좋은 콩과 나쁜 콩을 가려내야만 했던 상황과 흡사하다. 그것은 전혀 희망이 없는 일같았지만 신데렐라는 조금씩 콩을 가려내기 시작했다. 그때 난데없이 비둘기가 그녀를 도우러 왔다. 여기에서 비둘기가 도움을 주는 길은 무의식적 충동을 상징하는데, 이 충동은 신체적으로밖에 느낄 수 없는 것으로 해결의 길을 가리키는 것이다.

어딘가 자기 존재의 깊은 곳에서 인간은 자기가 어디로 가야 하며 무엇을 해야 하는지를 알고 있다. 그렇지만 때때로 우리가 '나'라고 하는 어리석은 자가 너무나도 파괴적인 행동을 하기 때문에 내적인 소리는 그 존재를 감지시킬 수 없게 된다.

때때로 무의식적으로부터의 힌트를 이해하려고 하는 모든 시도가 실패로 돌아간다. 그와 같은 곤란에 부딪칠 경우에 무의식으로부터의 시사가 다른 방향을 가리킬 때는 곧바로 방향을 바꿀 각오를 하면서, 일단 옳다고 생각되는 일을 용기를 가지고 할 수 있을 뿐이다. (드문 일이긴 하지만) 인간적인 상태로부터 너무 멀리 떨어지기보다는 무의식적 충동에 대하여 저항을 하는 편이 훨씬 좋다고 생각되는 경우가 있다. (완전히 자기 자신이 되기 위해서는 범죄적인 소질을 살리지 않으면 안 되는 사람의 경우가 바로 그러하다.)

그러한 결정을 내리기 위해서는 자아가 필요로 하는 힘과 내적인 명증성을 내부의 '위대한 사람'으로부터 은밀하게 싹틔워야 한다. 그러나 '위대한 사람'은 자기 자신을 너무 분명하게 나타내려고 하지 않는 것 같다. 혹은 자기도 그것을 구현하기 위하여 인간의 의식과 그 결정에 의존하고 있는 셈이리라.

이와 같이 곤란한 윤리적인 문제에 관해서는 아무도 타인의 행위를 진정으로 판정할 수는 없다. 개개인은 자기 자신의 일을 문제삼고 자기 자신에게 있어서 무엇이 옳은가를 결정하지 않으면 안된다.

어떤 선(禪)불교의 늙은 선사가 말한 바와 같이, 우리는 타인의 목장에 들어가서 목장을 훼손하지 않도록 지팡이를 가지고 소 떼를 지키는 목동의 예를 따르지 않으면 안된다.

심층심리학의 이와 같은 새로운 발견은 우리들의 일반적인 윤리관에 어떤 변화를 초래한다. 즉, 그것은 모든 인간의 행동을 보다 더 개인적이고 미묘한 방법으로 판정할 것을 강요하기 때문이다.

무의식의 발견은 근대에 있어서 가장 영향력이 큰 발견의 하나이다. 그러나 무의식의 사실을 인지하는 것은 자기 자신의 생활에 대한 성실한 자기검토나 개통함을 내포하기 때문에 많은 사람들이 마치 아무 일도 없었다는 듯이 행동을 계속하고 있다.

무의식을 진지하게 떠올리고 거기에서 생기는 문제와 부딪히며 대응하는 데는 대단한 용기가 필요하다. 대부분의 사람들은 너무나도 나태해서 자신들이 의식하고 있는 행동의 도덕적인 면에 관해서조차 생각을 하지 않는다. 하물며, 무의식이 어떠한 영향을 끼치는가에 대해서 생각하기에는 확실히 너무 나태한 것이다.

4. 아니마 – 마음속의 여성

곤란하고 미묘한 윤리적 문제는 그림자의 출현에 의해서만 생기는 것은 아니다. 종종 또 다른 '내적인 상(像)'이 출현한다. 꿈을 꾸는 사람이 남자라면 그 무의식이 여성상으로써 의인화되고, 여성의 경우에는 남성상으로써 의인화되는 것을 발견하게 될 것이다.

종종 그림자의 배후에 이 제2의 상징적인 상이 나타나 새로운 곤란한 문제를 초래한다.

융은 이 남성형을 '아니 무스(animus)'라 하고, 여성형을 '아니마(anima)'라고 칭했다.

아니마는 남성의 마음속에 있는 모든 여성적 심리 경향이 의인화된 것으로서 그것은 막연한 느낌이나 무드, 예감, 비합리적인 것의 감수성, 개인에 대한 사랑의 능력, 자연에 대한 감정 그리고 마지막으로 결코 그 중요성이 다른 것에 못지않은 무의식과의 관계이다.

고대에 있어서 무녀(그리스의 시퓨라와 같이)가 신의 의지를 알아내고 신과의 교신을 행하는 데 씌여진 일은 우연한 일이 아니다.

아니마가 남성의 마음속에 있는 내적인 상으로서 어떻게 체험되는가를 나타내는 좋은 예는 에스키모와 그밖의 북극의 종족들에 있어서의 주술사와 예언자들(샤먼)에게서 발견할 수 있다. 그들 중의 어떤자는 여장도 하고 옷에 유방을 그리거나 해서 그들의 마음 내부의 여성적인 면 — 영계(우리들이 의식이라고 칭하는 것)와의 교류를 가능케 하는 면을 보여 준다.

어떤 젊은이가 늙은 샤먼에게서 영적으로 인도되어 눈구덩이에 묻었다고 보고된 경우가 있다.

그 보고에 의하면 그 젊은이는 기진맥진의 피로 끝에 몽환상태에 빠졌다. 이와 같은 혼수상태에서 그는 돌연히 빛을 발하는 한 여성을 보았다. 그 여인은 그가 알아야만 하는 모든 것을 가르쳐 준 후에 그녀는 수호신으로서 그를 초월적인 힘과 관련시켜 줌으로써 그가 어려운 일을 해낼 수 있도록 도와준다. 이와 같은 경험은 남성의 무의식이 의인화된 아니마를 보여준다.

남성의 아니마의 특성은 일반적으로 그 모친에 의해 형성된다. 모친이 자기에게 나쁜 영향을 끼쳤다고 생각하는 사람들의 아니마는 종종 불안하고 음울한 기분이나 불확실하고 불안정하며 화를 잘 내는 성격으로 나타날 때가 많다. (그러나 그가 부정적인 아니마의 공격을 극복하면 그것이 그의 남성도를 강화하는 데 도움이 될 수도 있다.)

남성의 마음속에 이와 같은 부정적인 모성 아니마의 상은 다음과 같은 주제를 되풀이한다.

"나는 아무런 쓸모가 없다. 이 세상의 모든 일은 무의미하다. 다른 사람들에게 있어서는 안그렇지만, 나에게는……나에게는 낙이라곤 없다."

이와 같은 '아니마 무드'는 권태감이나 병에 대한 두려움이나 무력감이나 사고에 대한 두려움의 원인이 된다. 삶의 모든 것이 슬프고 괴로운 면을 보인다. 이와 같은 어두운 기분은 사람을 자살로까지 유혹해 가고, 그렇게 되는 경우 아니마는 죽음의 귀신이 된다. 장 콕토의 영화 '올훼'에서 아니마는 이와 같은 역으로 나타난다.

프랑스인들은 그와 같은 아니마 상을 운명의 여성 femme fatale 이라고 부른다. (이와 같은 아니마보다 조금 약한 것의 한 예가 모차르트의 '마술 피리'에서 밤의 여왕에 의해서 의인화되는 것이다.)

그리스의 '세이렌'이나 독일의 '로렐라이'는 아니마의 위험한 측면을 의인화하여 이와 같은 형태로 파괴적인 환상을 상징하고 있다.

다음의 시베리아의 일화는 이와 같은 파괴적인 아니마의 습성을 나타내고 있다.

어느 날 외로운 사냥꾼이 강 저편에 있는 숲속에서 미녀가 나타나는 것을 보았다. 그녀는 손짓을 하며 노래를 불렀다.

'자, 이리 오세요. 외로운 사냥꾼이여, 황혼의 고요함 속에. 이리 오세요, 이리 오세요. 내가 당신을 그리워하니까요. 내가 당신을 껴안을 거예요, 당신을. 이리 오세요, 내 집은 가까워요. 이리 오세요, 이리 오세요. 외로운 사냥꾼이여, 항혼의 고요함 속에.'

사냥꾼은 옷을 벗어 던지고 강을 헤엄쳐 건너 갔으나 그 미녀는 갑자기 올빼미로 변하여 날아가면서 그를 조롱하며 웃어댄다. 그는 자기의 옷을 찾아 입으려고 다시 헤험쳐 건너오다가 차가운 강물에 빠져 죽는다.

이 이야기에서 아니마는 사랑과 행복과 어머니의 애정과 어머니의 보금자리에 대한 비현실적인 꿈을 상징하고 있다. 그 꿈은 남성을 현실 밖으로 유인하여 가는 꿈이다. 사냥꾼은 이룰 수 없는 환상을 쫓아갔기 때문에 빠져 죽게 된 것이다.

남성의 인격 속에 있는 부정적인 아니마는 모든 것의 가치를 절하하는 것 같은, 빈정거림과 독설과 떳떳하지 못한 발언 등으로 나타난다. 이와 같은 발언들은 항상 사실을 왜곡하는 값싼 것이며 미묘한 파괴성을 지니고 있다.

온 세계를 통하여 '독부(毒婦)'가 나타나는 전설들이 있다. 그녀는 아름답지만 몸에 비장의 무기를 품거나, 비밀스럽게 독을 지녔든가 해서 첫날 밤을 지내면서 애인을 죽인다.

이와 같은 형의 아니마는 자연이 가지는 일종의 무시무시한 측면처럼 차갑고 무자비한 것이며, 유럽에 있어서는 오늘날에 이르기까지 미녀를 신봉하는 데서 잘 나타나고 있다.

한편으로 남성의 모친에 대한 경험이 적극적인 것이라면 이것이 그의 아니마에게 전형적이면서도 별다른 방식으로 영향을 주어서 결과적으로 그는 여자같이 되거나 아니면 여자의 희생물이 되어서 인생의 어려운 문제들에 부딪쳐갈 능력을 상실하게 된다. 이와 같은 종류의 아니마는 남성을 감상주의자로 만들 수 있으며, 혹은 그러한 남성들은 늙은 노파처럼 짜증을 잘 내고 요 서른 장 밑에 있는 콩알까지 감지할 수 있다는 동화의 공주처럼 과민해지기도 한다.

부정적인 아니마의 보다 미묘한 표상은 동화 속의 왕국의 여왕으로 나타나서 청혼을 해오는 남성들에게 일련의 수수께끼를 부과하여 답을 하게 하든가, 자기의 눈 앞에서 몸을 감추어보라고 한다. 만일 그들이 대답을 못하든가, 그녀가 숨은 그들을 찾아내게 되면 그들은 죽어야 한다. 그래서 그녀는 언제나 승자이다. 이러한 형의 아니마는 남성을 파괴적이고 이지적인 게임으로 끌어들인다.

이러한 아니마적 트릭의 영향은 우리는 신경증적인 사람들의 사이비의 이지적 대화에서 볼 수 있다. 그것은 남성이 인생에 직접 부딪쳐 결단을 내리는 것을 막는다. 그는 인생을 너무나도 골똘히 생각하므로 인생을 살 수가 없고 모든 자발성이나 밖으로 솟아나는 감정을 상실하게 되는 것이다.

아니마가 아주 잘 취하는 표상은 에로틱한 공상의 형태이다. 남성은 영화나 스트립 쇼를 보든가, 또는 에로틱한 공상에 잠김으로써, 공상을 키운다. 이것은 아니마의 미성숙한 측면으로서 그의 감정에 의한 대상관계가 충분히 개발되지 않았을 때, 다시 말해서 인생에 대한 감정이 아직 미성숙한 채로 있을 때에만 강박적인 경향을 띠게 된다.

아니마의 이러한 면은 그림자에 대해 우리가 보아온 것과 같은 경향을 가지고 있다. 다시 말해서 그것은 투영된다. 그렇기 때문에 아니마는 남성에게 있어 어떤 특정한 여성의 성격으로 나타나게 되는 것이다.

남자가 어떤 여자와 처음 만나자마자 곧바로 '바로 그녀다'라고 금방 알아차리고 갑자기 사랑에 빠지게 되는 것은 바로 이와 같은 아니마가 존재하기 때문이다. 이와 같은 상황에서는 그 남자는 그 여자를 그전부터 쭉 친밀히 알고 있었던 것처럼 느낀다. 그 남자는 그 여자에게 너무나도 깊이 빠져 버리게 되므로 타인에게는 마치 미쳐버린 것 같이 보인다.

'요정 같은' 성격을 지닌 여성이 특히 그와 같은 아니마의 투사를 잘 받는다. 남성은 그처럼 지나치게 고혹적인 모호성을 지닌 사람에게는 거의 모든 것을 투사할 수 있고, 따라서 그녀의 주위에 환상와 그물을 그렇게 계속해서 짜낼 수 있기 때문이다.

이와 같이 갑작스럽고 정열적인 연정으로서의 아니마의 투사는 결혼문제에 커다란 장해를 일으키고, 소위 삼각관계와 그에 수반하는 어려움을 유발시키는 것이다. 이러한 인생극에 있어서의 해결은 아니마가 내적인 힘이라는 것을 인식함으로써만이 찾아질 수 있다. 이러한 복잡성을 불러 일으키는 무의식의 은밀한 목적은 그 사람을 발전시키고 무의식의 인격을 통합하고 그것을 실제 생활에 이끌어들임으로써 그 사람 자신의 존재를 성숙하게 하는 데 있다.

이제까지 아니마의 부정적인 면에 관하여 많이 논해왔는데 그것에 상당하는 중요한 긍정적인 면이 존재한다. 예를 들면, 아니마는 남성이 알맞는 결혼 상대자를 찾아낼 수가 있다고 하는 사실에 책임이 있다. 적어도 동등하게 중요한 기능이 또 하나 있다. 남성의 논리적인 정신이 자신의 무의식 속에 숨은 사실을 알아낼 수가 없을 때 아니마는 그것을 파내도록 도와주는 것이다. 아니마가 하는 더욱 더 중요한 역할은 남성의 마음을 참다운 내적 가치와 조화시켜서 심원한 내적 심층으로 인도해 주는 것이다.

그것은 마치 내적인 라디오가 어떤 일정한 파장에 맞게 조정해서 불필요한 전파를 배제하고 '위대한 사람'의 목소리만 들리게 하는 것과 마찬가지이다. 이러한 내적 라디오 청취에 있어서 아니마는 내적 세계와 자기에게로 통하는 안내자 또는 중계자가 된다. 이렇게 해서 앞에서 말한 샤먼의 정의의 예에서 어떻게 아니마가 나타나는가 설명이 된다. 이것은 또한 단테의 천국편에 나오는 베아트리체의 역할과 또 유명한 '황금 당나귀'의 저자인 아풀레이우스의 꿈에 나타나서 그를 보다 높게 보다 정신적인 생활로 인도한 여신 이시스의 역할과도 같은 것이다. 45세의 어느 정신치료사가 꾼 다음과 같은 꿈을 통하여 어떻게 아니마가 내적 안내자가 될 수 있는지를 밝히는 데 도움이 될 것이다. 이 꿈을 꾼 날 밤 침실로 가면서 그는 교회의 지지 없이는 인생을 혼자 살기란 어려운 거라고 생각했었다. 그는 조직체의 모성애적인 보살핌을 받는 사람들을 자신이 부러워하고 있음을 깨달았다. (그는 프로테스탄트로 태어났으나, 그 이후 어떤한 종교에도 속하지 않았다.) 그의 꿈은 이러했다.

'나는 사람들로 가득찬 어떤 교회 안의 통로에 서 있었다. 내 어머니와 아내와 함께 나는 통로 끝에 있는 보조좌석 같은 곳에 앉았다. 나는 신부로서 미사를 집전해야 하기 때문에 손에 큰 미사책을 아니면 기도서랄까, 시집을 펴들었다. 이 책은 내게 생소해서 나는 올바른 귀절을 제대로 찾을 수가 없었다. 나는 곧 시작해야 했기 때문에 매우 초조했다. 게다가 더욱 난처해진 것은 내 어머니와 아내가 쓸 데 없는 잡담으로 수다를 떨어서 나를 괴롭었다. 그때 오르간 연주가 끝나고 모든 사람들이 내가 시작하기를 기다렸다. 그래서 나는 결연히 일어나서, 내 뒤에서 무릎을 꿇고 있는 수녀에게 그녀의 미사책의 올바른 페이지를 펴서 나에게 달라고 부탁을 했다. 그 수녀는 정중하게 청을 들어주었다. 다음에 수녀는 사제와도 같이 나를 앞질러서 제단이 있는 곳으로 갔다. 마치 우리가 측면의 통로로 접근하고 있는 것 같았다. 미사책은 그림이 여러 장 들어 있는 것이었는데 길이가 3자, 넓이가 1자쯤되는 판자 같았으며 옛날의 그림이 들어 있는 글이 2단으로 나란히 적혀 있었다. 내가 시작하기 전에 수녀가 먼저 미사문을 일부 읽어야 했는데 나는 아직 읽어야 할 데를 찾지 못했다. 수녀는 나에게 15번이라고 가르쳐 주었지만 그 번호가 분명치 않아서 나는 찾아낼 수가 없었다. 결심을 하고 신도들을 향했을 때 드디어 나는 15번을 찾았다. (그것은 판자 위 맨 끝에서 두 번째에 있었다.) 그런데 이번에는 내가 그것을 판독할 수 있겠는가가 문제였다. 나는 다시 한 번 읽어보려고 하다가 잠에서 깼다.'

이 꿈은 꿈을 꾼 사람이 잠들기 전에 생각하고 있던 것에 대한 무의식으로부터의 해답을 상징적으로 보여주고 있다. 그것은 실제로 그에게 "당신이 당신 자신의 내적 교회, 즉 영혼의 교회 사제가 돼야만 하느니라"고 말해 준 것이다. 그렇게 이 꿈을 꾼 사람이 조직의 지지를 받고 있음을 보여 준다. 그것은 — 교회 — 외적인 교회가 아니라 자신의 영혼 속에 있는 교회에 감싸여 있음을 일깨워 주었다.

사람들(그 자신의 모든 정신적 자질)은 그가 사제가 되어서 그 자신을 위한 미사를 올리기를 바라고 있다. 여기에서 꿈은 현실에서의 미사를 의미하고 있는 것은 아니다. 미사책은 실제로 쓰이는 것과는 매우 다르다. 여기에서는 미사도 상징적인 것으로서 어떤 희망적인 행위를 뜻하고, 거기에 신이 존재하고, 사람은 신과 교신할 수 있음을 뜻하는 것이다.

물론 이와 같은 상징적인 해결이 일반적으로 통하는 것은 아니지만 이 꿈을 꾼 사람에게는 부합된다. 이것은 신교도에게 맞는 전형적 해결책이다. 왜냐면 절실한 신앙으로 구교에 속하고 있는 신자는 일반적으로 자신의 아니마를 교회의 이미지에서 경험하고 교회의 성스러운 이미지들이 그에게 있어서는 무의식의 상징들이기 때문이다.

이 꿈을 꾼 사람은 그와 같은 교회의 체험이 없다. 그래서 내적인 길을 따르지 않으면 안되었던 것이다. 게다가 이 꿈은 그에게 무엇을 할 것인가를 일깨워주고 있다. 그것은 다음과 같은 것이다.

"당신의 어머니에 대한 집착과 외향성(외향적인 부인에 의하여 표현되었다)은 쓸데없는 수다이며 내적인 미사를 방해함으로써 당신을 혼란시켜서 불안하게 하고 있다. 그러나 당신이 수녀(내향적인 아니마)를 따르면 그녀는 사환으로서 또는 사제로서 당신을 인도할 것이다. 수녀는 16매(4의 4배)의 옛날 그림으로 되어 있는 이상한 미사 책을 가지고 있다. 당신의 미사는 당신의 종교의 아니마가 보여주는 이러한 정신적 이미지를 관조하는 것이다."

다시 말하면, 만일 이 꿈을 꾼 사람이 모성 콤플렉스에 의하여 생긴 자신의 내적인 불안을 이겨낸다면 그는 자신의 삶의 의무가 종교적인 의무와 같은 성격을 지니고 있다는 것과 자신의 영혼 속에 있는 이미지들이 상징적 의미에 대하여 깊이 명상한다면 그것들이 그를 자각에 이르게 이끌어준다는 것을 알게 될 것이다.

이 꿈에 있어서 아니마는 본래의 긍정적인 역할, 즉 자아와 자기를 중개하는 임무를 지니고 나타난다.

그림이 4 곱하기 4로 배치되었다는 것은 내적 미사가 전체성을 예배하는 가운데에 속한다는 것을 지적하는 것이다.

융은 마음의 핵심(자기)은 보통 4층의 구조로 자체를 현시한다는 것을 예시한다. 4라는 수는 또한 아니마와 관련이 있다. 융이 인정하는 바와 같이 아니마의 발전에는 4단계가 있다.

제1단계는 이브의 상에 의해서 가장 적절히 상징되고 있는데, 이것은 단순히 본능적이고 생물학적인 관계만을 대표한다.

제2단계는 '파우스트'의 헬레나에게서 볼 수 있는 것으로 그녀는 낭만적이고 미학적인 그러나 성적 요소들에 의해서도 특징지워진 수준을 의인화하는 것이다.

제3단계는 동정녀 마리아로 대표되는데, 마리아는 사랑(에로스)을 영적인 헌신의 경지까지 끌어올리는 상이다.

제4의 형태는 사피엔치아로 상징된다. 사피엔치아는 가장 성스럽고 가장 순수한 것마저 초월하는 지혜이다. 이 단계를 가리키는 다른 상징으로는 솔로몬의 아가에 나오는 슐람 여인이 있다. (현대인의 정신적 발전이 이 단계까지 이르는 일은 드물고 모나리자가 예지의 아니마와 가장 가깝다.)

여기에서 나는 어떤 형태의 상징적인 요소에서 종종 발생하는 4층 구조의 개념에 대해 지적하는 것으로 그치겠다. 이것의 본질적인 면에 대해서는 후술하게 될 것이다.

그러나 내적 세계로 인도하는 안내자로서의 아니마의 역할이라는 것은 실제로는 과연 무엇을 의미하는 걸까? 이 적극적인 기능은 남성이 아니마가 보내는 느낌, 무드, 기대, 환상 등을 진지하게 받아들여서 그것들을 어떤 형태 — 산문, 회화, 조각, 작곡, 무용 등 — 로 정착시킬 때 작동하는 것이다. 그가 이것을 참을성 있게 천천히 노력해 가면 보다 깊은 무의식의 소재들이 솟아 올라서 이전의 소재와 연관되는 것이다.

환상이 어떤 특정의 형태로 정착되면 감정 반응에 의한 평가에 비추어서 그것을 지적 윤리적으로 검토해야 한다. 그리고 그것을 절대적으로 현신적이라고 보는 것이 중요하다. 즉, 이것은 '환상에 불과하다'는 식의 의심이 조금이라도 들어서는 안된다. 이 일이 헌신적으로 장기간에 걸쳐 행해지면 개성화 과정이 점점 현실화되어 본래의 형태를 나타내게 된다.

문학에 있어서의 많은 예가 내적 세계로 인도하는 안내자이며 중개자인 아니마를 보여준다. 프란체스코 코로나의 '히프네로토마카', 라이더 헤가드의 '그녀', 괴테의 '파우스트,에 나오는 영원한 여성 등이 있다. 중세기의 밀서에서 아니마 상은 자신을 다음과 같이 설명하고 있다.

'나는 들의 꽃이며, 계곡의 백합이며, 사랑과 두려움, 지식과 성스러운 소망의 어머니라오…… 나는 여러 가지 요소와 요소를 화합하는 중개자라오. 그리하여 서로가 일치하게 만든다오. 더운 것은 차게 하고 찬 것은 덥게 하고, 건조한 것은 습하게 하고, 습한 것은 건조하게 한다오. 또 굳은 것은 부드럽게 하고…… 나는 사제의 법률이며 예언자의 말이며 현자의 충고라오. 나는 생명을 빼앗고 주며, 내 손에서 벗어날 수 있는 것은 아무것도 없다오.'

중세에 있어서는 종교적 시적 및 문화적 문제에 있어서 많은 정신적

분화가 있었음을 알 수 있다. 그리고 무의식의 환상의 세계가 그 전보다 좀더 분명하게 인지되었다. 이 시기에 있어서의 기사도적 부인존숭정신(婦人尊崇精神)은 남성 속의 여성상을 내계(內界)에 관해서 뿐만 아니라 외계의 여성에 관해서도 분화시키려고 하는 시도를 뜻하고 있다.

기사가 어떤 부인에게 봉사할 것을 맹세하고, 그것 때문에 영웅적 행위를 해낸다. 그 부인은 물론 아니마가 의인화된 것이다.

볼프람 폰 에센바하가 쓴 성배의 전설에 의하면 성배의 소유자의 이름이 '사랑의 안내자(Conduir-amour)'인 것은 뜻깊은 이야기이다. 그녀는 영웅에게 여성에 대한 감정과 행위를 어떻게 분별하는가를 가르친다. 그러나 후에 가서는 아니마와의 관계를 발전시키려는 개인적 노력은 포기되고 아니마의 숭고한 면이 마리아의 상과 뒤섞여 마리아는 끝없는 헌신과 숭배의 대상이 된다. 아니마가 성(聖) 처녀라는 긍정적인 존재로 인정받았을 때 아니마의 부정적인 면은 마녀 신앙이라는 표현을 찾게 되었다.

중국에서는 마리아 상에 필적 하는 것이 '관음'이다. 그밖에 좀 더 일반적 아니마 상으로서 '달 여인(月女)'이다. 그녀는 자기가 좋아하는 사람에게 시와 음악의 재능을 부여하고 영생까지도 줄 수 있다고 한다.

인도에 있어서 이와 유사한 원형은 샥티, 파르바티, 라티 등이고 회교권에서는 주로 모하메드의 딸인 파티마이다.

아니마를 공공연히 인정된 종교상으로서 숭배하는 것은 그것이 개인적인 면을 상실한다는 현저한 손실을 초래한다. 다른 면에서 아니마를 전혀 개인적인 존재라고 본다면 그것은 외계에 투사되고, 아니마를 외계에서만 찾으려는 위험을 초래하게 된다. 후자의 경우에는 남성이 에로틱한 환상의 희생물이 되거나 현실적으로 한 여성에게만 강박적으로 의존하기 때문에 한없이 곤란이 야기될 수 있다.

자신의 공상과 감정을 진지하게 취하려는 고통스러운 (그러나 본질적으로는 단순한) 결의만이 개성화 과정에 있어서의 이 단계가 완전히 정체되는 것을 방지할 수가 있다. 왜냐면 그렇게 해서만이 아니마 상이 내적 현실로서 무엇을 의미하는가를 찾아낼 수 있기 때문이다. 그리하여 아니마는 다시 본래의 자체, 즉 자기의 생동의 메시지를 전달해 주는 '마음속의 여생'이 되는 것이다.

5. 아니무스 – 마음속의 남성

여성에게 있어서의 무의식의 남성적 의인화 — 즉, 아니무스는 남성에게 있어서의 아니마가 그러하듯이 마찬가지로 선하고 악한 양면을 동시에 나타낸다.

그러나 아니무스는 에로틱한 공상이나 무드의 형태를 취하여 나타나는 일은 그렇게 많지 않다. 아니무스는 오히려 숨겨진 성스러운 확신의 형태를 취하는 경향이 있다.

그와 같은 확신이 소리 높고 집요한 남성적 목소리로 설파되거나 그것을 잔혹하고 감정적인 측면의 방법으로 남들에게 강요할 때도 여성속에 잠재하는 남성상이 용이하게 인식된다.

그러나 외관상으로는 매우 여성적인 여성에 있어서까지 아니무스는 마찬가지로 딱딱하고 냉혹한 힘이 될 수 있는 것이다. 어떤 여성 속에 아주 완고하고 냉정하며 전혀 가까이 가기 어려운 어떤 것을 갑자기 부딪히는 경우가 있을 것이다. 이러한 류의 여성의 생각 속에서 아니무스가 끊임없이 되풀이해서 즐겨 쓰는 주제의 하나는 다음과 같은 것이다. 즉, 세상에서 내가 원하는 것은 사랑뿐이다. 그런데 그는 나를 사랑해주지 않는다. '혹은' 이 상황에서는 가능성이 두 가지가 있는데 둘 다 똑같이 나쁘다. (아니무스는 절대로 예외를 믿지 않는다.) 아니무스의 의견은 일반적으로 원칙상 옳기 때문에 거의 반대할 수가 없다. 그러나 그것은 개개의 상황에 적합하기는 어려운 것이다. 이치에 맞는 듯한 의견이지만 포인트가 어긋나는 경우가 많은 것이다.

남성의 아니마의 성격이 그 남성의 어머니에 의하여 형성되듯이 여성의 아니무스는 그 여성의 아버지의 영향을 받는다. 아버지는 딸의 아니무스에 논쟁의 여지가 없는 진정한 확신이라는 색상을 입힌다.

실제적인 존재로서의 그녀의 현실을 내포하지 않는 확신이다.

이렇기 때문에 아니무스는 때로는 아니마처럼 죽음의 화신이 된다. 예들 들어 보면 다음과 같은 집시의 동화가 있다.

어떤 외로운 여자가 잘생긴 젊은 나그네를 영접하게 된다. 그녀는 그 사람이 죽음의 왕자라고 경고하는 꿈을 꾸었는에도 불구하고 그렇게 한 것이다. 얼마동안 같이 지낸 뒤에 그녀는 남자에게 그가 누구인지 말해 달라고 조른다. 처음에는 그는 그것을 그녀에게 말하면 그녀는 죽을 것이라면서 거절하지만, 그녀의 고집으로 그는 자기가 죽음 그 자체라는 것을 돌연히 밝힌다. 그러자 그 여자는 겁에 질려서 곧 죽고 말았다.

신화적인 견지에서 보면 이 잘생긴 나그네는 이교도적인 아버지상이거나 혹은 신의 상(像)일 것이다. 그것이 여기에서는 죽음의 강으로 (지하의 왕 하데스가 페르세포네를 탈취해 갈 때처럼) 나타나 있다.

그러나 심리학적으로는, 그는 여성들을 모든 인간적 관계로부터 멀리하여 실제의 남성과의 모든 접촉으로부터 이탈케 하려는 아니무스 특유의 형태로 나타나고 있다. 그는 몽상으로 짜여진 (누에) 고치를 의인화하였는데 그 고치는 사물이 어떻게 존재하여야 하느냐에 대한 바람과 판단으로 가득차 있다. 그리고 그것은 삶의 현실로부터 여성을 떼어놓고 있는 것이다.

부정적인 아니무스는 죽음의 화신으로만 나타나는 것은 아니다. 신화나 동화에 있어서 아니무스가 도적이나 살인자의 역할을 한다. '푸른 수염'이 바로 그 한 가지 예이다. 그는 밀실에서 자기의 아내들을 모조리 비밀리에 죽이고 만다. 이런 형태에 있어서 아니무스는 모든 반의식적인 차갑고 파괴적인 생각을 의인화하고 있다. 그것은 특히 여성이 당연히 느껴야 할 감정을 자각하고 있지 않을 때 그 여성 속으로 엄습한다. 그렇게 되면 그녀는 집안의 유산문제라든가 그와 유사한 문제들에 대하여 생각하기 시작하는데, 그것은 나쁜 계략이나 음모에 의해 물든 그녀로 하여금 타인의 죽음까지 원하게 만드는 타산적인 생각의 거미줄이다. (어떤 여인은 아름다운 지중해의 해변을 바라보면서 "우리들 중에서 누군가가 죽으면 나는 리비에라로 갈 거예요."라고 옆에 있는 남편에게 말했다. 그러나 이 생각은 그녀가 그것을 입 밖으로 발설했다는 사실로 미루어 보아 별 악의 없는 것이리라.)

비밀스럽게 파괴적인 태도를 키워서 아내가 남편을, 어머니가 자식들을, 병이나 사고나 또는 죽음으로까지 몰고 갈 수 있다. 혹은 어머니가 자식들이 결혼을 하지 못하도록 막을 수도 있는데, 이것은 어머니의 의식적인 마음의 표면에 매우 드물게 나타나는 깊이 감추어진 악의 형태이다. (어떤 소박한 노파가 나에게 27세에 익사한 아들의 사진을 보여 주면서 "난 그렇게 된 게 좋았다고 생각해요. 그 애를 다른 여자에게 주는 것 보다는 나았죠."라고 말하는 것이었다.)

모든 감정의 이상한 수동성이나 마비나 자기의 존재를 거의 느끼지 않을 정도의 깊은 불안정감은 때로 무의식의 아니무스의 견해에서 비롯된다. 여성의 존재의 심층에서 아니무스는 다음과 같이 속삭인다.

"이미 희망이 없어. 해봐야 소용없어. 무엇을 해도 무의미하며 좋아지는 일이란 결코 없을 거야."

불행히도 이렇게 무의식이 인격화된 것 하나가 우리의 마음을 사로잡으면 마치 우리 자신이 그런 생각이나 느낌을 가진 것처럼 된다. 그리고 자아는 그것들과 동일화되어서 그것들을 떼어 놓을 수도 없고 그것들이 무엇인가를 살펴 볼 수도 없게 된다. 확실히 무의식에서 오는 어떤 상에 사로잡힌 것이다. 거기에서 풀려날 때 비로소 본인은 자신의 진정한 생각이나 감정과는 상반되는 언행을 하였음을 알고 두려운 생각이 들게 된다. 다시 말하면 그 사람은 자아와는 상이한 외래적인 정신적 인자의 희생물이 되었던 것이다.

아니마와 마찬가지로 아니무스는 잔혹성, 무모성, 공포, 침묵, 완고성, 사악한 사념 등과 같은 부정적인 성질로만 구성되어 있는 것은 아니다. 아니무스는 또한 대단히 긍정적이고 가치 있는 면도 지녔고 자체의 창조적 행위를 통하여 자기에 이르는 다리를 놓을 수도 있는 것이다. 45세 여인의 다음과 같은 꿈이 이 점을 설명하는 데 도움이 될 것이다.

"복면을 한 두 사람이 발코니로 올라와서 집으로 들어왔다. 그들은 검은 두건이 달린 긴 옷을 뒤집어쓰고 나와 여동생을 괴롭히려고 하는 것 같았다. 동생이 침대 밑에 숨으니까 그들은 동생을 빗자루로 끌어 내어 괴롭혔다. 다음은 내 차례였다. 그 둘 중에서 지도자격인 자가 나를 벽에 밀어붙이고 내 얼굴에다 마술을 거는 몸짓을 했다.

그때 한 사람은 벽에다 스케치를 했는데, 그것을 보고 나는 (친절하게 보이려고) "어머나, 잘 그렸네요."라고 말했다. 그랬더니 나를 괴롭히던 사람의 얼굴이 갑자기 고상한 예술가의 얼굴로 변했다. 그리고 그는 "정말, 그렇습니다."라며 자랑스러워 하더니, 자신의 안경을 닦기 시작했다."

이 두 인물의 사디스틱한 면이 꿈을 꾼 사람에게는 잘 알려져 있다. 왜냐하면 실제로 그녀는 자기가 좋아하는 사람들이 대단한 위험을 겪고 있다든가, 혹은 죽었는지도 모른다는 생각 때문에 심한 불안의 엄습을 받는 경우가 종종 있기 때문이다.

그러나 꿈에 나타난 아니무스의 상이 이중이라는 사실은 두 사람의 도둑이 결과적으로는 둘이 되고, 이 괴로운 생각들과는 전혀 다른 어떤 것일 수도 있는 정신적 요인을 인격화한 것이라는 점을 시사한다. 도둑을 피해서 달아나는 여동생은 붙잡혀서 괴로움을 당한다. 실제로는 이 동생이 아주 어려서 죽었다. 그 애가 예술적 재능을 타고났지만 그것을 별로 쓰지 못했다. 다음으로 그 꿈에 복면한 강도들이 실제로는 위장한 예술가라는 것과 꿈을 꾸는 사람이 그들의 재능(사실은 그녀 자신의 재능)을 인정하면 그들은 악한 의도를 버린다는 것을 보여주고 있다.

이 꿈의 보다 깊은 의미는 무엇일까? 그것은 그 불안의 발작 배후에 실제의 죽음의 위험이 존재하고 있다는 것이다. 그러나 또한 꿈을 꾼 사람에게 있어서는 창조적인 가능성도 존재한다는 것이기도 하다. 이여인도 동생과 같이 예술적 재능이 있었지만 미술이 그녀에게 있어서 의의로운 일인지 어떤지 회의하고 있었다. 이제야 그녀의 꿈은 그 재능을 그녀가 성취해야 하는 것임을 간곡히 말해 주는 것이다. 그녀가 그충고를 따른다면 그 파괴적이고 괴로움을 주는 아니무스가 창조적이고 의의로운 일로 면모할 것이다.

이 꿈에서와 같이 아니무스는 한 무리의 남성으로 나타난다. 이와 같이 무의식은 아니무스가 개인적인 요소보다도 집단적인 요소를 나타내고 있는 것을 상징한다. 이 집단적 사고성 때문에 여성들은 (자기들의 아니무스가 자기네들을 통하여 말할 때는) 관습적으로 '사람은 (우리는)', '그들은' 또는 '모두가'라고 하는데, 그럴 경우에 그들의 말에는 '언제나', '해야 한다', '할 수밖에 없다'라는 말들을 포함하는 것이다.

수많은 신화와 동화들이 마녀로 말미암아 야수나 괴물이 되었다가 소녀의 사랑에 의하여 구원을 받는 왕자의 이야기를 한다. 이것은 모두 아니무스가 의식화되는 양상을 상징하는 과정이다. (헨더슨 선생이 앞에서 '미녀와 야수'의 주제의 중요성에 대하여 논한다.)

종종 여주인공은 신비로운 미지의 애인 또는 남편에 관하여 질문을 해서는 안되게 되어 있다. 혹은 그녀는 남자와 어둠에서만 만나거나 그를 보아서는 안되게 되어 있는 것이다. 그것이 시사하는 바는 여자가 맹목적으로 믿고 사랑함으로써 신랑을 구원할 수 있다는 것이다. 그러나 이것은 결코 성공하지 못한다. 여주인공은 언제나 그 약속을 깨뜨리고 오랫동안 고생하며 찾아다니다가 비로소 다시 애인을 만나게 된다.

현실에 있어서는 여성이 자기의 아니무스 문제에 기울여야 하는 유의는 많은 시간을 요하고, 힘든 고뇌를 필요로 한다. 그러나 그녀가 자신의 아니무스는 누구이고 무엇이며 자기에게 무엇을 하려는가를 안다면, 또 자신이 아니무스에게 사로잡히지 않고 현실을 이겨낸다면 그녀의 아니무스는 귀한 내적 동반자가 될 수 있다. 그렇게 되면 그 동반자는 그녀에게 주도성, 용기, 객관성 또 정신적인 예지 등등의 남성적 성격을 부여해 줄 것이다.

아니마와 마찬가지로 아니무스는 4개의 발전단계를 보여준다.

첫 번째로, 아니무스는 단순히 신체적인 힘의 인격화로 나타난다. 예를 들면 운동경기의 우승자이거나 근육이 불끈 솟은 남성이다.

다음 단계로, 아니무스는 주도성과 계획적인 행위를 할 능력을 소유하게 된다.

세 번째 단계로, 아니무스는 '말(言)'이 되는데 종종 교수나 사제로 나타난다.

마지막 네 번째 단계로, 아니무스는 의미의 화신이 된다. 이 최고의 단계에서 아니무스는 (아니마와 마찬가지로) 종교적 체험의 중개자가 되는데, 그로 말미암아 삶은 새로운 의미를 얻게 된다.

아니무스는 여성에게 정신적인 확실성을 부여하고 그녀의 외적 부드러움을 보충할 만한 보이지 않는 내적 지지를 해 준다. 최고로 발달한 형태의 아니무스는 그녀의 마음을 그 시대에 있어서 정신적 개혁과 관련시켜주고, 그리하여 새로운 창조적인 아이디어를 남성보다 잘 받아들이도록 해 줄 수 있다. 옛날에 많은 나라에서 여성들이 예언자로 이용되었던 것은 이와 같은 이유 때문이었다. 여성들의 적극적인 아니무스의 창조적 대담성은 때때로 남성들을 자극하여 새로이 큰 일을 기도하도록 하는 사상이나 아이디어를 나타내기도 한다.

여성의 정신 속에 있는 '내적인 남성'은 아니마에 관한 장에서 언급한 것과 같은 결혼의 장해에 이를 수 있다. 특히 사물을 복잡하게 만드는 것은 한쪽 배우자가 아니무스(혹은 아니마)에게 사로잡히면 자동적으로 상대방에게 그와 같은 불안한 효과를 미쳐서 그 상대방 역시 아니마(혹은 아니무스)에게 사로잡히고 만다는 사실이다. 아니무스와 아니마는 항상 대화를 아주 낮은 수준으로 끌어내리는 경향이 있어서 불쾌하고, 역겹고, 감정적인 분위기를 조성하는 경향이 있다.

이미 말한 바와 같이 아니무스의 긍정적인 면은 기획성이라든가 용기라든가 진실성을, 그리고 최고의 형태에 있어서는 정신적인 깊이를 인격화할 수 있다. 그 아니무스를 통하여 여성은 자신의 문화적, 개인적, 그리고 객관적인 상황의 저변에 깔린 과정을 경험할 수 있고, 따라서 삶에 대한 강화된 정신적 태도로 향하는 길을 찾을 수 있는 것이다. 이것은 물론 그녀의 아니무스가 비판을 넘어선 견해를 대표하는 것이 아니라는 것을 전제로 한다. 그 여성은 자신이 지니고 있는 확신이 과연 성스러운 것인가 하는 질문을 스스로 던질 수 있을 정도의 용기와 내적인 정신적 포용성을 찾아야 한다. 그렇게 될 때에만 무의식의 암시를 취할 수 있으며, 특히 그것들이 아니무스의 견해들과 모순이 될 때에도 그렇다. 그렇게 될 때에 비로소 '자기'의 현시가 그녀에게 이르고, 또 그녀는 그것들의 의미를 의식적으로 이해할 수 있을 것이다.

6. 자기 - 전체성의 상징

개인이 아니마(혹은 아니무스)의 문제에 관하여 충분히 진지하게 그리고 오랫동안 씨름하다가 이제는 그(혹은 그녀)가 부분적으로 아니마(혹은 아니무스)와 동일시되지 않게 되면, 무의식은 다시 그 지배적인 특성을 바꾸고, 정신의 내적인 가장 깊숙한 중심인 자기를 대표하는 새로운 상징적 형태로 나타난다. 어떤 여자의 꿈에서는 이 중심이 흔히 지위가 높은 여성상으로 인격화되는데, 예를 들면 무녀, 마녀, 어머니로서의 대지, 자연의 여신, 사랑의 여신 등이다.

남자의 경우에 있어서는 그 중심이 남자의 지도자 혹은 수호자(예를 들면 인도의 구루 guru) 혹은 노현인, 자연의 정령 등에 의하여 나타난다. 다음 두 개의 민화는 그와 같은 상이 하는 역할을 설명해 준다.

첫째로 오스트리아의 민화를 보자,

어떤 왕이 마법에 걸린 검은 공주의 시체 옆에서 밤새워 보초를 서라고 병사들에게 명령을 했다. 밤이 되면 그녀는 일어나서 보초병을 죽이고 만다. 마침내 그곳에서 보초를 서도록 명령을 받은 한 병사가 절망하여 숲 속으로 달아나 버린다. 거기에서 병사는 '우리들의 주님인 기타 연주가'를 만난다. 이 늙은 기타 연주가는 병사에게 교회에 숨으라고 일러 주고 또 어떻게 하면 이 마법에 걸린 검은 공주가 그를 잡을 수 없게 되는지 가르쳐 준다. 이 신성한 도움으로 그 병사는 공주를 구하고 그녀와 결혼했다.

분명히 '우리의 주님인 늙은 기타 연주가'는 심리학적 용어로 자기의 상징적 인격화이다. 그 도움으로 자아는 파멸을 면하고, 자신의 아니마와 매우 위험한 측면을 이겨내고 또 구제까지 할 수도 있다.

이미 말한 바와 같이, 여자의 정신 속에서는 '자기'가 여성적으로 인격화한다.

이번에는 에스키모의 민화를 통하여 이것에 대한 설명을 들어보자.

사랑에 실망한 한 외로운 아가씨가 구리 배를 타고 여행하는 한 마법사를 만났다. 그는 '달의 정령'으로, 인류에게 모든 짐승을 주었고 사냥의 행운도 주었다. 마법사는 아가씨를 하늘나라로 데려가 버렸다. 언젠가 달의 정령이 아가씨를 놔두고 나갔을 때, 아가씨는 달 귀신의 저택 근처에 있는 작은 집을 방문한다. 거기에서 아가씨는 수염이 난 물개의 내장 막으로 만든 옷을 입은 몸집이 작은 여인을 만나는데, 그 여인은 아가씨에게 달의 정령을 조심하라고 경고하고 그가 그녀를 죽일 계획이라고 말해 준다. (그는 여자를 죽이는 자이고 이를테면 주른 수염과 같은 사람이다.) 작은 여인은 긴 밧줄을 만들어서 초생 달이 뜰 때에 아가씨가 그 밧줄을 타고 지상으로 내려가도록 해 준다. 초생 달이 뜰 무렵엔 작은 여인이 달의 정령을 약하게 만들 수 있는 때이다. 그러나 아가씨가 지상으로 내려가 방에 도착할 때에 작은 여인이 이른 대로 눈을 빨리 뜨지 않았기 때문에, 거미가 되었고 다시는 인간이 될 수 없게 되었다.

우리가 관찰한 대로 첫 이야기에 나오는 거룩한 음악가는 늙은 현일을 대표하는 표상이고 자기의 전형적인 인격화이다. 그는 중세기의 전설 속의 마법사 메르린이나 그리스의 신 헤르메스와 유사하다.

내장 막으로 만든 옷을 입은 작은 여인은 여성의 마음에 나타나는 것과 같은 자기를 상징하는 유사한 상이다. 늙은 음악가는 주인공을 파괴적인 아니마로부터 구원하고, 작은 여인은 소녀를 에스키모 식 '푸른 수염'(달의 정령이란 형태로 나타나는 아가씨의 아니무스)으로부터 보호하여 준다.

그러나 이 경우에 일이 잘못되는 것이다. (이것에 관해서는 뒤에 논하기로 한다.)

그렇지만 '자기'가 언제나 늙은 현인이나 현명한 노부인의 형태를 띠는 것은 아니다. 이와 같이 역설적인 인격화는 시간에만 내포되어 있지않은 어떤 것, 즉 동시에 젊기도 하고 늙기도 한 어떤 것을 표현하려는 시도라 하겠다. 어떤 중년 남성의 꿈은 청으로서 등장하는 자기를 보여 준다.

한 젊은이가 말을 타고 길을 가다가 우리 집 정원으로 들어왔다. (현실에서처럼 나무도 울타리도 없어서 정원은 열려 있다.) 그 청년이 일부러 그랬는지 또는 말이 그의 뜻을 거역하여 들어온 것인지 알 수 없었다.

나는 나의 스튜디오로 가는 길에 서서 그 젊은이의 도착을 기쁜 마음으로 지켜보았다. 아름다운 말을 탄 소년의 모습은 나에게 깊은 인상을 주었다.

말은 작고, 거칠고, 힘이 셌다. 힘의 상징(멧돼지를 닮았다)이었으며 굵고 뻣뻣하고 은빛 도는 회색털로 덮여 있었다. 그 젊은이는 스튜디오와 집 중간에 있는 나를 지나서 말에서 뛰어 내렸다. 그리고 그는 말을 조심스럽게 끌고 가서 빨간색과 오렌지색의 아름다운 튤립이 있는 꽃밭을 밟지 않게 하였다. 꽃밭은 내 아내가 새로 만든 다음 꽃을 심은 것이었다. (그것도 꿈에서의 일)

이 젊은이는 '자기'를 의미하고 동시에 회생과 창조적인 생명력을 의미하며 모든 것이 생기와 의욕에 차는 것 같은 새로운 정신적 방향 제시를 뜻한다.

만일 우리가 자기 자신의 무의식의 교시에 현신적으로 따른다면, 이와 같은 선물을 받게 되고, 그리하여 지루하기만 하던 삶이 갑자기 풍요롭고 끝없는 내적 모험(창조적 가능성으로 가득 찬)으로 변할 것이다. 여성 심리에 있어서는 자기의 이와 같은 젊음에 찬 인격화가 초자연적인 능력을 지닌 소녀로서 나타나는 일도 있다. 이 경우 그 꿈을 꾼 사람은 40대 후반의 여인이다.

'나는 교회 앞에 서서 보도를 물로 씻고 있었어요. 그런데 나는 고등학교 학생들이 하교할 때에 길을 뛰어 내려갔어요. 나는 상한 물이 고여 있는 시냇가에 왔는데, 그 강을 가로질러서 나무 판대기인가 통나무인가가 있었어요. 내가 그 위를 걸어서 건너려고 할 때 장난이 심한 한 학생이 그 나무 위에 뛰어 올랐기 때문에 나무는 쪼개지고, 나는 물 속으로 떨어질 뻔했어요. 나는 "바보 녀석!"이라고 소리 쳤지요. 강 건너편에는 어린 세 소녀들이 놀고 있었는데 그 중 한 소녀가 도우려는 듯이 손을 내밀었어요. 나는 그 작은 손이 나를 도울 만큼 힘이 세지 못하리라고 생각했지만, 막상 그 손을 잡았을 때 그 소녀는 힘도 들이지 않고 나를 끌어 당겨서 건너편 기슭으로 성공적으로 건네주었어요.'

꿈을 꾼 사람은 종교적인 사람이지만 그녀의 꿈에 의하면 그녀는 그 이상 교회에 머물 수가 없다. 그녀는 될 수 있는 대로 교회에 접근하려고 노력하지만 교회에 들어갈 수 있는 가능성을 상실한 것 같다. 그 꿈에 의하면 그녀는 그 때 물이 상한 강을 건너야만 했는데, 이것은 해결되지 않은 종교 문제 때문에 삶의 흐름이 침체되었음을 나타내고 있다. 시내를 건너는 것은 어떤 태도의 근본적인 변화를 나타내며 흔히 나타나는 상징적인 이미지다. 꿈을 꾼 사람 자신은 학생을 그녀가 이전에 가졌던 생각을 인격화한 것이라고 해석했는데, 말하자면 그 생각은 고등학교를 다니는 것으로써 그녀가 자신의 정신적 갈망을 충족시킬 수 있을 것이라는 것이다. 꿈은 분명히 이와 같은 계획을 별로 생각하지 않고 있다. 그녀가 강을 혼자서 건너려고 했을 때 자기의 인격화, 즉 작지만 초자연적으로 힘이 센 소녀가 그녀를 도와준다.

그러나 자기를 나타내는 인간의 형태, 즉 젊은이냐 늙은이냐 하는 것은 자기가 꿈이나 환상에 나타나는 많은 방법 중의 하나에 불과하다고 하겠다. 그리고 그 연령에 여러 가지 차이가 있는 것은 자기가 우리들의 온 생애를 통하여 우리와 공존하고 있다는 것을 나타내는 삶의 흐름을 초월하여 존재하고 있음을, 즉 시간 경험을 만들어내는 것을 초월해서 존재하고 있다는 것을 나타낸다.

'자기'는 우리들의 의식적인 시간의 경험(우리들의 시·공의 차원)에 포함되지 못할 뿐만 아니라, 그것은 어디든지 동시에 편재한다. 더군다나 '자기'는 종종 공간적인 편재성을 시사하는 형태를 취하고 나타난다. 말하자면, '자기'는 거대한 상징적인 인간으로 우주 전체를 끌어안든지 얼싸안든지 하는 거대한 상징적 인간으로 나타난다. 이 이미지가 어느 개인의 꿈에 나타나면 우리는 그 개인의 갈등에 어떤 창조적 해결이 이루어진 것이라는 희망을 갖는데, 그 이유는 그 난관을 극복하기 위하여 이제 중대한 정신의 중심이 활동을 개시하기 때문이다. 즉, 존재 전체가 하나로 응집되는 것이다.

이와 같은 우주적 인간의 상이 많은 신화와 종교적 가르침에 나타나는 것은 당연하다. 일반적으로 우주적 인간은 도움을 주는 긍정적인 존재로 되어 있다. 그는 아담으로 나타나기도 하고, 페르샤의 가요 마르트나 힌두의 푸루샤로 나타나기도 한다. 이러한 상을 전 우주의 근본 원리로 설명하는 경우도 있다. 예를 들면 고대의 중국인들은 모든 것이 창조되기 이전에 반고라는 거대한 신인(神人)이 있었고, 그가 하늘과 땅에게 형태를 부여한 것이라고 믿어왔다. 반고가 울어서 그의 눈물이 황하와 양자강을 이루었고, 숨을 쉬니까 바람이 일었고, 말을 하니까 천둥이 쳤으며, 그가 사방을 둘러보니 번개가 번쩍였다는 것이다. 그가 기분이 좋으면 날씨가 개였고, 그의 기분이 우울하면 구름이 끼어 흐렸다. 그가 죽었을 때에는 그가 쪼개져서 그의 몸으로부터 중국의 5개 성산(聖山)이 솟아났다. 그의 머리는 동부에 있는 타이산이 되고, 그의 몸체는 중부에 있는 숭산이 되고, 그의 오른팔은 북부에 있는 항산(恒山)이 되고, 왼팔은 남부에 있는 형산(衡山)이 되고, 그의 두 다리는 서부에 있는 후와산이 되었다. 그리고 그의 두 눈은 해와 달이 되었다.

우리는 이제까지 개성화 과정에 관계되는 상징적 구조는 4라는 수의 주제에 기초한다는 것을 관찰해왔다. 말하자면 의식의 4가지 기능이라든가, 아니마나 아니무스의 4가지 단계 등이다. 4의 주제는 여기에서도 반고의 우주적인 형태로서 나타난다. 단지 특수한 조건에 있어서만이 4 이외의 수의 조합이 정신적 소재로서 나타나는 것이다. 정신적 중심이 아무런 방해도 받지 않고 자연스럽게 나타나면 4단계의 특징이 생긴다. 다시 말하자면 4등분이나, 그밖에 4, 8, 16 등의 일련의 숫자에서 생기는 다른 구조가 특징이 된다. 16이라는 숫자는 4×4로 구성되어 있기 때문에 특히 중요한 역할을 한다.

서양 문화에 있어서는 우주적 인간과 유사한 관념을 최초의 인간인 아담에게 소속시킨다. 유태인들의 전설에 의하면 신이 아담을 창조할 때 적색, 흑색, 백색, 그리고 황색의 흙을 사방에서 가져왔기 때문에 아담은 "세상의 이 끝에서 저 끝까지 닿아 있다"고 한다. 아담은 몸을 굽히면 머리는 동쪽에 있고 발은 서쪽에 있다. 또 다른 유태인의 전설에 의하면 모든 인류는 대초부터 아담에게 내포되어 있었다는데, 그것은 모든 태어난 사람들의 혼이 아담에게 내포되어 있었다는 것을 뜻한다. 그러므로 아담의 영혼의 상징에서는 개인적 단위를 넘어서 모든 인간 존재를 전체적인 하나의 것으로 보는 개념이 뚜렷하게 나타나 있다.

고대 페르샤에 있어서는 유사한 최초의 인간을 가요마르트라고 불렀는데, 빛을 발하는 거대한 상으로 묘사되었다. 그가 죽을 때 그의 몸에서 온갖 종류의 쇠붙이가 나왔는데, 그의 영혼에서는 황금이 나왔다. 그의 정액이 땅에 떨어지고 거기에서 최초의 인간 부부가 대황초의 모습으로 나타났다. 중국의 반고도 역시 식물처럼 잎으로 덮여 있었다는 것은 유의할 만하다. 그 이유는 아마도 최초의 인간은 동물적 충동이나 자기 의지 없이 존재하였던, 스스로 자라난 생명의 단위라고 생각했기 때문일 것이다. 티그리스 강변에 사는 사람들 가운데에서는 아담은 아직도 숨은 전(全) 인류의 초(起) 영혼, 혹은 신비로운 '수호신'으로 숭배되고 있다. 이 들은 아담이 대추야자나무에서 왔다고 여기는데, 이것은 식물 주제의 또 하나의 반복이라 하겠다.

동양이나 서양의 그노시스 파 사람들 사이에서는 우주적 인간은 구적 외적 현실이라기보다는 내적 정신의 이미지라고 인식되었다. 예를 들면 힌두 신화에 의하면 우주적 인간은 개인 속에 존재하면서 영생하는 유일한 부분이다. 이 내적인 '위대한 사람'은 개인을 창조와 고통 밖으로 끌어내어 본래의 영원한 세계로 되돌려 보내는 것으로써 구원하여 준다. 그러나 인간이 그를 인정하고, 자신의 장에서 깨어나서 인도를 받을 때에만 그는 그렇게 할 수 있다. 고대 인도의 상징적 신화에서는 이 상이 푸루샤라고 알려졌는데, 이 이름은 단순히 '사람'이란 뜻이다. 푸루샤는 모든 사람의 마음속에 살아 있는 동시에 그는 우주 전체를 가득 채운다.

많은 신화들이 전하는 바에 의하면, 이 우주적 인간은 모든 생명, 모든 창조의 시작일 뿐만 아니라 마지막 목표이다. 중세기의 현자 마이스터 에크하르트는 "밀은 모든 곡물의 성질을 의미하며, 금은 모든 보물의 성질을 의미한다."라고 하는데, 이 말을 심리학적 관점에서 살펴도 과연 그렇다. 각 개인의 모든 내적인 마음의 현실은 궁극적으로는 이 원형적인 상징, 즉 자기를 지향하고 있다.

실제적인 말로 표현한다면 인간의 존재를 개개의 본능이나 목적을 가진 메커니즘(예를 들면 허기, 힘, 성, 생존, 종의 보존 같은 것)으로 충분히 설명할 수 없음을 의미한다. 즉, 인간의 주된 목적은 인간이 되는 것이지 먹고 마시는 것이 아니라는 뜻이다. 이상과 같은 본능적 욕구보다는 우리들의 내적이며 정신적인 현실이 상징으로밖에는 표현할 수 없는 살아 있는 신비를 현시하는 것을 보다 잘 돕는다는 것을 뜻한다. 그리고 무의식은 그것을 현시하기 위하여 우주적 인간이라는 강한 이미지를 종종 선택하는 것이다.

서양 문화에서는 우주적 인간이 광범위하게 그리스도와 동일시되고 있다. 동양에서는 크리슈 혹은 불타와 동일시 된다. 구약성서에서는 같은 상징적 인물이 '사람의 아들'로 나타나고, 유태교의 신비주의에서는 아담 카드몬이라고 한다. 그 후의 고대 종교운동에서는 단순히 안드로푸스(그리스어로 인간이라는 뜻)라고 불렀다. 모든 상징과 마찬가지로 이 이미지는 미지의 비밀, 즉 인간 존재에 대한 궁극적인 불가지의 의미를 나타낸다.

이제까지 주시해온 바와 같이 어떤 류의 전통은 우주적 인간이 창조의 목표가 가능하지만 이 목표의 달성이 외적으로 가능한 것이라고 생각해서는 안된다고 주장한다. 예컨대 힌두교의 관점으로는 외적 세계가 어느 시기에 가서 용해되어 본래의 '위대한 사람'이 되어버린다기보다는 우주적 인간이 되는 길을 열어 가려고 외적 세계를 향하는 자아의 외향성이 사라진다. 이것은 자아가 '자기' 속에 몰입할 때에 생긴다. 자아의 표상의 산만한 흐름(이것은 이 생각에서 저 생 각으로 옮아간다)이나, 자아의 욕망(이것은 한 대상에서 다른 대상으로 옮겨간다)은 마음속의 '위대한 사람'과 만날 때에 가라앉는다. 우리에게 있어서 외적인 세계는 우리가 의식할 때에만 존재한다는 것과 그것이 스스로 존재하는지는 우리가 입증할 수 없다는 것을 잊지 말아야 한다.

여러 가지 문화나 여러 시대에서 보여지는 많은 예들은 '위대한 사람'의 상징이 보편성을 지녔음을 보여준다. 그의 이미지는 우리들의 삶의 근본적인 신비의 목표, 또는 표현으로서 인간의 마음속에 존재한다. 이 상징은 완전하고 전체적인 것을 대표하므로 그것은 양성을 다 지닌 존재로 종종 생각된다. 이와 같은 형태를 취함으로써 이 상징은 가장 중요한 심리적 대립자인 남성과 여성을 화해시킨다. 이와 같은 결합은 또한 꿈에서 신이나 왕이나 그밖의 훌륭한 부부로서 등장하는 수가 많다.

47세의 남자가 꾼 다음과 같은 꿈은 '자기'의 이러한 측면을 매우 극적인 방법으로 보여 준다.

'나는 어떤 높은 장소에 서 있었다. 아래에는 검고 큰 그리고 딱딱하지만 털 손질이 잘된 예쁜 암곰 한 마리가 있었다. 그 곰은 뒷발로 석관 위에 서서 평평한 계란 모양의 검은 돌을 갈고 있었고, 그 돌은 더욱 광택이 났다. 얼마 멀지 않은 곳에 암사자 한 마리가 새끼들을 데리고 같은 일을 하고 있었다. 그러나 사자들이 갈고 있는 돌은 더 크고 둥근 모양을 하고 있었다. 조금 있다가 그 곰은 뚱뚱하고 털과 검은 눈이 반짝이는 나체의 부인으로 변했다. 나는 그녀에게 약간 에로틱한 유혹의 몸짓을 했다. 그러자 별안간 그녀는 나를 잡으러 다가왔다. 나는 겁이 나서 급히 앞에 있는 빌딩 안으로 도망쳤다. 그 뒤에 나는 많은 여인들에게 포위되었다. 그 중의 반은 미개인들로 검은 털이 윤기가 있었다. (마치 그들은 동물이 변신한 것 같았다.) 다른 반수는 우리와 같은 시대의 부인들이었다. (말하자면 같은 국적의) 부인들이고 머리는 금발과 갈색이었다. 미개한 여인들은 매우 감상적인 노래를 큰 소리로 음울하게 부르고 있었다. 젊은이 한 사람이 매우 화려한 마차를 타고 왔다. 그는 머리에 금관을 쓰고, 그 금관은 번쩍이는 루비로 장식되어 있었다. 매우 그럴싸한 광경이었다. 그의 옆에는 금발의 젊은 여성이 앉아 있는데, 아마 그의 부인일 것이었다. 그러나 왕관은 쓰지 않았다. 앞의 암사자와 그의 새끼들이 이 부인으로 변신했다는 인상을 주었다. 그들은 이 미개한 여인들 속에 끼어 있었다. 곧 모든 여자들(미개한 여자들과 그밖의 여자들)이 함께 장엄한 노래를 부르기 시작했다. 그리고 왕의 마차는 서서히 지평선을 향하여 사라져 갔다.'

여기에서 꿈을 꾼 사람의 정신의 내적 중심은 우선 왕 부처의 모습으로 나타나는데, 이것은 그의 무의식 속의 동물적 성격의 심층과 미개한 층에서 나타난다.

처음에 나타난 암곰은 일종의 어머니 여신이다. (예를 들면 그리스에서는 아르테미스를 암곰으로 숭배한다.) 곰이 갈고 닦아 내고 있던 검은 계란형의 돌은 다분히 꿈을 꾼 사람의 가장 내적인 존재, 즉 그의 참 인격을 상징하는 것이리라. 돌을 갈고 닦고 하는 것은 고대의 인간들이 하는 행위로 알려져 있다. 유럽에서는 나무껍질로 싸서 동굴의 속에 감추어 두었던 거룩한 '돌'이 도처에서 발견된다. 아마 신의 힘을 가졌다고 생각하여 그 돌을 거기다 둔 것은 석기시대의 사람들이었을 것이다. 지금은 오스트레일리아 토인들 중에는 그들의 죽은 조상들이 덕이 높은 신적인 힘이 되어서 돌 속에 살아 있다고 믿는 사람들이 있다. 그리고 그 돌을 닦으면 그 힘이 증가하여 (마치 전기 충전처럼) 산 사람에게도 죽은 사람들에게도 유익하다고 믿는 것이다.

이 꿈을 꾼 남자는 그 무렵 한 여자와 혼약을 맺기를 거절해 왔었다. 이러한 삶의 상태에 빠지는 것을 두려워한 나머지 그는 꿈 속에서도 곰 여성을 피하여 달아났다. 그는 거기에서 사건에 말려들지 않고 방관할 수 있었다. 공포로 인하여 돌을 간다는 주제를 통하여 무의식은 그가 삶의 이와 같은 측면과 접촉해야 한다는 것을 그에게 가르쳐 주려는 시도를 하고 있는 것이다. 결혼 생활의 마찰을 통하여 그의 내적 존재가 형성되고 연마될 수 있다는 것이리라.

돌을 갈면 돌은 거울같이 되어 곰 여인은 자신을 비추어 볼 수 있다. 이것은 인간의 영혼은 지상의 접촉과 고통을 받아들이고 나서야 거울이 되어 신적인 힘이 스스로를 비추어 볼 수 있다는 것을 뜻한다.

그러나 꿈을 꾸는 사람은 높은 곳으로 달아나서 인생의 모든 요구를 회피하는 여러 가지 생각으로 도피해 들어간다. 꿈은 계속해서 그가 인생의 요구를 회피하면 그의 영혼(아니마)의 일부는 분화되지 않고 끝나버릴 것이다. 이 사실은 반은 미개하고 반은 문명화된, 정체가 불분명한 여인들에 의하여 설명되었다.

암사자와 그의 아들이 등장하는데 그들이 둥근 돌을 가는 일에 나타난 바와 같이 개성화를 지향하는 신비한 인격화를 보이고 있다. (둥근 돌은 자기를 상징한다.) 왕 부부인 사자들은 그 자체가 전체성을 상징한다. 중세기의 상징에 있어서 철학자의 돌(인간의 진체성을 나타내는 최고의 상징)은 한 쌍의 사자나 사자를 타고 가는 부부로 표현된다. 상징적으로 말하자면 이것은 개성화에의 욕구는 종종 숨겨진 형태로 나타난다는 것을 보여준다. 여기에서는 남에 대한 압도적인 정열 속에 감추어져 있다. 실제로 자연스러운 애정의 척도를 넘는 정열은 궁극적으로 전체성을 달성하려는 신비를 노린다. 그러므로 사람이 일단 정열적인 사랑에 빠지면 그 상대자와 일체가 되는 것이 삶의 유일한 가치 있는 목표라고 느끼게 되는 것이다.

이 꿈에 있어서 전체성의 이미지가 한 쌍의 사자의 형식을 띠고 있는한 아직도 상술한 것과 같은 정열 속에 빠져 있는 것이다. 그러나 사자의 수컷과 암컷이 왕과 왕비로 변한 때에 있어서는 개성화를 추진하는 힘이 의식적인 실현의 수준에까지 도달해 있다. 그리고 이제야말로 자아는 그것을 인생의 참 목표로써 이해할 수 있게 된 것이다.

"사자가 인간의 모습으로 변모하기 이전에는 미개한 여성들만이, 감상적으로 노래를 불렀는데, 그것은 꿈을 꾼 사람의 느낌이 미숙하고 감상적인 수준에 머물러 있었다는 것을 보여 준다고 하겠다. 그러나 사자가 인간화한 것을 축하하기 위하여 미개한 여인들과 개화된 여인들이 함께 공통의 찬가를 불렀다. 그 통합된 형태로서의 감정 표현은 아니마 속의 내적인 분열이 이제야 내적인 조화로 변화했음을 나타내고 있다.

'자기'의 인격화를 보여 주는 또 다른 예가 한 여인의 소위 '능동적 상상'이라는 것에 대한 보고에 나타나 있다. 능동적 상상이란 상상으로 명상하는 하나의 방법을 말하는 것이며, 그 방법에 의하여 의도적으로 무의식과의 접촉을 도모하고, 정신적 현상과 의식적인 관련을 짓는 것이다. 능동적 상상은 융이 발견한 것 중에서도 중요한 것 중의 하나이다. 이것은 어느 정도까지 동양의 명상법, 즉 선 불교의 선이나, 탄트라교의 요가나 혹은 서양의 기법으로써 제수이트파의 엑셀시아 등과 비길 수 있는 것이지만, 명상하는 사람이 아무런 의식적 목표도 프로그램도 안 가졌다는 점이 근본적으로 다르다. 그러므로 이 명상은 자유로운 한 개인이 단독적인 실험으로서 무의식을 지배하려는 유도적 시도와는 전혀 다르다. 그러나 지금 여기에서 능동적 상상에 대한 상세한 분석을 할 수는 없다. 독자들은 능이 이것에 관하여 논한 '초월 기능'이라는 논문을 참고할 수 있을 것이다.

그 여자의 명상에 있어서는 '자기'가 사슴으로 나타나서 사슴이 자아에게 이렇게 말한다.

"나는 고대의 아이이며 그대의 어머니이다. 사람들이 나를 '결연시키는 동물'이라고 하는데, 까닭은 내가 들어가면 사람과 동물과 심지어는 돌까지도 서로 연결지어 주기 때문이다. 나는 그때의 운명이요 또는 '객관적인 나'이다. 내가 나타나는 때에는 그대를 무의미한 삶의 위험에서 구출해 준다. 내 속에서 타오르는 불은 자연 전체 속에서 타고 있다. 그것을 상실한 사람은 자기 중심적이 되고, 쓸쓸하고, 방향을 잃게 되며 나약해진다."

'자기'는 종종 등불로 상징되고, 우리의 본능의 성격과 그 성격의 환경과의 결부를 가리킨다. (그래서 신화와 옛날 이야기에는 많은 유익한 동물들이 있는 것이다.) 이처럼 '자기'가 에워싸고 있는 환경 및 우주전체와 관계를 갖는 것은 우리의 정신의 '핵심'이 어떤 의미에서는 외적으로나 내적으로나 전세계 속에 짜여져 있다는 사실 때문인 것이다.

생명의 보다 높은 현현은 모두 그것을 둘러싼 시간과 공간의 연속성과 조화를 이루고 있다. 예를 들면 동물은 그 자신의 특정한 식물이나 둥지를 트는 특정한 재료를 가지고, 일정한 영역에서 산다. 이 모든 것과 동물의 본능적 양식은 정확히 조화를 이루고 순응한다. 시간의 리듬도 또한 그 역할을 하고 있다. 즉, 초식동물의 태반은 풀이 가장 풍요로울 때에 새끼를 낳는다는 사실만 보아도 알 수 있는 것이다. 이러한 점들을 염두에 두고, 어떤 저명한 동물학자는 모든 동물의 '내적인 것'은 그것을 에워싼 환경 속으로 뻗쳐져서 시간이나 공간을 '심화'시킨다고 기술하고 있다.

우리들의 이해를 아주 초월하는 방법으로 우리들의 무의식은 우리들을 에워싸고 있는 것들, 즉 우리가 속해 있는 단체, 사회 전반, 그리고 그것들을 넘어서서 시간과 공간의 연속성과 자연 전체와 조화를 유지한다. 그리하여 나스카피 인디언의 '위대한 사람'은 단지 내적 진실을 명백히 할 뿐만 아니라 언제 어디에서 사냥을 하면 좋을 것인가 하는 암시까지도 준다. 이렇게 나스카피족의 사냥꾼은 마술적인 노래의 가사와 곡조는 꿈에서 얻어내고, 이것으로 동물들을 끌어들인다.

그러나 무의식이 주는 이와 같은 특수한 도움은 미개인에게만 주어진 것만은 아니다. 융은 꿈이 문명인에게도 그가 내적이나 외적인 삶의 문제들을 뚫고 길을 찾아 나가기 위하여 필요한 안내를 해 준다는 것을 발견했다. 많은 꿈들이 우리들의 외적 생활 및 환경의 세부와 관련되어 있는 것이 사실이다. 창 밖에 있는 나무라든가, 자신의 자전거, 자동차 혹은 산책 길에 주워 온 돌맹이 같은 것이 우리의 꿈의 생활을 통하여 상징의 수준까지 높여져서 중요성을 지니게 되는 것이다. 우리가 냉담하고 비인간적이고 무의미한 우연의 세계에 살지 않고 우리들의 꿈에 주의를 기울이면 우리는 중요한 숨은 질서를 지닌 현상으로 차 있는 우리들 자신의 세계에 들어가게 될 것이다.

그러나 우리들의 꿈은 일반적으로 외적 삶에 적응하는 일과는 상관이 없고, 우리의 문명 사회에서는 대부분의 꿈이 자아에 의하여 '자기'를 올바르게 향하는 내적 태도와 상관이 있다. 이러한 관계는 미개인에게 있어서보다 우리들 문명인에게 있어서 현대적인 사고방식과 행위 때문에 훨씬 더 장애를 받기 때문이다. 미개인들은 직접 내적 중심으로부터 살지만, 우리는 의식의 뿌리가 뽑혔기 때문에 외적이고 매우 이질적인 것들과 얽혀서 '자기'의 메시지가 그것을 뚫고 우리에게 도달하기가 어렵다. 우리들의 의식적인 마음이 뚜렷한 '현실적인' 의식 세계라는 환상을 계속해서 만들어 내기 때문에 많은 다른 지각을 방해하는 것이다. 그러나 우리는 무의식적 상징을 통하여 우리들의 정신적 및 신체적 환경과 설명하기 어려운 관련을 갖고 있는 것이다.

'자기'가 종종 돌에 의하여 (천한 돌이건 귀한 돌이건 상관없이) 상징된다는 사실은 이미 이야기되었다. 우리는 이와 같은 예를 암곰과 사자들이 닦는 돌에서 보았다. 정신의 중심인 '자기'가 수정으로 나타나는 경우도 많다. 수정이 지닌 수학적으로 정밀한 형태는 생물이 아닌 물질에 있어서도 정신적 질서를 부여하는 원리가 작용하고 있음을 직감적으로 느끼게 해 준다. 그래서 수정은 극단적인 대립의 합일, 즉 물질과 정신의 합일을 상징적으로 나타낸다.

아마도 수정이나 돌은 '있는 그대로'의 성질 때문에 '자기'의 상징으로서는 특히 적절하다고 하겠다. 많은 사람들은 조금이라도 색다른 돌이 보이면 왠지는 몰라도 가지고 가서 보존하고 싶어 한다. 마치 그 돌이 인간의 마음을 사로잡을 만한 무슨 비밀을 가지고 있는 듯하다.

인간은 역사가 시작된 이래 돌을 수집해 왔으며, 어떤 종류의 돌은 신비한 생명력을 지니고 있다고 생각되어 왔다. 예를 들면 고대의 게르만인들은 죽은 사람의 영혼이 비석 안에서 계속 살아 있다고 믿었다. 묘지에 돌을 놓는 풍습은 죽은 사람의 영원한 무엇인가가 거기에 머물러 있어, 그것은 돌에 의해 표시하는 것이 가장 적절하다는 상징적인 생각 때문이었을 것이라고 생각된다.

인간은 모든 점에서 돌과는 상이한 것이지만, 인간의 아주 내적인 중심은 불가사의한 특별한 의미에서 돌을 닮았다. 다분히 돌은 자아의식의 정서, 감정, 공상, 혹은 산만한 생각 등으로부터 가장 먼 존재를 상징하고 있기 때문이리라. 아마도 이러한 의미에서 돌은 가장 단순하면서도 가장 깊은 체험, 말하자면 인간이 영영 죽지 않고 변하지 않는 존재라고 느끼는 순간에 경험하는 영원한 체험 같은 것을 상징하고 있는 것이다.

모든 문명에 있어서 유명한 사람들과 중대한 사건이 있었던 유적을 기념하기 위하여 돌을 세우고 싶어 하는 것은 돌이 이러한 상징적인 의미를 지니고 있는 데서 유래한 것이라 하겠다. 야곱이 그의 유명한 꿈을 꾼 곳에 세운 돌이나, 어느 지방의 성자나 영웅들의 묘 앞에 일반인들이 갖다 놓은 돌들은 돌의 상징이 아니고는 나타낼 수 없는 어떤 경험을 표현하고 싶었던 인간적 욕망의 원래의 성격을 보여 주는 것이라 하겠다. 많은 종교적 신앙이, 신을 의미하거나 신을 섬기는 장소를 표시하는 데 돌을 사용한 것은 놀라운 일이 아니다. 회교의 세계에서 가장 거룩한 장소를 카아바라고 하는데, 그것은 메카에 있는 검은 돌로서 모든 신앙심이 깊은 회교도들이 순례하기를 염원하는 곳이다.

그리스도교 교회의 상징에 의하면 그리스도는 '건축 장인이 버린 돌'이며, 그것은 또한 '모퉁이의 머릿돌'이 되었다. (신약성서 누가 복음 20장 17절) 그리스도는 또한 '생명수가 샘솟는 영적인 바위'라고도 불리운다. (신약성서 고린도 전서 10장 4절)

신을 찾으려고, 또는 적어도 신의 활동을 보려고 과학 이전의 방법으로 물체의 비밀을 찾으려 했던 중세기의 연금술사들은 그 비밀이 유명한 '철학자의 돌'로 구체화된 것이라고 믿었다. 그러나 어떤 연금술사들은 그들이 그렇게도 필사적으로 찾아 온 돌은 인간의 정신 속에서만 발견할 수 있는 어떤 것을 상징하고 있음을 어렴풋이 깨닫고 있었다. 아라비아의 늙은 연금술사였던 모리에누스는 다음과 같이 말했다.

"이것(철학자의 돌)은 그대로부터 빼내었다. 그대가 그것의 소재이며, 그것은 그대 안에서 발견할 수가 있다. 보다 분명히 말하자면 그들(연금술사)은 그것을 그대에게서 가져간다. 그대가 이것을 깨달으면 돌에 대한 사랑과 인식은 그대 안에서 싹틀 것이다. 이것은 의문의 여지 없는 진실이라는 것을 잊지 말지어다."

연금사의 돌(lapis)은 절대로 없어지지도 녹지도 않는 영원한 것을 상징한다. 연금사들은 이것을 그들의 영혼 속에서 신을 경험하는 신비와 비교한다. 그 돌을 숨기고 있는 무익한 모든 외적인 정신적 요소들을 태워 없애버리는 것은 긴 고뇌의 길이다. 그러나 생애에 한번 쯤은 '자기'의 깊은 내적 체험이 일어난다. 심리학적 견지에서 볼 때에 순수한 종교적 태도가 이와 같은 특이한 경험을 발견하려는 노력으로 이루어졌고, 서서히 그 경험과 조화를 이루려고 한다. 돌 자체가 어떤 의미로 영원성을 지녔다는 점이 여기에 관계된다. 그러므로 '자기'는 내적인 동반자가 되고 그는 자기에 대하여 끊임 없는 관심을 기울인다.

'자기'의 가장 높고 가장 자주 나타나는 상징이 돌이라는 무기물이 라는 사실은 탐구되어야 할 또 하나의 분야가 남아 있음을 가리킨다. 말하자면 우리가 무의식적 마음이라고 부르는 것과 물질이라고 부르 는 것 사이에는 아직도 미지의 관계가 있는데, 그것은 정신신체의학 이 파악하려고 애쓰는 것이다. 아직도 정의나 설명이 안된 이와 같은 관계를 연구하는 데 있어서, (정신과 물질은 실제로 하나의 현상인 것이 며, 하나는 '안쪽'에서 본 것이고, 또 하나는 '바깥쪽'에서 본 것이라는 것이 증명될지도 모른다.) 융은 '동시성(同時性)'이라는 새로운 개념을 내놓았다. 이 용어는 인과적으로는 관계하고 있지 않은 외적 사상과 내적 사상의 '의미 있는 우연의 일치'를 뜻하는데, 여기에서 '의미 있는'이라는 말이 특별히 강조된다.

만일 내가 코를 풀고 있는데 비행기가 눈 앞에서 추락한다면, 이것은 의미가 없는 사건들의 우연의 일치이다. 그러나 만일 내가 푸른 상의를 하나 샀는데 그 상점이 착각하여 검은 상의로 배달해 주었고, 그 날이 마침 우리 친척이 죽은 날이었다고 한다면, 이것은 의미가 있는 우연의 일치라고 할 것이다. 이 두 사건이 인과적으로 관계되어 있지는 않지만 그것들은 우리 사회가 부여하는 검은 색깔에 대한 상징에 의하여 연결되어 있다.

융이 개인의 삶에 있어서 그와 같은 의미 있는 우연의 일치를 관찰할 때마다, 그것은 (개인의 꿈이 보여 주는 대로) 관련된 개인의 무의식 속에서 한 원형이 작용하고 있는 것 같다. 지금 내가 든 검은 상의의 예도 이것을 설명한다면 이 경우에 검은 상의를 받은 사람이 죽음의 주제를 가진 꿈을 꾸었을지도 모른다. 그것은 마치 저변에 깔려 있는 원형이 자체를 내적 및 외적 사건에다 동시에 나타내고 있는 듯한 생각이 든다. 그 공통분모는 상징적으로 제시된 하나의 메시지, 즉 이 경우에 있어서는 죽음에 관한 메시지이다.

어떤 유형의 사건들이 어떤 때에는 한데 뭉쳐서 나타나기 쉽다는 것을 인정한다면 우리는 중국인들의 태도를 이해할 수 있게 된다. 중국인들의 의학, 철학, 심지어는 건축의 이론까지도 의미 있는 우연의 일치에 관한 '과학'에 기초하고 있다. 고전적인 중국의 문헌은 무엇이 무엇의 원인이 되었는가를 문제삼지 않고, 오히려 무엇이 무엇과 함께 일어 나기 쉬운가를 문제시하였다. 그것은 점성술의 저변에 깔린 주제와도 같은 것이다. 그런 식으로 많은 문명들이 신탁을 받거나 전조에 주의를 기울이는 일에 의존하고 있었다. 이와 같은 것들은 직선적 인과관계에 의존하는 것과는 다른 우연성에 관하여 설명을 덧붙여 보려는 시도이다.

동시성의 개념을 만들어내는 데 있어서 융은 정신과 물질의 내적인 관련성에 우리가 깊이 들어갈 수가 있을 듯싶은 하나의 방법을 제시하고 있다. 돈의 상징이 지시하고 있는 것 같이 생각되는 것은 바로 이와 같은 관계이다. 그러나 이것은 아직도 완전한 진공상태로서 연구가 충분히 되어 있지 않은 문제이므로 자라나는 심리학자들과 물리학자들이 다루어야 할 문제이다. 동시성에 관한 나의 논의가 나의 주제를 벗어난 느낌이 들지만 나는 최소한 거기에 관하여 소개라도 해둘 필요가 있다고 느낀다. 그 이유는 장래의 연구와 응용의 가능성에 기대가 큰 융학파의 가설이기 때문이다. 그뿐 아니라 동시성의 사건들이 개성화 과정의 매우 중요한 면에서 꼭 동반되어 있기 때문이다. 그러나 그것들이 눈에 띄지 않고 지나치고 마는 경우가 많다. 왜냐하면 우리들이 그와 같은 우연의 일치를 발견하고, 자신들의 꿈과 관련하여 의미를 찾아내는 것을 체득하지 못하였기 때문이다.

7. 자기와의 관계

　오늘날 점점 많은 사람들이, 특히 대도시에 살고 있는 사람들이 무서운 공허감과 지루함에 시달리고 있다. 그들은 마치 결코 오지 않을 무엇인가를 기다리며 살고 있는 것 같다.

　영화나 텔레비전이나 스포츠 관람, 그리고 정치적인 흥분은 잠시동안 기분 전환을 시켜주지만, 그것도 계속 되풀이되어서 사람들을 피곤하게 하고, 흥미를 끌지 못하게 되어서, 사람들은 그들 자신의 삶의 소비장으로 되돌아 갈 수밖에 없다.

　현대인에게 있어서 아직껏 가치가 있는 유익한 모험은 무의식적 정신의 내부 영역에 자리하고 있다. 이와 같은 생각을 막연히 지니고서 많은 사람들이 요가나 또 다른 '동양적인' 수행에 관심을 쏟는다. 그러나 이러한 것들에 의하여 진실한 새로운 모험에 이르지는 못하는데 왜냐하면 이러한 것들을 통하여 사람들은 자기 자신의 내적인 생명의 중심과 직접적으로 만나는 일은 없이 단지, 이미 인도인들이나 중국인들에게 알려져 있는 것을 인수할 뿐이기 때문이다. '동양적' 방법이 마음을 집중시켜서 내계로 향하게 하는 데 도움이 되는 것은 사실이지만 (그리고 이 방법은 분석적인 수법의 내향성과 어느 면에서는 유사한 것인데) 거기에는 매우 중요한 차이가 있다. 융은 인간이 혼자서 도움 없이 자기의 내적 중심에 이르는 길을, 그리고 무의식의 살아 있는 비밀과 접하는 방법을 발전시켰다. 그것은 이미 익히 알려진 길을 따라가는 것과는 전혀 다른 것이다.

'자기'의 살아 있는 현실에 불변의 많은 주의를 기울이고자 힘쓰는 것은 두 개의 단계에서 혹은 두 개의 상이한 세계에서 동시에 살려고 하는 것과 같은 것이다. 그 사람은 이전과 같이 외적인 외무에 마음을 향하지만, 동시에 꿈이나 외적 사건 속에 자기가 그 의도를 상징화하여 보이는 암시나 부호에 주의를 기울이는 것이다. 생명의 흐름의 움직이는 방향을 그것들에 의해 제시하는 것이다.

옛날 중국의 고전에서는 이러한 경험에 대하며 기술하는데, 쥐구멍을 지켜보고 있는 고양이의 비유가 종종 나타난다. 어떤 고전에서 말하기를, 사람이란 잡념이 들지 않도록 자신을 허용해서는 안되지만, 그 의도가 너무 두드러지게 날카로워서도 안된다. — 그렇다고 너무 둔해서도 안된다고 한다. 지각에는 엄밀하게 말해서 적절한 수준이 있는 것이다.

"수련이 이와 같은 식으로 행해진다면…… 시간이 지날수록 효과가 나타날 것이고, 원인이 결실을 볼 때가 되면, 익은 열매가 저절로 떨어지듯이, 그것을 우연히 건드리거나 손이 닿으면 갑자기 최고의 자각에 이르게 된다. 이것은 수행자가 물을 마셔 보고 그것이 찬지 더운지를 혼자만이 알고 있는 것 같이 느끼는 경지에 이른 순간이다. 그는 모든 의아심에서 해방되어, 기도에서 아버지를 만난 것과 같은 행복을 체험하는 것이다."

이렇게 하여 일상의 외적인 삶 중에서 돌연히 발흥하는 내적인 모험에 사로잡히게 된다. 그것은 각 개인에게 있어서 특이한 것이므로 흉내를 낼 수도 없고 훔쳐갈 수도 없다.

인간이 자신의 영혼의 중심과의 접촉을 잃어버리는 이유는 두 가지가 있다. 그 중의 하나는 어떤 단일한 본능적 욕구나 정서적 이미지가 그를 일방적으로 기울게 하여 중심을 잃게 하는 것이다. 이것은 동물에게서도 일어나는 현상인데, 예를 들면 성적 흥분에 사로잡힌 수사슴은 자신의 허기와 안전을 망각하게 된다. 이와 같은 일방성과 그 결과로 나타나는 평형의 사실을 미개인들은 '영혼의 상실'이라고 하며, 이것을 두려워 한다. 내적 균형을 위협하는 또 하나의 원인은 지나친 공상인데, 보통 은밀히 특정의 콤플렉스 주변을 맴돈다. 사실 공상이 생기는 것은 공상이 사람과 그의 콤플렉스를 이어 주기 때문이라고 하겠다. 동시에 공상은 그 사람의 의식의 집중과 지속을 위협한다.

두 번째의 장해는 그와는 정반대로, 자아의식의 지나친 강화에서 비롯된다. 문화적 활동을 하기 위해서는 의식의 훈련이 필요하지만 (철도의 건널목지기가 공상에 빠져서는 안되는 것을 우리는 알고 있다.) 훈련된 의식은 중심에서 솟는 충동과 메시지를 받지 못하도록 막으려는 중대한 결점을 갖는다. 그러므로 문명인들이 꾸는 많은 꿈들은 이 충동과 제시지를 받아들이는 능력을 회복하는 것에 관한 것이다. 그리고 그것은 무의식의 중심, 즉 자기에 대한 의식적 태도를 개선함으로써 시도된다. '자기'를 나타내는 신화적 표상 가운데서 세계의 네 모퉁이가 강조되어 있는데, 많은 그림에 있어서 '위대한 사람'은 넷으로 나눈 원의 한가운데에 그려져 있다.

융은 이 규칙적인 구조를 힌두어인 만다라(mandala, 마법의 원)라는 용어로 표현했다. 이 말은 인간의 정신의 '원자 핵'을 상징하는 것이다. 우리는 그것의 본질을 모른다. 이것과 관련하여, 나스카피의 사냥꾼들이 '위대한 사람'을 그림으로 그렸을 때 인간의 형태로 표현하지 않고 만다라의 형태로 표현한 것은 흥미로운 일이다.

나스카피들은 아무런 종교 의식이나 교리의 도움도 없이 직접 간단히 내적 중심을 경험하고, 한편 다른 곳에서는 잃어버린 내적 균형을 되찾기 위하여 만다라 주제를 사용한다. 예를 들면 나바호 인디언들은 만다라 모양을 모래에다가 그림으로써 환자와 환자 자신과의 조화, 그리고 환자와 우주와의 조화를 회복하고, 그리하여 그의 건강을 회복하려는 시도를 한다.

동양 문화에 있어서는 이러한 그림들이 내적 존재를 강화하기 위하여, 혹은 깊은 묵상에 들어가기 위하여 쓰인다. 만다라를 명상하는 것은 내적 평화, 즉 삶이 다시 의미와 질서를 찾는 느낌을 불러일으킨다는 뜻이다. 만다라가 또한 이러한 느낌을 전달하게 되는 것은 현대인의 꿈 속에 자연스럽게 나타날 때인데, 그 현대인들은 이와 같은 만다라의 종교적 전통의 영향을 받은 일이 없고, 그것에 관하여 아는 바도 없었을 것이다. 아마 그렇게 되면 효과가 더 클지도 모른다. 지식이나 전통이 오히려 자연스러운 경험을 흐리게 하거나 막는 경우가 때때로 있기 때문이다.

62세의 여인이 꾼 다음과 같은 꿈에서 자연스럽게 나타난 만다라의 예를 볼 수가 있다. 그것은 삶의 하나의 새로운 상황에 대한 서장으로 나타났는데 거기에서 이 여인은 매우 창조적이다.

나는 희미한 광선 속에서 풍경을 바라본다. 배경에는 언덕이 있고, 거기에 평평한 산봉우리가 이어져 있다. 언덕길을 따라서 정사각형의 금빛으로 빛나는 판이 움직인다. 전경에는 잘 경작이 된 검은 토지가 보이는데, 무엇이 돋아나기 시작한다. 그때 회색 석판으로 만든 둥근 탁자가 갑자기 나타나고, 동시에 예의 그 사각형의 판이 그 위에 와 선다. 그것이 언덕을 떠나서 왔는데, 그것이 왜, 어떻게 거기를 떠났는지 모르겠다.

꿈 속에서의 풍경은 (그림에 있어서도 마찬가지지만) 종종 표현할 수 없는 분위기를 상징한다. 이 꿈에 있어서 풍경의 희미한 빛은 낮의 의식 상태의 명료성이 흐려진 것을 나타낸다. '내적 자연'이 이제는 자체의 광선으로 스스로를 드러내게 되는데, 그래서 꿈을 꾼 사람이 우리에게 사각힘의 판이 지평선 위에 나타났음을 말해 준다. 지금까지는 '자기'의 상징인 사각형의 판이 꿈을 꾸는 사람의 정신적 지평선에 걸려 있는 직관적인 생각이었지만, 이제는 꿈 속에서의 그것의 위치를 바꾸어 그녀의 영혼의 풍경화의 중심이 된다. 오래 전에 뿌린 씨가 싹이 튼다. 꿈을 꾸는 사람이 자신의 꿈에 대하여 오랫동안 주의를 기울였는데, 이제 그것이 열매를 맺는 것이다. '위대한 사람'과 식물의 생명과의 관계가 생각난다.

이제 그 금빛 판이 갑자기 '오른쪽'으로 이동하는데 오른쪽은 사물이 의식화되는 쪽이다. 여러 가지 다른 뜻이 있지만 '오른쪽'은 종종 심리학적으로 의식적이고, 적응이 되고, 올바른 쪽을 뜻하는 것이다. 한편 '왼쪽'은 적응이 안되고 무의식적 반응 또는 좋지 않은 어떤 것까지도 뜻한다. 끝으로 금빛 판이 이동을 멈추고 둥근 석판으로 만든 탁자 위에 놓이게 된다. 이 점은 매우 깊은 의미를 갖는다. 그것이 영원한 기초를 찾아낸 것이다.

아니엘라 야페가 뒤에서 논하는 바와 같이 원(만다라의 주제)은 일반적으로 자연의 전체성을 상징한다. 그 반면에 사각형은 의식에 있어서 자연의 전체성을 인식하였음을 나타낸다. 이 꿈에 있어서는 사 각형의 판과 원형의 탁자가 서로 어울리고, 그리하여 중심에 대한 의식적인 인식이 임박해진다. 그런데 원형 탁자는 전체성을 나타내는 잘 알려진 상징으로서 신화에서 일역을 담당하는데, 예를 들면 아더왕의 원탁 같은 것인데, 그것은 또 최후의 만찬 때의 탁자에서 유래한 것이다.

실제로 언제든지 우리가 진지하게 내적 세계를 향하여 자신을 알려고 들때, (자신의 주관적인 생각이나 감징정에 대해서 관심을 돌린 것이 아니라 꿈이나 순수한 공상과 같은 객관적인 성격을 띤 표현에 따름으로써) '자기'를 나타내게 된다. 그러면 자아는 핵신의 가능성을 내포한 내적 힘을 발견하게 되는 것이다.

그러나 이제까지 간접적으로만 기술해 온 큰 난관이 존재한다. 그것은 무의식의 인격화된 것은 모두 — 그림자, 아니마, 아니무스, 자기 — 밝은 면과 어두운 면 양 쪽을 다 가지고 있다. 우리는 이미 '그림자'가 속악한 것, 즉 인간이 극복해야 할 본능적 욕구가 될 수도 있다는 것을 보았다. 그러나 그것은 또한 우리가 계발하고 추종해야 할 성장을 지향하는 충동일 수도 있다. 아니마와 아니무스도 마찬가지로 이중적인 면을 가졌다. 그것들은 생명을 부여하는 발전성과 창조성을 인격에게 갖다 주기도 하지만 무기력이나 죽음의 원인이 되기도 한다. 그리고 모든 것을 내포하는 무의식의 상징인 '자기'도 양면성을 갖는다. 그것은 몸집이 작은 여인이 주인공을 '달의 정령'으로부터 구해 주겠다고 했지만 결국에는 실제로 거미가 되게 한 에스키모 이야기의 예에서 보는 바와 같다.

'자기'의 어두운 면은 모든 것 중에서 가장 위험한 것이다. 정확한 이유는 '자기'가 마음속에서는 가장 큰 힘이기 때문이다. 그것은 사람들로 하여금 과대망상적이고 환상적인 생각을 자아내게 하고 마침내는 그들이 그 망상적인 생각에 사로잡히게 한다. 이러한 상태에 들어간 사람은 부푼 흥분 가운데서 큰 우주적인 수수께끼를 이해하고 풀었다고 생각한다. 그래서 그는 인간의 현실과의 접촉을 잃게 된다. 이와 같은 상태라는 것을 나타내는 뚜렷한 징후는 유머의 상실과 인간관계의 소실이다.

그러므로 '자기'의 출현이 인간의 의식적인 면을 다음과 같은 이란의 옛 이야기 '바드 바쟈드의 비밀'이 잘 설명해 준다.

위대하고 고귀한 왕자 하팀 타이는 임금님으로부터 신비의 바드 바쟈드(실제로 존재하지는 않는 성)를 탐험하라는 하명을 받는다. 많은 모험을 겪고 나서 성에 접근하였을 때, 거기까지 갔다가 돌아 온 자가 아무도 없다고 하는데도 불구하고 그는 그치지 않고 전진한다. 왕자는 거울을 든 이발사의 영접을 받고 그에게 이끌려 목욕탕으로 들어가지만 왕자가 탕 속에 들어 가자마자 뇌성 같은 소리가 울리고, 사방이 캄캄해지고, 이발사는 사라져버리고, 물이 점점 불어난다.

하팀은 물이 원형의 천장 꼭대기에 도달할 때까지 있는 힘을 다하여 헤엄치며 견딘다. 이제는 마지막인가 보다 하는 순간에 그는 기도를 하고 둥근 천장 가운데 달린 돌을 잡는다. 다시 뇌성 소리가 나더니 모든 것이 변하고 하팀 혼자서 사막에 서 있다.

오랫동안 고통스러운 방황을 한 뒤에 그는 아름다운 정원에 도달하는데 그 한가운데에는 석상들이 원을 그리고 둘러 서 있다. 그 석상들이 에워싸고 있는 한 가운데에는 앵무새가 들어 있는 새장 하나가 보이는데, 위에서 들려 오는 목소리가 그에게 다음과 같이 말한다. "오, 영웅이여, 그대는 아마도 이 성에서 빠져나갈 수는 없을 것이다. 옛날에 가요마트(최초의 인간)가 해와 달보다도 밝게 빛나는 거대한 다이아몬드를 발견했는데, 그는 그것을 아무도 찾을 수 없는 곳에 숨겨두기로 하고, 그것을 감추고 보호하기 위하여 이 마법의 성을 지었느니라. 그대가 보고 있는 앵무새도 마법의 일부이다. 앵무새의 발 밑에 황금 사슬에 매달린 황금으로 된 활과 화살이 있으니 그것으로 앵무새를 세 번 쏘아 볼 수 있느니라. 그대가 새를 맞히면 저주는 풀리고, 못 맞히면 그대도 다른 사람들처럼 돌이 될 것이니라."

하팀은 한 번 쏘아 보았지만 실패한다. 그의 다리가 돌로 변한다. 다음에 또 실수를 하여 그는 가슴까지 돌이 된다. 마지막으로 세 번째에는 그는 눈을 딱 감고 "신은 위대하시다"라고 외치면서 제대로 겨누지도 않고 쏜다. 이번에는 앵무새가 맞고야 말았다. 뇌성이 또 들리며 먼지가 인다. 모든 것이 가라앉자 앵무새가 있던 곳에 크고 아름다운 다이아몬드가 있다. 그리고 모든 석상들이 살아난다. 사람들은 구원에 대하여 그에게 심심이 감사한다.

독자들은 이 이야기에서 '자기'를 상징하는 것들을 알아볼 수 있을 것이다. 즉, 최초의 인간 가요마트, 둥근 만다라 모양의 건물, 원형의 천장 가운데에 붙어 있는돌, 그리고 다이아몬드이다. 그러나 이 다이아몬드는 위험으로 둘러싸여 있다. 악마인 앵무새는 사람으로 하여금 표적을 못 맞히게 하여 심리적으로 화석이 되게 만드는 흉내내는 악령을 의미한다. 이미 지적한 바와 같이, 개성화의 과정에는 앵무새처럼 남을 흉내내는 것도 포함된다. 모든 나라 사람들은 외적 행동을 할 때나 종교의시적인 행위를 할 때나 위대한 종교적 스승 — 불타나 그리스도나 마호메트 같은 교조들 — 의 종교적 원체험을 거듭 되풀이해왔다. 그 때문에 '석화'되고 마는 것이다. 위대한 정신적 지도자를 따르는 것은 그 위대한 삶이 이루어 놓은 개성화 과정을 그대로 흉내낸다는 뜻은 아니다. 그것은 우리가 자기 자신의 삶을 살기 위하여 그 위대한 삶에 가까운 성실성과 헌신적 자세로 노력해 가는 것을 뜻한다고 하겠다.

거울을 가진 이발사가 곧 사라지는 것은 필요할 때면 잃어버리는 하팀의 내성의 능력을 의미한다고 본다. 불어나는 물은 사람이 무의식 속에 빠져서 자신의 감정 속에서 길을 잃는 위험을 싱징한다. 무의식의 상징직 암시를 이해하여 인간은 자신을 벗어나거나, 자신이 제어할 수 있는 영역 내에서 머물도록 조심해야 한다. 자아가 정상적으로 기능을 유지한다는 것은 매우 중요하다. 자신이 보통 인간으로서 자신의 불완전함을 의식할 때에만 무의식의 뜻이 깊은 내용이나 과정을 받아들일 수 있는 것이다.

그러나 한 사람의 인간이 우주 전체와의 일체감을 느끼면서, 동시에 자기는 미미한 존재라고 느끼는 그 긴장감을 어떻게 극복해낼 수 있을까? 만일 인간이 자신을 통계적 수치에 지나지 않는 것으로 비하한다면 인간의 삶은 의미가 없어지고 영위할 만한 가치도 없어지리라. 반면에 인간이 자신을 보다 위대한 어떤 것의 한 부분이라고 생각한다면, 인간은 어떻게 땅 위에 똑바로 서야 할 것인가? 어느 한 극단으로 치우치는 일 없이 이러한 내적 상반성을 융화시키는 일은 매우 어려운 일이라 하겠다.

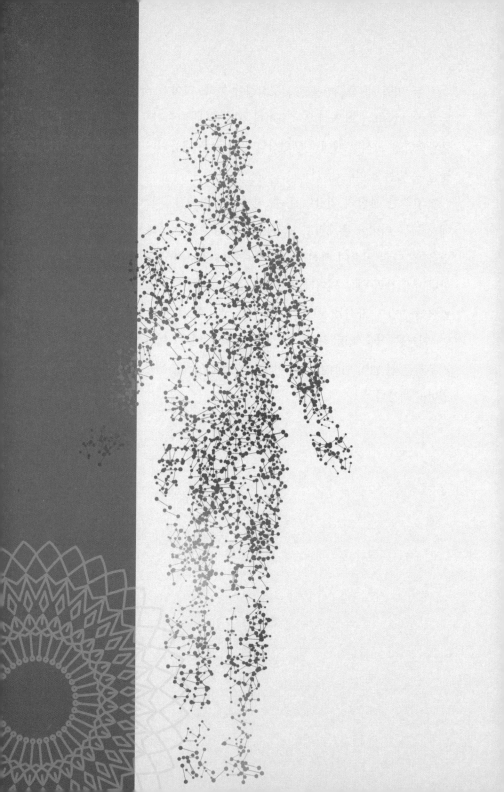

제4장

시각예술에 있어서의 상징성

아닐라 야페

스위스의 정신분석학자이다. 현대 미술의 상징주의에 대해 집필했으며 융의 동시성 이론을 해석도구로 사용하여 초심리학적 현상을 탐구했다. 융이 타계한 후 그의 전기 작가 역할을 했다.

시각예술에 있어서의 상징성

1. 원의 상징

M. L. 폰 프란츠는 원(또는 공)을 '자기'의 상징으로서 설명했다. 원은 모든 측면에서 정신의 전체를 표현하는 것으로, 거기에는 인간과 자연 전부와의 관계도 포함된다.

원의 상징이 원시적인 태양 숭배에 나타나든, 현대 종교에 나타나든, 신화나 꿈에 나타나든, 티베트의 중이 그린 만다라에 나타나든, 도시계획도에 나타나든, 옛 천문학자들의 구형의 개념 속에 나타나든 그것은 언제나 삶의 유일지상의 절대적 측면 — 즉, 삶의 궁극적 전체성을 가리킨다. 인도의 어떤 창조 신화는 브라마 신이 일이 많은 거대한 연꽃 위에 서서 둘레에 있는 4개의 지점으로 시선을 향했다고 한다. 연꽃의 위에서 네 곳으로 시선을 돌린 것은 브라마가 천지창조를 하기에 앞서 해야 할 필수적인 일로서 일종의 방위설정이었다.

이와 비슷한 얘기로 불타에 대한 것이 전해지고 있다. 불타가 태어날 때에 연꽃 한 송이가 땅에서 솟아나고, 그는 연꽃 속으로 들어가서 우주의 10방향으로 시선을 향했다는 것이다. 이 경우에 있어서 연꽃이 8방으로 향해 있었고, 불타는 아래 위까지 향했으므로 10방향이 되었다. 이와 같이 시선을 향하는 상징적인 동작은 날 때부터 불타가 계시를 받을 운명을 타고난 목이한 인격의 주인공임을 보여주는 가장 분명한 상징이라 하겠다. 불타의 인격과 그의 생존에 완전무결성이라는 것을 명기한 것이다.

브라마와 불타가 행한 공간의 정위는 마음의 방향을 파악하려는 인간의 욕구를 상징한다고 볼 수 있다.

융이 논한 바 있는 의식의 네 가지 기능인 사고, 감정, 직관, 감각은 인간이 내적으로나 외적으로 받는 세상에 대한 인상을 처리할 수 있도록 인간에게 장비를 갖추어 준다. 인간이 자식의 경험을 이해하고 동화시키는 것은 이와 같은 기능을 통해서이다. 브라마가 우주의 네 방향을 동시에 보는 것은 인간이 네 가지 기능을 통합시켜야 할 필요성이 있음을 상징한다. 미술에 있어서는 원이 때때로 8방향으로 된다. 이것도 4개의 기능이 서로 중복되는 것을 나타내고, 그러므로 4개의 중간적인 기능이 더 생긴다. 예를 들면 감정이나 직관에 물든 사고라든가 감각적인 경향을 지닌 감정 같은 기능이다.

인도와 극동의 시각 예술에 있어서 4방사상 원이나 8방사상 원은 일반적으로 명상의 도구로 쓰이는 종교적 이미지이다. 특히 티베트의 라마교에서는 풍요롭게 형상화된 만다라가 중요한 역할을 한다. 원칙적으로 이와 같은 만다라는 신의 힘과 관련된 우주를 나타낸다.

그러나 동양에서 보는 많은 명상도는 순전히 기하학적인 그림인 경우가 많은데, 이러한 것들은 얀트라(yantras)라고 불리운다. 원을 제외하고는 매우 공통된 얀트라의 주제는 서로 중첩되는 두 개의 삼각형으로 구성되어 삼각형의 한 끝은 위로 가고, 다른 한 끝은 아래로 간다. 전통적으로 이 모양은 시바와 샥티라는 여신과 남신의 결합을 상징한다. 이 모양은 또한 여러 가지로 변형되어서 건축에도 나타난다. 심리학적 상징으로 본다면 상반된 성격의 결합 — 개인적이고 시간과 더불어 변하는 자아와 비개인적이고 시간에 매이지 않는 비자아와의 합일을 나타낸다. 결국 이 합일이 모든 종교의 완성이요 목표이기도 하다. 이것은 신과 영혼과의 합일이다. 서로 중첩된 두 개의 삼각형은 좀 더 흔한 원형의 만다라와 유사한 상징적 의미를 지니고 있다. 그것들은 정신 혹은 자기의 전체성을 나타내고, 여기에서는 의식도 무의식과 마찬가지로 그 일부가 된다.

삼각형 얀트라에서도, 시바와 샥티의 합일을 나타내는 조각에서도 상반된 것들 간의 긴장을 강조하고 있다. 그러므로 에로틱하고 정서적 특징이 농후한 것들이 많다. 이러한 역학적 성격은 과정을 암시한다. 즉, 전체의 창조 또는 존재되기를 암시하는 것이다. 한편으로 4방사상 원이나 8방사상 원은 존재하는 실체로서 이와 같은 전체성을 나타낸다.

추상적인 원은 선의 회화에서도 나타난다. 유명한 선(禪)의 고승인 상아이(仙崖)가 그린 원이라고 제목이 붙은 그림에 대해서 이야기하면서 다른 선사(禪師)가 다음과 같이 기술했다. "선종(禪宗)에서는 원이 깨달음을 나타낸다. 원은 인간의 완성을 상징하는 것이다."

추상적인 만다라는 유럽의 그리스도교의 미술에도 나타난다. 가장 훌륭한 예는 사원들의 장미 창문이다. 이것은 자기를 우주의 표면에다 옮겨 놓은 것을 나타내는 표상이다. 빛나는 백장미 모양의 우주적 만다라가 단테의 환상에서 나타난 일이 있다고 한다. 종교화에 나타나는 그리스도나 성자들의 후광들도 만다라라고 볼 수 있을 것이다. 그리스도의 후광은 넷으로 나뉘는 경우가 많은데 그것은 사람의 아들로서 겪은 고난과 십자가 위에서의 죽음과 동시에 그리스도의 분화된 완전무결성의 상징이라 하겠다. 초기의 로마네스크 양식의 성당 벽에서 추상적인 원형의 그림을 발견할 때가 있는데 그것들은 기원이 이교 시대로까지 거슬러 올라간다.

비기독교적 미술에서는 그와 같은 원형이 태양의 바퀴라고 불리운다. 태양의 바퀴는 차륜이 아직 발견되지 않았던 신석기 시대의 암벽 조각에서도 발견된다. 융이 지적하는 바와 같이 '태양의 바퀴'라는 용어는 단지 그 겉모양만을 설명하는 것이다. 항상 문제가 된 것은 원형적이고 내적인 이미지를 실제로 경험하는 것이었다. 그것을 석기시대의 인간은 황소나 야생말을 그릴 때처럼 충실하게 자신들의 미술로 표현했던 것이다.

많은 만다라 그림이 그리스도교 미술에서 발견된다. 예를 들면 원을 그린 나무 한가운데에 성 처녀의 그림이 있는데 이러한 그림은 흔치 않은 것이고, 타오르는 덤불로 표현되는 하느님의 상징이 있다. 그리스도교 미술에서 가장 널리 쓰이는 만다라는 네 사도들에 둘러싸인 그리스도의 만다라이다. 이것은 고대 이집트의 호루스 신과 그의 네 아들을 그린 그림까지 거슬러 올라가는 것이다.

만다라는 건축에서도 중요한 역할을 한다. 하지만 우리는 그것을 지나치기가 쉽다. 만다라는 거의 모든 문화를 통해 세속적인 건물과 신전의 평면도를 이루고 있다 그것은 고전적, 중세적 및 현대적 도시설계에도 들어가 있다. 하나의 고전적인 예를 로마 건설에 관한 플루타크의 설명에서 엿볼 수 있다. 플루타크의 설명에 의하면 로물루스가 에트루리아에서 건축가들을 불러왔는데 그들은 로물루스에게 종교적 관습과 거행해야 할 의식에 대하여 기록되어 있는 규칙을 가르쳐 주었다. 우선 그들은 코티미움(의사당)이 서 있는 곳에 원형으로 홈을 파고 땅에서 난 열매로 상징적인 제사를 올렸다. 그리고 각자는 자기가 태어난 땅의 흙을 한 줌씩 집어서 그 홈 안에 던졌다. 그 홈은 문두스(mundus)라고 불렸다. 그것은 우주를 뜻하기도 했다. 로물루스는 황소와 암소에게 가래를 메고 끌게 하여 이 홈을 중심으로 그 둘레에다 시의 경계선을 그었다. 대문을 만들 곳에 이를 때마다 가래를 벗기고 그 지점을 넘어갔다.

이와 같은 의식을 올리고 세운 도시는 모양이 둥글다. 그러나 로마를 가리키는 오래되고 유명한 표현은 우르브스 콰드라타(urbs quadrata)인데, 이것은 네모난 도시라는 뜻이다. 이와 같이 상반되는 두 가지 설명을 절충하는 설에 의하면 콰드라타(quadrata)는 콰드리파르티테(quadripartite), 즉 동서남북으로 통하는 도로에 의하여 네 구역으로 갈라진 원형의 도시를 의미한다는 것이다.

또 하나의 설에 의하면 상징으로서 이해할 수 있다는 것인데, 원을 평방으로 따질 수 없다는 수학적인 난제를 시각적으로 표현한 것으로 이해한다는 것이다. 당시에는 이 원형의 문제가 그리스인들의 정신을 사로잡아서 연금술에서 큰 역할을 하였다. 이상한 것은 로물루스가 로마의 건설을 위하여 거행한 원형의식을 설명하기 전에는 플루타크도 로마를 '네모난 도시'라고 불렀다. 그에게는 로마가 둥글기도하고 네모나기도 했다.

이 두 가지 설에는 각각 만다라가 내포되어 있다. 그리고 이것은 이 도시의 건설을 에트루리아인이 '비석에 있는 대로' 은밀히 가르쳐 주었다는 설명과 연결된다. 그것은 외형 이상의 어떤 것이다. 만다라 형의 평면도에 의하여 그 도시는 시민들과 더불어 순전히 세속적인 영역을 벗어나서 높아진 것이다. 이것은 또한 그 도시가 중심이 되는 문두스를 가졌다는 사실에 의하여 더욱 강조되었다. 이 사실은 이 도시와 다른 영역, 즉 조상들의 영령의 거처와 관련되어 있음을 확립해 주었다. 문두스는 '영혼석'이라는 커다란 돌로 덮여 있었는데, 어느 날 그 돌이 옮겨지고 죽은 사람들의 영혼들이 깊은 구멍으로부터 나왔다고 한다.

많은 중세기의 도시들이 만다라 형의 평면도에 의해서 세워지고 대략 원형의 성벽으로 둘러싸였다. 로마와 같은 도시에서는 두 개의 큰 길이 도시를 4등분하고 네 개의 성문으로 통했다. 큰 길이 엇비끼는 곳에는 성전이 있었다. 중세기의 도시를 네 구간으로 나누는 착상은 성도 예루살렘으로부터 비롯된다. 예루살렘은 네모난 평면 위에 세워졌고 사방에 문이 셋씩 있는 성벽으로 둘러싸여 있었다. 그런데 예루살렘의 중심지에는 성전이 없었다. 왜냐하면 그 중심지 자체가 신이 있는 곳이었기 때문이다. 만다라 평면도가 도시계획의 모델이 아닌 경우도 많다. 현대 도시의 예로써는 워싱턴시가 있다.

고전적인 근거에서든 원시적 근거에서든 만다라의 평면도는 미학적이나 경제적 고려에 의하여 만들어진 것은 아니었다. 그것은 도시를 하나의 질서정연한 우주로, 즉 중심지를 다른 세계로 향하도록 하는 성스러운 곳으로 변모시키는 것이었다. 그리고 이 변모는 종교인의 근본을 이루고 있는 감정이나 욕구와 합치하는 것이었다.

성스럽거나 세속적이거나 만다라 식의 평면 위에 세워진 건물은 모두 인간의 무의식의 세계에서 솟아나오는 원형적 이미지를 외계를 향해 투영한 것이다. 도시의 성곽, 사원 등은 정신적 전체성을 상징하는 것이므로 거기를 방문하는 사람이나 거기에 사는 사람에게 특별한 영향을 준다. 건축의 경우에도 순수한 무의식적인 과정을 밟는 중에 정신의 내용이 투사될 것은 물론이다. 융은 다음과 같이 해설했다. "그와 같은 것들을 머리로 생각해 낼 수는 없는 것이다. 그러나 의식의 깊은 성찰력과 정신의 높은 직관력을 표현해서 현재의 의식의 특성과 오랜 인간성의 과거를 융합시키면 이제까지 잊혀졌던 정신의 심층으로부터 다시금 살아날 것이 틀림없다."

그리스도교 미술의 중심적 상징은 만다라가 아니라 십자가이다. 카롤링 왕조 때까지는 등변형의 십자가 혹은 그리스 십자가라는 것이 일반적이었다. 그러므로 그 무덤까지는 간접적으로 만다라의 의미가 섞여 있었다. 그러나 때가 흐름에 따라서 중심부가 점점 위로 옮겨져서 마침내는 가로 세로의 두 기둥으로 이루어진 오늘날의 라틴 식의 십자가의 형태를 띠게 되었다. 십자가의 이와 같은 발달은 그리스도교의 정신이 중세기에 이르기까지 내적으로 발전해 온 과정과 부합되기 때문에 중요하다. 풀어 얘기하자면 인간과 인간의 신앙의 중심을 지상으로부터 옮겨서 '영혼의 세계'로 끌어 올리는 경향을 상징한 것이다. 이 경향은 "내 나라는 이 지상이 아니니라"라고 한 그리스도의 가르침을 행동으로 옮기려는 욕구에서 우러나온 것이다. 그러므로 삶이나 세상이나 육체는 극복되어야 하는 것이다. 그래서 중세의 인간의 희망은 내세를 향하고 있었다. 희망이 이루어진다는 약속은 하늘에서만 왔기 때문이다.

중세기의 신비주의에 있어서 특히 이것은 절정에 달했다. 내세에 대한 희망의 표현은 십자가의 중심을 위로 올림으로써만이 나타난 것이 아니라 고딕 사원의 높이를 높이는 일로서도 나타났다. 그것은 마치 중력의 법칙을 무시하는 일 같기도 했다. 사원의 평면도도 길쭉한 라틴식 십자가의 형이었다. 하지만 세례장은 세례반과 함께 완전히 만다라식 평면도에 의한 것이었다.

르네상스의 여명기에 인간의 세계관에 혁명적인 변화가 일기 시작하였다. 중세가 끝나가는 무렵에 절정에 달했던 '상향' 운동이 반대로 변하였다. 인간은 지상으로 향하였다. 인간은 자연과 육체의 아름다움을 재발견하고, 지구를 도는 항해를 최초로 시작하고, 지구가 둥글다는 것을 입증하게 되었다. 역학의 법칙이나 인과율이 과학의 기초가 되었다. 종교적 느낌이나 비합리적이고 신비스러운 것이 중세기에는 매우 중요한 역할을 하였지만 점차적으로 논리적인 사고에 눌려서 침잠하였다.

그와 마찬가지로 미술은 보다 현실적이고 관능적으로 변하였다. 미술은 중세기의 종교적 주제를 떠나서 눈에 보이는 세상 전체를 포용하였다. 지구의 위용과 아름다움과 가능성에 이끌리어 미술은 그때까지 고딕 예술이 차지하고 있던 자리를 차지하게 되었다. 이것은 그 시대의 정신을 나타내는 절실한 상징이다. 이리하여 교회의 건물에도 변화가 온 것은 결코 우연한 일은 아니다. 높다란 고딕 사원들과 대조를 이루며 원형의 평면도 위에 세워지는 교회가 더 많아졌다. 원형이 라틴형을 대치한 것이다.

그러나 이러한 형식의 변화는 — 이것은 상징의 역사에서 중요한 점이다 — 미학적 이유 때문이지 종교적인 이유 때문은 아닐 것이었다. 아마 이것만이 둥근 교회당의 중심(거룩한 곳)이 텅 비고 제단이 중심에서 멀리 떨어져 벽이 있는 데로 후퇴한 사실에 대한 유일한 설명이 될 것이다. 그러므로 이 설계는 진정한 만다라라고 할 수 없다. 중요한 예외가 로마의 성 베드로 성당인데 그것은 브라만테와 미켈란젤로의 설계에 맞추어 지어졌다. 여기에서는 제단이 중앙에 있다. 그러나 이 예외는 건축가의 천재성 때문이 아니었나 싶다. 위대한 천재는 시대와 더 붙어 있으면서도 언제나 시대에 앞서기 때문이다.

예술·철학·과학의 분야에서 르네상스가 몰고 온 대변화에도 불구하고 그리스도교의 중심적인 상징은 변하지 않았다. 그리스도는 오늘날과 마찬가지로 라틴식 십자가로 대표되었다. 그것은 종교적인 인간의 중심이 지상으로 돌아간 속세의 인간의 중심보다 훨씬 더 높은 정신적 경지에 머물러 있음을 의미한다. 이렇게 인간의 그리스도교 정신과 합리적이고 지적인 정신 사이에는 틈이 생겼다. 그때 이래로 현대인의 이와 같은 두 가지 측면은 합치를 이루지 못하였다. 자연과 그 법칙을 보는 인간의 통찰력이 자라며 몇 세기를 통하는 동안에 이 틈은 더욱 더 벌어졌다. 그것은 아직도 20세기의 서양 그리스도교의 정신을 분열시키고 있다.

물론 지금까지 역사를 개괄해본 것은 지나친 단순화였다고 하겠다.

더군다나 여기에서는 그리스도교 내에서도 비밀 종교운동이 있었는데, 대체로 그리스도교도들이 보통 무시해온 악의 문제와 지하(혹은 지상)의 영혼들을 그들의 신앙으로 고려해보려는 운동이었다. 그러한 운동은 대개 소수파의 운동으로 되고, 커다란 영향을 미치는 일이 드물었으나, 이 사람들은 그와 같은 운동을 함으로써 그리스도교 정신에 대하여 대위법적 반주와도 같은 중요한 역할을 그런대로 했다.

10세기 경에 일어난 많은 종파와 운동 가운데에서도 연금사들의 역할이 매우 중요하였다. 그들은 물질의 신비성을 높여서 그리스도교의 '하늘의' 성령들과 같은 자리에 놓았다. 그들이 추구하는 것은 마음과 육체를 모두 포함하는 인간의 전체성이었다.

그리하여 그들은 그것을 나타내기 위한 수천의 이름과 상징들을 새로 만들어냈다. 그들의 중심적인 상징의 하나가 원적법이었는데, 실제로 만다라와 같은 것이었다.

연금사들은 그들의 연구를 글로 기록했을 뿐만 아니라 그들의 꿈의 환상을 묘사한 그림을 많이 남겼다. 그 그림들이 아직 불가해한 것이지만 그 정도로 깊이가 있는 상징적인 것들이라 하겠다.

그것들은 자연의 어두운 면인 악과 꿈과 땅의 신령의 영감을 받은 것들이므로 표현의 양식은 언제나 전설적이고 꿈 같은 비현실적인 점이 문자화의 경우나 그림으로 묘사되었을 경우에나 공통적이었다. 15세기의 위대한 플란더즈파의 화가 히에로니무스 보쉬는 이런 종류의 비구상 예술을 대표하는 중요한 인물이었다고 하겠다.

그러나 동시에 전형적인 르네상스의 화가들은 가장 찬란한 감각적인 작품을 그려내고 있었다. 땅과 자연에 대한 그들의 애착은 심원한 것이어서 그 후의 5세기 동안 시각예술을 사실상 거의 결정해 주었다. 감각적 미술이라든가 흘러가는 순간을 묘사한 미술이라든가, 빛과 대기를 그린 미술을 최후로 대표한 미술가들은 19세기의 인상파화가들이었다.

우리는 여기에서 미술적 표현 양식에 있어서 현격하게 다른 두 가지를 구별할 수 있을 것이다. 이 두 가지의 특성을 정의하려는 시도도 많이 있었다. 최근에 헤르베르트 퀸은 소위 '비구상적' 양식과 '감각적' 양식 사이에 선을 그어 구분하려고 하였다. 감각적 양식은 일반적으로 자연이나 그림의 주제를 직접 재생하는 그림을 그린다. 반면에 비구상적 양식은 화가의 환상이나 경험을 비사실적으로 꿈갑이 때로는 추상적인 방법으로 나타낸다. 퀸이 든 두 개의 개념이 매우 단순하고도 명석하기 때문에 여기에서는 그것들을 쓰고자 한다.

비구상화의 시초는 먼 역사에 기원을 두고 있다. 그것은 B.C.300년경부터 지중해의 내해 지방에서 꽃피어났다. 이들 옛날에 만들어진 작품들도 결코 무지나 무능의 산물이 아니었다는 것이 근래에 밝혀졌다. 이 작품들은 분명히 종교적이고 정신적인 마음의 움직임을 표현하려고 시도하였다. 그리고 지나간 반세기 동안 미술이 다시금 '비구상적'이라는 용어로 묘사할 수 있는 상황을 경유하는 중이기 때문에 오늘날 특별히 호소력이 있는 것이다. 기하학적이거나 추상적인 원의 상징은 오늘날 다시 그림 속에서 중요한 역할을 하게 되었다. 그러나 약간의 예외가 있는데 그것은 전통적 표현 양식이 현대인의 존재의 진퇴양난성에 상응하는 변화를 했기 때문이다. 원은 이제는 세계 전체를 포용하고 그림을 지배하는 단일한 의미를 지닌 상이 아니다. 때로는 회가가 그것을 지배적인 위치에서 끄집어내고 그 대신 몇 개의 원들을 적당히 배열해 놓았다. 때로는 원의 평면에 균형이 없다.

균형이 없는 원의 면의 한 예를 프랑스 화가 로베르 들로네의 태양의 원반에서 찾아 볼 수 있다고 하겠다. 영국의 현대 화가 세리 라차즈가 그린 그림 하나가 보여 주는 바는, 완전히 균형을 잃은 원의 면을 가지고 있는데, 왼쪽 끝에서 훨씬 작고 텅빈 원이 나타난다. 프랑스의 화가 앙리 마티스의 '금련화의 꽃병이 있는 정물'에서도 그림의 초점은 기울어진 검은 대들보 위에 있는 푸른 색의 공 모양이다. 이 공 모양은 금련화의 잎들이 나타내는 여러 겹의 원을 자체 속으로 끌어들이는 것 같다. 공 모양은 직사각형과 겹치고 그것의 왼쪽 끝은 접었다. 이 그림은 미술직 완성을 기했으므로 옛날 같으면 이 두 개의 추상적 형태(원과 장방형)가 하나로 통합이 되고 생각과 감정의 세계가 표현되었을 것이라는 사실을 우리는 곧잘 망각한다. 그러나 아무나 생각이

미쳐서 의미의 문제를 제기한다면 이 그림에서 사고의 양식을 많이 발견할 것이다. 태초부터 전체를 이루고 있는 두 가지 형태가 그림 속에서 분리되어 일관성이 없는 관계에 놓여 있다. 그러나 두 가지 형태가 모두 거기에 있으며 서로 접촉하고 있는 것이다.

소련 태생의 미술가인 바실리 칸딘스키의 한 그림에서는 비누 거품이 흘러나오는 것 같이 보이는 채색된 원들이 제멋대로 모여 있다. 거품들은 작은 정사각형에 있는 커다란 직사각형의 배경과 어렴풋이 연결되어 있다. '몇 개의 원들'이라는 다른 그림에서는 검은 구름(혹은 날아 내려오는 새인지도 모르겠다)이 역시 제멋대로 흩어져 있는 밝은 색깔의 공과 원을 가지고 있다.

영국의 미술가인 폴 내쉬의 신비로운 구성에서는 원들이 특이한 관계로 연결되어 있다. 그의 풍경화 '초원에서 생긴 일'은 태초의 고독을 보여 주는데, 오른쪽 앞 부분에 공이 하나 있다. 그것은 분명히 정구공이지만 겉에 새겨진 문양은 존재의 영원성을 상징하는 동양의 태극도이다. 그래서 이것은 고독의 풍경 속에서 새로운 차원을 연다. 내쉬의 '꿈에서 온 풍경화'에서도 비슷한 일이 일어난다. 거울에 비친 광막한 풍경 속에서 공들이 시야에서 사라지려 하고 지평선 위에는 거대한 태양이 있다. 또 하나의 공이 앞에 놓여 있는데 네모난 거울 앞에 해당되는 곳이다.

스위스의 화가 폴 클레는 '이해의 한계'라는 그림에서 공의 단순한 형태나 사다리꼴과 선의 복잡한 구도 위에다 원을 그린다. 융이 지적한 대로 진정한 상징은 사고로는 생각할 수 없고, 느낌으로 감지하는 것을 표현할 필요가 있을 때에야 나타나는 것이다. 이해의 한계에서 폴 클레가 그림으로 추구하는 것도 바로 그것이다.

현대미술에서 정사각형 끼리나, 직사각형과 정사각형이, 혹은 직사각형과 마름모꼴이 서로 모이는 경우가 원이 서로 모이는 경우에 버금간다는 사실을 주목할 만하다고 하겠다. 사각형을 조화시키는 거의 음악적이라 할 만큼 조화시키는 구성의 거장에 네델란드 태생의 미술가 피트 몬드리안이 있다고 하겠다. 그의 그림은 대체로 어느 것을 보아도 분명하게 중심을 이루고 있는 것이 안보인다. 하지만 그의 그림은 엄격히 금욕주의적이라 할 정도로 독특안 양식으로 정돈된 전체상을 이루어낸다. 4개의 요소로 된 불규칙한 구성이나 크고 작은 것들이 제멋대로 모인 수많은 직사각령의 집합으로 된 그림은 다른 화가들에게서도 흔히 볼 수 있기도 하다.

원은 마음의 상징이다. 플라톤도 마음을 공으로 표현하였다. 사각형(가끔 직사각형)은 지상과 관련된 상징이나 육체와 현실과 관련된 상징이다. 대부분의 현대 미술에 있어서 이 두 가지 기본적인 형식간의 관계는 존재하지 않거나, 혹은 이완되어 있거나 우연적이거나 하다. 그것들의 분리되는 것은 현대의 인간의 정신적 상황을 나타내는 또 하나의 상징이라고 하겠다. 말하자면 인간의 정신이 근거를 잃고, 인간의 의식은 분열의 위협을 느끼고 있는 것이다.

융이 서두에서 지적한 대로 오늘날의 세계 정세에 있어서는 이와 같은 분열이 분명해졌다. 지구의 동쪽과 서쪽이 사상적 간격으로 인하여 분열되어 있다.

그래도 사각형과 원이 나타내는 빈도는 중요한 것이므로 간과해서는 안되리라. 사각형과 원이 상징하는 삶의 기본적 요소를 의식 속으로 끌어넣으려는 불굴의 정신적 욕구가 있는 듯하다. 또한 우리 시대의 어떤 추상화에서는 이상의 형식이 마치 새로 자라나는 세균처럼 나타날 때가 있다.

원의 상징은 우리들의 삶의 여러 가지 현상 속에서 흥미로운 역할을 했었고, 지금도 가끔 그러한 역할을 한다. 제2차 세계대전이 끝날 무렵에 '비행접시(U.F.O)에 대한 환상적인 소문이 퍼지기 시작하였다. 융은 이것을 전체성에 대한 정신적 내용을 투사하는 것이라고 설명했는데, 이러한 정신적 내용은 항상 원으로 상징되었다. 말하자면 이 '환상적인 소문'은 오늘날 많은 사람들의 꿈에서 볼 수 있듯이 무의식의 보편적 정신이 원의 상징을 써서 계시적인 시대에 존재하는 분열을 고쳐보려는 시도에 불과한 것이라고 하겠다.

2. 상징으로서의 현대 회화

'현대 미술'이라든가 '현대 회화'라는 용어를 여기서는 보통 사람들이 사용하는 것과 같은 뜻으로 사용하기로 한다.

여기에서 다루고자 하는 것은 퀸의 용어를 쓰자면, 현대의 비구상화이다. 이런 종류의 그림들이 추상적(비형상적)일 수도 있으나 반드시 그럴 필요는 없다. 야수파, 입체파, 표현파, 미래파, 지상파, 구조파,

신비파 등의 유파를 일일이 구별할 필요는 없는 것이다. 예외적으로 이 중에서 한 두 파에 대하여 특별한 언급을 해 볼 셈이다.

현대 회화를 미적 관점에서 분류하는 것은 나의 관심사가 아니고, 예술적 평가를 가하는 것은 더욱 아니다. 현대의 비구상화도 여기서는 단순히 현대의 현상의 하나로서 다루려는 것이다. 그렇게 해야만 상징적 내용에 대한 질문이 정당화되고 해답도 내릴 수 있게 된다. 그리고 이와 같이 짧막한 장에서는 화가 몇 사람과 그들의 작품 몇 개를 대충 선택해서 논할 수밖에 없다. 소수의 대표작을 가지고 현대 회화를 논하는 것으로 자족할 수밖에 없는 것이다.

논술의 시발점은 예술가란 언제든지 자신이 속한 시대의 정신적 표현 수단이요, 대변자라는 심리적 사실이다. 화가의 개인적 심리라는 점에서 본다면 그의 작품은 부분적으로밖에 이해할 수가 없다. 예술가는 의식적으로 또는 무의식적으로 자신이 속해 있는 시대의 성격과 가치에 형식을 부여해 주고, 반대로 그 시대는 예술가를 이루어내는 것이다.

현대의 예술가 자신이 예술 작품과 그 시대의 상호관계를 자주 인지하고 있다. 프랑스의 화가요 비평가인 장 바젠느는 그의 저서 현대 회화에 관한 노트에서 다음과 같이 말한다.

"아무도 자신이 좋아하는 대로 그리지는 못한다. 화가가 할 수 있는 것은 그가 속해 있는 시대가 그릴 수 있는 그림을 최선을 다하여 그리는 것 뿐이다."

독일의 예술가 프란츠 마르크는 예전에 다음과 같이 말했다.

"위대한 예술가는 그들의 양식을 과거의 한가운데서 찾지 않고, 자기들 시대의 가장 진실하고 심오한 중력의 중심부로부터 찾아낸다."

그리고 1911년까지 거슬러 올라가면 칸딘스키는 그의 유명한 논문 '미술에 있어서의 정신에 관하여'에서 다음과 같이 기록하였다. "시대마다 미술적 자유의 척도가 있는데 아무리 창조적인 천재라 할지라도 그와 같은 자유의 한계를 뛰어넘지는 못한다."

지난 50여년 동안 '현대 미술'이 논쟁의 쟁점이 되어 왔지만, 논쟁의 열기는 아직 식지 않았다. '현대 미술'에 대한 지지는 부정의 소리만큼이나 드높다. '현대 미술'은 끝장이라는 반복되어 온 예언은 아직 이루어지지 않고 있다. 새로운 표현 방법이 상상도 못할 정도로 기세를 떨쳤다. 도대체 그 새로운 방법이 위협을 느낀다면 다만 그것은 형식주의와 유행으로 타락하기 때문일 것이다. 소련에서는 비형상적 미술이 정책적으로 소외되어 사적으로만 가능하지만, 장려되는 형상적 미술도 같은 양상으로 회화의 위협을 받고 있다.

유럽에서는 어쨌든 일반 여론이 열을 뿜으며 격돌한다. 논쟁이 격한 것을 보면 양쪽의 감정이 흥분한 것이 분명하다. 현대 미술을 혐오하는 사람도 자신들이 물리친 그림에 감동되지 않을 수 없다. 그들은 짜증을 내고 반발을 하지만(그늘의 격한 감정이 보여주는 대로) 그들은 마음이 동한 것이다. 대체로 부정적인 매력은 긍정적인 매력에 못지 않게 강한 것이다. 현대 미술 전람회가 언제 어디서 개최되든지 줄을 이어서 찾아가는 관객들에게는 호기심 이상의 무엇이 있다는 것을 보여 주는 것이다. 호기심이 그렇게 오래 갈리는 없는 것이다. 그리고 현대 미술 작품에 치르는 엄청난 값은 사회가 그 작품들에 부여한 가치를 재는 척도라 하겠다.

　매혹되는 것은 무의식이 감동하는 때이다. 현대 미술 작품이 자아내는 효과는 가시적인 양식만 보고 설명할 수는 없다. '고전적' 또는 '감각적' 미술에만 익숙해진 눈에는 현대 미술이 새롭고 생소하다. 비형상적 미술 작품에는 관람자 자신의 세계를 상기시켜 줄 만한 것이 하나도 없다. 말하자면 일상생활의 주변에서 볼 수 있는 물건이나, 귀에 익은 말을 주고 받을 사람이나 동물 같은 것은 전혀 그려져 있지 않다. 미술가가 창조해낸 우주에는 환영도 화합도 눈에 띄지 않는다. 그럼에도 불구하고 인간의 유대가 거기에 있음은 의심할 여지가 없다. 직접 감정에 호소하고 공감을 불러일으키는 것은 감각적인 미술의 작품보다도 이것이 더 강할 것이다. 인간의 내적 전망과 삶과 세상에 대한 정신적 배경을 표현하고자 하는 것이 현대 미술가의 목표이다. 현대 미술의 작품은 구체적이고 자연적이고 감각적인 세계의 영역 뿐만 아니라 개인의 영역도 버렸다. 그것은 매우 보편적으로 되었으며 (상형문자의 축약에 있어서까지) 소수의 사람들뿐만 아니라 다수의 사람들도 감동시킨다. 개인적으로 남는 부분은 표현 방법과 현대 미술 작품의 유형과 질이다. 미술가의 의도가 순수하고 표현이 자연스러웠느냐, 모방을 했느냐, 효과를 노린 것이 아니냐 하는 것을 일반인들이 인식하기는 어려울 때가 많다. 많은 경우에 있어서 일반인은 새로운 선과 색채에 익숙해지도록 자신을 훈련시켜야 한다. 그는 외국어를 배우듯이 그것들은 배워야 한다. 그리고 난 다음에 비로소 그 선과 색채의 표현의 풍부한 질을 판단할 수 있는 것이다.

현대 미술의 선구자들은 자신들이 얼마나 큰 것을 대중에게 요청하고 있었는가를 알고 있었던 것이 분명하다. 20세기의 화가들처럼 자신들의 목표에 대한 '선언문'과 설명서를 많이 출판한 화가들도 없을 것이다.

그러나 그들이 자신들이 하는 것을 설명하며 정당화하려고 한 것은 남들에게 대해서뿐 아니라 자신들에 대해서도 마찬가지였다. 대부분의 경우에 이와 같은 선언들은 예술적인 신념의 고백이다. 오늘날의 예술활동이 초래한 이상한 결과를 밝히려는, 시적이면서도 때때로 혼동을 일으키는 자가당착적인 시도이다.

물론 실제로 문제가 되는 것은 (늘 그렇겠지만) 미술 작품과 직접 부딪치는 일이다. 그러나 현대 미술의 상징적 내용에 관심이 있는 심리학자에게는 이러한 저술에 대한 연구는 매우 유익할 것이다. 그러한 까닭으로 다음 토론에서는 미술가들 자신이 발언을 하도록 허용될 것이다.

현대 미술의 시작은 1900년대 초기였다. 초기에 가장 인상이 깊었던 인물 중의 한 사람이 칸딘스키였는데, 그의 영향은 20세기 후반의 그림에서도 그 흔적을 찾아볼 수 있다. 그의 많은 생각들이 예언적이었다는 것이 증명되었다. '형식에 관하여'라는 논문에서 칸딘스키는 다음과 같이 기술하였다.

"오늘날의 미술은 계시 직전에 다다를 정도로 성숙한 정신을 구현하는 것이다. 이와 같은 구현의 형식은 두 개의 극, 즉 대단한 추상과 대단한 사실 사이에서 이루어질 것이다. 이 두 개의 극은 두 개의 길을 열었는데, 두 길이 결국에는 하나의 목표에 도달할 것이다. 이 두 가지 요소는 항상 미술 속에 존재하여 왔다. 전자가 후자 안에서 표현되었던 것이다. 그런데 오늘날 그것들이 전혀 분리된 존재를 영위하려는 것처럼 보인다. 마치 미술은 구상에 의하여 추상을 완성하고 추상에 의하여 구상을 완성하는 기쁨을 끝내버린 것 같다.

미술의 두 가지 요소인 추상과 구상이 분열하였다는 칸딘스키의 견해를 설명하기 위하여 1913년에 러시아 화가 카지미르 말레비치는 흰 바탕에 검은 사각형 하나만으로 구성된 그림을 하나 그렸다. 아마 그것은 처음으로 그려진 순수한 추상적 그림이었을 것이다. 그는 거기에 대하여 이렇게 기술했다.

"피상의 세계의 고루함으로부터, 미술을 해방시키려는 필사적인 노력으로 나는 사각형에다 피난처를 구했다."

1년 후에 프랑스의 화가 마르셀 뒤샹은 임의로 선택한 대상을 대좌 위에 놓고 이를 전시하였다. 장 바젠느는 거기에 대하여 이렇게 기술했다.

"이 병 건조기는 실용적인 맥락에서 분리되어 해변가에서 세척되었는데 거기에는 버려진 물건의 외로운 위엄이 깃들어 있다. 쓸모가 없지만 무엇에든지 쓰려고 준비가 되어 있으므로 그것은 아직 살아 있다. 그것은 실존의 가장자리에서 자신의 불안한 부조리의 삶을 사는 것이다. 불안을 주는 대상, 그것이야말로 예술의 제 일보이다."

이상한 위엄과 버림받은 상태에서 그 대상은 한없이 높아지고 마술적이라고 할 수밖에 없는 의미가 부여되었다. 그리하여 그 '불안한 부조리의 삶'이 있는 것이다. 그것은 우상인 동시에 조소의 대상이 되었다. 그것의 본질적인 현실은 근절되었다.

말레비치의 사각형도 뒤샹의 병 건조기도 엄밀한 의미로는 미술과 상관이 없는 상징적 표시였다. 그러나 그것들은 두 개의 극단(위대한 추상과 위대한 사실주의)을 표시해 주는 것으로서, 이 두 극단 사이에서 그 후 수십년 동안 계속되는 비구상적 미술이 정돈되고 이해될 것이다.

심리학적 관점에서 본다면 적나라한 대상(물질)과 적나라한 비대상(정신)을 향하는 두 개의 제스처는 1차대전이라는 재난을 앞 둔 몇 해 동안에 상징적인 표현을 만들어 낸 보편적인 정신적 균열을 지적하는 것이다. 이 균열은 르네상스 때 최초로 나타났다. 그 때엔 그것이 지식과 신앙의 갈등으로 나타난 것이다. 한편으로 문명은 점점 더 본능적인 기반에서 유리되어 자연과 마음 사이에, 그리고 무의식과 의식 사이에 깊은 심연이 생긴 것이다. 이 상반적인 것들이 현대 미술에 있어서의 표현방식을 탐색하는 정신적 상황을 특징짓는 것이다.

3. 숨은 것들의 혼

스페인 태생의 화가 환 미로는 조수에 밀려온 물건들을 주으러 새벽이면 바닷가에 간다. 거기에 널려 있는 물건들은 누군가가 찾아와서 자신들의 개성을 알아 주기를 기다린다. 미로는 발견한 물건들을 화실에 가져다가 놓아 둔다. 때때로 그는 그것들을 합해 놓았는데 아주 재미 있는 구성이 이루어지기도 한다.

1912년에 이미, 스페인 태생의 파블로 피카소와 프랑스 화가 조르주 블라크는 여러 가지 폐물을 가지고 '콜라주'라는 것을 만들었다.

막스 에른스트는 화보에서 그림을 오려 내어 그것들을 마음내키는 대로 갖다 맞추어서 부르조아 시대의 지루한 견고성을 악몽과도 같은 비현실로 바꾸어 놓았다. 독일 화가 쿨트 슈비테르스는 쓰레기 통 속에 있는 폐물들을 진지하게 그리고 새로운 방법으로 잘 구성하여 신기한 미적 효과를 나타내는 데 성공하였다. 슈비테르스는 이와 같은 것에 도취되어 있었지만, 그의 이러한 구성 방법이 때로는 바보스러웠다. 그는 폐품의 구조물을 축조하는 데 10년 세월을 바쳤고, 공간 확보를 위하여 자신의 3층 집을 헐어야 했다.

슈비테르스의 작품, 즉 마술적인 물체의 앙양은 현대 미술이 인간의 마음의 역사에서 차지하는 위치와 상징적인 중요성에 대하여 처음으로 암시를 한 것이라 하겠다. 그것들은 무의식 중에 연면이 이어져 온 전동을 현시하는 것이다. 그것들은 중세기의 밀교적 그리스도교도들의 형제애의 전통이요, 물질에도 종교적 명상의 권위를 부여한 연금사들의 전통이다.

슈비테르스가 조잡한 물건을 예술적인 위치까지 앙양시킴으로써 옛날의 연금술을 그대로 따랐으며, 연금술에 의하면 찾고 있던 귀한 물건은 조잡한 물건 속에서 발견된다는 것이다. 칸딘스키는 같은 생각을 다음과 같이 표현하였다.

"죽은 것들이 모두 진동하는 것이다. 시에서 나오는 별들과 달과 숲과 꽃들 뿐만 아니라, 길가 진창에서 반짝이는 하얀 단추 등 모든 것들이 혼을 지니고 있다. 그 혼들이 자기를 나타내려고 할 때보다 침잠할 때가 많은 것이다."

연금사와 마찬가지로 예술가들도 깨닫지 못했던 것은 아마도 그들 자신이 자신들의 정신의 일부를 물질, 즉 무생물에게 투사하고 있다는 심리학적 사실이었으리라. 이러한 신비스러운 생기가 물건 속으로 들어가서 위대한 가치가 폐품에도 부여되었던 것이다. 예술가들은 자신들의 어두운 부분, 현실적인 우울, 자신들의 시대가 잃어버린 정신적 내용을 투사하였다.

그러나 슈비테르스 같은 사람들은 연금사들과는 다르게 그리스도교의 수도회에 속하지도 않았고, 그 보호를 받지도 않았다. 그의 작품은 오히려 어떤 의미에서는 반교회적이었다. 그리스도교는 물질을 몰아내려고 하는데 그는 거의 편집광적으로 물질과 결탁했던 것이다. 그러나 역설적으로 슈비테르스의 편집증은 작품 속의 물질로부터 구체적인 현실이라는 본래의 중요성을 박탈한다. 그의 작품에서는 물질이 '추상적인' 구성으로 변하는 것이다. 그러므로 물체는 실질성을 버리고 해체되는 것이다. 또 이 과정에서 이 작품들은 우리의 시대를 상징적으로 표현하는데, 우리들의 시대는 현대의 원자물리학에 의하여 물질의 절대적인 구체성이라는 개념이 침해당하는 것을 이미 보여 주었다.

화가들은 '마술적인 물체'와 물체의 '숨은 영혼'을 생각하기 시작했다. 이탈리아의 화가 카를로 카라는 다음과 같이 기술했다. "예술의 찬란함 전체가 깃들어 있는 높고 뜻깊은 존재의 상태를 우리로 하여금 깨닫게 해 주는 단순한 형태들은 보통 물체에 의하여 우리들에게 현시된다."

폴 클레는 다음과 같이 말했다. "물체는 '그 외적인 면이 나타내 보여 주는 이상의 것이다.'라는 우리의 앎 때문에 외양의 한계를 넘어선다."

장 바젠느는 또 다음과 같이 말했다. "대상이 우리의 사랑을 깨우쳐 주는 것은 단순히 그것이 자체보다 더 큰 힘을 가진 듯이 보이기 때문이다."

이러한 말들은 '물체 속의 정신'이라는 옛날 연금사들의 개념을 상기시키는데, 그 개념에 따르면 금속이나 돌과 같은 무생물의 속이나 이면에 정신이 있다는 것이었다. 심리학적으로 본다면 이 정신이란 무의식이다. 그것은 항상 의식적인 또는 합리적인 지식이 한계점에 도달하여 신비성이 개입되면 나타난다. 이것은 인간이 요해불능의 신비로운 것을 자신의 무의식의 내용으로 채우려는 경향을 가졌기 때문이다. 사실상 인간은 무의식의 내용을 어둡고 텅빈 그릇 속에다 투사하는 것이다.

대상은 '눈에 보이는 것 이상'이라는 느낌은 많은 미술가들의 공통된 느낌이지만, 이탈리아의 화가 조르지오 데 키리코의 작품에 잘 나타나 있음을 알 수 있다. 그는 기질 자체가 신비스러웠고, 자신이 찾는 것을 찾지 못한 비극적인 탐색가였다고 하겠다. 그는 자화상에 "수수께끼가 아니라면 내가 사랑할 것이 또 무엇이랴."라고까지 써놓을 정도였다.

키리코는 소위 '피투라 메타피지카(pittura metafisica)'의 창시자였다. 그는 다음과 같이 말했다. "물체에는 두 가지 면이 있다. 하나는 일반적인 면으로서 누구나가 보는 면이고, 또 하나는 영적이고 형이상학적인 것으로서 투시의 순간이나 형이상학적 명상의 순간에만 볼 수 있는 면이다. 예술 작품이란 눈에 보이는 형태에는 나타나지 않는 어떤 것을 나타내는 것이다."

키리코의 작품들은 이러한 물체의 '영혼과도 같은 면'을 보여 준다. 그의 작품들은 현실을 꿈처럼 바꾸어 놓은 것들인데, 마치 무의식에서 떠오르는 환상과도 같은 것이다. 그러나 그의 형이상학적인 추상은 두려움에 젖은 것처럼 보인다. 그림의 분위기는 일종의 악몽과도 같고, 헤아릴 수 없이 깊은 우울에 잠겨 있다.

키리코는 니체와 쇼펜하우엘의 철학적 영향을 상당히 깊이 받은 것 같다. 그는 다음과 같이 기술했다. "쇼펜하우엘과 니체는 삶의 무의미성의 중요성을 가르쳐준 최초의 사람들이었다. 그들은 또 무의미성을 어떻게 예술로 변화시킬 수 있는가도 가르쳐 주었다. 그들이 도달한 이 무서운 공허야말로 영혼도 없는 고요한 물질의 아름다움이라 하겠다."

그러나 키리코가 정녕 그 '무서운 공허'를 '고요한 아름다움'으로 옮기는 데 성공했느냐에 대해서는 의심스러운 여지가 있다. 그의 어떤 그림들은 심한 불안감을 자아내고, 대부분의 그림들이 무서운 악몽과도 같다. 그렇긴 하지만 그는 공허를 예술적으로 표현하는 방법을 찾는 가운데 현대인들이 처해 있는 실존적 곤경의 핵심을 향하여 파고들었던 것이다.

키리코가 인용한 니체는 "신은 죽었다."라고 함으로써 '무서운 공 허'에 명칭을 부여하였다. 칸딘스키는 니체에 대한 언급 없이 그의 저서 '미술에 있어서의 정신성에 관하여'에서 "하늘은 공허하고 신은 죽었다."라고 기술하였다. '신이 죽었다'는 생각과 그 직접적인 결과로 나타나는 '형이상학적인 공허'는 특히 19세기의 프랑스와 독일에서 시 인들의 마음을 고달프게 했다. 20세기에 이르러 공개토론을 거쳐서 미술적 표현을 찾는 데는 긴 발전의 시기가 필요했다. 결국 현대 미술 과 그리스도교 사이에는 균열이 생긴 것이다.

융도 또한 신이 죽었다는 이상스럽고도 신비한 현상은 우리들의 시대의 정신적 사실이라는 것을 깨닫게 되었다. 1937년에 그는 다음과 같이 기술했다. "나는 여기에서 수많은 다른 사람들이 알고 있는 것을 표현하는 바인데, 나는 지금은 신이 죽어 없어진 시대라는 것을 알고 있다."

그는 그의 환자들의 꿈에서, 즉 현대인의 무의식에서 그리스도교의 신상이 사라져 가고 있음을 오랫동안 관찰하여 왔다. 이 신의 이미지의 상실은 삶의 의미를 부여하는 최고의 요소를 잃은 것이다.

그러나 지적해 두어야 할 것이 있다. 니체의 신이 죽었다는 주장이나, 키리코의 형이상학적 공허나 또는 융이 무의식의 이미지들로부터 연역해 낸 관념이나 신이나 초자연적인 실재나 모두 비실재에 관하여 최종적인 결론을 말할 수 없는 것이다. 그것들은 어디까지나 모두 인간의 주장이다. 융이 그의 저서 '심리학과 종교'에서 보여 준 바와 같이 그러한 주장들은 모두 무의식의 정신적 내용에 기초를 둔 것인데, 그 내용은 이미지, 꿈, 생각, 직관과 같은 확실한 형식을 펴며 의식의 세계로 들어왔던 것들이다. 이러한 내용의 기원과 그와 같은 변화(살아 있는 신이 죽은 신으로 변하는)의 원인은 신비로운 미지에서 알 수 없는 것으로 남을 것이 확실하다 하겠다.

키리코는 무의식이 그에게 제시한 문제를 한번도 해결해 본 적이 없었다. 그의 실패는 그가 인간의 상을 표현하려고 할 때 뚜렷이 나타나는 것이다. 종교가 지금과 같은 상태에 있을 때에는 비록 비인간적 일지라도 새로운 위엄과 책임은 인간 자신에게 맡겨져야 할 것이다. 융은 이것을 의식에 대한 책임이라고 말하였다. 그러나 키리코의 작품에서는 인간이 영혼을 박탈당한다. 인간은 얼굴이 없는 (그리하여 의식도 없는) 허수아비가 된다.

키리코의 대칭이 되는 것을 러시아의 화가 마르크 샤갈에서 찾을 수 있다. 샤갈이 그의 작품에서 추구한 것은 역시 '신비롭고 외로운 시'와 '소수의 사람만이 알아 볼 수 있는 영적인 면'이다. 그러나 샤갈의 풍부한 상징은 동방의 종교성과 삶에 대한 따스한 느낌에 뿌리를 박았다. 그는 공허의 문제에도, 신이 죽었다는 명제에도 부딪치지 않는다. 그는 다음과 같이 말했다. "이 부도덕한 사회에서는 모든 것이 변하고, 다만 마음과 사랑과 신을 알려는 노력만이 변하지 않을 것이다. 시와 마찬가지로 미술도 신과 상관이 있다. 오늘날의 인간들도 옛날의 인간들이나 마찬가지로 그렇게 느끼고 있다."

영국의 예술철학가인 허버트 리드는 언젠가 샤갈에 대하여, "그는 무의식의 현관을 넘어간 적이 없지만 늘 땅을 디디고 있어서 그를 풍요롭게 하였다."고 말했다.

키리코와 샤갈을 대조해 보면, 현대 미술에 있어서의 상징을 이해하기 위하여 중요한 질문이 한 가지 떠오른다. 현대 화가의 작품에 있어서 의식과 무의식의 관계가 어떠한 형태를 취하고 있는가, 혹은 다른 말로 바꾸어 말한다면 인간의 위치는 어디쯤인가?

초현실주의라는 운동에서 해답을 하나 얻을 수 있는데, 프랑스의 시인 앙드레 브르통이 창시자이다. 브르통은 의학도 시절에 프로이트의 저서를 읽게 되었다. 그리하여 그의 아이디어에 있어서 꿈이 중요한 역할을 하게 되었다. 그는 다음과 같이 기술하였다. "삶의 근본적인 문제를 해결하기 위해 꿈을 이용할 수가 없을까? 표면상으로 나타나는 꿈과 현실의 대립문제는 일종의 절대적 현실에서 해결될 수 있는데, 그 절대적 현실이 곧 초현실이다."

그것을 놀라울 정도로 날카롭게 파악한 브르통이 추구한 것은 의식과 무의식의 대립을 화해시키는 것이었다. 그러나 그가 택한 방법은 그의 목표를 빗나가게 하였다. 그는 프로이트의 자유연상과 자동기록의 방법을 실험하기 시작했다. 그는 이것을 '미적 도덕적 선입감 없이 생각을 받아 쓴 것'이라고 했다.

그러나 이 방법은 단순히 무의식의 흐름에 대하여 통로는 열려 있지만 의식이 해야 할 중요한 결정적 역할을 간과했다. 융이 말하는 바와 같이 무의식의 가치에 대한 열쇠를 쥐고 있는 것은 의식이기 때문에 의식이 결정적인 역할을 하는 것이다. 의식만이 이미지의 의미를 생각하고 현재라는 구체적인 현실에서 어떠한 중요성을 갖느냐를 인식할 능력이 있는 것이다. 의식과 무의식의 상호 작용에 있어서만 무의식은 자체의 가치를 설명하고 또 공허와 우울을 극복하는 길도 보여 줄 수 있을 것이다. 행위 중의 무의식을 방치해두면 무의식의 내용이 압도적인 힘이 되어 부정적이고 파괴적인 면을 드러내게 될 것이다.

우리가 살바도르 달리의 그림과 같은 초현실파의 그림을 이상과 같은 것들을 염두에 두고 보노라면 풍부한 환상과 무의식의 이미지의 압도적인 힘을 느끼겠지만, 모든 것의 종말을 나타내는 무서운 상징을 인식하게 될지도 모른다. 무의식은 순수한 자연이어서 자연과 같이 자질을 마음껏 구사하지만, 아무렇게나 방치되고 인간의 의식적 반응이 없으면 그 자질을 파괴하고 근절시키게 될지도 모른다.

현대 회화에 있어서의 의식의 역할 문제는 회화를 구성하는 수단으로서의 우연의 이용과 관련되어 일어난다고 하겠다. 막스 에른스트는 그의 저서 '회화의 대안'에서 다음과 같이 기술하였다. "수술대 위에 있는 재봉틀과 우산의 연합은, 초현실주의자들이 발견한 현상에 대한 유명한 예로서 이미 고전이 된 것인데, 이질적인 바탕에 놓인 서로 이질적인 요소 두 가지(때로는 그 이상)의 연합은 시를 분출할 수 있는 가장 큰 가능성이라는 것이다."

1935년에 에른스트는 어떤 환상이 어떻게 자기를 쫓아다녔는지 설명했다. 그 환상은 에른스트가 째진 자국이 수없이 많은 타일로 된 마루바닥을 바라보고 있을 때에 강하게 나타났다. "나의 명상과 환상의 힘에 기초를 부여하기 위하여 나는 타일 표면 여기 저기에다가 종이를 펴고 흑연을 문질러서 일련의 타일화를 그렸다. 다 된 것을 들여다 보고 있노라니까 대조를 이루거나 중복된 일련의 환상적인 그림에 대한 첨예한 의식이 갑자기 살아나서 나는 크게 놀랐다. 나는 이 프로타쥬로부터 얻은 최초의 결과를 모아서 거기에 '박물기'라는 제목을 붙였다."

에른스트가 이들 프로타쥬의 위나 배경에 고리(동그라미)를 그린 사실에 유의하는 것이 매우 중요하다. 그것이 그림에 이상한 분위기와 깊이를 부여하기 때문이다. 여기에서 심리학자는 자기 충족의 마음 전체를 상징함으로써 이미지가 갖는 자연스러운 언어의 혼돈스러운 위험성을 막고, 그렇게 함으로써 평형을 유지하려는 무의식의 욕구를 깨달을 수 있을 것이다. 고리(동그라미)가 그 그림을 지배한다. 마음의 전체성이 자연을 다스리는데, 그것 자체가 뜻 깊은 의미를 부여한다.

물체 속에 숨은 형태를 모색하는 막스 에른스트의 노력에서 우리는 19세기의 낭만주의자들과의 유사성을 탐지할 수 있다. 그들은 모든것을 같은 '자연의 회화적 언어'의 표현으로 보았다. 그래서 에른스트가 실험삼아 그린 그림들을 '박물기'라고 칭했을 때 그것이야말로 낭만적인 표현이었다. 그리고 그것이 옳았다. 왜냐하면 무의식(물체들을 우연히 배열한 그림을 마술로 불러일으키는)은 자연이기 때문이다. 여기에서부터 심리학자들의 생각이 전개된다. 심리학자들이 부딪치게 되는 질문은 우연의 배열이 그 우연을 겪게 되는 개인에게 과연 어떤 의미를 갖게 되느냐 하는 것이다. 이 질문과 더불어 인간과 의식의 문제가 등장하고, 또 의미의 가능성 문제가 등장한다.

심리학자는 우연의 배열을 하는 '암호'를 찾아서 이를 이해하려고 애쓴다. 아르프가 멋대로 합쳐 놓은 물체의 수와 형태가 에른스트의 환상적인 프로타쥬의 세부가 불러일으키는 것 만큼이나 많은 의문을 불러일으킨다. 그것들은 심리학자들에게는 상징이다. 그러므로 그것들은 느낌으로 알 수 있을 뿐만 아니라 해석도 할 수 있다.

대부분의 현대 미술 작품에 있어서 언뜻 보아서나 실제로나 관객들이 멀리하고, 내성이 결여되어 있고, 혹은 무의식이 의식을 지배하고 있기 때문에 비평가들로부터 자주 심한 비평을 듣는다. 비평가들은 정신질환자들의 그림과 비교까지 해가면서, 정신착란의 예술이란 말까지 한다. 그것은 정신의 무의식 부분에서 흘러나온 내용 속에 의식과 자아의 개성이 침잠해버린 정신병의 특징을 지녔기 때문이다.

융이 피카소에 관한 그의 논문에서 이러한 관련성의 존재에 대해서 처음으로 지적했을 때 대단히 분노에 찬 반응을 일으켰었지만, 이러한 비평은 오늘날에 있어서 자연스럽게 이루어지고 있다고 하겠다.

오늘날에 있어서 정신분열증과 예술적 전망이 서로 배타적이지 않는 것으로 인식되고 있는 것이다. 인위적으로는 메스칼린이나 이와 유사한 약물들이 이러한 변화를 초래했다고도 볼 수 있겠다. 이 약물들은 색과 형태가 분명한 강렬한 환상을 일으키므로, 정신분열증에서와 같은 상황이 주어지므로, 그러한 약물을 써서라도 예술적 영감을 찾는 예술가가 오늘날에는 매우 많은 것이다.

4. 상반성의 화합

또 한 가지 분명히 해 두어야 할 것이 있다. 시대 정신은 항상 움직인다는 사실이다. 마치 그것은 보이지는 않지만 분명히 흐르는 강과도 같으며, 이 세기에서처럼 삶의 역동력이 10년이란 세월은 너무 길다고 하겠다.

20세기의 중반에 접어들면서 회화에 변화가 오기 시작했다. 혁명적인 것, 즉 1910년경에 일어났던 변동과 같은 것이 있었던 것은 아니다. 그 때의 변화는 미술을 기초에서부터 재건하는 것을 뜻하는 것이었다. 자신들의 목표를 전혀 새로운 방법으로 형성해 나간 몇몇 미술가들의 무리가 있었다. 이러한 변화는 추상화의 선구자들에 의하여 지금도 계속되고 있다.

구체적인 현실을 재현하는 것은 끊임없이 지나가는 순간을 포착하려는 인간의 원초적 욕구에서 나온 것으로서 프랑스의 앙리 카르티에 브레송과 스위스의 베르네르 비숍 및 그밖의 사람들의 사진에서 진정으로 구체적인 감각 예술이 되었다. 그래서 우리는 화가들이 어째서 자기들 나름대로의 내면성과 상상을 추구해야 했는가를 이해할 수 있다. 그러나 수많은 젊은 미술가들에게 있어서는 상당히 오랫동안 계속되어온 추상 미술이 아무런 모험도 정복할 분야도 제공할 수 없는 것이다. 그들은 새로운 무엇인가를 찾다가 가까이 있지만 오랫동안 잊고 있었던 것에서, 즉 자연과 인간에서 원하는 것을 찾았다. 옛날에도 그랬지만, 그들은 지금도 그림으로 자연을 재현하는 일에는 관심이 없고, 자연에 대한 정시적 체험을 표현하는 일에만 관심이 있다.

프랑스의 화가 알프레드 마느씨에는 자신의 예술관을 다음과 같이 정의했다. "우리가 재정복해야 하는 것은 잃어버린 현실의 의의이다. 인간으로서의 새로운 마음, 새로운 정신, 새로운 영혼을 우리들 자신이 창출해내야 한다. 화가에게 있어서 진정한 현실은 추상이나 사실에 있는 것이 아니라, 인간으로서의 화가 자신의 중요성을 회복하는 데 있다. 현재로서는 비형상적 미술은 화가로 하여금 자신의 내적 현실에 접근하여, 자신의 본질적 자아와 자신의 존재에 대한 의식을 파악할 기회를 제공해 주는 것이라고 생각된다. 화가는 앞으로 자신에게 돌아가서, 자신의 중요성을 발견하고, 그것을 강화하여 세계의 외적 현실에까지 힘을 뻗칠 수 있으려면 자신의 자리를 재정복하는 것일 뿐이라고 믿어진다."

장 바제인느도 비슷한 말을 했다.

"오늘날 화가들은 자신의 순수한 감정의 리듬과 가장 은밀한 심장의 고동을 구상적 형식을 빌지 않고 그려내고 싶은 깊은 유혹이 있다. 그러나 그것은 무미건조한 산수나 일종의 추상적 표현주의에 머물게되어 단조로움과 점차적인 형식의 결핍으로 끝장날 것이다……"

인간과 그를 에워싸고 있는 세계를 조정할 수 있는 형식은 일종의 '영교의 예술'로서 인간은 언제라도 거기에 자신을 비추어 아직 이루어지지 않은 자신의 모습을 알아 볼 수가 있다.

사실 미술가들이 마음에 품고 있는 것은 자신들의 내적 현실과 외계의 현실을 의식적으로 통합하는 것이다. 즉, 최후의 수단으로서 육체와 영혼, 혹은 물질과 정신을 새로 통합하는 것이다. 이것이야말로 '인간으로서의 무게를 재탈환'하려는 그들의 방법이라 하겠다. 현대 미술과 더불어 시작한 (위대한 '상징성'과 위대한 '사실성'과의 사이에 빚어진) 커다란 균열은 많은 사람들이 그것을 의식하게 되었고 그 융화가 모색되고 있는 중이다.

관객들은 이러한 미술가들의 작품에 나타난 분위기의 변화를 보고 이것을 우선적으로 느끼게 될 것이다. 알프레드 마느씨에나 벨기에 태생인 구스타프 싼지에 같은 화가들의 그림은 추상화이지만서도 세계에 대한 신념이 넘치고, 강렬한 감정에도 불구하고 형태와 색채가 조화를 이루어 정밀스러움이 돋보인다.

우리는 폴 클레의 그림에서도 형태와 색채의 조용한 조화를 발견한다. 이 조화는 그가 오랫동안 추구하던 것이다. 그는 악을 인정해야만 하는 필요성을 깨달았다. "악은 의기양양한 적이 되어서도 안되고 소심한 적이 되어서도 안되며, 전체 속에서 작용하는 힘이 되어야 한다." 하지만 클레의 출발점은 그렇지 않았다. 그는 이 세상으로부터 멀리 떨어진 '죽은 사람들'과 '태어나지 않는 사람들' 가까이서 살고 있었다.

유의해야 할 것은, 상반성의 통합을 깨달을 정도로 발전했을 때 현대화는 종교적 주제에 손을 댔다는 것이다.

현대 미술을 교회에서 받아들인 것은 교회 측의 관대한 것 이상의 뜻이 있다. 현대 미술이 그리스도교와의 관계에 있어서의 역할이 변하고 있다는 사실을 상징하는 것이다. 이러한 사실에 대한 역사적 배경으로서, 옛날의 신비주의 운동의 보상적 작용이 이와 같은 합작의 가능성의 길을 열어 주었다는 예를 들 수가 있다. 그리스도의 동물상징을 논하면서 광명의 신과 지하의 신이 상호 의존적이라는 것을 지적한 바 있는데, 마치 천년이나 끌어온 문제를 해결할 수 있는 새로운 단계에 이르는 순간이 도래한 듯하다.

앞으로 어떠한 일이 일어날지 모른다. 상반성의 합작이 긍정적인 결과를 낳을 것인지, 또는 상상할 수도 없는 파국으로 치달을지 우리는 알 수가 없다. 세상에는 불안과 공포가 깔려 있고, 그리고 이것은 예술과 사회에 있어서 지배적인 요인이다. 예술에서 도달한 결론을 예술로서는 받아들일 용의가 되어 있지만, 그 결론을 각 개인이 자신이나 자신의 삶에 적용하기는 꺼리는 것이다. 예술가는 무의식 중에 적개심을 야기하지 않고도 많은 것을 표현할 수 있다. 그런데 심리학자가 그것들을 나타내면 반발을 일으킨다. 이것은 미술보다도 문학에서 더욱 결정적으로 나타나는 사실이다. 심리학자가 평하면 사람들은 도전당한 느낌이 드는 모양이다. 그러나 예술가가 이야기하는 것들은 특히 이 세기에 있어서는 개인을 초월한 영역에 속한다.

그래도 좀더 전체성이 있고, 따라서 좀더 인간적인 표현의 양식에 때한 암시가 우리 시대에 이르러 눈에 띄게 된 사실은 매우 중요한 것 같다.

제5장

개인 분석에 있어서의 상징

욜란데 야코비

스위스의 정신의학자이다. 융의 정신이론을 고전적이고 직관적으로표현했다.

융이 타계한 후 취리히 학파(융학파)의 학풍조성에 진력했다.

개인 분석에 있어서의 상징

1. 분석의 시작

일반적으로 융 파(派) 심리학의 방법은 중년층의 사람들에게만 적용될 수 있다고 믿어지고 있다.

사실, 많은 남자와 여자들이 심리적 성숙에 이르지 못하고서 중년을 맞이하고 있다. 그러므로 그들의 발달과정에서 무시되어 온 것에 관하여 도움이 필요하다.

M. L. 폰 프란츠가 말하는 바와 같이 그들은 개성화의 과정에 있어서 초반부를 완성시키지 못하고 있다. 그러나 젊은이는 그 성장과정에서 여러 가지 심각한 문제들에 직면하는 수 있다는 것이 사실이다. 어떤 젊은이가 인생을 두려워하고 현실에의 적응이 어렵다는 것을 알았을 때, 그는 공상 속에 안주할지도 모르고, 혹은 어린 아이 상태로 머물려고 할지도 모른다. 그러한 젊은이에게 있어서 (특히나 그가 외향적이라면) 우리는 때때로 무의식 중에 뜻밖의 예기치 않은 보물을 발

견하고, 그 보물을 의식세계로 가지고 들어옴으로써 그의 자아를 강화하고 성숙한 인간으로 성장하는 데 필요한 정신적 에너지를 줄 수 있는 것이다. 이것이야말로 꿈이 갖는 강력한 상징성의 기능이라고 하겠다.

이 책에 있어서 다른 집필자들은 이들 상징의 성질과 그들이 인간의 심리학적 본성 속에서 연출하는 역할에 관하여 기술해왔다. 나는 내가 헨리라고 부르는 25세의 젊은 엔지니어의 예를 듦으로써 어떻게 분석이 개성화 과정에 유용한가를 보이고자 한다.

헨리는 스위스 동부의 전원지방 출신이었다. 프로테스탄트의 농민 출신인 그의 아버지는 일반 개업의사였다. 헨리는 아버지가 인격은 고결하지만 남들과 교류하는 데 어려움을 느끼는 폐쇄적인 사람이라고 묘사했다. 그는 자기 자식들에게보다 환자에게 더 아버지답게 대해주는 편이었다. 가정에 있어서 헨리의 어머니는 지배적인 성격이었다. 헨리는 언젠가 이렇게 얘기했다.

"우리들은 어머니의 억센 손길로 자라났습니다."

그 어머니는 학구적인 배경과 폭넓은 예술적 관심을 지닌 가문 출신이었다. 그녀는 엄격함에도 불구하고, 폭넓은 정신적 시야의 소유자이기도 했다. 그녀는 다소 충동적이고 낭만적이었다(그녀는 이탈리아에 대단한 호감을 갖고 있었다). 그녀 자신은 가톨릭 집안에서 태어나 자랐지만, 그녀의 아이들은 아버지의 종교인 개신교의 분위기 속에서 자라났다. 헨리에게는 누나가 한 명 있었는데 그는 누나와 사이가 좋았다.

헨리는 내향적이었고, 수줍어했고, 늘씬하게 키가 컸고, 밝은 색깔의 머리칼을 지녔으며, 창백한 이마와 그늘진 파란눈을 갖고 있었다.

그는, 그가 나에게 온 것은 가장 흔한 이유인 신경증에 시달려서가 아니고, 오히려 그의 정신에 작용하는 내적 요청에 의한 것이었다고 생각했다. 하지만 이 요청의 이면에는 어머니와의 강한 연대와 인생에 자기를 내맡기는 일에대한 두려움이 숨겨져 있었다. 그러나 이것들은 나와의 분석작업 과정에서 비로소 발견되었던 것이다.

그는 학업을 마치자마자 어떤 큰 공장에서 일자리를 얻었다. 그리고 젊은이가 성년기의 문턱에서 부딪히는 많은 문제들에 직면하고 있었다. 면접을 신청하는 편지에서 그는 다음과 같이 썼다.

"내 인생에 있어서 이 시기는 특별히 중요하고 뜻깊은 것 같습니다. 나는 잘 보호받은 안전함 속에서 무의식 상태로 머물러 있거나, 아니면 커다란 희망을 품어 온 미지의 길로 모험에 나서거나 하는 결단을 내려야 하겠습니다."

그가 대결을 강요당한 선택은, 그가 외롭고 불안정한, 현실성이 모자라는 젊은이로 있든가, 아니면 스스로 자족하는 책임감 있는 어른이 되든가 하는 것이었다.

헨리는 자기는 사교보다도 독서를 즐긴다고 나에게 말했다. 그는 사람들 속에 어울리게 되면 소심해졌고, 그리고 가끔 의심에 차거나 자기 비관에 빠져 괴로워했다. 그는 나이에 비해서 책을 많이 읽었고, 심미적 지성주의에 기울고 있었다. 보다 젊은 날의 무신론적 시기를 보내고, 엄격한 프로테스탄트가 되었지만, 결국에 그의 신앙적 자세는 완전히 어느 쪽도 아니게 되었다. 수학과 기하학에 대한 자기 능력을 감지했기 때문에, 그는 기술교육을 택했던 것이다. 그는 논리적인 정신을 지니고 있고 자연과학적인 훈련을 받았지만, 그러나 한편으로는 자신도 인정하고 싶지 않은 불합리적이고 신비주의적인 방향으로 향하는 경향을 띠고 있었다.

그의 분석이 시작되기 2년여 전에 헨리는 프랑스계 스위스 출신의 가톨릭 아가씨와 약혼을 했다. 그는 그녀를 매력적이고, 유능하고, 독창력이 풍부한 여자라고 묘사했다. 그럼에도 불구하고 결혼의 책임을 떠맡아야 하는지 결정을 못내리고 불확실한 상태에 있었다. 여자들과의 친교가 거의 없었으므로, 그는 기다리는 것이 보다 나을지도 모르겠다고 생각하기도 하고, 혹은 독신으로 학구생활을 계속할 것도 생각하고 있었다.

그의 의혹은 매우 강하여 결론에 이르는 것을 방해하고 있었다. 자기에 대한 확신을 얻기까지에는 그는 성숙을 향하여 한 걸음 더 전진이 필요한 것이었다.

양친의 자질을 헨리는 이어받고 있었지만, 그는 특히 어머니 쪽에 기울어 있었다. 그의 의식 속에서는, 그는 실제적인 (혹은 밝은) 어머니와 동일시되었는데, 어머니는 높은 이상과 지적인 야망을 대표했다. 그러나 무의식 속에 있어서 그는 어머니 지향의 어두운 측면에 깊숙이 있었다. 그의 무의식은 아직 그의 자아를 꽉 쥐고 있었다. 그의 명쾌한 사고와, 순수하게 합리적인 것 속에서 견실한 논점을 찾아내려는 노력은 모두 지적인 연습 이상의 그 무엇도 아니었다.

이와 같은 '어머니라는 감옥'에서 도피하려는 욕구는 실제의 어머니에 대한 적의를 가진 반응과 무의식의 여성다움의 상징으로서의 '내적인 어머니'의 거부로서 표현되고 있었다. 그러나 내적인 힘은 외부 세계로 그를 끌어당기는 모든 것에 저항하는 어린 시절의 상태로 그를 되돌리려고 했다.

약혼녀의 인력조차도 그가 어머니에의 유착으로부터 자신을 자유롭게 해방시키고 그 자신을 발견하는 데 도움이 되지 못했다. 그는 내적인 성장에의 충동 (그것을 그는 강하게 느끼고 있었지만) 속에 어머니로부터의 분리의 필요성이 내포되어 있는 것은 알지 못했다.

나와 헨리와의 분석작업은 9개월로 끝났다. 전 과정을 통하여 그가 제시한 50가지 경우의 꿈을 다루며 35회의 과정이 있었다. 이렇게 짧은 분석은 드물다. 그것은 헨리처럼 에너지에 찬 꿈이 발달과정을 촉진할 때만 가능한 것이다. 물론 융학파의 견해로부터 말하자면, 성공한 분석에 요하는 기간의 길고 짧음에 있어서 어떤 규율이 있는 것은 아니다. 모든 것은 내적인 사실을 실현해가는 개인의 소지와 그 무의식에 의해서 제시되는 소재에 달려 있다.

내향성인 사람에게서 흔히 볼 수 있듯이, 헨리는 외적으로는 오히려 단조로운 생활을 보내고 있었다. 하루 종일 완전히 일에 쫓기다가 저녁 때가 되면, 좋아하는 문학에 관하여 서로 이야기하기 위하여 때때로 약혼녀나 친구들과 함께 외출했다. 가끔 하숙에 틀어박혀 한 권의 책이나 자기 생각에 몰두했다. 우리는 그의 일상생활에서의 사건이나 어릴 적이나 젊은 날의 일에 대해서 언제나 정해 두고 서로 이야기했지만, 우리는 그의 꿈과 그에게 표시된 내적 생활과의 탐구에 상당히 빠르게 착수한 것이었다. 그의 꿈이 그의 정신적인 발달에의 '부름'을 얼마나 강하게 강조했는가는 놀라운 것이었다.

그러나 나는 내가 여기에 기술한 모든 것이 헨리에게 말해지지는 않았다는 것을 분명히 밝혀두어야겠다.

분석에 있어서 우리는 꿈 속의 상징이 그 꿈을 꾼 당사자에게 어떻게 폭발적으로 작용하는가를 항상 마음에 두지 않으면 안된다. 분석가는 아무리 주의깊게 조심하고 있어도 지나치는 법이 없다고 하겠다.

만일 상징이라는 꿈의 언어에 던져지는 빛이 너무 밝다면 꿈을 꾼 사람은 불안에 사로잡히고, 마침내 방어기제로서의 합리화에 이르게 되는 것이다. 또는 그 사람은 꿈을 이미 동화할 수 없고 심각한 정신적 위기에 빠질 수 있는 것이다.

여기에서 보고되고, 또 해설되는 꿈은 헨리가 분석 중에 가졌던 모든 꿈은 아니다. 나는 그의 발달에 영향을 끼친 중요한 몇 가지만 토론할 수 있겠다고 본다.

우리들의 작업의 시발에 있어서, 중요한 상징적 의미를 가진 아동 기의 기억이 떠올랐다. 가장 오래된 것은 헨리가 네 살이었을 때로 거슬러 올라간다. 그는 다음과 같이 이야기해 주었다.

"어느날 아침 나는 어머니와 함께 빵가게에 갔었죠. 그리고 그 빵가게 아주머니한테서 초승달 모양의 롤빵 하나를 받았습니다. 나는 그걸 먹으려 하지 않고 손에 자랑스러운 듯 들고 있었죠. 거기에는 어머니와 빵집 아주머니만이 있었으므로 나는 그곳에서는 유일한 남성이었죠."

이와 같은 달모양 롤빵은 보통 '달의 이빨'이라고 불린다. 그리고 이러한 달의 상징적 암시는 여성의 지배력을 강조하고 있다. 이 힘에 대하여 헨리 소년은 자기가 노출되어 있다고 느꼈는지도 모르고, '유일한 남성'으로서 자기가 그것에 대항할 수 있어서 자랑스러웠는지도 모른다.

또다른 아동기의 기억은 다섯 살때로 거슬러 올라간다. 그것은 헨리의 누나에 관해서인데, 그녀가 학교에서 시험을 끝내고 집으로 돌아왔을 때 헨리는 장난감 창고를 조립하고 있었다. 창고는 목제의 집짓기 조 각으로 만들어지고 있었다. 그것은 정방형으로 정리되었으며, 커다란 성(城)의 흉벽처럼 보이는 울타리같은 것으로 에워싸여 있었다. 헨리는 그 완성된 모양에 만족스러운 듯했다. 그러면서 누나를 놀리듯 말했다.

"학교가 시작하자마자 벌써 휴일이구나." 이 말에 대한 그녀의 대답은 그는 일년 내내 휴일이 아니냐는 것이었는데, 그게 그를 몹시 당황케 했다. 자기의 '성취'가 별로 중요하게 여겨지지 않는 것에 심하게 감정이 상했던 것이다.

몇 년인가 지나고 나서도 헨리는 그의 건설이 받아들여지지 않았을 때 그가 느꼈던 그 쓰디쓴 상처와 부당성을 잊을 수가 없었다. 그의 남성으로서의 주장이나 합리적 가치와 공상적인 가치와의 사이의 갈등은 그의 훗날의 문제들과도 관련되어 있지만, 그것은 이 어린 날의 경험에서 이미 엿볼 수 있다. 그리고 이러한 문제들은 또한 그의 첫 번째 꿈의 이미지 속에서도 볼 수 있는 것이다.

2. 처음 꾸는 꿈

헨리는 나를 찾아온 다음날, 다음과 같은 꿈을 꾸었다.

'나는 지금까지 몰랐던 한 무리의 사람들과 소풍을 갔습니다.

우리들은 찌날로트호른에 가려고 했으므로 자마덴에서 출발했습니다. 우리는 캠핑을 하고 몇 가지 극도 해볼 계획이었기 때문에 한 시간 가량 걸었습니다.

나에게는 역이 주어지지 않았습니다. 나는 특히 어떤 배우 — 길고 부드럽게 드리워진 옷을 입은 슬픈 역을 맡은 한 젊은 여자를 기억합니다.

때는 정오였습니다만, 나는 고개까지 가고 싶었습니다. 다른 사람들은 머물고 싶어하기에 나는 장비를 남겨 놓은 채 혼자서 올라갔습니다. 그러나 계곡에 내려가서 방향을 있었습니다. 나는 우리 일행이 있는 곳으로 되돌아가고 싶었지만 어느 산으로 올라 가야 하는지 알지 못했습니다. 묻는 것을 주저했는데 마침내는 한 늙은 부인이 내가 가야 할 길을 가르쳐 주었습니다.

그래서 나는 아침에 우리 일행이 출발했던 지점과는 다른 출발점에서 나왔습니다. 그것은 오른쪽에 있는 산 방향으로 향한 것이 되었습니다. 거기에는 일행이 있는 곳으로 되돌아갈 산의 경사면도 이어져 있었습니다. 나는 오른쪽의 산간 철도를 따라 올라갔습니다. 내 왼쪽으로는 작은 자동차들이 끊임없이 줄을 이어 지나갔습니다. 그 자동차

마다에 푸른 옷을 입은 크고 작은 사람이 숨겨져 있었습니다. 그들은 죽어 있다는 것입니다. 나는 차가 오지 않을까 하고 걱정스러웠고, 치이지 않도록 자꾸만 뒤을 돌아 보았습니다. 그러나 내 근심은 부질없는 것이었죠.

오른쪽으로 길이 갈라지는 지점에서는 사람들이 나를 기다리고 있었습니다. 그들은 숙소로 나를 데리고 갔습니다. 폭우가 쏟아졌습니다. 나는 배낭이나 모터사이클 등의 장비가 거기에 없는 것이 안타까웠지만, 다음 날 아침까진 그것들을 취할 수 없다고 들었습니다. 나는 그 충고를 받아들였습니다.'

융은 분석에 있어서 (보고된) 처음의 꿈에 대단한 중요성을 부여했다. 왜냐하면 그에 따를 것 같으면, 처음의 꿈은 종종 예측적인 가치를 지니고 있기 때문이다.

분석을 받으려는 결심은 원형적인 상징이 거기에서 생겨나는 듯한 깊은 정신적 수준을 훼방하는 어떤 감정적 변동을 수반하기 마련이다. 그러므로 처음의 꿈은 자주 전체로서의 분석을 위한 조망을 마련해주며, 또 치료사에게 꿈을 꾼 사람의 정신적 갈등에 관한 통찰을 줄 수 있는 '집단적 이미지'를 보여준다고 하겠다.

위에서 기술된 꿈은 헨리의 미래의 발달에 관하여 우리들에게 무엇을 말해 주는 것일까?

우리는 우선 헨리 자신이 제공한 몇 가지 연상을 검토해야 한다. 자마덴 마을은 17세기의 스위스 독립투사로 유명한 위르크 예나취의 고향이었다. 그 '극'들이란 괴테의 '빌헬름 마이스터의 수업 시대(Wilhelm Misters Lehrjahre)'에 대한 생각을 불러일으켰는데, 헨리는 그 작품을 매우 좋아했던 것이다. 꿈 속의 여자에게 있어서는 헨리는 19세기의 스위스 화가 아놀트·뵈클린의 '죽은 자들의 섬'이라는 그림 속의 상과 닮은 점을 찾아냈다. 그는 그녀를 '현명한 노부인'이라고 불렀는데 그녀는 한편으로는 그의 분석가로 연상되는 것 같고, 다른 한편으로는 J.B. 프리이스클리의 희곡 '그들은 도시에 왔다' 속에 나오는 잡역부로 연상되는 것 같았다. 산간 철로는 그가 어렸을 때 만들었었던 창고를 상기시켜 주었다.

꿈 속의 소풍(일종의 도보 여행)은 분석에 나서는 헨리의 결심과 매우 유사하다. 개성화의 과정은 가끔 낯선 나라를 발견하기 위한 여행에 의해 상징화되는 것이다. 이러한 여행은 존 번얀의 '천로역정' 혹은 단테의 '신곡'에도 나타난다.

단테의 시에 있어서 '나그네'는 길을 찾아 어떤 산의 아래까지 와서 그 산에 오르려고 결심한다. 그러나 낯선 세 마리 동물 (헨리의 나중 꿈들에도 역시 나타나는 모티브지만) 때문에 계곡에 내려가고 다시 지옥까지 내려갈 것을 강요당한다. (뒤에 다시 오르게 되고 마침내 천국에 이르게 된다.)

이러한 유사성을 통하여, 우리들은 헨리에 있어서도 지남력 상실이나 혼자만의 외로운 탐색의 유사한 시기가 있었다는 것을 알았을 것이다. 이 인생이라는 여로의 처음 부분은 산에 오르는 일로 나타나고 무의식으로부터 자아라는 높여진 관점에의 상승, 즉 증가된 의식을 나타내고 있다.

자마덴은 소풍길의 출발지점의 지명이다. 이곳은 예나취(헨리의 무의식 속의 '자유의 탐색'의 기분을 구체화하는 것으로 볼 수 있는 인물)가 프랑스로부터 스위스의 벨트린 지역을 해방하기 위하여 출진한 곳이다. 예나취의 다른 특징들도 헨리와 공통적이다. 즉, 예나취는 신교도였지만 가톨릭 아가씨와 사랑에 빠졌고 또 헨리의 분석이 어머니와의 유착과 삶에의 두려움으로부터 그를 해방하고자 하는 것처럼, 예나취 또한 해방을 위하여 싸웠던 것이다.

우리는 이것을 자유에 대한 헨리 자신의 싸움이 성공할 길한 징조라고 해석할 수 있다. 소풍의 목적은 그가 몰랐던 서부 스위스에 있는 산인 찌날로트호른이었다. 찌날로트호른(Zinalrothorn) 속의 로트(-rot-; 붉은)란 말은 헨리의 감정적인 문제에 저촉된다. 붉은 색은 일반적으로 감정이나 정열을 상징화한다. 여기에서는 헨리에게는 그다지 발달해 있지 않은 감정기능의 중요성을 가리킨다. 그리고 끝의 호른(-horn)이라는 말은 헨리의 아동기 때의 그 빵가게에서 팔던 달모양의 롤빵을 상기시킨다.

조금 걷고 휴식하며 헨리는 수동적인 상태로 되돌아 갈 수 있었다. 이것도 또한 그의 본성에 속하는 것이다. 이 점은 '극'에서 강조된다. 극에 참여 하는 것, (실생활의 모방이나) 인생이란 드라마 속에서 적극적인 면으로부터 도피하려는 일반적인 방법이라 하겠다. 관객은 극에 동화하면서도, 자기의 공상에 잠길 수 있다. 이러한 유의 동일시는 그리스인들에게 카타르시스의 경험을 하게끔 했지만, 미국의 정신과의

사 J. L. 모레노에 의해서 창시된 사이코 드라마(심리극)은 치료의 보조수단으로 쓰이고 있다.

한 청년의 성숙에 관한 이야기인 괴테의 '빌헬름 마이스터의 수업시대'의 기억이 헨리의 연상에 떠올랐을 때에, 이러한 과정에 의해 그는 어떤 내적 발달의 경험을 할 수 있었는지도 모른다.

헨리가 한 여자의 로맨틱한 출현에 인상받은 것도 또한 놀랄 일이 아니다. 그 상은 헨리의 어머니와 닮았고, 또한 동시에 그 자신의 무의식적인 여성적 성향의 의인화였다.

꿈 속의 여자와 뵈클린의 '죽은 자들의 섬'을 헨리가 관련지은 것은 그의 우울한 무드를 지적하는 것이고, 이것은 섬을 향하여 관을 나르는 보트의 작동권을 쥐고 있는 하얀 긴 옷을 입은 성직자 같은 상을 보여 주는 그림에 의하여 잘 표현되어 있다.

여기에서 우리는 의미심장한 이중의 역설을 생각한다. 보트의 용골은 섬에서 떨어진 역코스를 시사하고 있는 것 같다. 그리고 '성직자'는 남녀의 성이 분명하지 않은 상이다. 헨리의 연상으로는 이 상은 확실히 양성을 지닌 상이다. 이중의 역설은 헨리의 양면성과 일치하고 있다. 그의 혼 속의 대립하는 것들은 분명히 분화되기에는 아직 너무나 미분화적이라 하겠다.

꿈 속에서 이 에피소드가 있은 뒤에 헨리는 갑자기 때는 정오이고 그는 떠나가야 함을 인지하게 된다. 그래서 그는 고개로 향해 다시 출발한다. 산고개는 낡은 마음가짐에서 새로운 마음가짐으로 이끄는 '전환의 상황'을 나타내는 잘 알려진 상징이다. 헨리는 오로지 혼자서 가야 한다. 그것은 도움이 없는 시련을 넘어서는 그의 자아를 위하여 필수적인 것이다.

그리하여 그는 그의 용구를 뒤에 남겨둔 채 떠나는 것이다. — 그것은 마음의 장비가 하나의 짐이 되었던 것을 보여 주는 행동이며, 혹은 그가 일할 때의 평소때의 방법을 바꾸어야 함을 보여주는 것이라 하겠다.

그러나 그는 고개에 도달할 수는 없었다. 방향을 잃고 계곡 밑에 있는 자기를 발견한다. 이 실패는 자아가 적극적이려고 결심하는 한편 그의 다른 정신적 실재(일행의 다른 구성원들에 의하여 표현되었다)는 수동적인 낡은 상태로 머물고 자아를 따라가는 것을 거부할 것을 표시한다. (꿈 속에서 꿈 꾸는 사람 자신이 나타날 때, 그것은 일반적으로 그의 의식적 자아를 나타내는 것이다. 타인의 상은 다소간에 미지의 무의식적 가능성을 표현하고 있다.)

헨리는 도와주는 자가 없는 상황에서 아직 그것을 받아들일 것을 주저 하고 있다. 이때 그에 게 바른 길을 가르쳐 주는 노부인과 만난다. 그녀의 충고를 받을 수밖에 없다. 도움을 준 노부인은 영원한 여성성(女性性)을 지닌 현자로서, 신화나 옛 이야기 속에서 잘 알려져 있는 상징이다. 합리주의자인 헨리는 그녀의 도움을 받을까 말까 망설인다. 왜냐하면 그러한 수용은 '지성의 희생(sacrificium intellectus)' — 합리적인 사고방식의 희생이나 포기 — 을 요하기 때문이다. (이러한 요구는 뒤에 나오는 꿈 속에서 가끔 헨리에 대해 행해진 것이다.) 이와 같은 희생은 피할 수 없는 것이다. 그것은 나날의 생활에 있어서는 물론 분석에 있어서의 그의 인간관계에도 해당된다고 하겠다.

그는 꿈 속의 노부인으로부터 프리이스틀리의 극 중의 잡역부를 연상했는데 그 극은 사람들이 일종의 이니시에이션을 받은 후에만 들어갈 수 있는 새로운 '꿈'의 도시(아마 성경의 〈묵시록〉에 나오는 새로운 예루살렘의 비유일 것이다)에 관한 것이다. 이 연상은 이 대결이 자기에게 있어서 무언가 결정적인 것이라는 것을 헨리가 직관적으로 프리이스틀리의 극 속에서의 잡역부는 도시에 관하여 "여기에서는 내 몫의 방이 약속되어 있습니다."고 말한다. 그래서 그녀는 헨리가 구하고 있듯이 스스로를 의지하고 독립하는 것이다.

헨리처럼 기계적인 생각이 몸에 배인 젊은이가 마음의 발달의 길쪽을 의식적으로 택했다면, 그는 남은 태도를 역전시키는 준비를 해야 한다. 그러므로 헨리는 그 여자의 충고에 따라 다른 지점에서 오르기 시작해야 한다. 그 때에만 그가 뒤에 남겨두고 온 일행 — 그의 정신의 다른 소질들 — 에 도착하기 위해서 그가 어떠한 단계에서 길을 변경해야 하는가를 판단할 수 있을 것이다.

그는 산간철도(아마 그가 받은 기술적 교육을 반영하고 있는 모티브)를 올라간다. 그리고 다시 통로를 오른쪽 — 의식 쪽 — 통행으로 오르고 있다.

(상징성의 역사에 있어서 오른쪽은 일반적으로 의식의 영역을 가리키고 있고, 왼쪽은 무의식의 영역을 가리키고 있는 것으로 여겨진다.)

왼쪽으로부터 작은 차가 내려오며 각각 그 속에 한 사람씩 작은 남자가 숨어 있다. 헨리는 알지 못하고 올라오는 차가 뒤에서 부딪혀 올지도 모른다고 두려워하고 있다.

그의 불안은 이유가 없는 것이 명백해졌지만, 헨리는 말하자면 자아의 배후에 가로놓여 있는 것을 두려워하고 있음을 나타내고 있다.

부은 파란 옷의 남자들은 기계적으로 초래된 황폐한 지적 상황을 상징하고 있는지도 모른다. 파란색은 가끔 사고기능을 나타내는 것이다. 그리하여 이 사람들은 공기가 희박한 지적 높이에서 죽어버린 견해나 태도를 표시하는 상징일지도 모른다. 그들은 또한 헨리의 마음속의 생명력이 없는 어떤 내적 부분을 나타내고 있다고도 할 수 있다.

이 사람들에 관한 주석이 꿈 속에서 이루어지고 있다. '그들은 죽어 있다는 말이 들린다'고 해석이 주어지고 있는 것이다. 그러나 헨리는 혼자이다. 그렇다면 이것은 누구의 의견일까? 그것은 하나의 소리다. — 꿈 속에서 소리가 들릴 때, 그것은 참으로 뜻깊은 일이다. 융은 꿈 속의 소리의 출현을 자기의 개입에 의한 것으로 보았다. 그것은 마음의 보편적 기초에 뿌리박은 지식을 대면하고 있는 것이다. 그 소리가 말하는 바에 대해서는 반론의 여지가 없다.

헨리가 그때까지 마음을 쏟고 있었던 '죽은' 방식에 관하여 통찰을 얻은 것이, 꿈 속의 전환점이 되었다. 마침내 의식 및 외계로 향하는 오른쪽 — 의식의 영역 쪽 — 으로 방향을 잡았기 때문에 바른 장소에 도달했다. 거기에서 그는 남겨두고 갔던 사람들이 기다리고 있음을 발견하고 그들을 만난다.

그리하여 그는 자기 인격의 미처 알지 못했던 면을 의식화할 수 있게 된다. 그의 자아는 오직 혼자서 대항한다는 위험을 넘어선(그를 보다 성숙시키고 안정시킨) 후에 무릴프 혹은 '집단'과 다시 합류할 수 있고 대피처와 음식을 얻을 수가 있다. 거기에서 — 긴장을 해소하고 대지를 살찌우는 억수 같은 비를 만난다. 신화학에서는 비는 때때로 하늘과 땅의 '사랑의 화합'이라고 생각되어왔다. 이를테면 고대 그리스의 엘레우시스적 기적 속에서도 찾아볼 수 있는데 모든 걸 물로 정화한 후에 하늘을 향하여 "비를 내려주소서."하고 다시 땅에 대하여는 "풍년이 되어 주소서."하고 기원했던 것이다. 이것은 신들의 신성한 결혼이라고 생각되었다. 이와 같이 비는 말의 뜻 그대로 '용해'를 나타낸다고 할 수 있겠다.

산을 내려와서 헨리는 배낭이나 모터사이클로 상징된 보편적 가치와 다시 만난다. 그는 그가 자기 자신을 유지할 수 있음을 증명함으로써 그의 자아의식을 강화해온 하나의 단계를 거쳤다. 그리고 사회적 관계에 대한 새로운 요구를 가지게끔 된 것이다.

그러나 그는 다음날 아침까지 기다렸다가 자기 것을 가져와야 한다는 동료들의 제안을 받아들인다. 이와 같이 헨리는 어딘가로부터 제시되는 충고에 두 번이나 따른다. 처음에는 어떤 노부인의 충고 — 하나의 원형적인 상으로서의 내적인 힘에, 그리고 두 번째에는 하나의 집단적 형태에 따르고 있는 것이다. 이 단계에서 헨리는 성숙으로 향하는 도정의 이정표를 넘어선다.

핸리가 분석을 통하여 성취하고자 희망할 수 있는, 내적 발달의 예측으로서, 이 꿈은 매우 비상하게 전도유망했다. 헨리의 정신을 긴장시키고 있던 갈등적 상반요소들은 인상적으로 상징화되었다. 한편으로는 상승하려는 의식적인 힘이 존재하고, 다른 한편으로는 수동적인 명상에의 경향도 존재하고 있었다. 더욱이 하얀 긴 옷(헨리의 감각적이고 낭만적인 감정을 표현하고 있는)에 몸을 싼 비극적인 젊은 여성의 이미지가 파란 슈트(헨리의 결실이 없는 지적인 세계를 나타내고 있는)에 싸인 부은 시체와 대비적이다. 하지만 이러한 장애를 극복하고 그것들 사이에 조화를 이루어내는 일은 헨리가 가장 심한 시련을 겪은 후에만 가능할 것이다.

3. 무의식에의 공포

우리들이 헨리의 최초의 꿈 속에서 부딪힌 문제들은 그 밖에도 많은 일 — 이를테면 남성적인 활동성과 여성적인 수동성 사이를 오가는 문제, 혹은 자칫하면 지적인 금욕주의 뒤에 도피하려는 경향 등과 같은 문제들도 떠오르게 했다.

헨리는 이 세상을 두려워하기도 했지만, 세상에 매료되기도 했던 것이다. 그는 기본적으로는 한 여자와의 사이에 책임이 있는 관계를 형성해야만 하는 결혼의 의무를 두려워하고 있었던 것이다. 이와 같은 양가적인 감정은 성년기에 접어드는 사람들에게서 종종 볼 수 있는 일이다.

나이로 따지자면 헨리는 이미 그 시기를 지났지만 그의 내면의 성숙은 나이와 잘 조화되지 않았다. 이 문제는 외적 생활이나 현실 등에 두려움을 느끼기 쉬운 내향성의 사람들에게서 가끔 경험되는 일이다.

헨리가 꾼 네 번째의 꿈은 그의 심리상태를 잘 나타내주었다.

"나는 이 꿈을 이미 수도 없이 많이 꾸어온 것 같습니다. 병역(兵役) 장거리 경주를 오로지 나 혼자서 하는 것입니다. 아무리 해도 목적지에 이르지 않습니다. 내가 마지막이 되지 않을까? 코스는 잘 알고 있습니다. 바로 기시현상(deja vu)이죠. 출발점은 작은 숲 속에 있으며 주위의 지면은 마른 잎으로 덮여 있습니다. 또한 경사진 곳은 목가적인 작은 개울로 비스듬히 펼쳐지고, 지나가는 사람의 발걸음을 멈추게 할 정도로 근사한 풍정을 보여줍니다. 그 길은 취리히와 호수 북쪽의 작은 마을인 홈브레히티콘으로 통하고 있지요. 버드나무가 늘어서 있는 개울은, 물의 흐름을 좇아 꿈을 꾸고 있는 여성상이 그려진 뵈클린의 그림과 닮았습니다.

밤이 됩니다. 마을 속에서 나는 큰 길로 가는 방향을 묻습니다. 큰 길은 고개를 넘어서 7시간 가량 걸린다는 말이 들려옵니다. 나는 정신을 차리고 계속해서 걷습니다.

그러나 이번 꿈은 결말이 다릅니다. 버드나무가 늘어선 개울을 지나서 나는 숲 속으로 들어갑니다. 거기에서 한 마리의 암사슴이 달아나는 것을 목격하고 무언가 자랑스러운 듯한 기분이 됩니다. 암사슴은 왼쪽 편에서 나타났으며, 나는 오른쪽으로 돌아가려고 하는 중입니다. 그때 다리는 캥거루이고, 몸통 부분은 반은 돼지이고 반은 개로 되어 있는, 뭐라고 형용할 수 없는 생물체와 부딪칩니다. 얼굴은 그다지 분명하지 않지만 축 늘어진 개의 귀를 가진 것 같습니다. 아마 그들은 사람들인지도 모릅니다. 소년시절에 나도 서커스단의 당나귀로 가장한 적이 있지요."

이 꿈의 첫머리는 헨리가 처음에 꾸었던 꿈과 흡사하다. 꿈결 같은 여성상이 여기에서도 출현하며, 꿈의 정경으로 보아 뵈클린의 또 다른 그림이 연상된다. 이 그림은 '가을의 상념'이라는 것으로 꿈 속에서 말하고 있는 마른 잎들이 가을의 분위기를 강조하고 있다. 낭만적인 무드가 이 꿈 속에서도 다시금 조성되어 있다. 이 내계의 풍경은 헨리의 멜랑콜리를 상징하고 있는 것은 확실하지만 아마 이 경치는 그에게는 퍽이나 눈에 익은 것이리라. 여기에서도 그는 사람들의 집단 속에 있지만, 이번 경우는 전우와 장거리 경주를 하고 있는 설정으로 변해 있다.

이 모든 상황은 (병역이란 것도 또한 그것을 시사하는 것이지만) 일반적인 남성의 운명을 상징하고 있다고 여겨질지도 모른다. 헨리 자신도 "그것은 인생의 상징이지요"라고 말했으니까. 그러나 본인은 그것에 순응할 것을 바라지 않았다. 그는 다만 혼자서 나아간다. ― 그러한 일은 아마 헨리의 경우에 있어서 언제나 있었을 것이다. 그것이 바로 그가 모든 일에 '기시현상'을 겪는 까닭이 되겠다. 그의 생각('나는 아무리 해도 목적지에 이르지 않습니다')은 강한 열등감과 장거리 경주에서 우승하는 일 따위는 아예 자기에게는 있을 수 없다고 믿어버리는 것을 나타낸다.

그가 가는 길은 홈브레히티콘(Hombrechtikon)에 이르는데, 그 지명에서 그는 자기가 남몰래 품어온 계획인 가장으로부터의 탈출을 연상한다(Hom=가정, brechen=파괴하다, 탈출하다). 그러나 이 탈출계획은 실패로 끝나고, 그는 다시 (처음의 꿈처럼) 방향감각을 잃고 방향의 교시를 원하게 된다.

꿈은 그 꿈을 꾸는 사람의 마음의 의식적인 자세를 다소나마 보상해준다. 헨리가 의식상 이상이라고 생각한 낭만적인 여성상은 기묘하고도 여성적인 동물의 출현에 의하여 그 균형이 지탱된다. 헨리가 내면에 가지고 있는 본능의 세계는 무언가 여성적인 것으로 상징되는 것 같다. 숲은 무의식계를 상징하며, 그 어둡고 무성한 숲에 동물이 서식한다. 처음에 암사슴 — 수줍고 민첩하고, 순진무구한 여성다움의 상징 — 이 나타나다가 이내 사라진다. 그 다음에 혐오감마저 일으키는 듯한 이상한 세 종류의 동물이 뒤섞여 이루어진 동물을 본다. 이들은 미분화된 본능성 — 그의 본능은 아직도 혼돈상태를 나타내고 있으나, 그 속에는 뒷날의 발전의 자질을 잉태하고 있다 — 을 상징하고 있는 것 같다. 그런데 이들의 두드러진 특징은 실제의 얼굴을 가지고 있지 않는 것이며, 말하자면 의식의 편린조차도 소유하고 있지 않다.

대부분의 사람들에게 돼지라는 동물은 천한 성욕을 연상시킬 것이다. (이를테면 마녀가 자기를 탐한 남자들을 돼지로 만들어버렸다는 신화가 있다.) 개는 충성스러운 동물의 대표처럼 말해지지만, 반면에 배우자의 선택에 관하여 아무런 사려도 베풀지 않는다는 점에서 난혼의 대명사처럼 되어 있다. 한편, 캥거루는 감싸주는 듯한 부드러움과 어머니다움을 상징한다.

이 동물들은 극히 기본적인 특성을 제시했을 뿐, 무신경하게 혼합되어 있다고도 할 수 있다. 연금술에서 '제일의 물질'은 종종 이와 같이 괴이하게 비현실적인 생물 — 여러 동물이 뒤섞인 형태로 나타났다. 심리학적 용어로 말하면, 그것들은 원시적인 전체 무의식을 상징하는 것이리라. 그 중에서 개인의 자아가 출현하고 마침내는 성숙으로 향하여 성장하기 시작하는 것이다.

헨리가 괴물을 두려워하고 있는 것은 그가 괴물을 무해한 것으로 만들려고 한 것으로도 명각하다. 소년기에 경험한 가장행렬에서 처음 그는 동물들도 다만 가장하고 있을 뿐이라고 생각하려 했다. 그의 두려움은 자연스러운 것이다. 자기 마음속에 무의식의 어떤 특성을 상징하는 것 같은 비인간적인 괴물의 존재를 느낀 사람들이라면 누구나 그것을 두려워해도 이상한 것은 없는 것이다. 또 다른 꿈도 역시 헨리가 무의식의 깊이에 대해 두려워하고 있음을 보여준다.

"나는 순항선의 캐빈 보이를 하고 있습니다. 조금 이상하게도 전연 바람이 불지 않는데 돛이 펴져 있습니다. 나의 일은 마스트를 고정시키기 위해 쓰이는 밧줄을 움직이지 않게 쥐고 있는 일입니다. 이상한 일이지만 난간은 석판으로 덮힌 벽입니다. 그리고 이 난간 전체는 물과 물 위에 유일하게 떠있는 배와의 경계선에 만들어져 있습니다. 나는 밧줄에 (마스트가 아닌) 매달리며 수면을 들여다 보지 않도록 하고 있습니다."

이 꿈 속에서 헨리는 심리적으로 경계상황에 놓여져 있다. 난간은 그를 보호하는 벽인 동시에 그의 시계를 차단하고 있는 것도 사실이다. 그는 수면(이 속에서 미지의 힘을 발굴할지도 모른다)을 보는 것을 금지당하고 있다. 모든 이러한 이미지는 그가 바로 지금 당면하고 있는 의혹이나 두려움을 반영하고 있다고도 하겠다.

자신의 내면의 심층과의 교류를 두려워하는 남성은 (헨리처럼) 현실의 여성에게 망설임을 나타내는 것처럼, 자기 마음속에 있는 여성적 요소도 두려워하는 것이다. 어느 순간, 그는 여성적인 것에 매료된다. 그러나 다음 순간에는 그것들로부터 달아나려고 한다. 매혹되고 놀라면서, 그녀의 '미끼'가 되지 않도록 몸을 도사리는 것이다. 동물적인 성충동으로 사랑스러운 (그리고 그만큼 이상화한) 상대에게 결코 도전하지는 않는다.

어머니와의 유착의 전형적인 결과로서 헨리는 한 여자에게 정애(情愛)와 성애(性愛)를 동시에 부여하는 일이 어려웠다. 그는 이 딜레마로부터 자신을 해방시키고 싶은 그의 절실한 욕망의 증명을 여러 차례 꿈 속에서 보았다. 어떤 꿈 속에서는 그는 '비밀 전도의 사명을 띠고 있는 중'이었으며, 또 어떤 꿈에서는 본능이 향하는 대로 매춘유곽으로 향하는 것이었다.

"많은 성경험과 경륜이 있는 군대동료를 따라서, 나는 낯선 거리의 어둑한 골목에 있는 어떤 집 앞에서 기다리고 있습니다. 여자만이 들어갈 수 있기 때문에 동료는 현관에서 사육제 때 쓰는 작은 여자의 탈을 쓰고 위층으로 올라갑니다. 아마 나도 비슷하게 했으리라 생각합니다. 확실한 기억은 없습니다."

이 꿈이 뜻하는 것은 헨리의 호기심을 만족시켜줄 것입니다. ― 다만 기만행위라는 대가를 치러야만 하지만 그는 그 집 ― 분명히 매춘유곽 ― 에 한 사람의 남성으로서 들어 갈 만큼의 용기가 없다. 그러나 만약에 그가 남성성을 버린다면 이 금지된 (그의 의식이 금지하고 있다) 세계에서 무언가 통찰을 얻었을지도 모른다. 그러나 꿈은 그의 결심의 정도를 보여주지는 않는다. 헨리는 여지껏 자기의 제지를 극기하지 못하고 있다. ― 그가 취한 행동은 대충 이해는 가지만 매춘유곽에 들어가는 일의 다른 뜻을 생각한다면 역시 실책이라 할 수 있을 것이다.

위에서 기술한 꿈은 헨리의 동성애적 경향을 나타내고 있는 것 같이 생각된다. 즉, 여성의 '탈'로 남자들을 매혹하려고 생각하고 있는 것 같다. 이 가정은 다음 꿈 속에서 지지를 받는다고 하겠다.

"다섯, 여섯 살 때의 아이시절로 돌아가고 있습니다. 그 당시의 친구가 나에게 그가 어떻게 공장의 주임과 음탕한 짓을 했는가를 말해 줍니다. 내 친구는 공장 주임의 성기를 또 동시에 자기 것도 따뜻하게 하고자 오른 손을 그 사람의 성기 위에 놓았다는 것입니다. 그 주임은 우리 아버지의 친한 친구였으며, 나는 그가 여러 가지를 잘 알고 흥미도 다양했기 때문에 존경했습니다. 그러나 그는 그의 늙지 않는 젊음때문에 우리들로부터 비웃음을 샀습니다."

그 나이의 아이들에게 있어서 동성애적인 유희는 드물지 않다. 그러나 그의 꿈 속에 의연히 그것이 개입한다는 사실은 그가 그 일에 죄의식을 가지고, 그런 일을 강하게 억압하고 있다는 것을 암시하는 것이리라. 이런 종류의 감정은 그의 한 여자와의 지속적인 결속을 이루는 것에 대한 깊은 두려움에 결부되어 있었다. 또 다른 꿈과 그것의 연상이 이러한 갈등을 잘 나타내주고 있다.

"낯선 한 쌍의 결혼식에 참가하고 있습니다. 그날 아침 1시, 예식에 참례한 일행이 축하연에서 돌아옵니다. — 신랑 신부, 상객들, 또 들러리 아가씨 등이 보입니다. 나는 그들을 기다리고 있는 커다란 안뜰로 그들이 들어 갑니다. 신혼부부들은 벌써 다툰 것 같고, 다른 쌍도 마찬가지인 것 같습니다. 마침내 그들은 두 남자와 두 여자가 각각 다른 방향으로 떠나는 것으로써 해결을 짓습니다."

핸리의 해설은 이러했다.

"지로도가 말하는 남성과 여성 양성간의 싸움이란 이것을 두고 하는 것이지요."

그리고서 덧붙였다.

"꿈 속에 나온 뜰은 바바리아의 궁전의 뜰과 비슷합니다. 그것은 최근에 빈들을 위한 긴급주택계획으로 없어져버렸습니다. 내가 거기를 방문했을 때 이 궁전은 대도시의 추악성에 둘러싸여서 활기에 찬 도습을 보이기보다는 고전미를 지닌 폐허로서 간신히 그 존재를 유지하고 있다고 하는 편이 낫지 않을까 하고, 나는 자문했습니다. 나는 또한 친구 결혼식에 입회했을 때 신부 인상이 그다지 좋지 않았기 때문에 이 결혼은 과연 잘되어나갈까 하고도 생각했습니다."

수동성이나 내향성 속으로 안주하는 것에 대한 바램이나, 성공이지 못한 결혼에 대한 두려움이나 꿈 속에서의 남녀의 격리 등 이러한 모든 일은 헨리의 의식 아래에 숨겨져 있는 의혹의 여러 증상이라고 보아도 틀림이 없을 것이다.

4. 성자와 창녀

헨리의 정신상태는 다음의 꿈 속에 가장 인상깊게 그려져 있었는데 이 꿈은 헨리의 본능적인 육욕에 대한 두려움과 일종의 금욕주의로 도피하려는 욕구를 드러내주었다. 거기에서 우리는 그의 발전이 나아가고 있는 방향을 알 수가 있다. 그 이유를 설명하기 위하여 그 꿈을 다소 장황하게 해석해보기로 한다.

"나는 좁다란 산길을 걷고 있습니다. 왼쪽(내려 가는)에는 깊은 계곡이 있고, 오른쪽에는 암벽이 솟아 있습니다. 길을 따라서 여러 개의 동굴들이 있고, 은신처가 있고, 갈라져 나간 바위 등이 있는데, 외로운 나그네가 비바람을 피하기에 안성맞춤으로 되어 있습니다. 이들 동굴의 하나에 모습을 반쯤 가린 창녀가 몸을 숨기고 있습니다. 웬일인지 나는 그녀를 뒤에서, 바위 쪽에서 보고 있습니다. 그녀는 뚜렷한 형체가 없고 해면 같은 몸을 하고 있습니다. 호기심으로 그녀를 바라보다가 나는 그녀의 엉덩이를 만져봅니다. 순간 나는 그녀는 여자가 아니고, 일종의 남창(男娼)이라는 생각이 듭니다.

바로 이 생물이 어깨에 짧은 홍색의 코트를 걸친 성자로 그 모습을 바꾸어 갑니다. 그는 대담한 발걸음으로 길을 내려가기 시작하며, 거칠은 의자나 벤치 등이 놓여 있는 다른 더 큰 동굴 쪽으로 나아갑니다. 거친 모습으로, 그는 그 주위의 것들을 나까지도 제거합니다. 그 다음에 그와 그의 추종자들이 그 속에 옮겨 사는 것입니다."

창녀에 관해 헨리가 취한 개인적인 연상은 '빌렌도르프의 비너스였는데, 그 비너스는 작지만 육감적으로 새겨진 (구석기 시대로부터) 여인상이며, 자연의 여신 혹은 풍요의 여신으로 여겨졌다. 그 다음에 헨리는 다음과 같이 덧붙인다.

"고대 켈젠트인들의 고분이나 유적을 보기 위하여 발리스(프랑스계 스위스 한 주)로 여행했을 때, 엉덩이를 만지는 것이 일종의 풍작 기원의 의식이라는 것을 처음으로 알았습니다. 또한 옛날 그 지방에는 여러 가지 물건으로 비벼서 반들반들하게 한 타일이 있어서, 아이를 낳지 못한 여자들은 불임증을 고치려고 엉덩이를 온통 드러내어서 그 타일 위로 미끄럼탔다는 것이었습니다."

성자의 코트에 관하여 헨리는 다음과 같이 연상했습니다.

"내 약혼녀도 비슷한 모양의 재킷을 가지고 있습니다마는, 그것은 하얗지요. 꿈을 꾸기 전날 저녁에 우리들은 춤추러 가려고 외출을 했습니다. 그때 그녀는 이 흰 코트를 입고 있었습니다. 약혼녀의 친구인 다른 여자도 우리와 함께 갔습니다. 그 여자는 내가 더 좋아하는 홍색의 쟈켓을 입고 있었습니다.”

만일 꿈이 바람의 충족이 아니고(프로이트 설대로), 오히려 융이 주창한대로 '무의식의 자기표들'이라면, 우리는 헨리의 정신상태는 이 '성자'의 꿈 속에서 그려진 것보다 더 잘 나타내질 수는 없다고 인정할 수밖에 없다.

헨리는 좁은 산길을 가는 '외로운 나그네'인 것이다. 그러나 (다분히 분석 때문에) 그는 황량한 고지에서 이제 내려 오는 중이다. 무의식을 나타내는 왼쪽에는 황량한 암벽이 시야를 가린다. 그러나 그가 만일 비바람을 만났다면 ― 다른 말로 하자면, 외적인 긴장이 팽창하여 자기를 위협할 때 ― 보호를 구할 수 있는 동굴(헨리의 의식세계에 있는 무의식 영역을 뜻하는지도 모른다)이 있다.

동굴은 인간이 바위를 잘게 깨뜨려서 노력을 거듭한 성과를 뜻한다. 견해에 따라서는, 그것은 의식영역 속에 생긴 틈과 유사하며, 의식의 집중력이 한계에 이르러 깨어질 때 모든 공상이 그 억제를 풀고 이 틈으로 침입해온다. 이러한 때마다 무엇인가 얘기하지 않았던 것이 그 정체를 나타내고 정신의 깊은 곳 ― 우리들의 상상력이 자유롭게 비상하는 무의식 영역 ― 에까지 이르는 듯한 깊은 성찰을 하는 것은 가능하다. 더욱이 동굴은 어머니인 대지의 품안도 상징하며, 바로 거기에서 변모와 재생이 생겨나는 불가사의한 곳이다.

외계가 헨리에게 있어서 곤란하며 견디기 어렵게 느껴질 때 그는 무의식 속에 존재하는 '동굴'로 도피하며 자기 독자의 공상에 잠기지만 이와 같은 그의 내향적인 틀어 박힘을 이 꿈은 나타내고 있다고 하겠다. 이러한 해석은 또한 그가 왜 여성상 — 그의 정신 속의 내적인 여성적 특성을 영상화한 것 — 을 찾는가도 설명해 준다. 그녀는 형태가 없는 스폰지 같은, 모습이 반 정도밖에 보이지 않는 창녀이지만 그의 무의식 속에서 억압된 채로, 그의 일상생활 속에서 결코 접촉한 말이 없었던 여성의 이미지를 나타내고 있다. 그에게 창녀는 (경애하는 어머니와는 전혀 정반대의 존재로서) 강한 금기사항이었지만, 은근히 유혹을 느끼고 있었다. 어머니에게 콤플렉스를 가지고 있는 아들들은 대개 이러한 반응을 보인다.

여자와의 관계를 동물적 욕망만으로 제한하고 모든 감정을 배제하려는 생각은 이러한 젊은이에게서 자주 보인다. 이와 같은 복합 속에서 그는 그의 여러 가지 감정들의 분열을 유지할 수 있으며, 그럼으로써 그는 궁극적인 의미에 있어서 어머니와의 '참된 상태'를 유지할 수 있는 것이다. 그러므로 어떠한 사정에도 불구하고, 어머니 때문에 다른 여자들을 금기시하는 것은 확고하게 아들의 정신 속에 작용하고 있는 것이다.

공상의 동굴 속에 틀어박히기를 잘하는 헨리로서는 창녀는 다만 '뒤에서' 바라볼 수밖에 없는 것이다. 그는 굳이 정면에서 그녀를 보려고는 않는다. '뒤에서'는 또 그 여자가 가장 인간적이지 아니한 쪽 — 엉덩이(여성의 몸에서 남성의 관능을 자극하는 곳) — 으로부터의 접근을 의미한다.

미개한 종족들간에 습관화하고 있는 의식과 같이, 헨리도 창녀의 엉덩이를 만지고 무의식적으로, 일종의 풍요 의식을 행할 것이다. 손 닿는 일로 해서 종종 치료가 되지만, 또한 만지는 일로써 신의 가호가 주어지기도 하고 신의 노여움을 사기도 한다.

손이 닿을락말락 하는 순간에 그 모습은 여자가 아니고 남창이 된다. 마치 신화 속에 등장하는 인물처럼 (처음의 꿈 속에 보인 중 같이) 그 모습은 남녀 양성을 지닌 것이다. 사춘기의 개인에게서 가끔 볼 수 있는 일이지만 그들은 자기의 성(性)에 관하여 불확실감을 가지고 있는 것이다. 청소년기의 동성애가 드물지 않은 이유는 이러한 점에 있을 것이다. 헨리와 같은 심리적 구조를 가진 젊은이들이 성에 관하여 위에 기술한 것 같은 불확실감을 가지고 있는 것은 놀라운 일이 아니다. 헨리는 이미 이러한 일을 그 이전의 꿈 속에서 나타내고 있다.

그러나 억압이 (성적 불확실성과 같이) 창녀의 성별을 혼란시키는 원인이었는지도 모른다. 꿈을 꾼 사람이 매혹과 거절을 경험한 여자의 습은 처음에는 남자로, 다음에는 성자로 변모한다. 뒤 쪽의 변모는 그 이미지에서 성적인 의미를 배제하기 위한 것이고, 육욕을 부정하여 금욕적인 깨끗한 생활의 체제를 갖춤으로써 성의 현실에서 도피하려 한 것이다.

이와 같은 극적인 반전현상은 꿈 속에서는 극히 보통이다. 어떤 것이 그 정반대의 것으로 되는 (창녀가 성자로 변하듯이) 일은 마치 지극히 대립적인 것이라도 변용함으로써 서로 그 반대의 것으로 변할 수 있다는 것을 보여주는 것 같기도 하다.

헨리는 또 성자의 코트에도 의미를 부여하고 있다. 코트는 보호용 덮개 아니면 가면(융은 이것을 페르소나 Persona라고 한다)을 상징하는 것으로, 사람이 외계에 제시하는 것이다. 그것은 두 가지 목적을 갖는데, 그 하나는 타인에게 특별한 인상을 심어주기 위한 것이고, 또 하나는 타인이 탐색적인 눈으로 자기의 내면을 엿보는 것을 막는 일을 돕는 것이다. 꿈 속에서 성자의 모습으로 표시된 헨리의 페르소나는 그가 약혼녀에게 품고 있는 태도와 그녀의 여자친구에게 표시한 태도에 관하여 무엇인가를 말하고 있는 듯하다. 친구 재킷의 색깔이 성자의 코트와 같은 색이고, 헨리는 그 색깔을 좋아해 왔던 것이다. 그러나 모양은 그의 약혼녀의 코트와 같은 것이다. 헨리는 무의식 중에 두 여자에게 성스러운 특성을 주어서, 그들의 여성적 매력으로부터 자신을 지키려고 그랬는지 모른다. 또 코트는 붉은 색인데 그것은 정열을 상징하는 색으로 전통적으로 인정되고 있다. 이처럼 성자의 모습에 어떤 유의 정념으로 채색된 정신성을 겹치는 일은 자기의 성적 관심을 억압하고, 정신이나 이성에게만 주로 의지하려는 사람들에게서 가끔 관찰된다.

이와 같이 육욕의 세계로부터의 도피는 젊은이들에게는 결코 자연스러운 일은 아니다. 사람은 인생의 전반에 성을 향유하는 것을 배워야 한다. 그것은 종족의 보존과 유지에 불가결한 일이기 때문이다. 꿈은 바로 이 점을 헨리에게 상기시켜 주고 있는 것 같다.

동굴을 뒤로 하고 성자가 길을 내려오고 (고지에서 계곡 쪽으로 향하여 내려오는) 거칠게 만들어진 벤치와 의자가 놓여 있는 다음의 동굴에 들어가는 대목은 초기의 그리스도교도들이 예배소를 만들어 박해에서 피하려 한 것을 연상시킨다. 이 동굴은 성스러운 치료장소 — 명상하는 곳이며, 현세에서 천국으로 육에서 영으로 변용되는 신비로운 장소 — 인 것이다.

헨리는 성자를 따르는 일이 허용되지 않고 거기에 있는 것과 같이 (무의식의 실체와 함께) 동굴에서 쫓긴다. 헨리도 다른 사람도 성자의 추종자가 되지 않았던 것은 그들이 외계 속에서 살아가야만 하는 것을 교시하는 것인지도 모른다. 종교적이거나 영적인 세계에 몰입하기 전에 우선 그는 외계에서 생활하는 일에서 성공해야 할 것을 말해주는 것 같다. 성자의 상은 또한 자기(그다지 명확하게는 나타나지 않았지만, 예지적인 모습으로)를 상징하고 있는 것 같기도 하다. 그러나 헨리는 이 성자에게 직접 접근할 만큼 성숙에 이르지는 못하고 있다.

5. 분석은 어떻게 발달했는가

초기의 회의와 저항에도 불구하고, 헨리는 자기 정신 속에서 일어나고 있는 일에 대한 강한 관심을 가지기 시작했다. 그는 분명히 자신의 꿈에 의하여 인상을 받았다. 꿈은 의미심장한 방법으로 의식생활을 보상하고 거기에 더하여 그의 양가감정, 마음의 동요, 수동적인 것들을 즐기는 것 등에 귀중한 성찰을 부여할 것 같았다.

얼마 후 헨리가 이미 "순조롭게 궤도를 가고 있다"는 것을 보여주기에 알맞는 적극적인 꿈이 나타났다. 분석이 시작되고 나서 2개월 후에 그는 다음과 같은 꿈을 보고했다.

"우리 집에서 별로 멀지 않은, 근처의 호안에 있는 자그마한 선창 한 곳에 지난 전쟁 때 격침된 기관차와 화차가 호수 밑에서 인양되었습니다. 처음에 기관차의 보일러 같은 큰 원통이 올라왔습니다. 다음에 올라온 것은 거대한 녹슨 화차였습니다. 그 전경은 전율을 느낄만했지만, 동시에 낭만적이기도 했습니다. 재발견된 물건들은 근처에 있는 철도 역의 레일이나 케이블 밑에 운반되어야 했지요. 마침내 호수 밑 바닥은 초록의 초지로 변합니다."

여기에서 우리는 헨리가 이루어낸 현저한 내적 진보를 볼 수 있다. 기관차(아마 에너지와 역동성의 상징인 것이다)는 '침몰된' 상태였다. 즉, 무의식 속에 억압되어 있었던 것이다. 그러나 바야흐로 그것은 햇빛 아래로 반출된 것이다. 화차가 그것과 함께 있었지만, 그 화차에의하여 모든 종류의 짐(정신직 자질)을 반출해내는 일이 가능한 것이다. 그리하여 이들 '사물들'은 헨리의 의식생활에 다시금 쓰여지고, 그는 얼마나 많은 활동력을 자기 마음대로 할 수 있는가를 깨닫기 시작하는 것이다. 어두운 호수 밑바닥이 초지로 변하는 것은 적극적인 행동에 대한 그의 가능성을 시사하고 있다고 하겠다.

성숙으로의 '외로운 여행'의 도상에서, 때때로 헨리는 다시 자신의 여성적인 측면으로부터 도움을 받는 일이 있었다. 24번째의 꿈에서 그는 '꼽추 소녀'와 만난다.

"나는 몸집이 작고 화사한 외관을 갖고 있는, 그러나 등의 혹 때문에 아름다움을 손해보고 있는 낯선 젊은 여인과 함께 등교 길에 있습니다. 많은 사람들도 같이 교실에 들어갑니다. 다른 사람들이 노래수업을 받으러 다른 방에 나가 있는 동안에 나는 작은 정사각형의 테이블을 가운데 두고 그 여자와 마주 앉아 있습니다. 그녀는 개인적인 노래수업을 하고 있습니다.

나는 연민의 충동을 느끼고, 그녀에게 입맞춤합니다. 그러나 이러한 일로 해서 약혼녀에게 불성실하다고 의식됩니다. ─ 비록 그것이 허용된다고 할지라도 말입니다."

노래부르는 일도 직접적인 감정표현의 하나이다. 그러나 (우리가 보아 온 것처럼) 헨리는 자기의 감정을 두려워하고 있다. 그는 그것을 이상화한 청년기적 형태 속에서만 포착하고 있다. 그럼에도 불구하고, 이 꿈 속에서 네모난 테이블 앞에서 그는 노래부르는 것을 배운다. 사방이 같은 폭의 테이블은 '4접'의 주제의 표현이고, 일반적으로 완전성의 상징이다. 이처럼 노래부르는 일과 네모난 책상과의 관계는, 헨리가 정신적 전체성에 도달할 수 있기 전에 먼저 그의 '감정적인' 면을 통합해야 하는 것을 지적하고 있다고 볼 수 있다.

실제로 노래 수업은 헨리의 감정을 흔들고 있고, 거기에서 그는 여자에게 입 맞춘다. 그러므로 보기에 따라서는 헨리는 이 여자와 짝 지어졌다고 말할 수 있을 것이다. (그렇지 않다면 그는 '불성실한' 기분이 들지 않았을 것이다.) 그는 '마음속의 여성'과 관계를 갖는 것을 배운 것이다.

또 다른 꿈은, 이 작은 꼽추 소녀가 헨리의 내적 발달에 관하여 연출해야 하는 역할울 나타내고 있다.

"나는 알지 못하는 남자 아이의 학교에 있습니다. 수업시간 중에 나는 몰래 교사에 숨어 들어갑니다. 나는 그 목적은 모릅니다. 나는 작은 네모난 헛간 뒤에 있는 방에 숨습니다. 복도로 나올 때 문은 반쯤 열려 있습니다. 나는 발각될까봐 두렵습니다. 한 어른이 곁을 지나갑니다. 그러나 그는 내가 있는 것을 모르고 그냥 지나쳐 버립니다. 하지만 작은 꼽추 소녀가 들어와서 즉시 나를 찾아냅니다. 그녀는 내가 숨어 있는 곳에서 나를 밖으로 데리고 나갑니다."

두 꿈 속에서 똑같은 소녀가 나타날 뿐만 아니라, 양쪽 모두 나타나는 장소가 교사 안이다. 각각의 예에서 헨리는 자기의 발달을 돕기 위하여 무엇인가를 배워야 하리라. 보기에, 그는 눈에 띄지 않게 수동적인 태도를 지속하면서도 지식에 대한 욕구를 충족시키고 싶다고 생각하고 있는 듯하다.

꼽추가 된 소녀의 상은 옛날이야기 속에서는 수없이 등장한다. 옛날이야기 속에서 곱추의 추함은 항상 멋진 아름다움을 숨겨 가지고 있는 것이고, '씩씩한 남성'이 다가와서 이상한 마력에서 소녀를 자유롭게 해줄 때 — 종종 입맞춤에 의해 — 그 아름다움이 나타나는 것이다. 헨리의 꿈에 나오는 소녀는 헨리의 혼의 상징이며, 그녀를 추함 속에 가두고 있었던 마력에서 풀려나야만 하는 것이다.

노래로 헨리의 감정을 깨우치려 하기도 하고, 혹은 그가 숨은 어두운 장소로부터 (햇빛과 부딪히도록 그를 독려하면서) 밖으로 끌어당기기도 할 때, 이 꼽추 소녀는 자기가 유능한 안내자임을 보여준다. 헨리는 그의 약혼녀와 작은 꼽추 소녀 두 사람에게(우선 실재하는 외적 여성의 대표이고, 다음으로 내적 정신적인 아니마의 구현체인), 말하자면 동시에 소속할 수 있고 또 그래야 하는 것이다.

6. 신탁의 꿈

자신들의 합리적 사고에 전적으로 의지하여, 자신들의 정신생활의 모든 발현을 물리치거나 억압하는 사람들은 가끔 거의 설명할 수 없는 미신적인 경향을 갖는다.

그들은 신탁이나 예언에 귀를 기울이고 주술사나 요술사들에게 잘 속거나 영향을 받기 쉽다. 그리고 꿈은 인간의 외적 생활을 보상하는 것이므로, 그러한 사람들이 자기네의 지능을 강조하는 점은, 그들이 불합리한 것들을 부딪혀서 거기에서 피할 수 없다는 꿈에 의해서 포착된다.

헨리는 그의 분석과정 중에 감명깊은 방법으로 이 현상을 경험했다. 시와 같은 불합리한 주세를 바탕으로 한 네 가지의 비상한 꿈들은 그의 정신적인 발발에 결정적인 이정표를 제공했다. 이 꿈들 중 맨 처음의 것은 분석을 시작하고 나서 약 10주 후에 발현했다. 헨리가 보고한 꿈은 다음과 같다.

"혼자서 남아메리카에서 모험에 찬 여행을 하는 도중에, 나는 결국 집에 돌아가고 싶은 마음이 됩니다. 산위에 위치한 낯선 도시에서 나는 기차역으로 가려고 합니다. 나는 직관적으로 가장 높은 곳에 있는 마을의 중심에 역이 있지 않을까 생각합니다. 나는 늦지나 않을까 염려합니다.

내 오른쪽에 중세기의 건축을 생각나게 하는 건물이 즐비하고, 역은 그 배후에 있다고 생각되는데 지나가는 것이 불가한 벽을 형성하고 있습니다만 다행히도 그것을 뚫고 둥근 천장을 가진 통로가 통해 있습니다. 그 전경은 마치 그림처럼 아름다운 광경을 나타내고 있습니다. 나는 양지바른 채색된 집의 정면에, 어둑한 아치가 있고, 그 희미한 그림자 속에 누더기를 걸친 네 사람이 땅바닥에 앉아 있는 것을 봅니다. 안도의 한숨을 쉬면서 통로 쪽으로 서둘러 갑니다. 그때 갑자기 낯선 사냥꾼 같은 차림의 사람이, 분명히 나처럼 기차를 놓치지 않으려고 나를 앞질러 가는 것이 보입니다.

우리들이 다가가자 뜻밖에도 중국인임이 밝혀지는 네 사람의 문지기가 우리의 통과를 제지하려고 우르르 뛰어옵니다. 이어서 일어난 싸움에서 한 중국인의 왼쪽 발의 긴 발톱 때문에 내 왼쪽 발이 부상을 당합니다. 이제야 신탁에 의하여 우리들의 길이 열리는 것인지, 아니면 목숨을 빼앗겨야 하는지 결정되어야 합니다.

내가 맨 먼저 당하게 됩니다. 그 사이에 내 동행자는 옆으로 밀려납니다. 중국인은 작은 상아 막대기 다발을 사용하면서 신탁에 자문을 구합니다. 판정이 나에게 불리하게 되어 갑니다. 그러나 나는 한 번 더 기회가 주어집니다. 나는 동행자가 당했던 것처럼, 저 편으로 밀려납니다. 이번에는 내 동행자가 내가 있던 자리에 있습니다. 그가 사회를 보는 가운데 두 번째의 내 운명을 정하는 신탁이 내려져야 합니다. 이번에는 신탁이 내 편입니다. 나는 구제됩니다."

우리는 상징이 풍부하고 잘 정리되어 있는 이 꿈이 진귀한 것으로 특별한 의미를 가지고 있는 것을 금방 알 수 있다. 그러나 헨리의 의식은 그 꿈을 무시해버리고 싶어하는 듯했다. 자기의 무의식의 부산물에 대해서 헨리가 회의적인 까닭에, 합리화의 위험에 꿈을 노출시키지 않고 오히려 꿈의 기능을 그에게 직접적으로 체험시키는 일이 중요하다고 생각되었다.

그래서 우선 내 해석을 삼가고 그 대신 나는 한 가지 시사만을 주었다. 나는 그에게 유명한 중국의 신탁서인 '역경(易經)'을 읽어 보고 자문을 구해보도록 조언했다.

'역경', 소위 '변천의 책'은 아주 오래된 지혜의 책이다. 그 근원은 신탁시대로 거슬러 올라가고, 기원 전 3,000년부터 현재의 형태로 전해

온 것이다. 리하르트 빌헬름(그는 그것을 독일어로 번역하고 찬탄할 만한 훌륭한 해설을 덧붙였다)에 의하면 중국 철학의 두가지 주류 — 도교와 유교 — 는 '역경' 속에 양자 공통의 근원을 두고 있다. 그 책은 인간과 그것을 둘러싸고 있는 우주의 동일성이라는 가설에, 또 상반되는 양과 음(예를 들면 남성과 여성의 원리)이 서로 상보적인 한 짝이라는 가설에 기초를 두고 있다. 그것은 6개의 선으로 구성되어 있는 한 조의 선묘(線描)에 의하여 각각 표현되는 64종의 '부호'로 성립되어 있다. 이들 64종의 부호에는 양과 음으로 될 수 있는 모든 조합이 포함되어 있다. 직선은 남성으로, 굽은 선은 여상으로 간주된다.

각각의 부호는 인간계나 우주정세의 변화를 나타내고 있으며, 거기에 계속해서 생기는 과정을 회화적인 말로 규정하고 있다. 중국에서는 어느 부호가 그때에 적당한가를 표시해 주는 방법에 따라, 이 신탁에 자문을 구한다. 그들은 약간 복잡한 방법으로 50개의 가는 막대기를 사용해서 거기에 관련하는 수를 얻어서 점을 쳐온 것이다. (그런데 헨리는 미래를 알기 위하여 중국인에 의하여 때때로 행해진 이상한 놀이에 관하여 — 아마도 '황금 꽃의 비밀'이라는 것에 대한 융의 해설 속에서 — 읽은 적이 있다고 믿었다.)

오늘날 역경에 자문을 구하는 보다 보편적인 방법은 3개의 동전을 사용하는 것이다. 3개의 동전을 한 번씩 던질 때마다 하나의 선을 얻는다. 남성의 선을 나타내는 '표면'은 3점, '이면'은 여성을 뜻하며 굽은 선으로 나타내고 2점으로 센다. 동전은 6번 던져 그것으로 얻은 수가 표시하는 부호나 6선형(6개의 선의 조합)에 의해 신탁을 얻는다.

그러나 이러한 '점'이 우리 시대에 있어서 어떠한 의미가 있을까? 역경이 지혜의 보고인 것을 인정하는 사람이라도 실제로 역을 쳐보는 것을 일종의 시험적인 의미 이상의 것으로 믿지는 않을 것이다. 그 이상의 것이 내포되어 있다는 것을 파악한다는 것은 지난한 일이리라. 왜냐면, 오늘날 일반적으로 사람들은 모든 점의 기법 같은 것들을 고대적 넌센스로 여기며 의식적으로 외면하고 있는 것이다. 그러나 그것들이 넌센스만은 아니다.

융이 나타내고 있듯이, 그것은 융이 '동시성의 원리'(혹은 단순히 의미있는 우연의 일치)라 부르는 것에 기초를 두고 있다. 융은 그의 에세이 '동시성: 비인과율적인 결합의 원리'에 있어서 이 난해한 새로운 견해를 서술하고 있다. 그것은 정신적 상대와 현상계의 사건을 잇는 내적인 무의식적 지식에 관한 가설에 바탕을 두고 있으며, 그렇기 때문에 '우연적' 혹은 '동시발생적'으로 나타나는 듯한 어떤 사건이 사실은 정신적으로 의미심장할 수도 있는 것이다. 그리고 그 의미는 가끔 외적인 사건과 합치하는 꿈을 통하여 상징적으로 표시되는 것이다.

그 역경을 배우고 나서 몇주일이 지나서, 헨리는 내 시사를 따라서 (상당히 회의하면서) 동전을 던졌다. 그가 그 일 속에서 찾아낸 것은 그에게 심한 충격을 주었다. 간단히 말하면, 신탁은 그의 꿈과 또 그의 정신상태 전반에 갖가지 놀랄 만한 관계가 있는 것을 지적한 것이다. 주목할 만한 '동시성적' 일치에 의하여 동전의 문양으로 표시된 부호는 몽(蒙) — 즉, '어리석은 젊은이'라고 불리는 것이었다. 몽이란 항목에는 문제가 되어 있는 꿈의 주제와 유사한 것이 여러 개 있었다. 역경의 교본에 따르면 이 6선형 중에서 3개의 윗 선들은 산을 상징한다. 그리고 산은 '정지'의 의미를 가지고 있다. 그것은 또 문으로 해석할 수도 있다. 3개의 아랫 선들은 물을, 깊은 바다를, 그리고 달을 상징한다. 이 모든 상징은 헨리의 초기 꿈들 속에 나타났다. 헨리에게 해당되는 많은 것 중에 다음과 같은 경고가 있었다. "어리석은 젊은이에게 있어서 가장 절망적인 일은 무의미한 상상 속에 잠겨 들어가는 것이다. 그같은 비현실적인 공상에 고착하면 할수록 확실히 수모를 당하게 되리라."

이와 같이, 그리고 또 다른 복잡한 방법으로 신탁은 헨리의 문제에 직접적으로 관련이 있다고 생각되었다. 이 일은 그에게 충격이었다. 우선 의지의 힘으로 그 효력을 극복하려고 했지만 신탁이나 그의 꿈에서 도피할 수 없었다.

역경의 가르침은, 그 말을 해석하기에 머리를 써야 하는 표현임에도 불구하고 헨리에게 깊은 감명을 준 것 같다. 그는 오랫동안 거부해 온 비합리성 그 자체에 압도된 것이다. 침묵하기도 하고 안절부절 못 하기도 하고, 자기의 꿈 속의 상징과 똑 떨어지게 일치하는 것처럼 보이는 말들을 읽으면서 그는 "나는 이 모든 것을 철저히 생각해야 하겠습니다."고 말했다. 그리고 그는 시간이 끝나기 전에 돌아 갔다. 그리고 그는 전화로 인플루엔자 때문이라며 다음 번 면접을 취소했으며 다시 나타나지 않았다. 나는 그가 아직 신탁을 소화하지 못했을지도 모른다고 생각했기 때문에 조용히 기다리기로 했다.

한 달이 지났다. 마침내 헨리는 흥분하고 당혹한 상태로 다시 나타났고, 그 동안에 일어났던 일들을 얘기해 주었다. 우선 그의 지성(그때 까지 그가 크게 의존해온)은 심한 충격을 받았다. 그래서 먼저 그것을 억제하려고 시도해왔던 것이다. 그러나 곧 그는 신탁의 교신이 자기를 쫓고 있다고 인정할 수밖에 없었다. 왜냐하면 꿈 속에서 신탁을 두 번이나 받았기 때문이다. 그러나 '몽'의 항목이 있는 교본은 질문을 두 번 던지는 것을 확연히 금하고 있다.

이틀 밤에 걸쳐서 헨리는 불면에 시달렸다. 그러나 사흘 째에 위대한 힘을 지닌 명쾌한 꿈의 이미지가 갑자기 그의 눈 앞에 열렸다. 그것은 공간에 떠 있는 칼과 투구였다.

헨리는 곧바로 다시 역경을 들고 무작위로 펴보니, 그것은 30장이었다. 그는 (매우 놀라며) 다음 문장을 읽었다.

"감겨오는 것은 불이다. 그것은 갑옷, 투구를 뜻하고, 또 그것은 창과 무기를 뜻한다."

이제 그는 왜 신탁을 의도적으로 두 번이나 받는 것을 금하고 있는가를 이해했다.

그의 꿈 속에서 두 번째로 신탁을 받을 때 자아는 제외되었기 때문에, 신탁을 두 번째로 받아야 했던 것은 사냥꾼이었다. 같은 방식으로 역경을 무작위로 펴보는 것으로서, 그리고 그가 밤에 본 환상과 일치하는 상징에 부딪힘으로써 역경에 무의도적으로 두 번째의 질문을 던진 것은 헨리의 반무의식적 행동이었다.

헨리는 확실히 마음이 깊이 동요되어 있었기 때문에 인격의 변모를 명시한 이 꿈을 해석할 때가 온 것이다.

이와 같이 그림 같은 힘을 지닌 꿈에 관하여 꿈을 꾼 사람이 개인적인 연상을 많이 하는 것은 드물다. 헨리가 연상으로 제공할 수 있었던 모든 것은 그가 최근 칠레에서 일자리를 찾으려 했지만 결혼하지 않은 남자를 고용하지 않는다는 이유로 거절당했다는 것과 중국인 중에는 일하는 대신에 묵상에 자기를 모두 바치고 있는 표시로서 왼 손의 손톱을 길게 기르는 사람들이 있다는 것을 알고 있다는 것이었다.

헨리의 실패(남아에리카에서 일자리를 얻는 일에 있어서)는 꿈에 나타나고 있다. 꿈 속에서 헨리는 더운 남국 — 그곳은 유럽과는 대조적으로 그에게는 원시적이며 억압되지 않는 관능적인 세계이지만 — 에 옮겨가 있었다. 그것은 마치 무의식의 영역을 나타내는 훌륭한 상징화 같다.

이 영역은 헨리의 외식을 지배하고 있는 교양깊은 지성이나 스위스의 청교도 기질과는 서로 반대되는 것이었다. 그것은 바로 그가 동경하고 있었던, 자연의 '그림자 나라'였다. 그러나 조금 지나서 그는 거기를 그다지 좋은 곳으로 느끼지 않게 된 것 같았다. 꿈 속에서 그는 지하의 어두운 모성적인 힘(남아에리카에 의해 상징된)에서, 자기의 어머니와 약혼녀가 있는 빛 쪽으로 다시 이끌려진다. 갑자기 헨리는 그들로부터 아득히 멀어져버린 것을 깨닫고, 자기가 '낯선 도시'에 홀로 있는 것을 안다.

의식세계의 이와 같은 증대는 보다 높은 수준으로서 꿈 속에서 상징된다. 즉, 그 도시는 산 위에 세워져 있었다. 그래서 헨리는 '그림자 나라'에서 보다 큰 의식세계를 향하여 올라갔다. 그리고 거기로부터 다시 집으로 돌아가는 길을 찾고자 했던 것이다.

산에 올라가는 이러한 과제는 이미 처음의 꿈에 있어서 그에게 과해져 있었다. 더욱이 성자와 창녀의 꿈에 있어서 처럼, 혹은 많은 신화적 이야기에 있어서 산은 때때로 별보다 변화가 일어나는 계시의 장소로서 상징화되어 있다.

'산 위의 도시'는 또한 잘 알려진 원형적 상징이며, 우리의 문화사 속에서 다양한 변형을 수반하여 표현되고 있다. 그 마을(도시)은 만다라의 평면도에 상당하는 것이며, '영혼의 영역'을 나타내며 그 중심에 '자기(정신의 가장 내부의 중심과 전체성)'가 그 자리를 차지하고 있는 것이다.

놀랍게도 '자기'의 자리는 인간이 모여 있는 거리의 중심, 즉 철도역으로서 헨리의 꿈에 나타난다. 이것은 '자기'가 일반적으로 (만일 꿈을 꾼 사람이 젊고 정신적 발달이 비교적 미숙하다면) 항상 그의 개인적 경험의 영역내의 사물 — 종종 꿈꾸는 사람의 높은 요구를 보상하는 진부한 것 — 에 의하여 상징화되기 때문일 것이다.

자기 영혼의 이미지를 친근하게 알고 있는 성숙한 사람에게 있어서만 '자기'는 그 고유한 가치에 상응하는 상징으로서 나타나는 것이다.

헨리는 그 역이 있는 곳을 실제로는 몰랐지만, 그럼에도 불구하고. 가장 높은 지점에 있는 도시의 중심에 역이 있다고 생각했다. 여기에 있어서, 초기의 꿈들에 있어서와 같이, 그는 무의식으로부터 도움을 받는다. 헨리의 의식적인 마음은 엔지니어로서의 그의 직업과 일치되어 있고, 그래서 그의 내적 세계도 철도역처럼 문명의 합리적인 산물과 관련을 갖는 것을 그는 바라고 있다. 그러나 꿈은 그 태도를 거절하고, 더군다나 완전히 다른 길을 가리키고 있는 것이다.

그 길은 어느 어두운 아치 밑을 통하여 아래로 이어진다. 아치형으로 된 출입구는 또한 문턱, 위험이 있는 곳, 분리하기도 하고 동시에 통합하기도 하는 장소에 관한 상징이다. 헨리가 찾고 있는, 아직 덜 문명화한 남아메리카와 유럽을 연결해 줄 천도역 대신에, 헨리는 네 사람의 누더기를 걸친 중국인이 땅바닥에 쭉 뻗고 누워서 통로를 막고 있는 어두운 아치 앞에서 자기 자신을 발견한다. 꿈 속에서 그들 사이에 특별한 구면이 이루어지지 않았으므로, 그들은 남성적인 전체성의 아직 분화되지 않은 네 가지 국면이라 볼 수 있을 것이다. (4란 숫자는 융이 그의 저서들에서 상세히 논해온 하나의 원형을 나타내는 것이며 전체와 완전의 하나의 상징이다.)

중국인들은 헨리의 무의식의 남성적인 정신의 부분을 나타내며, 그는 그것을 그냥 보아 넘길 수가 없는 것이다. 왜냐하면 "자기에의 4" (즉, 마음의 중심으로 향하는 길)는 중국인들에게 의해 닫혀지고, 헨리에 의해 열려야 하기 때문이다. 이 일이 안정될 때까지 그는 그의 여행을 계속할 수가 없다.

절박한 위험을 알지 못한 채 헨리는 출입구를 향하여 서두르고, 결국 역에 도달하겠지 하고 기대했다. 그러나 도중에서 그는 그의 '그림자' ― 그의 살지 않은, 원시적인 면으로, 거칠고 우악스러운 사냥꾼의 모습으로 나타난다 ― 를 만난다. 이 상의 출현은 아마도 헨리의 내향적인 자아가 억압된 감정과 불합리한 특성을 나타내는 그의 외향적인

(보상적인) 측면에 결합된 것을 뜻하는 것 같다. 이 그림자의 상은 의식의 자아를 초월하여 자기를 표면으로 밀어낸다. 그러므로 그림자는 무의식의 특성의 기능과 자율성을 의인화하는 것이므로 그것은 운명의 적절한 운반자가 되며, 그것을 통하여 모든 것이 일어난다.

꿈은 클라이맥스를 향하여 나아간다. 헨리와 사냥꾼과 네 사람의 누더기를 걸친 중국인 사이의 싸움 동안에 헨리의 왼쪽 다리는 중국인의 왼쪽 발의 긴 발 발톱으로 할퀴어진다. 여기에서 헨리의 의식과 자아의 유럽인적 기질이 동양의 고대로부터 내려오는 지혜의 의인화와, 즉 그의 자아의 극단적인 상반성과 부딪히게 된 것이다. 중국인들은 완전히 다른 정신적 대륙으로부터, 헨리에게는 여지껏 전혀 몰랐던, 그리고 위험스럽게 보이는 '다른 쪽'으로부터 다가온 것이다.

중국인들은 또한 '황토(黃土)'를 대표한다고 하겠다. 왜냐하면 중국인들은 다른 사람들에게 비해서 대지와 잘 결합되어 있기 때문이다. 더욱이 헨리가 받아들여야 했던 것은, 바로 이 대지와 같은, 지신적(地神的) 성질인 것이다. 꿈 속에서 만난 그의 정신의 무의식적 남성의 전체성은, 그의 지적인 의식 쪽이 결여하는, 지신체적 측면을 지녔다. 그리하여 네 사람의 누더기를 걸친 사람들을 그가 중국인으로 인정했다는 사실은 그가 상대방의 본성에 관한 내적인 자각의 증대를 획득한 것을 나타낸다.

헨리는 중국인이 때때로 왼 손의 손톱을 길게 기른다는 것을 이야기로 듣고 있었다. 그러나 꿈 속의 긴 발톱은 왼쪽 발의 발톱이다. 그것은 말하자면 일종의 할퀴는 도구이다. 이것은 어쩌면 중국인들이 헨리와 너무나도 다른 가치관을 지니고 있으므로 그것이 그를 상처입힌다는 것을 나타내는지도 모른다. 우리들이 아는 바와 같이, 지신적인 것들이나 여성적인 것들로 향하는, 또 그의 본성의 깊이 쪽으로 향하는 헨리의 의식적인 자세는 가장 불확실하며, 양가적이었다. 이 자세는 그의 '왼 발'(그가 아직껏 두려워하는 그의 여성적이고 무의식적인 쪽의 견해나 관점)이 중국인들에 의하여 상처입은 것으로서 상징되었다. 그러나 이 상처는 그것 스스로 헨리에게 변화를 가져오지는 않았다. 모든 변화는 그 필수조건으로서 세계의 끝 — 인생에 관한 오랜 철학의 붕괴 — 을 요구하는 것이다. 헨더슨은 이 책의 초반에, 젊은이는 이니시에이션의 의식에 따라 인간으로서 다시 태어나고, 다시 한 사람의 중요한 구성원으로서 일족에 속하기 전에 상징적인 죽음의 고통을 받아야 할 것을 지적하고 있다. 이렇게 해서 엔지니어로서 헨리의 과학적이고 논리적인 자세라는 것은 새로운 자세에 자리를 내주기 위하여 붕괴해야 하는 것이다.

한 사람의 엔지니어의 정신 속에서는 모든 불합리한 것들은 억압될 것이며, 또 꿈의 세계의 극적인 역설 속에서 때때로 그것들을 내보이는 것이리라. 이렇게 불합리한 것들이 인간의 운명을 결정하기 위하여 어떤 무섭고도 불가해한 힘을 수반하고 이국적인 기원의 '신탁 게임'으로서 헨리의 꿈 속에 나타났던 것이다. 헨리의 합리적인 자아는 선택의 여지가 없었고, 자기의 '지적 희생' 속에서 무조건 항복해야 했던 것이다.

헨리처럼 경험이 없고 미숙한 사람의 의식적인 마음은 이러한 행위에 대하여 미처 준비가 되어 있지 않다. 그는 운명의 변화에 따르지 못하고 그 때문에 그의 삶은 제물이 되는 것이다. 그는 붙잡혀서, 익숙한 길로 나아갈 수도 없고, 그렇다고 그의 어른으로서의 책임을 회피하여 집에 돌아갈 수도 없는 것이다. (그가 이 큰 꿈에 의하여 갖추어져야 했던 것은 바로 이 성찰이다.)

다음으로, 헨리의 의식적인 문명화된 자아는, 미개한 사냥꾼이 그 대신에 신탁을 구하는 동안 묶여서 옆으로 밀려난다. 헨리의 삶은 그 결과에 달려 있다. 그러나 자아가 고립하여 갇힐 때, 그림자의 상에 의인화된 무의식의 이러한 내용은 도움과 해결을 가져올지도 모른다. 이것은 우리들이 이와 같은 내용의 실재를 인정하고, 그들의 힘을 경험했을 때에 가능해진다. 그것들은 우리들의 의식적으로 받아들여진 변함없는 반려가 될 수 있는 것이다. 사냥꾼(그의 그림자)이 그 대신 게임에 이겼기 때문에 헨리는 구제되었다.

7. 불합리의 직면

꿈(그리고 그의 꿈과 역경이라는 신탁서가 자기로 하여금 자기 내면에 침장하고 있는 무리 깊고 불합리한 힘에 직면하도록 했다는 사실)이 헨리에게 깊은 감명을 일으켰다는 것은 그의 그후의 일련의 행위가 보여 주었다. 그후로 그는 무의식과의 교신에 한결 같이 노력을 경주하고, 분석은 한 층 더 고조된 양상을 띠었다. 그때까지 그의 정신의 심층을 위협해왔던 긴장이 표면에 나타났다. 그럼에도 불구하고 그는 만족할 만한 결론에 이르리라고는 기대를 점점 더해갔다.

그 신탁의 꿈이 있은 뒤, 불과 2주일 뒤에 (그러나 그 꿈이 검토되거나 해석되기 전에) 헨리는 또 꿈을 꾸지만, 그것에 의하여 다시 귀찮은 불합리한 문제에 직면하게 된다.

"나는 방에 혼자입니다. 역겨운 새까만 바퀴벌레들이 구멍에서 잔뜩 기어 나와서 제도용 탁자 위에서 퍼져 나갑니다. 나는 마술 같은 방법으로 바퀴벌레들을 본래의 구멍으로 쫓아 넣으려고 합니다. 대체로 잘 쫓아버릴 수 있었지만, 4~5마리만은 남아서 탁자 위에서 온 방으로 퍼져갑니다. 하지만 이제 쫓아버릴 마음이 나지 않습니다. 그토록 혐오감을 느끼지 않게 되었으므로, 나는 그들이 숨은 곳에 불을 지릅니다. 불기둥이 솟아 올랐기 때문에 방에 옮겨 붙는 것이 아닌가 하고 두려워합니다. 그러나 이 걱정은 필요없습니다."

이때까지 헨리는 자기의 꿈의 해석에 비교적 단련되었으므로, 그는 이 꿈에 대해서도 자기류의 해석을 하고 있다. 그는 다음과 같이 말했다. "바퀴벌레들은 내 속에 있는 어두운 면을 나타내고 있습니다. 분석에 의해서 그것들이 깨우쳐지고, 표면에 떠오르는 것입니다. 그것들이 내 전문적인 일(제도용 탁자로 상징된)에까지 넘쳐오는 것 같은 위험을 느낍니다. 그러나 나는 그것을 처음으로 손으로 뭉개버릴 생각이었습니다만, 도저히 그러한 기분이 나지 않았습니다. 문득 그 바퀴벌레에서 검은 성갑충을 연상했으므로 마음을 쓸 수밖에 없었습니다. 그것들이 숨어 있는 곳에 불을 지르면서 나는 무언가 성스러운 것의 가호를 구하려 했습니다. 활활 잘 타는 불은 나로 하여금 계약의 궤(모세의 십계명을 새긴 두 개의 납작한 돌을 넣어둔 궤)를 연상할 만한 불을 생각케 합니다."

보다 깊게 꿈의 상징을 찾을 때 우선 무엇보다도 바퀴벌레가 검은 색이라는 것, 그리고 그 검은 색은 암흑, 음울, 죽음 등을 나타내는 색이라는 것을 유의해야 한다. 헨리는 꿈 속에서 '혼자서' 그의 방에 있다 — 내향적이 되거나 침울한 상대를 초래하기 쉬운 상황에 있다. 신화에 나오는 성갑충은 황금색인 것이 많다. 이집트에서는 그것들이 태양을 상징하는 성스러운 동물이었다. 만일 그것들이 검은색이라면, 그것은 태양과 정반대의 측면 — 사악한 것을 상징했으리라. 그러므로 헨리가 본능적으로 마술을 써서 그 바퀴벌레들과 싸우려고 한 것은 당연하다고 할 수 있다.

너 댓 마리의 바퀴벌레들이 남아 있었다고는 하지만, 그 수가 줄었으므로, 헨리는 두려움이나 혐오감에서 벗어난다. 그래서 그는 바퀴벌레 집에 불을 질러서 파괴하려고 한다. 이것은 바람직한 행동이다. 왜냐하면 불은 상징적으로는 변모와 재생에 통하기 때문이다. 예를 들면 고대 신화의 불사조가 그렇다.

깨어 있는 생활을 통하여, 헨리는 이제 진취적 기상에 차있었지만, 아직 좋은 효과를 가져오게끔 그것을 잘 이용하는 것을 배우지 않았다. 그러므로 또 다른, 그의 문제점을 보다 명료하게 밝히는 것 같은 후기의 꿈을 고찰해보고자 한다. 이 꿈 속에서, 헨리의 여자와 책임 있는 관계를 맺는 일에 대한 공포나 생활의 정서적인 면으로부터 퇴보하려는 경향이 상징적인 말로 나타나 있다.

"한 노인이 숨을 거두려 하고 있습니다. 그의 주위를 친척들이 둘러싸고 있고, 나도 그 속에 있습니다. 차례대로 사람들이 그 큰 방에 들어서고, 모두 확고한 어조로 자기들을 소개합니다. 40여 명의 사람들이 모입니다. 노인은 '다 살지 못한 삶'을 신음하며 중얼거립니다. 그의 딸은 그의 참회가 조금이라도 편히 되도록 배려하면서, 그에게 '다 살지 못한' 의미가 어떻게 이해되어야 하는지 그것이 문화적 의미인지, 도덕적 의미인지를 묻습니다. 노인은 답하려 들지 않습니다. 그의 딸은 나를 옆에 붙어 있는 작은 방으로 데리고 갔고, 나는 거기에서 카드 점에 의하여 그 해답을 찾아내야만 합니다. 내가 젖히는 '아홉'이 색깔에 따라서 그 답을 줄 것입니다.

빨리 아홉이 나오면 하고 카드를 젖혔지만 처음에 나온 것은 여러 가지 킹과 퀸뿐입니다. 그래서 다소 실망합니다. 다음에는 게임과는 아무 관계도 없는 휴지와 같은 것밖에 나오지 않습니다. 드디어 카드는 한 장도 남지 않고, 봉투와 종이쪽밖에 남지 않은 것을 깨닫게 됩니다. 여기에 참여하고 있는 누이와 함께 카드를 찾습니다. 마침내 교과서 같기도 하고 노트북 같기도 한 것 아래에서 카드 한 장을 발견합니다. 그것은 아홉, 스페이드 9입니다. 나에게는 이 카드는 단 하나의 일을 암시하고 있는 듯이 생각됩니다. 즉, 노인이 그의 삶을 사는 것을 가로막는 건 도덕적 구속 탓이었다는 것입니다."

이 이상한 꿈이 가장 전하고 싶었던 것은, 만일 헨리가 '그의 삶을 사는 것'을 실패하면 도대체 무엇이 기다리고 있는가를 경고하는 것이었다.

그 노인은 죽어가는 '지배원리' — 헨리의 의식을 지배하고 있는 원리이지만, 누구의 본성인지 알려지지 않은 원리 — 를 상징하고 있다. 모여든 사람들이 40여 명인 것은 헨리의 정신적 특성의 총화를 상징한다. (40이란 숫자는 전체성을 나타내고, 4라는 숫자의 격상된 형태이다.) 노인이 빈사상태에 있는 것은 헨리의 마음속의 남성적 인격이 바야흐로 마지막 변모의 경계에 접어든 것을 나타내는 것이다.

딸이 노인의 죽음의 원인을 캐는 것은 당연하고, 또 어쩔 수 없는 결정적인 의문이기도 하다. 노인의 자연스러운 감정이나 욕구를 발현 시키지 못하도록 해온 것은 그 노인의 '도덕성'이었다는 암시가 (여기에) 있을 법하다. 그러므로 그의 딸(중재하고 있는 여성적 원리의 의인화 — 아니마)은 적극적으로 되지 않을 수 없다.

딸은 헨리에게 카드 점으로 해답 — 처음에 나오는 9의 카드 색깔에 따라 주어질 해답 — 을 찾도록 한다. 점은 평소에 사용되지 않은 골방(그의 의식적인 자세로부터 얼마나 멀리 떨어진 곳에서 이와 같은 일이 일어나고 있는가를 나타내는)에서 행해져야 한다.

그는 처음에 단지 킹과 퀸 (아마도 권력과 부귀에 대한 그의 젊은이다운 동경의 보편적인 이미지일 것이다) 밖에 나오지 않았기 때문에 실망한다. 그림 카드가 나올 때마다 이 실망은 강해진다. 이것은 헨리의 내적 세계의 상징도 또한 쇠잔해졌음을 보여주기 때문이다. 그리 하여 단지 '휴지 같은 종이'만이 가까이에 남고, 어떤 이미지도 없다. 이렇게 이미지의 원천이 메마르고 있다. 마지막 카드를 찾아내기 위해 그는 여성적 측면(이번에는 그의 누이도 표현되어 있다)의 도움을 바라지 않으면 안되게 된다. 그녀와 함께 마침내 현리는 한 장의 카드 — 스페이드 9 — 를 찾아낸다. '다 살지 못한 삶'이란 말이 꿈 속에서 무엇을 뜻하는가를 그 색으로 표시하는 것이 바로 이 카드인 것이다. 또한 카드가 교과서나 노트북 밑에 있는 것도 뜻깊다. — 교과서나 노트북은 헨리의 기계적인 분야의 무미건조한 지적 공식을 나타내는 것이다.

9는 여러 세기 동안 '마술적 숫자'였다. 수의 전통적인 상징성에 따르면, 9는 3배로 격상한 완성된 3위 1체의 완전한 형태를 나타내는 것이다. 9에 대한 다른 의미는 여러 시대, 여러 문화에 걸쳐서 수없이 주어져 왔다.

스페이드 9의 색상은 죽음의 색이며, 무생명의 색이다. 또한 스페이드는 잎사귀의 모양을 강하게 떠오르게 하므로, 그 색상이 검은 것은 푸른 색상의 생명에 넘치는 자연의 잎과는 대조적으로 그것이 지금은 죽을 것임을 강조하는 것이다. 덧붙여 말하면, 스페이드란 말은 이태리어 '스파다 spada'에서 유래된 것인데, 원래 칼이나 창을 뜻하는 것이다. 이러한 무기들은 지성의 투철한 '예리한' 기능을 상징한다.

노인으로 하여금 '그의 삶을 사는 것'을 못하도록 한 '도덕적인 구속'(문화적 구속이라기보다는)이었다는 걸 꿈은 이렇게 분명하게 밝히고 있다. 헨리의 경우의 이 '구속'은 인생에 자기를 내던져가는 것에의 두려움, 혹은 여자에의 책임을 감수하는 두려움, 또 그렇게 함으로서 그의 어머니에게 '불성실'해지는 것이 아닐까 하는 두려움이라고 하겠다. 꿈은 '다 살지 못한 삶'은 누구나 이르는 죽음에 이르는 병이라는 것을 공표해 주었다.

꿈이 전하는 내용에 관하여 헨리는 이미 무시할 수 없었다. 그는 생활 속에서 일어나는 혼란을 수습하는 지침으로서 사람은 이성 이상의 무엇인가를 필요로 한다는 것을 비로소 깨달았다. 즉, 정신의 심층으로부터 상징적으로 출현하는 무의식적인 힘의 안내를 구하는 것이 필요하다는 것을 깨달은 것이다. 이러한 인식과 함께, 그의 분석에 있어서의 이 부분의 목적은 성취된 것이다. 그는 마침내 그가 아무런 의무도 지지 않는 삶이 있는 낙원에서 추방되었으며 이제 결코 다시 그곳에 돌아갈 수 없다는 것을 알게 되었다.

8. 마지막 꿈

하나의 보다 진전된 꿈이 헨리가 체득해온 여러 가지 성찰들을 결정적으로 확고히 해주었다. 일상생활에 관련되는 다소간의 자잘하고 짧다란 꿈들을 지나친 뒤에, 소위 '큰 꿈'을 특징지우는 풍부한 상징들을 수반한 채 마지막 꿈(일련외 꿈들 중에서서 50번째)이 출현했다.

"우리 네 사람은 사이 좋은 그룹을 이루어 다음과 같은 일을 체험합니다.

저녁: 엉성하게 만든 가느다란 테이블에 앉아, 서로 다른 세 가지 그릇의 음료수를 마십니다.

리뀌르 잔에서 투명하게 노랗고 달콤한 리뀌르를, 와인 잔에서 암홍색의 캄파리를, 그리고 고전적인 형체로 된 그릇에서는 차를 마셨다. 우리들에게 다소곳하고 섬세한 성격의 한 소녀가 또 있습니다. 그녀는 자기의 리뀌르를 차 속에 부어넣습니다.

밤: 성대한 주연에서 되돌아왔습니다. 네 사람 중에서 한 사람은 프랑스 공화국의 대통령입니다. 우리들은 대동령 궁안에 있습니다. 발코니를 걸으면서 우리는 바로 아래 눈내리는 거리에서 그가, 술에 취한 상태에서, 눈더미 쪽으로 소변을 보는 것을 알고 있습니다. 그의 방뇨량은 끝이 없는 것 같습니다. 이제 그는 다(茶)색 담요에 싼 아이를 팔에 안고 있는 노처녀 뒤를 쫓고 있습니다. 그 아이에게 오줌을 뿌리고 있습니다. 노처녀는 젖은 것을 알지만 그것을 아이 탓으로 돌리고 있습니다. 그녀는 큰 걸음으 로 서둘러 떠납니다.

아침: 겨울의 태양 속에서 빛나고 있는 거리를 흑인이 한 사람 걸어 갑니다. 그런데 그는 눈에 뜨일 만큼 커다란 모습이며, 완전한 나체입니다. 그는 동방, 즉 베른(스위스의 수도)을 향하여 걸어 갑니다. 현재 우리가 있는 곳은 스위스의 프랑스어 지구입니다. 우리들은 그를 방문하기로 결정합니다.

정오: 한적한 눈지방에의 긴 자동차 여행 뒤에 어떤 마을에 도착하

여 흑인이 투숙하고 있다고 들은 어떤 어두운 집에 들어갑니다. 혹시나 그가 동사하지나 않았는지 매우 걱정이 됩니다. 그러나 어둠만큼 검은 하인이 있어 우리를 맞아 줍니다. 흑인도 그 하인도 말이 없습니다. 우리들은 짊어지고 온 배낭 속을 더듬으며, 흑인에게의 선물로 무엇이 없을까 하고 찾습니다. 그것은 무언가 문명을 특징지을 것이어야 하겠습니다. 내가 먼저 결심하고, 마루 위의 성냥꾸러미를 손에 쥐고, 경의를 표하며 흑인에게 밀어줍니다. 선물의 제출이 끝났으므로 우리들은 흑인과 함께 유쾌한 주연을 벌입니다."

네 부분으로 이루어진 이 꿈은 얼핏 보기만 해도 무언가 별다른 인상을 준다. 그것은 온 하루를 지나면서, '옳은' 것을 향하여, 의식의 성장 방향으로 움직여 가는 것이다. 태동은 먼저 저녁때에 시작되고, 밤을 통과하고, 정오에 그 종말을 맞는다. 그때 태양은 하늘 꼭대기에서 빛난다. 이와 같이 '낮'의 주기는 전체성의 형태로서 나타난다.

이 꿈에서 네 사람의 친구는 헨리의 정신 속에서 개화해가고 있는 남성성을 상징하고 있는 듯하다. 꿈 속에서의 네 가지 사건을 통하여 그것이 전개되는 양상은 기하학적 형태 같고, 이것은 만다라의 기본 구조 중의 하나를 상기시킨다. 그들은 처음에는 동쪽으로부터, 그 다음에는 서쪽으로부터 와서 스위스의 수도(즉, 중심지)로 옮겨가면서 중심 지점에서 정반대의 것을 통합하려고 하는 형태를 그리고 있는 것 같다. 그리고 이 점은 제때에 맞는 움직임 — 태양의 회전에 따라서, 무의식의 밤으로 내려가고, 다시 그 회전에 따라서 의식의 빛나는 천장으로 오르는 일 ― 에 의해서 강조된다.

꿈은 저녁 때에 시작되는데, 그 시작은 의식의 문턱이 낮아져 있어서 무의식의 충동이나 이미지가 의식을 넘어서 나오기 쉽게 되어 있다. 그와 같은 조건에서는 (남성 속에 있는 여성적 측면이 가장 쉽게 깨우쳐지는 때) 네 사람의 친구에게 하나의 여성상이 가해지는 것도 당연할 것이다. 그녀는 그들 네 사람에게 공통된 아니마 상이며 다소 곳하며 성세함이 헨리에게 그의 누나를 연상시킨다. 그들 모두를 서로 관련시키는 것이다. 그 탁자 위에는 서로 다른 특징을 지닌 세 가지 그릇이 놓여져 있는데, 그 오목한 형태는 여성의 상징인 수용성을 강조하고 있다. 거기에 있는 모든 사람들이 빠짐없이 이 그릇들을 사용하고 있다는 사실은 네 사람이 서로 긴밀한 관계를 가진 것을 나타낸다. 그릇 모양은 각각 다르고 (리퀴르 잔, 와인 잔 그리고 고풍스러운 모양의 항아리) 내용물의 색도 서로 다르다. 액체는 달콤한 것과 쓴 맛의 것, 그리고 붉은색과 노란색, 알코올 함유의 것과 그렇지 않은 것으로 나누어지지만 그곳에 모여 있는 다섯 사람이 서로 마심으로써 모두가 혼합되고, 그들은 무의식적 교합으로 잠겨드는 것이다.

소녀는 사건의 발생을 재촉하는 매개자로서, 비밀스러운 사명을 띠고 있는 것 같다. (왜냐하면 아니마는 남자를 그의 무의식 세계로 이끌고 심층에 있는 기억에까지 이르게 하여 의식영역을 확대시키는 역할을 하므로) 그것은 마치 리퀴르와 차를 혼합함으로 주연이 그 절정에 이르는 것 같다.

꿈 속의 두 번째 부분은 이 '밤'의 사건에 관하여 보다 많은 일들을 이야기해 준다. 친구 네 사람은 갑자기 파리에 있는 것이 된다. (스위스인들에게 있어서 파리는 관능과 금지된 환락과 사랑의 도시로 보인다.) 여기에서 네 사람 사이에 어떤 차이점이 생겨나는데 특히 꿈 속에서는 자아(그것은 지도적인 사고기능과 거의 동일시 된다)와 '공화국의 대통령'으로 표현되는, 발달되지 않은 무의식적 감정 기능과의 사이에 생긴다.

자아(헨리와 두 친구. 그들은 그의 반 의식적인 기능을 대표한다)는 대통령을 발코니의 높은 곳에서 내려다보고 있는 것이며, 대통령은 정신의 미분화한 면에 있을 만한 일을 그대로 나타내고 있는 듯한 특징을 보인다. 그는 침착하지 못하고, 그리고 그 자신을 본능에 내맡기고 있다. 술에 취하여 길가에 방뇨한다. 문명권 밖의 인간처럼 자기를 의식하지 않고, 동물적 충동에 쫓겨 행동하고 있을 따름이다. 그리하여 대통령은 스위스의 선량한 중산계층의 스위스 과학자가 의식적으로 받아들이고 있는 가치기준과 현저한 대조를 이룰 것을 상징적으로 보이고 있다. 그러나 헨리의 이러한 면은 무의식의 이를 데 없이 캄캄한 밤에서만 그 자신을 드러낼 수 있는 것이다.

그런데 대통령의 상 속에는 매우 긍정적인 면도 포함되어 있다. 그의 오줌(정신적 리비도의 흐름을 상징하고 있는지도 모른다)은 한이 없는 것 같다. 그것은 풍요의 증거이며, 창의력과 생명력의 증거이다. 예를 들면, 미개인들은 신체에서 나오는 모든 것 ― 모발, 대소변, 타액 등 ― 을 창조적인 것으로 간주하고 그것들에게 마력이 있다고 여기는 것이다. 이 좋지 못한 대통령의 이미지는 자아의 그림자 부분에 따라

다니는 힘과 풍요의 부호라고도 볼 수 있다. 그는 꼭 사납게 방뇨하고, 또 이를 안고 있는 노처녀를 뒤쫓기도 하고 있는 것이다.

이 '나이 든 처녀'는 어떤 의미에서는 이 꿈의 처음에 출현한 그 내향적이고 섬약한 아니마와 상반적인 것, 아니면 상보적인 것이라고 할 수 있겠다. 그녀는 나이 들고 어머니 같은데 아직 처녀이다. 사실 헨리는 그녀에 관하여, 아기 예수를 안고 있는 저 원형적 이미지의 성모 마리아를 연상하고 있는 것이다. 그러나 그 갓난 아기가 다갈색(대지의 색)의 모포에 싸여 있다는 것은 하늘의 아들이라기 보다는 구세주의 반대의 이미지로, 대지에 관련된 지신적인 것으로 보이게 한다. 아이에게 자기의 오줌을 끼얹는 일로 해서 대통령은 세례의 희화화를 행하는 것 같다. 만일 우리들이 이 아이를 아직 어리지만 헨리의 속에 싹를 가능성의 상징이라고 본다면 이 아이는 이 의식을 통하여 힘을 얻을 수 있는 것이리라. 그러나 꿈은 그 이상을 말하지 않고 있다. 즉, 그 여자는 아이와 함께 서둘러 떠나갔다.

이 장면은 그 꿈의 전환점을 나타낸다고 하겠다. 다시 아침을 맞는다. 지나간 곳에서 힘을 떨치던 그 암흑의 원시적인 모든 것들이 모두 집결되었고 당당한 흑인으로 상징되었는데 그 상징적인 흑인은 나체로 ― 즉, 있는 그대로의 진실로 ― 나타난다.

암흑과 빛나는 아침(혹은 뜨거운 오줌과 차가운 눈)이 상반되듯이, 이번에는 흑인과 하얀 설경이 두드러진 대비를 이루는 것이다. 네 사람의 친구는 이 새로운 세계 속에서 이제 자기 자신의 방향을 정해야 한다. 그들이 있는 위치가 변했다. 즉, 파리를 지나온 길은 예기치 않게 스위스의 프랑스어 지구(헨리의 약혼녀의 출신지)로 그들을 이끌어 주었다. 헨리가 예전에 그의 정신 속에 깃든 무의식적 내용들에 압도되어 있을 때, 그 초기 단계에서 이미 현리 안에서 변모가 일어나고 있었던 것이다.

이제 겨우 마지막으로 그는 그의 약혼녀가 살고 있는 곳에서 전진의 길을 찾을 수 있게 된 것이다. (이 일은 그가 약혼녀의 심리적 배경을 수용하는 단계에 이른 것을 나타내고 있다.)

처음에 그는 동부 스위스에서 파리로 갔다. (동쪽에서 서쪽으로의 길은 암흑, 즉 무의식으로 향하는 것이다.) 그는 이게 180°의 회전을 했으며, 떠오르는 태양과 계속해서 투명해지는 의식을 향하고 있는 것이다. 이 길은 스위스의 중앙, 즉 수도 베른을 향하고 있는 것이며 자기 내면의 대립적인 것을 통합하는 중심으로 향하는 헨리의 노력을 상징하고 있다.

어떤 사람에게 있어서 흑인은 '어두운 원시적인 생물'의 원형적인 이미지이고, 또 그렇게 무의식의 어떤 내용을 의인화한 것이 된다. 아마도 이 점이 바로 그들이 백인들로부터 거부되거나 두려워지거나 하는 하나의 까닭이리라. 흑인 속에서 백인들은 살아있는 한 쪽, 자기네의 숨겨진 암흑만을 보는 것이다.

바로 이 점이 많은 사람들이 피하려드는 것이다. 그들은 그것을 잘라내버리고 억압하려고 한다. 백인들은 원시적 충동, 원형적인 힘, 억제할 수 없는 본능 등을 자기의 것이라고 인정하고 싶어하지 않고, 그것을 전혀 의식하지 않으며, 그러므로 그것을 타인들의 특성으로 여기며, 마침 흑인들에게 투사하는 것이다.

헨리 나이 또래의 젊은이들에게 있어서 흑인이 가지는 의미는 한편에서는 무의식 속에 억압되어 있는 암흑의 특성의 총화를 대표하고 있는지도 모르지만, 한편으로는 그들이 가지고 있는 원시적이고 남성적인 힘과 잠재력, 정감적 육체적 힘의 총화도 나타내고 있다고도 볼 수 있을 것이다. 헨리와 그 친구가 의식적으로 흑인에게 맞서려고 한 것은 그들이 남성성을 확립하는 방향으로 결정적인 걸음을 내디던 것을 뜻하고 있다.

이윽고 정오가 되었다. 태양은 가장 높게 떠 있고, 의식은 최대한의 명료성에 이른다. 헨리의 자아는 더욱 더 밀도가 높은 것이 되어 가고 있으며, 의식적으로도 그의 결단 능력이 높아졌다고 간주할 수 있다. 아직 겨울이고 이것이 헨리 안의 정감의 결여와 따뜻함이 부족한 것을 나타내고 있는지도 모르겠다. 그의 정신적 풍경은 지금 아직 겨울스럽고, 보기에도 선연히 지적으로 매우 차갑다.

네 사람의 친구는 벌거벗은 흑인(따뜻한 날씨에 익숙해 있는)이 동사했을지도 모르겠다고 걱정한다. 그러나 이 걱정은, 그들이 황량한 선원을 오랫동안 달리고, 이상한 마을에 멈추고서 어떤 어두컴컴한 집에 들어 갔을 때 근거가 없는 것이 확실해진다. 이 드라이브와 황량한 설원은 자기 발전을 향한 길고도 지루한 탐색의 여행을 상징하고 있다.

여기서 보다 더 복잡한 사태가 네 사람의 친구들을 기다리고 있다.

흑인과 그 하인은 둘 다 말이 없는 것이다. 말을 통하여 접촉할 수가 없었다. 네 사람의 친구들은 흑인들과 소통하기 위하여 다른 방법을 찾아야 한다. 그들은 지적인 수단(말)을 사용하기보다는 감정어린 몸짓으로 다가가는 것이다. 신들에게 공물을 바쳐서 그들의 흥미와 환심을 사려고 하듯이, 그들은 흑인에게 선물을 내민다. 그것은 우리들의 문명을 특징짓는 것으로서 지적인 백인의 가치에 속하는 것임에 틀림없다. 다시금 지성의 희생이 자연과 본능을 대표하는 흑인의 찬의를 얻기 위하여 요구된다.

무엇을 해야 하는가를 처음으로 결심한 것은 헨리였다. 이것은 그가 자아의 수용자이며 그의 자랑스러운 의식이 꺾여야 하기 때문에 당연하다고 하겠다. 그는 마루에서 성냥갑을 집어 올려 '경의를 표하며' 흑인에게 내민다. 마루 위에 떨어져 있어서 버려진 듯이 보인 작은 물건이 적당한 선물이 된다는 것은 언뜻 보기에 어처구니 없는 일처럼 보일지도 모른다. 하지만 이것은 옳은 선택이었다. 성냥은 저장되고 관리된 불이며, 필요에 따라서 언제라도 그것으로 점화가 가능한 수단인 것이다. 불과 불꽃은 따뜻함과 사랑 감정과 정열을 상징하고 있다. 즉, 그것들은 인간이 존재하는 곳이라면 어디에서라도 볼 수 있는 인간의 마음의 특질이기도 한 것이다.

흑인에게 이러한 선물을 바침으로써 헨리는 상징적으로 자기의 의식적인 자아의 고도로 발달된 문명의 산물과 혼인에 의하여 상징되는 자기 자신의 원시성과 남성적인 힘의 중심을 결합시킨다. 이런 식으로 헨리는 자기의 남성적 측면을 완전히 파악함에 이르고, 그의 자아는 이후로 그것과 끊임 없는 접촉을 계속해가야 하는 것이다.

결과는 이러하다. 여섯 사람의 남성, 네 사람의 친구들, 흑인과 그의 하인은 유쾌하게 한 곳에 모여 다정하게 함께 식사를 한다. 헨리의 남성적 전체성이 원숙해졌음이 분명하다. 그의 자아는 그로 하여금 그 자신 안에 있는 보다 큰 원형적 인격에 의식적으로 그리고 자유롭게 따르게 할 수 있게끔 하는 데에 필요한 안정성을 찾은 것 같은데 그것은 '자기' 출현을 예고하는 것이라고 할 수 있을 것이다.

꿈 속에서 일어난 일과 그의 깨어 있는 때의 생활은 또한 보조가 맞는 걸음을 보이고 있었다. 그는 이제 자기에게 자신을 갖고 있다. 신속히 결단을 내리고 약혼에 대하여 진지하기 시작했다. 분석의 개시로부터 세어서 꼭 9개월 후에 그는 서부 스위스의 작은 교회에서 결혼했고, 다음 날 신부를 데리고 캐나다를 향해 떠났다. 그곳은 그가 그의 마지막 꿈을 꾸었던 결정적인 몇 주일 동안에 감지했던 약속이 준비되어 있을 것이었다. 그후에 그는 커다란 회사에서 관리직의 지위도 확보하고 한편으로는 한 가정의 가장으로서 활달하고 창조적인 생활을 해 갔다.

헨리의 경우는, 남자다운 책임과 독립을 얻기 위한 성숙을 재촉한 예로 나타난다. 우선 현실세계에의 이니시에이션, 자아와 그의 남성성의 강화 그리고 이와 함께 개성화 과정의 초반의 완성을 나타낸다. 후반 — 자아와 '자기' 사이에 올바른 관계를 수립하는 것 — 은 아직 그의 인생의 후반생 속에서 헨리 앞에 놓여 있다.

모든 경우가 이와 같이 성공적이고 활발한 과정을 거치는 게 아니고 모든 경우에 이와 유사한 방법이 적용되는 것도 아니다. 오히려 모든 경우마다 서로 다른 것이다. 노인과 젊은이, 남자와 여자, 각각에 알맞는 치료가 요구될 뿐만 아니라, 모든 개인에 관해서 제각기 다른 해석이 요구되는 것이다.

　내가 이 경우를 선택한 것은, 이 예가 무의식적 과정의 자율성에 관한 특별히 인상적인 예를 나타내주고, 또 정신적 배경에 관한 끊이지 않는 상징창조력을 풍부한 이미지로 보여주기 때문이었다. 이 예는, 정신의 자기 조정의 기능이 (과도한 합리적 해석이나 분석에 의해 방해되지 않을 때) 정신의 발달과정까지 뒷받침할 수 있다는 것을 증명하는 것이다.

결론

M. L. 폰 프란츠

결론

과학과 무의식

앞의 여러 장(章)에서 C. G. 융과 그의 협력자들은 인간의 무의식적 정신 속에 있는 상징창출기능에 의하여 연출되는 역할을 분명히 하고 또 이 새로이 발견된 삶의 영역 속에서 다소의 응용분야를 지적하려고 시도해왔다.

우리는 무의식적인 것들이나 원형 — 정신의 역동적인 핵 — 을 제대로 이해하기에는 아직도 요원하다고 하겠다. 지금 우리가 알 수 있는 모든 것은 그 원형들이 개인에게 있어서 막강한 힘을 행사하여 그 사람의 정감이나 윤리관이나 정신적 관념을 재한하고, 타인들과의 관계에도 영향을 미치고, 이렇게 해서 그 사람의 운명 전반에 영향을 끼친다는 것이다.

우리는 또한, 원형적인 상징의 배치가 개인에게 있어서 전체성의 양상에 따르며, 그 상징에 대한 적절한 이해가 치료의 효과를 발휘한다는 것을 알 수 있다. 그리고 우리는 원형들이 우리들의 마음속에서 창조적인 혹은 파괴적인 힘으로서 작용할 수 있다는 것, 즉 원형이 새로운 관념을 시사할 때에는 창조적이고, 한편 이러한 관념이 의식적인 편견으로 굳어지고 보다 깊은 발견을 제지할 때에는 파괴적으로 되는 것을 알 수 있다.

융은 제1장에서, 원형적인 관념이나 상징에 격을 붙이는 것 — 즉, 그것들에 진부한 지적으로 형식화된 의미를 부여하는 것 — 으로서 원형적인 관념이나 상징의 개인적이거나 문화적인 가치를 약화시키지 않도록 하기 위해서는 얼마나 섬세하고도 유별난 배려가 있어야 하는가를 보여 주었다. 융은 그 자신을 그와 같은 탐구와 해석적인 과업에 바친 것이다. 그러한 즉 이 책은 심리학적 발견의 이 새로운 분야에 대한 그의 심대한 공헌의 극히 적은 일부분만을 소묘하고 있을 뿐이다. 그는 위대한 선구자였고, 그는 또한 수없이 많은, 보다 많은 의문이 풀리지 않은 채로 남겨지고, 보다 깊은 연구의 필요성을 충분히 알고 있었다. 그의 개념이나 가설들이 될 수 있는 한 넓은 기초 위에서 고구되는 까닭이나 (너무 넓기 때문에 너무 막연해지지 않도록), 그의 견해가 소위 '개방체계'를 형성해서, 새로운 발견의 가능성에 대해서 문을 닫지 않도록 하는 까닭은 바로 그 때문이다.

융에게 있어서 개념은 단순한 도구이며, 발견을 이끌기 위한 가설에 지나지 않는 것이었다. 그것들은 무의식의 발견에 의하여 열려진 새로운 현실의 영역을 우리가 탐색할 때에도 소용될 것이다. 무의식의 발견은 우리 세계의 전체적인 견해를 넓혔을 뿐만 아니라, 실로 배증시킨 것이다. 이제, 우리는 마음의 현상이 의식적인가 무의식적인가, 그리고 또한 '실제의' 외적 현상이 의식적으로 지각되어 있는 것인가 아니면 무의식적으로 지각되어 있는 것인가를 항상 물어야 한다.

무의식의 강력한 힘은 임상적인 소재에서만이 아니고, 신화나 종교나 예술이나, 기타 인간이 스스로를 표현하는 모든 문화적인 영역에 가장 확실하게 나타나 있다. 만일 모든 인간이 공통으로 계승한 정감적이고 정신적인 행동의 양식(융은 그것을 원형이라고 한다)을 갖고 있다면, 인간 행동의 모든 분야에서 그 행동양식의 산물(상징적 공상, 사상, 행위)을 발견하리라는 것이 기대될 뿐이리라.

이 분야에 대한 많은, 중요한 현대적 연구는 융의 연구에 의해서 깊이 영향을 받아왔다고 하겠다. 예를 들면, 이 영향은 문학연구에서도 볼 수 있는데, J. B. 프리스틀리의 '문학과 서양인', 고트프리트 디너의 '파우스트의 헬레나에의 길 Fausts weg zu Helena', 혹은 제임스 커쉬의 '셰익스피어의 햄릿' 등과 같은 책에서 찾아 볼 수 있는 것이다. 이와 마찬가지로, 융파 심리학은, 허버트 리드나 아닐라 야페의 저작물, 에리히 노이만의 헨리 무어에 관한 연구, 혹은 마이클 티페트의 음악 연구서 등에서와 같이 예술에 관한 연구에도 공헌해온 것이다. 아놀드 토인비의 역사에 관한 연구도 융의 교설에 힘입었던 것이다. 마찬가지로 리하르트 빌헬름, 엔윈 루셀이나 만프레트 폴케르트의 동양학(중국학)에도 기여해온 것이다.

물론 이것은 예술이나 문학(그 해석도 포함하여)의 특수성이, 그 원형적인 기초에서만 이해될 수 있다고 하는 것을 의미하는 것은 아니다. 이들의 분야는 모두 그들 자신의 활동법칙을 가지고 있다. 모든 실제적이며 창조적인 성과처럼, 그들은 궁극적으로는 합리적으로 설명될 수는 없다. 그러나 그들의 활동영역 안에서 우리는 원형적인 양식을 역동적인 배후 활동으로 인정할 수가 있다. 그래서 가끔 우리는 그 속에서(꿈에서와 같이) 다소간의 그럴 듯한 무의식의 합목적적이거나 진화적인 경향의 메시지를 읽어 낼 수 있는 것이다.

용의 사상의 결실이 풍요로운 것은 인간의 문화적 활동의 영역 안에서 쉽게 납득할 수 있다. 분명히, 만일 원형이 인간의 정신적 행동을 결정하는 것이라면 그것은 모든 문화적 활동영역에서 볼 수 있을 것이다. 그밖에도, 용의 개념은 자연과학 ― 예를 들면 생물학 ― 의 영역에서도 사물에 대한 결해의 새로운 길을 열었다. 물리학자 볼프강 파울리는, 이 새로운 발견에 의하여, 우리들의 생명의 진화에 대한 개념은 무의식적 정신과 생물학적 과정 간의 상호관계의 영역을 고려해야될지 모를 개정을 요구하고 있다고 지적했다. 최근에까지 종의 돌연변이는 아무렇게나 일어나고,'의미있는' 잘 적응한 별종이 살아남고, 다른 것들은 사라져버림으로써 선택과 자연 도태가 일어난다고 생각된다. 그러나 현대의 진화론자들은 순수한 우연에 의한 이와 같은 돌연변이의 자연도태는 우리들이 살고 있는 지구의 알려진 연륜보다 훨씬 긴 세월을 요한다는 것을 지적한다.

용의 동시성의 개념은, 그것이 어떤 드문 '경계적 현상' 혹은 예외적 사건들의 발생에 빛을 가할 수 있다는 점에서, 여기에서도 유용할지 모르겠다. 그것은 어떻게 해서 '의미있는' 적응이나 돌연변이가 아무렇게나 발생하는 돌연변이가 요하는 시간보다 훨씬 짧은 시간 안에 일어나는가를 설명할 수 있을지도 모르기 때문이다.

오늘날 우리는, 뜻있는 '우연한' 사건들이, 원형이 활동했을 때에 발생한 많은 예를 알고 있다. 예를 들면 과학의 역사에는 같은 발명이나 발견이 동시에 행해진 때가 많이 있다. 그와 같은 예 중에서 가장 유명한 것의 하나는 다윈과 그의 종(種)의 기원에 대한 이론에 관한 것이다. 다윈은 긴 시론(詩論) 속에서 그 이론을 발전시키고 있었다. 그리고 1844년에는 이 이론을 바쁘게 주요한 논문으로 확대하고 있었다.

그가 이 과업을 작업하고 있는 동안에 그는 전혀 모르는 A.R. 월레스라는 젊은 생물학자로부터 보내온 원고를 받았다. 원고는 짧았지만, 다윈의 이론을 다른 방법으로 병행적으로 설명한 것이었다.

그때 월레스는 말레이 군도의 몰로카제도에 있었다. 그는 자연과 학자로서의 다윈에 관해서는 알고 있었다. 그러나 다윈이 그무렵 씨름하고 있던 이론적인 일에 관해서는 알지 못하고 있었다.

각각의 경우에 있어서 한 사람의 창조적인 과학자는 독립적으로 과학의 전체적인 발전을 바꿀 듯한 가설에 도달하고 있었던 것이다. 그리하여 한 사람 한 사람은 처음에 직관적인 '섬광'에 의하여 그 가설을 착상했던 것이다. (그 후에 기록에 바탕을 둔 사실로서 뒷받침된 것이지만) 원형은 이와 같이, 말하자면 연속적인 창조의 동인으로서 나타나는 것 같다. 융이 동시성적 사건들이라고 하는 것들이 사실은 '때가 되어서 일어나는 창조행위'와 같은 것들이다.

비슷한 '의미 있는 일치성'은 어떤 개인에게 있어서, 이를테면 친족의 죽음이나 어떤 것의 상실에 관하여 알고 싶다는 절실한 필요성이 있을 때에 일어난다고 할 수가 있다. 대단히 많은 사례에 있어서 그와 같은 정보가 초감각지각에 의하여 알려져왔다. 이것은 생명에 관련되는 필요나 충동이 환기되었을 때에 비정상적인 무작위의 현상이 일어날지도 모른다는 것을 시사하는 것 같다. 그리고 이것은 여러 종의 동물들이, 엄청난 압력 아래에서나 대단한 필요성에 쫓겨서 왜 '의미 있는' (그러나 비인간적인) 변화를 그 외적 물적 구조에 있어서 창출해낼 수 있는지 차례로 설명하게 될지도 모른다.

그러나 앞으로의 연구에 있어서 가장 유망한 분야가 (융도 그렇게 생각했듯이) 의외로 미시물리학이라는 복잡한 분야와의 관계 속에서 전개되었다고 보인다. 우리가 심리학과 미시물리학과의 사이에서 그 관계성을 추구한다는 것이 언뜻 보기에 전혀 어울리지 않는 것 같이 생각된다. 이 두 분야의 과학 사이의 상호관계야말로 다소 설명할 가치가 있을 것이다.

그와 같은 관계의 가장 분명한 일면은 물리학의 많은 기본적인 (공간, 시간, 물질, 에너지, 연속성, 장소, 소립자 등등과 같은) 개념이 고대 그리스의 철학자들의 직관적인, 준(準) 신화적인, 원형적인 개념에 기원을 가지고 있다는 사실에 있다. 그 관념은 그로부터 서서히 진화하고, 보다 정확하게 되고, 그리고 오늘날 주로 추상적이고 수학적인 용어로 표현된다. 이를테면, 소립자에 대한 관념은 B.C. 4세기경의 그리스 철학자 레우키푸스와 그의 제자 데모크리투스에 의하여 공식화되었는데, 그들은 그것을 '원자' — 즉, 더 나눌 수 없는 단위체 — 라고 불렀다. 원자가 더 나눌 수 없다는 것은 증명되어 있지 않지만, 우리는 물질을 궁극적으로는 역시 파동과 소립자(혹은 불연속적인 양자)로 구성되어 있는 것으로 생각하고 있다.

에너지의 관념이나 그 힘과 운동에 대한 관계도 또한 초기의 그리스의 사상가들에 의해서 형성되고, 스토아 학파의 철학자들에 의해서 발전되었다. 그들은 모든 것을 지탱하고 움직이는, 일종의 생명부여의 '긴장 tonos'의 존재를 생각하고 있었다. 이것은 명백히 현대의 에너지 개념의 준신화적인 씨앗이라고 하겠다.

비교적 근대의 과학자나 사상가들까지도 새로운 개념을 세울 때는 준신화적인 원형적 이미지에 의존해왔다. 예를 들면 17세기에 있어서, 인과율의 법칙의 절대적 타당성은 르네 데카르트에게 있어서는 '신은 자기의 결정과 위업에 있어서는 불멸이라는 사실'에 의하여 증명되어 있는 듯이 보였다. 그래서 독일의 위대한 천문학자 요하네스 케플러는 삼위일체의 관점에서, 우주공간은 3차원 이상도 이하도 아니라고 주장했다.

이것들은 보다 근대적이고 기본적인 과학적 개념까지도 본래 무의식으로부터 생겨난 원형적인 관념과 어떻게 오랫동안 결합된 채로 있었는가를 보여주는 많은 예 중의 불과 두 가지 예에 지나지 않는다. 그것들은 반드시 객관적인 사실을 표현하고 있는 것은 아니고 (적어도 우리는, 그것들이 궁극지으로 표현하고 있는 것을 증명할 수는 없다.) 인간이 지닌 내적 정신적 경향에서 생겨나는 것이다. ― 그 경향은 인간이 다루어야 하는 여러 가지 다양한 외적 사실과 내적 사실 사이에서 만족스러울 정도로 합리적이고 해설적인 관계를 찾도록 유도하는 것이다. 자연이나 우주을 검증하려고 할 때, 객관적인 성을 찾아 구하거나 발견하는 것 대신에 인간은 자기 자신을 만나는 것이다.

이 관점이 시사하는 바 때문에, 볼프강 파울리나 다른 과학자들은 과학적 개념의 영역에 있어서의 원형적 상징의 역할을 연구하기 시작했다. 파울리는 우리들의 외적 객체에 관한 연구와 우리의 과학적 개념의 내적 기원에 관한 심리학적 연구를 병행해야 한다고 믿었다. 이 연구는 이 장의 뒷쪽에서 소개된 보다 폭넓은 개념 — 물리학적 공간과 심리학적 공간, 혹은 현실의 물량적 측면과 질적 측면 사이의 '일체성'에 대한 개념에 새로운 빛을 가하게 될지도 모른다.

무의식심리학과 물리학 사이의 이와 같은 명백한 관계뿐만 아니라, 또 다른 매력적인 관계도 있다. 융은 (파울리와 밀접하게 공동연구를 하면서) 분석심리학이 그 영역의 연구를 전개해 나가면서 여러 개념들을 창출해야 했는데, 그 개념들이 놀랍게도 물리학자들이 미시물리학적 현상에 직면했을 때 창출해낸 개념들과 매우 닮았다는 것이 뒤에 밝혀진다는 것을 발견했다. 물리학자들의 그러한 개념들 중에서 가장 중요한 것들 중의 하나는 닐스 보아의 '상보성(相補性)'의 관념이라 하겠다.

빛은, 논리적으로는 대립하여 있지만 상보적인 두 가지 개념, 즉 소립자와 파동에 관한 관념에 의해서만 기술할 수가 있다는 것을 현대 물리학자들이 발견했다. 대체로 간단히 말하자면, 어떤 실험조건 아래에서는 빛은 마치 소립자로 구성되어 있는 것처럼 보이고, 한편 다른 조건 아래에서는 마치 파동으로 이루어져 있는 것처럼 보인다는 것이다.

또한 우리가 이 원자입자의 위치도, 속도로 — 한꺼번에 그 양쪽을 다 그럴 수는 없지만 — 관찰할 수 있다고 알려졌다. 관찰자는 자기의 실험적 설정을 택해야 한다. 그러나 그렇게 함으로써 관찰자는 다른 가능한 설정과 그 결과를 배제하는 것이 된다. 더군다나 측정 장치가 실험적 설정에 결정적인, 그러나 억제할 수 없는 영향을 주고 있으므로 여 러 가지 사건의 묘사에 측정장치의 일이 포함되어야 한다.

파울리는 다음과 같이 말하고 있다. "미시물리학이라는 과학은, 기본적인 '상보적인' 입장에서 보면 확정적인 수정으로 관찰자의 영향을 소거하는 일이 불가능한 상태에 부딪히고 있다. 또 그러므로 원칙적으로 물리적 현상에 대한 어떠한 객관적 이해도 포기해야 하는 것이다. 고전적인 물리학자들이 아직껏 '자연에 관한 확고한 인과적 자연법칙'을 찾은 곳에서 우리는 이제 '일차적인 가능성'을 지닌 '통계적 법칙'만을 찾는 것이다.

바꾸어 말하면, 미시물리학에서는 관찰자는 측정불가능하고 또 그 때문에 소거할 수 없는 방법으로 그 실험을 방해하는 것이다. "이러이러한 일은 어느 경우에라도 일어나기 마련이다."라고 말할 수 있는 자연법칙은 형성될 수 없는 것이다. 미시물리학자들이 말할 수 있는 것이라곤 "이러이러한 일은 통계적 가능성에 따르면, 일어나기 쉽다."라는 것이다. 이것은 자연히 우리의 고전적인 물리학적 사고에 엄청난 문제를 던져준다. 과학적 실험에서는 참여하는 관찰자의 정신적 외양도 고려되어야 한다. 그러므로 과학자들은 더 이상으로 외적 객체의 어떠한 측면도 완전히 '객관적'인 방법으로 묘사하는 걸 기대할 수 없다고 말할 수 있는 것이다.

많은 현대의 물리학자들은 모든 미시물리학적 실험에 있어서 관찰자의 의식적 관념이 이루는 역할도 제거될 수 없다는 사실을 수긍해 왔다. 그러나 그들은 관찰자의 전심리적 조건(의식적 및 무의식적)이 똑같은 하나의 역할을 할 수도 있을 것이라는 가능성에는 관심을 두지 않는다. 하지만 파울리가 지적하고 있듯이 우리는 적어도 이 가능성을 거부하기 위한 선험적(a priori) 이유는 전혀 가지고 있지 않다. 그러나 우리는 이것을 아직 미해결의, 그리고 미개척의 문제로 보아야 할 것이다.

상보성에 관한 보아의 관념은 융파 심리학자들에게 특별히 흥미로운 것이다. 왜냐하면 융은 의식적인 마음과 무의식적인 마음의 관계가 상반되는 것들의 상보적인 한 쌍을 이루고 있다고 보았기 때문이다. 무의식으로부터 생겨나는 각각의 새로운 내용은 관찰자의 의식적인 마음에 부분적으로 결합됨으로써 그 기본적인 성질을 바꿀 수 있다. 꿈의 내용까지도 (조금이라도 꿈으로 인지된다면) 그런 식으로 반(半) 의식적이다. 각각의 꿈의 해석에 따라 야기되는 관찰자의 확대는 무의식에 헤아릴 수 없는 방향과 영향을 미친다. 이리하여 무의식은 (미시물리학의 소립자와 같이) 역설적 관념에 의하여 근사하게 기술될 뿐이다. 우리는 무의식이 "그것 자체 속에서" 실제로 무엇인지 알 수 없는데, 그것은 우리가 물질에 관해서도 물질이 그자체 속에서 진실로 무엇인지 알 수 없는 것과 같는 것이다.

심리학과 미시물리학 사이의 유사점을 더 들어보자. 융이 원형(혹은 인간에게 있어서의 정감적 정신적 행동의 양식)이라고 한 것은 파울리의 말을 빌면 똑같이 정신적 반응의 '일차적인 가능성'이라고 할 수 있는 것이다. 이 책에서 강조되어 있듯이, 하나의 원형이 나타나는 경우에 그 특정한 형을 지배하는 법칙은 아무것도 없다. 다만 어떤 심리적인 상황에 있어서 이러이러한 일이 일어나기 쉽다고밖에 말할 수 있게 해 주는 '경향'만이 있는 것이다.

일찍이 미국의 심리학자 윌리엄 제임스가 지적한 것과 같이, 무의식에 대한 관념은 물리학에 있어서 '장(場)' 개념에 비유될 수 있는 것이다. 자장(磁場)에 있어서 그 속에 들어가는 소립자는 어떤 순서를 좇아서 나타난다고 할 수가 있다. 만일 우리가 어떤 일을 의식적인 마음속에서 '합리적'이라든가 '의미 있는' 것으로 부르고, 또 그것을 그 사물에 관한 만족스러운 '설명'으로 받아들인다면, 그것은 우리의 의식적인 설명이 무의식 속의 어떤 전(前) 의식적 내용의 위치와 조화를 이루고 있다는 사실에 기인하는지도 모르겠다.

바꾸어 말하면, 우리의 의식적 표상은 때때로 의식에 도달하기 이전에 질서가 잡히고 (어떤 양식 속에서 배열되고) 있는 것이다.

19세기의 독일의 수학자 칼 프리드리히 가우스는 이와 같이 무의식적인 관념의 진서에 관한 경험적인 예를 보여주고 있다. 그는 "고통스러운 연구에 의해서가 아니고, 소위 신의 은총에 의해서 수의 이론에 있어서 하나의 법칙을 발견했다. 수수께끼는 번개가 번쩍이듯 스스로 물린다. 나 자신은 이전에 알고 있었던 것, 내가 끝까지 실험해 온 것,

그리고 최종의 성공을 불러온 것들 사이의 연관성을 말할 수 있다거나 내보일 수가 없는 것이다."라고 했던 것이다. 프랑스의 과학자 앙리 포앙카레는 이 현상을 보다 더 명확히 나타낸다. 그는 잠이 오지 않는 밤을 통하여 그가 어떻게 그의 수학적 표상이 그의 내부에서 부딪히고, 마침내 그것들 중에서 어떤 것들이 '보다 안정된 관계를 이루는가'를 실제로 관찰했는가 묘사하고 있다. "자기 자신의 무의식적 행동, 즉 무의식적 행동이 그 자신의 특성을 있는 일이 없이 그 일부가 의식에로 노정되어가는 것을 관찰할 수 있을 것만 같다. 그 순간에 우리는 두 자아의 메커니즘 사이의 차이에 대한 직관을 갖는 것이다."

　미시물리학과 심리학에 있어서의 상응하는 발전의 마지막 예로서 융 의 '의미'에 대한 개념을 들 수 있겠다. 예전에 사람들이 현상의 인과적 (즉, 합리적) 설명을 찾아 구하고 있던 곳에서, 융은 의미(혹은 우리가 어쩌면 목적이라고 말할수 있는 것)를 찾는 관념을 도입했던 것이다. 즉, '어떤 일이 왜 일어났는가(무엇이 그 일을 일으켰는가)'를 묻기보다 융은 '그것은 무엇 때문에 일어났는가'하고 물었던 것이다. 이러한 경향은 물리학에서도 나타난다. 즉, 많은 현대의 물리학자들은 바야흐로 인과적인 법칙(결정론)보다도 자연 속의 '여러 연관성'을 찾고 있는 것이다.

　파울리는 무의식의 관념이 '좋은 치료적 용도의 물'을 넘어서 퍼지고, 그리하여 일반적인 생명현상을 다루는 모든 자연과학에 영향을 줄 것이라고 기대했다. 이 발전을 시사한 이래로 그는 새로운 과학인, 사이버네틱스 — 즉, 뇌나 신경조직에 의하여 형성된 '제어계'와 기계적 혹은 전기적 정보나 컴퓨터와 같은 제어계에 관한 비교연구 — 에 관심을 갖는 다소의 물리학자들의 반향을 얻었다. 간단히 말하면, 현대 프랑스의 과학자 올리벨 코스타 드 브르가르가 시도했듯이, 과학과 심리학은 장래 '활발한 대화'를 해야 할 것이다.

심리학과 물리학에 있어서의 관념의 예기치 않은 상응은, 융이 지적한 것 같이, 물리학과 심리학이 연구하는 현실이라는 두 장(場)의 가능한 궁극적 일체성 — 즉, 모든 생명현상의 심리물리학적 일체성 — 을 암시하고 있다. 융은 그가 무의식이라고 부르는 것과 무기물의 구조와 약간의 관계 — 소위 "정신신체적(Psychosomatic)" 질환이 가리키는 듯한 연관 — 까지도 믿고 있었다. 현실에 대한 일원론적인 개념(파울리와 에리히 노이만 등에 의하여 승계되어 왔다)을 융은 우누스 문두스 unus mundus(하나의 세계: 그 속에 있어서는 물질도 마음도 아직 분화해 있지 않고 따로따로 구현한 일도 없다는 세계)라고 불렀다. 그는 원형이, 동시성적 현상 속에 나타날 때 '유(類)심리적' (즉, 순수하게 심리적이지 아니하고 거의 물질적이기도 한) 측면을 보여 준다는 것 — 왜냐하면 그와 같은 사건은 실제로는 '내적 심리적' 사실과 '외적' 사실의 의미있는 배열이기 때문이다 — 을 지적함으로써 이러한 일원론적 견해로 향하는 길을 열었다.

바꾸어 말하면, 원형은 (동물의 행동양식이 그들을 둘러 싸는 자연에 적합하도록) 그 외적인 상황에 적합할 뿐만은 아니다. 근본에 있어서 원형은 물질과 정신 양 쪽을 포함하는 동시성적 '배열'에 현현하는 경향이 있는 것이다. 그러나 이러한 의견은 생명현상에 관한 연구가 이제부터 전개해나갈 몇 가지 방향을 시사하고 있을 뿐이다. 융은, 우리들이 이제부터 이들 두 영역(물질과 정신)의 연관성에 관하여, 지나치게 추상적인 사변에 기울기 전에, 우선 대단히 많은 것을 알아야만 한다고 생각했던 것이다.

앞으로의 연구에서 가장 결실이 많으리라고 생각한 분야는 기초수학적인 공리계 axiomata — 파울리가 '일차적인 수학적 직관'이라고 부른 것 — 에 대한 연구였다. 그 공리계 중에서도 융은 특히 수리계산에 있어서의 무한수열 혹은 기하학에 있어서의 연속성에 관한 관념에 언급하고 있다.

독일 태생의 사상가 한나 아렌트는 "현대성의 전개에 수반하여, 수학은 단순히 그 내용을 확대하거나, 무한이나 혹은 한없이 성장하고 발전하는 우주의 무한성에 적용할 수 있도록 무한 속에 손을 뻗거나 하는 것이 아니고, 거의 외적 현상에는 관심을 두지 않게 되었다. 그 수학은 이미 철학의 시작도 아니고, 그 참모습에 있어서의 '존재'의 과학도 아니지만, 대신에 인간의 마음의 구조에 대한 과학이 되었다."라고 말했다. 융파 학자라면 곧 다음의 질문을 할 것이다. 마음이라면 어떤 마음인가? 의식적인 마음인가, 무의식적인 마음인가?

우리가 가우스나 포앙카레의 경험을 눈여겨 왔듯이 수학자들도 역시, 우리의 표상이 우리들이 그것들을 인지하기 전에 '질서잡힌다'는 사실을 발견했다. 무의식으로부터 생겨나는 기본적인 수학적 성찰의 예를 많이 인용하고 있는 B.L. 폰 델 베르덴은 다음과 같은 결론을 내리고 있다. "무의식은 연합하기도 하고 연결되기도 할 뿐만 아니라 판단도 할 수 있는 것이다. 이 무의식의 판단은 직관적인 것이지만, 적당한 여건 아래에서는 완전히 정확하다."

많은 수학적인 일차적 직관 혹은 선험적인 관념 사이에서는 '자연수'가 심리학적으로 보아서 가장 흥미로운 것 같이 보인다. 그들 자연수는 의식적인 일상의 측정이나 계산의 조작에 유용할 뿐만 아니라 자연수는 몇 세기 동안 점성 술이나 수비학(數祕學)이나 토점(土占) ─ 그 모든 것은 수리적 계산에 바탕을 두고, 또한 융에 의하여 동시성의 이론면에서도 연구되어 오고 있다 ─ 과 같은 신의 예시에 대한 고대의 양식의 의미는 '읽어내는' 실제적인 수단으로서 존재해왔다. 거기에 더하여 자연수는 심리학적 각도에서 보면 확실히 원형적인 표상임에 틀림없다. 왜냐하면 우리는 그것에 관하여 어떤 정해진 방법으로서 생각하지 않을 수 없기 때문이다. 즉, 비록 전에 그것에 대하여 의식적으로는 전혀 생각해본 적이 없었다고 하더라도, 아무도 2가 틀림없이 짝수의 첫 번째 수라는 것을 부정할 수는 없는 것이다. 바꾸어 말하면 수는 계산의 목적 때문에 인간에 의하여 의식적으로 발명된 개념은 아니다. 그것들은 (다른 원형적인 상징과 마찬가지로) 무의식의 자발적 자동적 산물인 것이다.

그러나 자연수는 외적 객체와 밀접한 성질이기도 하다. 여기에 두 개의 돌이 있고, 저기에 세 그루의 나무가 있다고 하는 식으로 우리는 말하기도 하고, 셀 수도 있다. 비록 우리가 외적 객체로부터 색이나 온도나 크기 등등과 같은 모든 성질을 제거한다 해도, 거기에는 그들의 '다수라는 것' 혹은 특정의 복수성이 그래도 남아 있는 것이다. 하지만 이들과 같은 수는 또한 아주 똑같이 분명히 우리 자신의 정신적 설정의 일부 — 즉, 우리가 외적 객체를 보지 않고도 연구할 수 있는 추상적 개념 — 이기도 하다. 이리하여 수는 물질계와 정신계 사이의 확실한 연결자인 것처럼 보인다. 융의 시사에 따르면 여기에서야말로 앞으로의 연구 속에서 가장 결실 많은 영역이 발견될 것이다.

나에게 있어서 융의 관념은 '교의'가 되는 것이 아니고, 이제부터 전개되고 넓혀져 갈 새로운 관점의 시작이라는 것을 간단히 제시하고자 이들 약간의 어려운 개념들을 언급하는 것이다. 이들 개념들이 내가 보기에는 융의 과학적 태도에 근본적이고 전형적으로 여겨지는 것에 대하여 독자들의 관심을 불러일으킬 수 있길 나는 바라고 있다. 융은 통념적인 편견에서 벗어나 비범한 자유로운 태도로, 그리고 동시에 대단한 중용과 정확성을 지니고, 생명현상을 이해하기 위해서 늘 열중했던 것이다. 그러나 그는 위에서 언급된 것과 같은 관념으로까지 들어서지는 않았다. 왜냐하면 그러한 것에 관하여 무언가 타당한 것을 말할 수 있는 충분한 사실을 그는 아직 갖추지 못했다고 생각하고 있었기 때문이었다. 그와 똑같이 융은 자기의 성찰을 공표하기 전에, 그 생각들을 당분간 몇 번이고 음미하며, 그것들에 관하여 가능한 모든 의문을 스스로 자문해보면서 대체로 몇 번씩이나 기다렸다.

그러므로 처음 대했을 때 독자들에게 그의 관념이 막연하다고 느껴지는 것은 사실은 그의 이 지성적인 중용의 과학적 태도에서 오는 것이다. 이러한 자세는 (성급하고 표면적인 유사 해설이나 지나친 단순화에 의해) 새로운 가능한 발견을 제외시키지 않으면서 생명현상의 복잡성을 존중하는 태도라 하겠다. 왜냐하면 이 생명현상은 융에게 있어서 항상 감동적인 신비였기 때문이다. 그것은 마음의 문을 닫은 사람들에게 그러하듯이 모든 것을 다 알고 있다고 가정할 수 있을 것 같은, 이미 설명이 다 된 현실이 결코 아니었다.

내 견해로는, 창조적인 관념은 열쇠와 같이 지금까지 풀 수 없었던 사신의 관계를 '푸는' 일에 도움이 되고, 인간이 생명의 신비 깊숙이 파고 들어갈 수 있도록 해준다는 점에서 그 가치를 드러낸다고 본다. 융의 관념이 과학의 (또한 일상생활의) 많은 분야에 있어서 새로운 사실을 발견하기도 하고, 해석하기도 하는 면에서, 그러한 식으로 도움을 줄 수 있으며, 또한 동시에 개개인이 보다 조화되고, 보다 윤리적이고, 보다 넓은 의식적인 견해에 이르도록 이끌어갈 것을 믿어 의심치 않고 있다. 만일 독자들이 무의식에 대한 연구나 무의식의 동화(同化)의 문제에 관하여 보다 더 탐구해보고자 하는 의욕이 일었다면 — 그것은 언제나 자기 자신에 대한 탐구에 의해서 시작되는데 — 이 입문서의 목적은 충분히 달성된 것이리라.